符號學

趙毅衡 著

本書為中國四川大學 985 文化遺產與文化互動專案，
以及中國四川大學 211 工程建設專案。

目　次

引論

1.什麼是符號

　　人的精神，人的社會，整個人類世界，浸泡在一種很少有人感覺到其存在，卻無時無刻能擺脫的東西裏，這種東西叫符號。

　　本書將涉及的許多重要概念，例如意義、系統、象徵、文化、藝術、美、意識形態，都苦於定義太多太複雜，唯獨符號與符號學卻幾乎沒有定義。西方著作給「符號學」的定義一般都是：「符號學是研究符號的學說」（Semiotics is the study of signs）。[1]這很難說是定義，在中文裏是同詞反覆；在西文中，只是在解釋 semiotics 這個希臘詞根僻詞是什麼意思，如果能說清什麼是符號，勉強還算一個定義。

　　但是很多符號學家認為，符號無法定義。有位符號學家寫了幾千字後，乾脆說：「符號學有必要給『符號』一個定義嗎？眾所周知，科學不必定義它們的基本術語：物理學不必定義『物質』，生物學不必定義『生命』，心理學不必定義『精神』。」[2]但是符號學作為一種

---

[1] Paul Cobley, "Introduction", *The Routledge Companion to Semiotics*, New York: Routledge, 2010, p 3；這個定義實際上來自索緒爾，索緒爾最早建議建立一個叫做「符號學」的學科，它將是「研究符號作為社會生活一部分的作用的科學」（Ferdinand de Saussure, *Course in General Linguistics*, New York: McGraw-Hill, 1969, p 14）。

[2] David Lidov, "Sign", in Paul Bouissac (ed) *Encyclopedia of Semiotics*, Oxford: Oxford Univ Press, 1998, p 575.

1

對普遍思維規律的思索，目的就是為了理清人表達與認識意義的方式，因此不能不首先處理這個基本定義問題。嚴肅的討論畢竟要從一個定義出發，筆者願意冒簡單化的風險，給符號以下的清晰定義：**符號是被認為攜帶意義的感知：意義必須用符號才能表達，符號的用途是表達意義。反過來說：沒有意義可以不用符號表達，也沒有不表達意義的符號。**

這個定義，看起來簡單而清楚，翻來覆去說的是符號與意義的鎖合關係。實際上這定義捲入一連串至今難以明確解答的難題，甚至可以得出一系列令人吃驚的結論，本書需要化頭上幾章的全部篇幅，才能把這句話捲入的細節討論清楚。

首先，既然任何意義活動必然是符號過程，既然意義不可能脫離符號，那麼意義必然是符號的意義，符號就不僅是表達意義的工具或載體，符號是意義的條件：有符號才能進行意義活動。

由此，我們必須定義「意義」。要說出任何意義，必須用另一個意義；判明一個事物是有意義的，就是說它是引發解釋的，可以解釋的。而一切可以解釋出意義的事物，都是符號，因此，意義有一個同樣清晰簡單的定義：**意義就是一個符號可以被另外的符號解釋的潛力，解釋就是意義的實現。**

雅柯布森說：「能指必然可感知，所指必然可翻譯」。這個說法簡練而明確：「可譯性」指「可以用語言解釋」，也包括「可以用另一種符號再現」，或是「用另一種語言翻譯」。「可譯」就是用一個符號代替一個符號，但這個符號依然需要另外一個符號來解釋。

因此，上面的定義可以再推一步：**意義必用符號才能解釋，符號用來解釋意義。反過來：沒有意義可以不用符號解釋，也沒有不解釋意義的符號。**這個說法聽起來很纏繞，實際上意思簡單：一個意義包括發出（表達）與接收（解釋）這兩個基本環節，這兩個環節都必須用符號才能完成，而發出的符號在被接收並且得到解釋

時，必須被代之以另一個符號，因此，解釋就是另一個符號過程的起端，它只能暫時擱置前一個符號過程，而不可能終結意義延展本身。這個看法與本書下面將討論的「無限衍義」相一致。

由此，我們可以回答本節開始時的問題：什麼是符號學？說「符號學是研究符號的學說」，西方學者自己也極不滿意；[3]艾柯的定義「符號學研究所有能被視為符號的事物」，[4]也幾乎沒有改進。也有人說符號學「研究人類符號活動（semiosis）的特點」，亦即人的「元符號能力」，[5]這依然沒有逃脫同義詞重疊定義。筆者認為，從對符號的理解出發，我們可以說符號學是研究意義活動的學說。

為什麼如此簡明扼要，言之成理的定義，要等這本書才能說出來？符號學者們當然朝這個方向想過，但是研究意義的學說太多，例如認識論、語意學、邏輯學、現象學、解釋學。某些論者認為符號學的研究重點是「表意」（signification，即 articulated meaning）。[6]傅柯也說：「我們可以把使符號『說話』，發展其意義的全部知識，稱為解釋學；把鑒別符號，瞭解連接規律的全部知識，稱為符號學。」[7]他的意思是符號學與解釋學各據一半，相輔相成。這個看法已經不對，實際上現在符號學已經延伸到符號意義的接收一端，即研究與意義

---

[3]　錢德勒（Daniel Chandler）在他那本影響很大的網上提供的《符號學初階》（*Semiotics for Beginners*）中，開頭一小段定義符號學，接著說，「如果你不是那種人，定要糾纏在讓人惱怒的問題上讓大家幹等，就往前看……」。此話強作輕鬆，聽來很無奈。

[4]　Umberto Eco, *A Theory of Semiotics*, Bloomington: Indiana Univ Press, 1976, p 7.

[5]　Susan Petrilli, "Semiotics", in Paul Cobley (ed), *The Routledge Companion to Semiotics*, New York: Routledge, 2010, p 322.

[6]　Martin Bronwen and Felizitas Rinham, *Key Terms in Smiotics*, Continuum, 2006, p 119.

[7]　Michel Foucault, *The Order of Things: An Archeology of Human Scieces*, London: Routledge, 2002, p 33.

相關的全部活動：**符號就是意義，無符號即無意義，符號學即意義學**。如果本書讀起來更像一種「重在解釋認知的符號學」，這本是符號學應有的形態。

　　符號與意義的環環相扣，是符號學的最基本出發點。筆者上面的定義，聽起來有點像一個「解釋循環」（hermeneutical circle），事實上也的確是一個解釋循環：表達符號釋放意義以吸引解釋符號，解釋符號通過追求意義接近表達符號。西方學者沒有從這個角度討論問題，可能是因為意義（meaning）的同義詞 significance，構詞來自符號（sign），兩者同根，不言而喻。但是他們通用的定義「符號學是研究符號的學說」，也只是用一個拉丁詞根（sign 來自拉丁詞 signum）解釋一個同義的希臘詞根（semiotics 來自希臘詞 semeîon）。與其像那樣做一個單向的「重疊定義」，本書用一個解釋循環式的定義，更可能接近問題的核心。

　　艾柯看出文本與解釋之間有個循環，與筆者對符號的定義相近。他說：「文本不只是一個用以判斷解釋合法性的工具，而是解釋在論證自己合法性的過程中逐漸建立起來的一個客體」。也就是說，文本是解釋為了自圓其說（「論證自己的合法性」）而建立起來的，它的意義原本並不具有充分性。艾柯承認這是一個解釋循環：「被證明的東西成為證明的前提」。[8] 有意義，才有意義的追求；有解釋，才能構成符號文本。

　　筆者這個關於符號意義的定義與本書第八章第三節討論符用學說的「符號的意義即符號的使用」是相容的：使用符號的過程，也就是解釋符的過程：紅燈的意義可以用表示「停車」的語言、手勢、動作、降速等來解釋，紅燈符號的使用（準備停車，或是加速衝過街口）是對停車信號的理解。本書多處（第八章第三節「符用

8　艾柯《詮釋與過度詮釋》，北京：三聯書店：1997 年，78 頁。

學」，第九章第七節「象徵化」，第十一章第三節「理據性上升」）將
細緻討論「使用」在符號意義形成中的重大作用。

人類為了肯定自身的存在，必須尋找存在的意義，因此符號是
人存在的本質條件。懷海德（Alfred North Whitehead）說：「人類為
了表現自己而尋找符號，事實上，表現就是符號。」[9]這話對了一半：
沒有符號，人不能表現，也不能理解任何意義，從而不能作為人存
在。進一步說，沒有意義，不僅人無法存在，「人化」的世界無法存
在，人的思想也不可能存在，因為我們只有用符號才能思想，或者
說，思想也是一個產生並且接收符號的過程。

這樣討論的目的，是確定符號學涉及的大範圍。很多人認為符
號學就是研究人類文化的，實際上符號學研究的範圍，文化的確是
最大的一個領域，但是符號學還研究認知活動，心靈活動，一切有
關意義的活動，甚至包括一切由有靈之物的認知與心靈活動。

正因為人生需要意義來支持，本書用皮爾斯一個奇特的說法開
場，希望到全書結束時，能證明這個說法並非故作驚人。皮爾斯認為
人自身是人使用的一個符號：「每一個思想是一個符號，而生命是思
想的系列，把這兩個事實聯繫起來，人用的詞或符號就是人自身」[10]。

如果個人的思想也必須用符號才能進行，那麼，當我一個人思
考時，本是交流用的符號，也就內化為個人思想。那樣，本屬於個
人的世界——沉思、幻覺、夢境等心理活動——哪怕內容上是極端
個人化的，隱秘的，被抑制而不進入表達的，形式上卻可以為他人
所理解：這就是為什麼符號學能討論人性本質。

如果思想即人本質的符號化，那麼人的本質也是「符號性的」。
在語言轉折之後，學界都同意：「言說者言說語言」的舊觀念，應當

---

[9] Alfred North Whitehead, *Symbolism: Its Meaning and Effect*, Cambridge: Cambridge Univ Press, 1928, p 62.

[10] 轉引自科尼利斯·瓦爾《皮爾士》，北京：中華書局，2003 年，116 頁。

被理解為「語言言說言說者」。[11]從符號學角度擴大言之,不是我們表達思想需要符號,而是我們的思想本來就是符號:與其說自我表意需要符號,不如說符號讓自我表意。人的所謂自我,只能是符號自我。[12]這點將在本書第十六章詳細討論。

　　以上討論,聽起來好像很抽象,肯尼斯·伯克對此做過一個非常合乎情理的解釋。1966 年他下過一個「人的定義」,他認為卡西爾說的「人是使用符號的動物」還不夠,他認為:人的思想實為符號的「終端螢幕」(terministic screen),世界通過它才「有了意義」(makes sense),也就是說:由於使用符號,我們成為我們理解中的世界的一部分。例如沒有地圖、地理書,經緯度這些似乎是純粹的符號工具,我們不可能對世界地理格局有任何認識。因此,擁有完全不同地理符號體系的人,世界就會完全不同。他的結論是:「沒有符號系統,世界就沒有意義形態」。[13]如果我們按「天圓地方」地理理解世界,我們不僅居住在一個非常不同的世界上,我們實際上是非常不同的人。

　　地理世界如此,人在世界上要處理的一切,包括家庭、人際關係、信仰、意識形態,甚至生死,無不如此:我們的世界和人生,無非是這些因素的組合。因此,有理由說:沒有符號給予人的世界以意義,我們就無法作為人存在於世:符號就是我們的存在。這個說法,似乎過分了一點,但是很多論者得出類似的結論,例如朗格說:「沒有符號,人就不能思維,就只能是一個動物,因此符號是人的本質……符號創造了遠離感覺的人的世界」。[14]

[11] 參見倪湛柯,〈語言,主體,性別:初探巴特勒的知識迷宮〉,見裘蒂斯·巴特勒《性別麻煩:女性主義與身份的顛覆》,上海:三聯書店,2009 年,2 頁。

[12] Norbert Wiley, *Semiotic Self,* Chicago: Univ of Chicago Press, 1994, p 1.

[13] Kenneth Burke, *Language as Sybolic Action: Essays on Life Literature and Method*, Berkeley & Los Angeles: Univ of California Press,1966, pp 3-6.

[14] 蘇珊·朗格《哲學新解》,北京廣播學院出版社,2002 年,28 頁。

　　早期符號學家關於「人的符號本質」看法，是極其大膽的思想：把我們的內心活動看成並非完全私人的，並非不可解的領域，實際上是讓符號學向馬克思主義的意識形態論，向現象學，向精神分析打開大門。我們的思想，無論是社群性的社會意識和文化生活，或是個人思想、意志、慾望，還是拒絕被表現的潛意識，都是以符號方式運作的。

　　本書還會多次回到這一論點，一再證明這個出發點之重要。我們對於世界是如何組成的，所知至今不多，因為人能夠理解的世界，不是人的理解之外的自在的世界。而一旦人的理解參與進來，世界就不再是自在的世界，而是人化的世界。世界一旦人化，就變成了符號與物的混合。人的世界，雖然不是為人而設的目的論的世界，卻是被人意義化的世界。但是把世界看成為人而存在的符號世界，卻是人類的自大狂。我們只能說，人的認識範圍之外的世界很大很複雜，但是人只能根據感知和解釋去認識它，因此，本書開頭幾章需要仔細分辨討論的，是在人的籍以生存並尋找意義的世界中，符號與物是如何混合的。

　　有許多符號學家認為「人的世界」與「物理世界」的區分，在於「人的世界」由符號組成：索緒爾認為整個非符號世界，「在語言出現之前一切都是不清晰的……只是混沌不分的星雲」。[15]卡西爾認為「人不再生活在一個單純的物理宇宙中，而是生活在一個符號宇宙中」，[16]卡西爾由此提出著名的論斷「人是使用符號的動物」。

　　另一些論者則進一步認為人之外的世界也由符號組成：皮爾斯認為：「整個宇宙……哪怕不完全是由符號構成，也是充滿了符

[15] Ferdinand de Saussure, *Course in General Linguistics*, New York: McGraw-Hill, 1969, pp 111-112.

[16] 恩斯特・卡西爾《人論》，上海譯文出版社，1985 年，43 頁。

號。」[17]皮爾斯這段文字得到許多人的贊同,例如霍夫邁爾,把從大爆炸開始的整個宇宙史,描寫成充滿符號意義的歷史。[18]他指的是大爆炸的遺跡(例如「紅移」,例如「輻射背景」),成為宇宙歷史的符號。

筆者不想贊同這個有點大而無當的觀點:符號只是當人在世界中尋求意義時才出現,真實世界(不管是「物理世界」,或「經驗世界」)成為人化的世界後,才具有存在的本體性質。應當說,超出人的經驗範圍之外,這個世界哪怕如皮爾斯所說充滿了符號,哪怕宇宙的歷史如霍夫邁爾所說全是符號的歷史,它們絕大部分也只是潛在符號。要理解這樣一個宇宙所蘊藏的「可能的意義」,應當說是典型「人類中心論」的傲慢。至少,符號學的任務,只是設法理解在人的理解方式中,意義與物是如何混合的。

2.符號學何用?

最近二十多年,我們目睹了人類歷史上從未有過的一場劇變:當代文化迅速衝進一個「高度符號化時代」:符號消費已經遠遠超過物質消費,相應地,符號生產也不得不超過物質生產。在當代,個人不是作為生產者實現人生價值,而是作為消費者,尤其是作為一個符號消費者存在。社會必須照應生產者,失業率是全世界任何政府都在頭痛的問題;消費者卻照應政府,符號消費者更是為當代社會做出積極貢獻。「中國成為全球頭號奢侈品消費大國」,這樣的消息讓全世界刮目相看,也讓中國人揚眉吐氣。但是,我們對這局面及其重大歷史後果,至今沒有充分的理解;我們對當代社會符號生產和消費的規律,至今沒有認真的研究和爭辯。

---

[17] *The Essential Peirce*, Bloomington: Univ of Indiana Press, 1992-1998, Vol 2, p 394.

[18] Jesper Hoffmeyer, *Signs of Meaning in the Universe*, Bloomington: Univ of Indiana Press, 1996.

從另一個方向看：在社會各階層的對抗中，在國際範圍內的文化衝突中，對「符號權」的爭奪，越來越超過其他實力宰製權的爭奪。可以說，不僅是各民族國家，而且整個人類文明，所面臨的問題，大半是符號問題。無論我們是關心人類的過去、現狀、未來，還是只想弄懂我們在各自的生活中的幸福、苦惱、憤怒，不理解符號，就無法弄清這些問題的實質，更談不上採取對策。

為什麼符號學在中國，如同在世界許多國家一樣，會迅速興起成為顯學？[19]為什麼每個大學應當開設符號學課程，甚至普及符號學知識？上面說的是第一個理由。

中國人實際上參與了符號學的創立。「符號學」這個中文詞，是趙元任在 1926 年一篇題為〈符號學大綱〉的長文中提出來的，此文刊登於上海《科學》雜誌上。在這篇文章中他指出：「符號這東西是很老的了，但拿一切的符號當一種題目來研究它的種種性質跟用法的原則，這事情還沒有人做過。」[20]他的意思是不僅在中國沒人做過，而是指在世界上還沒有人做過，趙元任應當是符號學的獨立提出者。[21]可見他的確是獨立於索緒爾或皮爾斯提出這門學科，我們知道索緒爾用 semiologie，皮爾斯用 semiotics，韋爾比夫人（Lady Victoria Welby）建議用 significs，那麼趙元任建議用的中文詞，應當是這個學科的第四種稱呼方式。日文的「記號論」是翻譯，中文「符號學」不是。

第二個理由，是這學科開始成熟：現代符號學近一百年進展迅猛，經過一系列學派的競爭更替，經過各國學者的努力，已經發展

---

[19] 近年符號學在中國隊伍漸漸擴大，成為跨學科的顯學。請參看趙毅衡〈符號學在中國六十年〉中列舉的具體例子與統計數字，文見《四川大學學報》2012 年 1 期，5-13 頁。

[20] 吳宗濟、趙新那編：《趙元任語言文學論集》，北京：商務印書館，2002 年，第 178 頁。

[21] 趙元任在此文中說，與他提出的「符號學」概念相近的英文詞，可以為 symbolics、symbology、或 symbolology（上引文，177 頁）。

成一門比較成熟而系統的學科。它提供了一套極為犀利的工具，能相當有效地對付當代文化紛亂雜陳的課題。本書上編〈原理〉，希望把各家的論辯成果整理清楚，盡可能釐清各派的分歧所在，並且補上可能缺失的環節（例如載體與媒介、伴隨文本、意圖定點、解釋漩渦等），下編則朝文化的各個方面推演，提出一些符號學至今尚未處理的問題（如理據性滑動、中項偏邊、述真接受原則等），從而提出一個筆者認為比較行得通的符號學體系。

第三個理由，符號學理論並沒有結束，這個學科尚大有可為：從拙作可以看到，它至今有大量未解決的空白。符號學「原理」，不是公式，而是發展可能；符號學「現有看法」不斷受到挑戰，無法定於一尊。在應用中，符號學不斷有新的問題暴露出來，新的疆界不斷被拓展，而中國學者在這個學科中極為活躍，雖然西方符號學界成績斐然，中國學界也沒有一味鸚鵡學舌。在大學課堂上，在《符號學論壇》網上[22]的熱烈討論中，學生（無論攻讀的是文科哪一門）覺得符號學對他們的專業有用：許多學科原先只是材料與實踐技術的堆集，現在有了學理化的可能。

為什麼符號學能用來分析人類或個人面臨的難題？因為尋找意義是人作為人存在於世的基本方式。符號是意義活動（表達與解釋意義）的獨一無二的方式。符號學是人類歷史上有關意義與理解的所有思索的綜合提升。

筆者二十年前對文化下了一個定義：文化是一個社會所有意義活動的總集合。[23]「文明」往往包括其物質生產，而「文化」則全部由意義活動組成。錢鍾書的分辨斷然而清晰：「『衣服食用之具』，皆形而下，所謂『文明事物』；『文學言論』則形而上，所謂『文化

---

[22] www.semiotics.net.cn
[23] 趙毅衡《文學符號學》北京：中國文聯出版公司，1990 年，89 頁。

事物』」。[24]一個民族可以較快地從工業文明進入電子文明，而它的文化要進入當代文化樣式（例如互聯網文化）就需要作出更自覺的努力。正因為文化是意義活動集合，符號學是人文社會科學所有學科共同的方法論。有人稱符號學為「文科的數學」，可能符號學沒有如此判然絕對，但是符號學的「可操作性」特色，使它適用於全部人文與社會學科。

對當代文化、社會、及其政治經濟問題的研究和論辯，現在已經有個傘形稱呼：批評理論（Critical Theory）。這個西文詞原先指法蘭克福學派的馬克思主義理論，中文譯為「批判理論」；現在此詞開始一般化，把文學、藝術、文化、文化政治、社會批判、全球化問題等都結合進來，中文往往譯為「批評理論」。[25]

批評理論從二十世紀初發展到現在，已經極為豐富，以致二十世紀被稱為「批評世紀」。不管發展到何種形態，批評理論始終依賴於四個支柱體系：馬克思主義文化批評、現象學－存在主義－解釋學、心理分析、形式論。在二十世紀初，這四種理論不約而同同時出現，互相之間並不存在影響關係，但是它們共同的取向，是試圖透過現象看底蘊，看本質，看深層的規律。批評理論各學派首先出現於二十世紀初的歐洲，這並不奇怪：歐洲思想者普遍感到了現代性的壓力。那時在世界其他地方，尚未出現這種歷史對思想的壓力。

二十世紀批評理論的最重要思想體系，是馬克思主義。從葛蘭西（Antonio Gramsci）、盧卡奇（Georg Lukacs）開始，到法蘭克福

---

[24] 錢鍾書〈管錐編〉，《史記會注考證》，北京：三聯書店，2007 年，第一卷，533 頁。

[25] 關於「現代批評理論」這個概念的歷史、範圍、以及內涵，可參見趙毅衡、傅其林、張意編《現代西方批評理論・元典讀本》一書導言。重慶大學出版社，2010 年。

學派，基本完成了馬克思主義的文化轉向（Cultural Turn），馬克思主義使當代批評理論保持批判鋒芒。當代著名批評理論家，很多是馬克思主義者；而二十世紀大多數馬克思主義者，也主要從文化批判角度進入政治經濟批判。

當代批評理論的第二個思想體系，是現象學／存在主義／解釋學（Phenomenology / Existentialism / Hermeneutics）。這個體系，是典型歐洲傳統的哲學之延續。從胡塞爾（Edmond Husserl）開始的現象學，與從狄爾泰（Wilhelm Dilthey）開始的現代解釋學，本來是兩支，卻在海德格（Martin Heidegger）、利科（Paul Rocoeur）等人手中結合了起來。加德默爾（Hans-Georg Gadamer）與德里達（Jacques Derrida）在八〇年代的著名「德法論爭」，顯示了較嚴謹的哲學思辨，與解放的理論姿態之間的差別。

當代批評理論的另一個支柱思想，是精神分析（Psychoanalysis）。這一支的發展，一直陷入爭議，但是其發展勢頭一直不減。只是這一派的「性力」（libido）出發點，與中國人傳統觀念過於對立。拉岡（Jacques Lacan）的理論對西方當代批評理論影響巨大，其陳意多變，表達方式複雜，在中國的影響也一直不夠充分。

當代文論的形式論（Formalism）體系，是批評理論中重要的方法論。這一潮流似乎是「語言轉向」（Linguistic Turn）的產物，至今已深深鍥入當代批評理論。符號學原本是形式論的一個派別，由於其理論視野開闊，又不尚空談具有可操作性，六〇年代之後卻成為形式論的集大成者。符號學從結構主義推進到後結構主義，從文本研究推進到文化研究，如今符號學與形式論幾乎同義（敘述學，認知語義學等，是符號學普遍原則在特殊領域中的擴展）。當代全球文化的迅速蛻變，使形式研究超越了自身：一方面形式論保持其分析立場，另一方面它超越了形式，批判鋒芒越來越銳利，成為批評理論的方法論基礎。

　　在當代，流派結合成為開拓新陣地的主要方式：對當代批評理論作出重大貢獻者，無不得益於這四個體系中幾種的結合，此時符號學作為人文社科的總方法論，作用就非常清楚：七〇年代前，兩個體系結合已經常見，例如巴赫汀（Mikhail Bakhtin）的理論被稱為「馬克思主義符號學」；拉岡的心理分析應用了大量符號學概念；八〇年代後，越來越多的人，用結合體系方式推進到新的領域：克里斯臺娃用符號學研究精神分析，展開了性別研究的新局面；博多利亞則以符號學與馬克思主義結合，對當代資本主義做出尖銳的剖析；利科等人的工作重點是把解釋學與形式論結合起來。

　　近四十年批評理論的新發展，往往都以「後」的形態出現。但是後結構主義者原來都是結構主義者，這證明結構主義有自行突破的潛質；後現代主義研究當代社會文化正在發生的重大轉折；後殖民主義則反映當代世界各民族之間——尤其是西方與東方國家之間——文化政治關係的巨大變化，以及西方殖民主義侵略的新形式；如果我們把女性主義與性別研究看作「後男性宰製」的學說，可以說，六〇年代之後的批評理論，都是上述四個支柱理論的延伸產物。

　　把現代批評理論分成「四個支柱，若干延伸」，自然是過於整齊的切割。筆者只是想指出：現代批評理論，已經覆蓋了整個人類社會文化觸及的所有課題。只要我們能時時回顧四個基礎理論，我們就完全不必跟著西方「最時髦理論」奔跑，我們就能走出「不是跟著說，就是自言語」的兩難之境。

　　「關門自言語」並不是出路。認為靠整理十九世紀之前的本土思想語彙，學界的民族自豪感能得到滿足，就能解決當前文化面臨的種種難題，任務就太簡單了。既然十九世紀之前西方也沒有批評理論，那麼十九世紀前的古典中國沒有產生系統的批評理論，又有什麼可奇怪的呢？整個批評理論是現代性壓力的產物，今天批評理論在中國的興起，正是這種壓力的體現。只要我們掌握了四個支柱

理論，我們就能與各國學界站在同一起跑線上，對世界批評理論做出中國獨特的貢獻。

國內學界，在這四個支柱理論上用力並不平衡，對形式論——符號學下的功夫可能最少。但是迄今為止中國學界為符號學做了大量貢獻，李幼蒸的《理論符號學導論》評述歐美符號學諸家的學說，頗為詳備；胡壯麟、王銘玉、丁爾蘇等人推動了語言符號學，使之成為中國符號學的最大支脈；臺灣學者龔鵬程的《文化符號學》一書，是中國古代語文學的一種總結，自成一家；趙憲章、汪正龍等，對現代形式美學作了相當系統的整理和發展；張傑、周啟超等學者，對俄國文化符號學派的引介影響很大。國內尚有不少學者集中精力於符號學的單科應用：葉舒憲、徐新建等人在符號人類學上卓有所成；申丹、傅修延、喬國強、龍迪勇等學者在敘述學方向上成績斐然；孟華、申小龍等精研漢字符號學，李先焜等致力於先秦名學等，創見甚多。國內學界的符號學研究，已作出不少成績，這些學者的努力功不可沒。

但是符號學領域之大，留下的空白依然很多。這原因倒不完全是國內學界的責任：無論是從中國還是從世界範圍看，符號學本身的發展，遇到比其他三個支柱理論更多的困難。符號學的目的，是為當代人文－社科各種課題的研究尋找一個共同的方法論。這個任務只能說完成了一部分：當今各種文化課題的研究，已經都離不開符號學，但是符號學至今發展不能令人滿意：從本書提出的問題就可以看到，至今沒有一個比較完整而合用的符號學理論，而許多文化符號學著作，包括西方學者的著作，只是羅列各種應用範圍（例如傳媒、時尚、廣告、影視等），缺少歸納總結。文化全球化，已經迫切需要一個更多元的符號學。至今符號學依然有歐美中心色彩，但是在眾多有心者的努力下，一種綜合東西方智慧的符號學正在出現。

本書的任務是試圖建立一個能討論當今文化問題，又兼顧理論周密性的符號學體系。筆者的努力，不可避免是一種嘗試。各章的討論中，盡可能舉例說明抽象的原理：符號學就在我們身邊，我們可能尚不瞭解符號學，符號卻瞭解我們。

3.符號學發展的四個模式與三個階段

符號學自身發展過程中經歷過幾種模式，今日符號學不可能完全抹除這幾種模式留下的印痕。符號學的各種「原典文獻」，固然有開拓之功，但是帶有模式本有的局限性，不能當成金科玉律，研讀時不可不察。

第一種模式是語言學模式。索緒爾認為：語言雖然只是人類使用的符號之一種，卻是不成比例的超大符號體系，語言學研究應當為符號學提供模式，因此符號表意的根本原則是任意性。二十世紀前期，「索緒爾式語言學」迅速成熟。在六〇年代，當結構主義符號學潮湧成一個聲勢浩大的運動，語言學為之提供了一個系統清晰、根基牢固的理論框架。

三〇年代的布拉格學派，六〇年代的巴黎學派提出的符號學體系，大都構築在索緒爾原理之上，他們的符號學實際上是「語言學式的」符號學。語言學模式，使符號學難免落入結構主義的封閉格局。索緒爾理論很難擺脫封閉系統觀，此中原因，本書第三章第四節將有詳細討論。

符號學的另一種模式，是皮爾斯提出的邏輯－修辭學模式。這種模式考量所有的符號類型，而不以語言學為模式。由此發現符號表意的理據性不同，這個出發點促使符號學向非語言式甚至非人類符號擴展；更重要的是，皮爾斯模式提出了符號意指的一系列三分式，符號的解釋向無限衍義開放。

15

二十世紀大部分時期，雖然有莫里斯、米德等人的堅持，皮爾斯模式還是受到冷落。到七〇年代，符號學界「重新發現」皮爾斯：西比奧克、艾科等人，把符號學推進到後結構主義階段。皮爾斯理論成為當代符號學的基礎理論，成為符號學最重要的模式。有論者甚至認為符號學發展到當代，索緒爾的貢獻只能說「相當微小」（only minor），[26]「符號學之父」竟然已經被符號學近年的發展邊緣化了。

這是一個非常令人吃驚的結論，但是並非言過其實。對有志於符號學的學子，是一個適時的提醒。或許在二十世紀末，兩個學派已經在符號學更廣泛的視野中攜手並進了。[27]但是符號學的研習者，應當保持對索緒爾理論的警覺。皮爾斯模式的缺點是對符號學討論過於零散，真知灼見散落在各種筆記信件之中，而且皮爾斯熱衷於分類，而符號現象過於複雜，難免有勉強之處。

符號學的第三種模式，是德國新康德主義者卡西爾（Ernst Cassirer）的「文化符號論」。[28]他的符號學從哲學出發，建立一種象徵哲學，作為普遍的「文化語法」。卡西爾的象徵思想在其弟子朗格（Susanne Langer）的文藝美學得到充分發展。他們論點精彩，卻難以進一步在其他學科領域中推演，與這一模式相近的還有美國文論家伯克（Kenneth Burke）的「符號行動」理論。[29]伯克的立場接近

---

[26] Winfried Nöth, *Handbook of Semiotics,* Bloomington & Indianapolis: Indiana Univ Press, 1990, p 64.

[27] Eero Tarasti, *Existential Semiotics*, Bloomington and Indianapolis: Indiana Univ Press, 2000, p 12.

[28] Ernst Cassirer，*The Philosophy Of symbolic Forms*。其第四卷在卡西爾1945年去世時只留下零星手書草稿，近年整理出版：*The Metaphysics of Symbolic Forms,* Vol 4, New Haven: Yale Univ Press, 1998。注意這一派喜歡用symbol一詞，應當譯成「符號」，不應拘泥於原文對應。見本書第九章的詳細討論。

[29] Kenneth Burke, *Language as Symbolic Action: Essays on Life Literature and Method*,Berkeley & Los Angeles: Univ of California Press, 1966.

新批評，五〇年代初推動新批評拓寬視野。[30]卡西爾學派不太關注符號學作為方法論的可操作性，他們的模式成為一種歷史遺跡，在此後因後繼無人而從符號學中消失。但他們對文化的重視，今日看來依然是值得珍視的學術財富。

符號學的第四種模式，開拓者是蘇俄符號學家巴赫汀（Mikhail Bakhtin），他開創了從形式研究文化的傳統，有人稱之為「語言中心馬克思主義」（Language-Centred Marxism），但他的成就長期湮沒無聞；六、七〇年代洛特曼（Juri Lotman），伊凡諾夫（V. V. Ivanov）等人為首創立莫斯科──塔爾圖學派（Moscow-Tartu School），發揚光大之。這一派堅持用符號學研究社會和文化，尤其是他們的「符號場」理論，從大處著眼研究文化，擺脫了形式論常有的瑣碎。但是這一派的理論模式主要借鑒自資訊理論與控制論，尤其是普利高津的耗散理論，技術色彩較濃。如何處置科學模式與人文思索之間的張力，至今是一個有待探討的問題。

以上四種模式都為現代符號學理論發展做出了貢獻，也各有符號學進一步發展必須擺脫的弱點。當今符號學從先前模式中一次次脫繭而出，它的成熟是符號學界自我學習自我改進的結果。本書上編原理部分，重新審視符號學的各種模式，力圖博採眾長，但是當今符號學的出發點，應當是皮爾斯理論，不是索緒爾理論，這點無可否認。

從二十世紀初至今，符號學的四種模式都有過展開機會，符號學的發展前後經歷了三個階段。

第一階段二十世紀上半期，是模式的奠定和解釋：除了上述四個模式的奠基者，還出現一批最早的推進者：莫里斯把皮爾斯理論發展成系統；朗格在美學和文藝學中推進卡西爾理論，伯克與卡西

---

[30] 參見趙毅衡《重訪新批評》天津：百花文藝出版社，2009 年，137-139 頁。

爾理論遙相呼應；而巴赫汀理論由於政治原因被擱置。早期推進遠遠最突前的是索緒爾理論，由於得到布拉格學派（穆卡洛夫斯基，特魯別茨柯伊等），符號語言學派（葉爾慕斯列夫，馬丁奈，班維尼斯特等）的熱情發展，索緒爾符號學在六○年代前率先成熟為一個完整的體系。

　　第二階段出現於二十世紀六、七○年代，符號學作為一個理論正式起飛。索緒爾符號學直接發展成六○年代結構主義大潮：雅克布森、列維－斯特勞斯、巴爾特、格雷馬斯、布勒蒙、托多洛夫、索勒斯等人，把結構主義發展成為六○年代最顯赫的學派；符號學開始捲入其他思潮：馬克思主義（戈德曼、阿爾都塞），心理分析（拉岡、克里斯臺娃），現象學／解釋學（梅洛－龐蒂、利科）等。這些人大都不承認自己屬於一個名叫「結構主義」的運動，但是他們卻毫不諱言對符號學的熱情。在稍晚時候，塔爾圖－莫斯科學派開始在蘇聯形成；而艾柯，西比奧克等人開始發展皮爾斯這一支的符號學。第二階段的特點是符號學成為人文－社科規模宏大的總方法論。這個階段的特點是索緒爾模式一家獨大。

　　第三階段出現於七○年代中期，到今天仍然在展開。這個階段的特點是皮爾斯的開放模式取代了索緒爾模式，由此結構主義自我突破成為後結構主義。除了皮爾斯模式，巴赫汀與塔爾圖模式也開始擴大影響，一些被忘卻的奠基者，如維爾比夫人（Lady Victoria Welby）的貢獻，也被大規模整理出來。[31]從上世紀八、九○年代以來，理論符號學沒有提出更新穎的模式，而是整合各種模式成為一個新的運動。拘守模式對符號學不利：當代文化研究的迅猛發展，會使任何模式迅速陳舊。模式意識淡漠，可能會使符號學運動缺乏

---

[31] Susan Petrilli (ed), *Signifying and Understanding: Reading the Works of Victoria Welby and the Signific Movement,* New York & Berlin: Mouton de Gryuer, 2009.

明星，沒有權威卻能使這個學科四面出擊，向任何需要符號學一顯身手的方向推進。因此，第三階段符號學的特點，一是與其他學派結合；二是廣泛應用於具體課題。

4.符號學與其他學派的融合

莫里斯和托多洛夫都認為（西方）符號學有四個源頭：語言學（包括語言哲學）、邏輯學、修辭學、解釋學。[32]這個說法不確切，即使在西方傳統中，對符號學發展產生重大影響的學科還有很多：哲學、詩學、藝術學、美學、傳播學、認知理論、心理學（尤其是格式塔心理學）、人工智慧，甚至生理學，都為二十世紀符號學的興起提供了思想資源。[33]可以說，在不同的符號學家手裏，結合進不同學科。符號學本來就是許多學科匯合的產物，當代符號學的發展，更是向學派融合的方向推進。

與符號學結合最順理成章的是馬克思主義：符號學本質上是批判性的，它把符號意義，看成文化編織話語權力網的結果，與馬克思主義的意識形態批判，精神上至為契合。兩者結合首先推動了符號學的社會學研究：沃爾佩（Galvano Della Volpe）的符號美學、詹姆遜（Fredric Jameson）的政治無意識理論、列斐伏爾（Henri Lefebvre）的符號文化社會學、霍爾（Stuart Hall）的文化解碼理論、伯明罕學派如費斯克（John Fiske）等人的次文化「符號抵抗」研究、布迪厄（Pierre Bourdieu）的符號資本理論、博多利亞（Jean Baudrillard）的商品符號學、霍基（David Hodge）等人的符號社會學，更早的時候，還有東德克勞斯（Georg Klaus）等人的「唯物主

---

[32] 茨維坦‧托多洛夫《象徵理論》，王國卿譯，北京：商務印書館，12 頁。
[33] Winfried Nöth, *A Handbook of Semiotics*, Bloomington: Indiana Univ Press, 1990, p 11.

義符號學」。這種結合儼然滙成大潮：「馬克思主義符號學」（Marxian Semiotics），或稱社會符號學，已經成為當代學界的一個重要學派。這個學派的論辯展開的基本動力，是馬克思主義的社會批判，但不僅方法是符號學式的分析，其批評對象也從資本主義的經濟霸權，文化霸權，轉入符號霸權。這個角度切中當代資本主義消費經濟的命脈，當代符號學的最重要分支就是符號學社會批判。

符號學與精神分析，也是互相吸引，相得益彰。佛洛伊德解析夢的「修辭」，與符號的分析策略非常像似；拉岡從「能指鏈」入手討論潛意識的符號構成，他的精神分析符號理論奧秘難測；在克里斯臺娃的「符號心理分析」理論中，符號學成為心理分析與女性主義結合的橋樑；當代性別研究，例如巴特勒的「展演性」理論，大量吸收符號學的成果，在「身體政治」、「性別政治」、「娛樂文化中的女性」等關鍵課題上，符號學為當今性別研究送上了犀利的解剖刀，性別符號學（Semiotics of Gender），在近年開始形成。[34]

現象學／存在主義／解釋學這一理論系列，關注意義的生成與理解，與符號學有相當多重迭部分。現象學創始人胡塞爾仔細討論了符號問題（半個世紀後，德里達就是在符號問題上找出胡塞爾理論的盲點，為解構主義打下基礎），無獨有偶，符號學奠基者皮爾斯有他獨特的現象學理論。三○年代舒茨（Alfred Schuetz）已經開始現象學式的社會符號學研究；梅洛－龐迪（Maurice Merleau-Ponty）則是將符號學與存在主義結合的第一人；此後格雷馬斯、庫爾泰、高蓋等人發展「主體符號學」理論；塔拉斯蒂近年的著作系統地提出了存在主義符號學，[35]卡勒與艾科等人融合接受美學，對符號學

[34] Darlene M, Juschka, *Political Bodies/Body Politic: The Semiotics of Gender,* London: Equinox, 2010.
[35] Eero Tarasti, *Existential Semiotics,* Bloomington: Univ of Indiana Press, 2000.

的解釋理論作出了全新的闡發，而西尼（Carlo Sini）等人發展出相當系統的現象符號學；[36]利科（Paul Ricoeur）深入總結解釋學與敘述的關係，更是引人注目；愛沙尼亞學者探討作為「現象符號學」的基本元素的「符號現象」（semio-phenomenon），很有見地。

第三階段符號學在理論上的重大發展，都是與其他學派融合的產物。符號學與這幾個文化批評支柱理論的結合，已經產生了極其豐富的成果。符號學今後的發展，必須依靠學派融合，擴大符號學的視野。

5.應用符號學

第三階段符號學發展的另一個重要戰場，就是在文化的所有領域中應用符號學：「門類符號學」實際上是近年符號學最突出的表現：所有與意義研究相關的課題，都轉向符號學，以獲得更深一步探索的進路。

自八〇年代以來，符號學本身的主要推進方向，是諸多「門類符號學」，各種門類的應用更形成大潮。人類文化的各個部門，都涉及意義活動，因此都是符號學的用武之地。至今可以說，沒有一個文化部門沒有受惠於符號學，在西文與東方文字中，都出現了各種專著：廣告、商品、商標、時尚、明星、旅遊、遊戲、體育、競賽、教育、賽博空間等，都出現了符號學論著；在社會符號學方面，出現了城市、考古、宗教、次文化、民俗、慶典、生態等，也都有符號學的專門研究；在藝術符號學方面，出現了電影、音樂、圖像、建築、設計等，符號學都找到用武之地。以上單子還不包括超出一般社科與人文領域的「準科學」，如法律符號學、刑偵符號學、人工

---

[36] Carlo Sini, *Ethics of writing*, Albany: State Univ of New York Press, 2009.

智慧符號學，甚至風水符號學等。這個單子遠不可能窮盡今後將出現的門類符號學研究。

　　幾乎所有這些門類符號學，都是近二十年來的成果，其範圍之廣，雄辯地證明符號學可以成為社會與人文研究的總方法論。某些傑出的「門類研究」（例如伯明罕學派的大眾傳媒研究、麥茨的電影符號學、納梯艾茲的音樂符號學[37]），證明門類應用也能對符號學理論作出相當貢獻。

　　在目前這個第三階段，符號學版圖地域在擴大：符號學近年在日本、中國、印度，以及拉美各國發展勢頭迅猛。如果東方的學術傳統至今尚未能充分融入符號學，只能說明符號學的發展還有很大餘地。目前，符號學研究中明顯的缺項，就是未能充分吸收中國的先秦名學、禪宗美學、唯識宗和因明學的成果。東方資源的啟示，將把符號學理論推進到一個全新的境地。

　　應當坦誠地說明：單靠東方現代之前思想史的理論成果，不太可能為符號學建立一個獨立的新體系，正如西方十九世紀之前關於符號的討論（例如歐洲中世紀修辭學）一樣，只能有借鑒意義：任何人不可能僅僅依靠自己民族現代之前討論意義的文獻，構築一個足夠當代應用的全面的符號學理論。此種努力，只是一種「虛構的譜系學」，或「黃金時代傳說」（Golden Legend）。[38]換句話說，構築一個獨立的「東方符號學」，與構築一個獨立「西方古典符號學」一樣，都是有用的，但不可能代替現代符號學體系：現代符號學，只有是在現代性充分成熟後，在對意義問題的深層底蘊的尋求成為氣候時，才可能產生。符號學在二十世紀初多個形式論源頭（索緒爾、

---

[37] Jean-Jacques Nattiez, "The Contribution of Musical Semiotics to the Semiotic Discussion in General", in Thomas A Sebeok (ed), *A Profusion of Signs*, Bloomington: Indiana Univ Press, 1977, pp 121-142.

[38] Paul Bouissac, "The 'Golden Legend' of Semiotics", *Semiotica*, 17, pp 371-384.

皮爾斯、俄國形式主義、布拉格學派、英美新批評等）同時萌發的，
這種條件在二十世紀之前，無論在東方或西方都不存在。這不是對
東方的偏見：任何學科不可能完全靠回到過去向未來推進。

6.符號學的工作範圍

以上討論，使我們面臨一個無法避免的結論：人類淹沒在符號
中，我們能認識的世界由符號組成。因此出現一種這種看法：即「泛
符號學論」（pan-semiotics）。洛克是第一個使用「符號學」這個詞的
人，他認為全部人類知識可以分成三個部分，「物理學」（Physica）、
「技能學」（Practica）、「符號學」（他拼寫為 Semiotike）。「符號學」
涵蓋了全部今天稱為人文與社會科學的全部領域。[39]

說普天下學問都是符號學的範圍，不是沒有道理，因為都捲入
意義。王夫之的界定更寬：「乃盈天下而皆象矣。詩之比興，書之
政事，春秋之名分，禮之儀，樂之律，莫非象也，而《易》統會其
理」。[40]中國古人看到了符號學的「全覆蓋」品格。

對這個局面，艾柯有一段理解，應當說非常合理：「一種看法是
一切**必須**從符號學角度進行研究，另一種看法是一切**可以**從符號學
角度來探索，只是成功程度不一」。[41]第一種看法是「符號學帝國主
義」，第二種看法切合實際：是否有用的確要具體看，哪怕能用上符
號學，也不一定能有效地推進這些學科。符號學並不能解決許多學
科（例如醫學、地質學、地震學）的特殊問題，符號學不能代替專

---

[39] John Locke, *An Essay Concerning Human Understanding*, Chapter XXI, "The Division of the Science", London: BiblioBazaar, 2006, p 189.

[40] 王夫之《船山全書》第一冊，《周易外傳》卷六，長沙：嶽麓書社，1996 年，1039 頁。

[41] Umberto Eco, *A Theory of Semiotics*, Bloomington: Indiana Univ Press, 1976, p 27.

業訓練和研究，雖然這些學科的學生看幾本符號學的書，對他們瞭解自己學科的本質，不為無益。

這就牽涉到符號學自覺的工作範圍：世界上所有的意義活動都依靠符號，符號學的基本規律，符號學的基本理論，應當適用所有意義活動，這是符號學理論的普泛特徵所規定的。但是當該領域的專業特徵過強後，符號學規律就只有一般的參照意義。

李幼蒸對符號學的研究領域邊界提出一個看法：「符號學只研究那些意指關係欠明確的現象，一當某種意指關係問題充分明確之後，該研究即進入了科學學科階段」。[42]這個觀察原則上非常正確，實際工作時卻不得不受限制：科學學科，無論意指關係是否已經明確，都不是符號學能扮演積極角色的領域，科學技術的符號意指關係，即使暫時編碼還不夠強（「意指關係欠明確」）例如氣功治療，例如基因研究，例如地震預測，也不會請符號學家提供指導意見：符號學要處理的對象，是從本質上「意義歧出豐富」的社會與人文學科，很難處理以「強編碼」為目標（不管是否已經達到了這個目標）的學科。

雖然我們說符號學是「人文和社會科學所有學科的總方法論」，符號學的實際研究範圍，也並囊括人文和社會科學所有學科。首先，人類使用的表意體系中，語言是個超大體系，符號語言學早就形成獨立學科，[43]文化語言學也在成形，[44]因此，符號學轉而更關注非語言符號；第二，因為敘述是符號學最典型的研究對象，敘述學已經發展成獨立學科，符號學更關注非敘述文本，以及符號敘述。

因此，本書特別關注非語言，非敘述的意義現象：這只是一個分工問題，一個完整的符號學理論應當涵蓋語言學與敘述學，本書

---

[42] 李幼蒸《理論符號學導論》（第三版），中國人民大學出版社，2003 年，64 頁。
[43] 參見王銘玉《語言符號學》北京：高等教育出版社，2004。
[44] 參見邢福宜主編《文化語言學》，湖北教育出版社，1999 年初版，2000 年 2 版。

也努力做到這一點。這種「子學科獨立門戶」現象，今後還會繼續發生：在當代文化迅速發展的局面中，某些門類符號學會很快系統化，成為獨立學科，例如符號人類學、傳媒符號學、影視符號學等。而符號學本身越來越趨向於理論化，為各種門類的符號學提供具有普遍意義的理論設想，提供具有可重複操作的原理。

因此，符號學越來越類似人文－社會學科的數學。符號學的理論應當能適合所有的人類文化課題，就像數學得出的公式，應當適合任何可以量化的對象。如果某條符號學原理，竟然不能適用於某種文化研究課題，那麼相關的符號學原理就站不住腳，需要修正，需要補充。

符號學理論的方法，不得不避開兩個極端。首先，它不能只局限於描述，而不總結可操作的規律。例如卡西爾，給了象徵最寬泛的定義，說人就是「製造象徵的動物」，但是他的描述式展開方式，又成了今日符號學研習者應當避開的覆轍：托多洛夫雖然把卡西爾列為現代符號學四大源頭之一，但是卡西爾式符號學，包括他著名的女弟子朗格的符號美學，後世沒有很大發展。在四〇年代，莫里斯當時已經批評卡西爾的三卷本大作《象徵形式理論》「暗示多，科學少」。[45]李幼蒸對其中原因的看法接近莫里斯，認為卡西爾理論沒有建築在語言學基礎上，「分析過程缺乏可操作性」。[46]

符號學方法取向上的另一個極端是格雷馬斯：格雷馬斯過於熱衷於公式圖表表述，規律相當抽象。格雷馬斯這一派雖然在六、七〇年代影響很大，大師去世後他的弟子很難繼續推進這個學派，李幼蒸認為原因是曲高和寡。用數學或邏輯的表述法會離人文學科過遠，本書也避免這樣做。雖然可以比為「文科數學」，符號學的理論

[45] Charles Morris, *Writings on the General Theory of Signs*, The Hague: Mouton, 1971, p 229.
[46] 李幼蒸《理論符號學導論》（第三版），中國人民大學出版社，2003 年，486 頁。

討論或許應當避免進入過分數理化的表述，符號邏輯是抽象的符號學研究，它已經超越「人文與社科」的範圍，進入與科學的結合部，與此類似的，還有人工智慧和電腦語言研究。

美國符號學家迪里（John Deely）建議把符號學分成四個層次，認為這也正是符號發展的歷史順序：[47]

> 動物符號
> 前語言符號
> 語言符號
> 後語言符號（文本符號）：民俗、藝術、繪畫、建築、音樂等

這個順序的問題在於：列於「後語言符號學」的若干分支，有可能出現的比語言早：語言與歌（音樂）、各種視覺符號（例如姿勢、舞蹈）與語言、圖畫與文字，究竟何者出現在先，是有爭議的。「前語言符號」與「後語言符號」，實際上很難區分清楚。

塔拉斯蒂舉過一個有趣的例子，說明語言學與符號學之間的「級差」：如果我們去我們自己鎮上的市場去買一公斤土豆，那麼能夠出現的只是語義學問題；但如果我們去另外的市場，它的文化與我們相差很大（如非洲人或者波斯人），那麼問題就是符號學的。語義學問題只關係到表達清晰，而符號學牽涉到文化意義交流：「我想買一千克土豆」，在某些文化中可能不通：那裏的土豆可能論堆交易。筆者建議：可以把符號學的全部領域分成以下四對八個領域：

> 人文領域／科學領域
> 語言領域／非語言領域

---

[47] John Deely et al (eds), *Frontiers in Semiotics*, Bloomington: Indiana Univ Press, 1986, v.

　　非敘述領域／敘述領域

　　理論領域／應用領域

　　從定義上說，符號學應當包括所有這四對領域，每對中的前者
卻是符號學的工作重點，原因前面已經討論過。理論符號學的任務，
是給所有人類尋找意義的活動（也就是整個文化的研究）建立一個
公分母，尋找一個共同的理解方式。但真正可以應用符號學的領域，
可以說是一種與自然科學相對的「文化科學」，或「人類科學」。

　　因此，符號學實際上是個許多非符號學學者都參與的領域：一
個世紀來，對符號學做出貢獻的學者，來自哲學、語言學、文學理
論、文化研究、美學、影視研究、傳播理論、社會學、人類學，某
些科學領域如人工智慧、控制論、資訊理論等。至今，符號學依然
在這些學科的推動下前進。

　　由於這種邊界流動狀態，符號學理論面對的問題在增多，有些
老問題至今未能解決，又有新的問題出現：從本書各章可以看到：
當代文化的發展，在不斷挑戰符號學，迫使符號學理論不斷發展。
邊緣模糊不清成了符號學的常態，一旦把問題說清楚，恐怕不免簡
單化。

7.「二十一世紀是符號學世紀」

　　意義問題（包括意義的產生、發送、傳達、接收、理解、變異）
是人文與社會學科的共有的核心問題，而符號學的任務就是提供研
究意義的基本方法。從符號學著手，頭緒紛繁的文化現象就有了一
個共通的理論和方法論框架，相互之間出現比約性，各學科的理論
也就不再是架空之論，各門類研究也不再封閉於學科特殊性的繭殼
之內。

　　當今時代面臨一個大變局：文化變型加速，社會的符號活動空
前活躍，人類生活的各個方面都出現了「符號滿溢」：幾乎任何活
動都浸泡在符號之中。這是幾千年世界歷史上從未出現過的現象：
建立一個能對付當今文化巨大變化的符號學理論，社會要求已經很
迫切。

　　但是符號學的文化研究有一個難點：文化這個大概念本身邊界
模糊，當前的變化使其邊界更為流動，對符號學領域的劃定也必須
有一定彈性。在這個問題上，符號學理論發展史上有足夠的教訓。
例如巴爾特曾認為各種文化符號學討論歸根結底只是一個語言學問
題：既然不可能用圖像討論圖像，就必須用討論語言的方式，來討
論圖像符號學。他認為「人類語言不僅是意義的模式，更是意義的
基石」，因此，符號學研究的是「當事物與語言相遇時會如何」。[48]他
這話不對：符號學的發展超越了語言，例如：本書必須用語言寫成，
不能證明本書討論的對象，必須歸結到語言。

　　本研究的另一個難點是：文化符號學發展至今，文獻資料雖然
豐富，討論卻相當散亂。目前國內外已有幾種文化符號學論文集，
進行理論綜合的卻並不多。[49]因此，本研究並非細讀國內國外已有

---

[48] 羅蘭・巴爾特《流行體系：符號學與服飾符碼》上海人民出版社，2000 年，
3 頁，10 頁。

[49] 例如溫納與西比奧克編的《文化符號學》（Irene Portis Winner and Jean
Umiker-Sebeok [eds] *Semiotics of Culture*, The Hague: Mouton 1979）一書，是
1977 年休斯頓會議的論文合集，可見早在 70 年代，符號學家們就力圖建立
這個學科；福賽特等人編的《文化與語言符號學》（Robin Fawcet et al [eds],
The Semiotics of Language and Culture, London, Frances Pinter, 1984），分上下
兩卷，集合了幾十篇文章，上卷討論社會與語言，下卷討論文化與語言，理
論框架依然落在符號語言學之中；希爾佛曼所編《文化符號過程》論文集
(Hugh J Silverman [ed], *Cultural Semiosis: Tracing the Signifier*, New York &
London: Routledge, 1998)，討論梅洛-龐迪，利奧塔，德里達等人對符號學進
行的「學科融合」努力。以上這些編者，都不試圖綜合，因為各家之論，並
不構成一個前後一貫的理論。莫斯科－塔爾圖學派的文化符號學論著，譯成

資料就能完成,因為沒有一種文獻達到了本研究希望達到的目標,沒有一種文獻建成了一個理論體系。以至於有論者認為至今尚沒有這樣一門完整的理論:「有很大數量的文章討論各種文化問題,但是實際上並不存在一門文化符號學」。[50]

我們不得不對一個世紀以來各個學派及其主要代表人物的思想,包括學科融合與課題應用方面的成績,綜合在一個比較完整的理論框架之中。幸而,融合與應用,一直是符號學發展第三階段的兩個關鍵字,一個多學說綜合的,以各種文化實踐為依據的符號學理論,將是符號學進入一個新階段的契機。

二十一世紀的世界急盼人類對它取得一個符號學的理解,因為二十一世紀的世界,不僅是符號氾濫,而且已經整個兒浸泡在符號之中,不可能脫離符號過飽和狀態。本書最後若干章,將仔細分析這個局面:人類文化很可能快步走向一場難以阻擋的符號危機:人們至今還沒有仔細查看符號,至今沒有認識我們放出魔瓶的這個怪物,怎麼談得上制服它?

英文後編在幾本書集中,其中洛特曼的《心靈宇宙》(Yuri Lotman, *Universe of the Mind: A semiotic Theory of Culture*, tr Ann Shukman , London: I,B, Tauris, 1990)第二部分關於「符號場」的幾篇論文,理論上較完整。但依然未能提出一個完整的文化符號學理論。此外國外尚有不少普及類型的書,例如斯威茨等人編寫的《介紹文化傳媒研究:符號學方法》(Tony Thwaites et al, *Introducing Cultural and Media Studies: A semiotic Approach*, New York: Palgrave, 1994),把符號學方方面面的實際應用都介紹了,但是重點在各種傳媒體裁;達奈西的《分析文化:導論與手冊》(Marcel Danesi and Paul Perron, *Analysing Cultures: An Introduction and Handbook*, Bloomington: Indiana Univ Press, 1999),則從符號學角度把文化活動分門類(例如媒體、廣告、文學)作介紹,理論基礎部分不得不簡略。

[50] Peter Stockinger, *Semiotics of Culture: Some General Considerations,* Paris: Maison des Sciences de l'Homme, 2003, p 1.

　　說「二十一世紀是符號世紀」，不是符號學者的自誇，相反，是對人類社會前景的一種深深的憂慮：人類文化的符號構成變化太快，我們的理解跟不上。

上編

原理

第一章　符號的構成

1.符號載體，空符號

符號的傳統定義是「一物代一物」，這個定義簡單清晰，問題卻太多。

此說原為拉丁文 Aliquid stat pro aliquo，英譯 Something stands for something else。首先是中譯有點問題：無論是 quid 還是 thing，都不是「一物」，而應當是「一個事物」（an entity）：一場表演、一個眼神、一個夢、一首歌，都不是「物」，而是「事物」，事物可能是符號。

其次，符號甚至可以非「事物」。符號需要的是一個「感知」作為符號載體（sign vehicle），感知本身卻不是符號：嚴格說，符號是載體的感知與這個感知攜帶著的意義之間的**關係**。「符號載體」這術語過於累贅，在一般討論中，甚至在符號學的論述中，為了簡便，常常把符號載體直接稱作符號。

很多中西論者認為「符號具有物質性」，此看法值得商榷：大部分符號載體的確是「物質性」的，但符號卻是抽象的意義關係。而且，載體這種感知不能用「物質性」來概括：首先，可感知的不一定是物質。物理學家至今不能確認光的物質性，不能確認電磁波的源頭必定是物。這種物理學問題，當然不能在符號學中辨清。

而且，作為符號載體的感知，可以不是物質，而是物質的缺失：空白、黑暗、寂靜、無語、[1]無嗅、無味、無表情、拒絕答覆等等。缺失能被感知，而且經常攜帶著重要意義：繪畫中的留空、音樂中的休止、飛機從雷達上消失、情書久等不來。這種符號被西比奧克稱為「零符號」（zero sign）；[2]韋世林教授稱之為「空符號」，[3]後者是個比較清楚的術語。近年符號學界對所謂「欲言還止」（aposiopesis）的討論，證明學者們意識到此問題的重要性。[4]

零和空無，可以是極具意義的符號。錢鍾書先生指出，「宗教家言常以空無一物的虛堂，淨無點墨之白紙，象示所謂太極之本質……宋周敦頤之《太極圖》，明釋法藏《五宗原》，均以空白圓圈○始，示大道之原」。[5]不僅在潛心論「虛」的道家中，棄有說「空」的佛教中是如此。歐洲在理性主義漸漸成為思想主流時，也開始明白空無符號的重要：零作為符號的出現，是推動數學發展的關鍵一大步；「消失點」（vanishing point，焦點）革新了美術上的透視法；「想像貨幣」即紙幣，使商品市場成為可能。[6]艾柯也曾舉出許多空符號的例子：汽車不打燈，表示「我將直行」；旗艦上不升司令旗，是表示

---

[1]　關於無語在兒童教育學上的符號意義，請參見 Jean Umkie-Sebeok, "Silence Is Golden? The Changing Role of Non-Talk in Preschool Conversations," in ed, Mary Ritchie Key, *The Relation Between Verbal and Nonverbal Communication*, The Hague: Mouton, pp 295-314.

[2]　Thomas Sebeok, *Contributions to the Doctrine of Signs*, Lanham, Md,: Univ Press of America, 1985, p 118.

[3]　韋世林，〈空符號與空集合的微妙關係初探〉，《昆明學院學報》2009 年 4 期，42-47 頁。

[4]　欲言還止（aposiopesis）舊譯「脫絕」。例如「滾，不然……」不說，意思反而充分表達。2011 年 8 月加拿大蒙特里爾大學「語詞與圖像研究所」舉行國際會議，專門討論此課題。

[5]　錢鍾書〈管錐編〉，《周易正義》一二，北京：三聯書店，2007 年，卷一，55 頁。

[6]　Brian Rotman, *Signifying Nothing: the Semiotics of Zero*, Palo Alto: Stanford Univ Press, 1987, p 1.

「司令不在艦上」。[7]實用上，一個人可以停止說話，停止做表情，但不可能停止表達意思，因為不說話無表情也表達意義。

　　《道德經》說「大音希聲」：「大音」作為音樂本體體現為無聲的寂靜，它本質上是人對於世界的音樂性聆聽。但是靜默本身不是「大音」，空符號要表意，必須有一個背景。從這點上，可以說，物的缺失，也是「物質性的」：缺失是「應該有物時的無物」。

　　第三種「非物質」符號，是「心靈符號」。人在沉思、幻覺、做夢時的「感知」攜帶著意義：幻覺者聽見失去的親人說話使人流淚，信教者看見聖靈符號顯現而認為靈魂得救，這些形象意義重大：牧師或心理分析醫生的任務就是對它們進行解讀。類似的「心象」也出現於藝術欣賞中：我們讀小說後，腦中會有個「宋江形象」或「冉阿讓形象」，無法說這種形象是「物質性的」，但是這些形象，的確是攜帶著豐富意義的感知。上一節我們已經討論過，思想（無論是形象思維還是邏輯推理）必須使用概念符號才能工作，不可能說「心像」或「概念」的符號載體是「物質性的」，只能說它們可能起源於人在世界上獲得的經驗。

　　總結一句，符號載體與「物質」之間有直接間接的關聯：可見光可能來自被激發的物質；空白之所以能被感知，是由於與語境事物之對比；形象來源於對物質事物的記憶，來自經驗的積累。但是這些符號本身不是物質性的。《道德經》說：「無狀之狀，無物之象，是為恍惚」。這些「無物之象」符號看來都有點恍惚，但是一定要證明這些符號載體的「物質性」，似乎不是符號學的工作。我們唯一能堅持的是，符號載體必須是可感知的。

　　感知只是符號定義的一半。這個感知必須在接收者那裏成為一種被識別被解釋的體驗，也就是有可能被「符號化」，才成為符號。

7　Umberto Eco, *A Theory of Semiotics,* Bloomington: Univ of Indiana Press, 1976, p 55.

正因為符號的接受是個分階段的過程，從感知（perceived），到接收（received），到接受（accepted），到解釋（interpreted），這過程能進行到哪一步始終是個問題。「接收」與「接受」有細微差別，「接受」是內化的開始，因此本書十二章討論符號「述真」時，提出的是「接受原則」。

　　為了方便討論，我們取這個過程的中間點，把這個整個過程稱為「接收」，把進行「符號化」的人格，稱為「接收者」；而把用另一套符號替代此符號的自覺努力，稱為「解釋」。因此，符號的定義應當是：**被認為攜帶著意義而接收的感知。**

2. 物、符號、物－符號

　　如此定義之後，我們或許能說，在數量極其龐大的符號中，非物質的符號可能比較少，大多數的符號的確有「物源」（物質性源頭），不妨說符號是被認為攜帶著意義的具體物或具體行為。本章關於「物－符號」的討論，如果要處處說明符號載體可能的「非物質性」，就無法進行。因此，只能請讀者記住上一節對符號「物質性」的保留意見。

　　在人類社會中，每一種實用物，或有實用目的行為，都有可能帶上符號意義；反過來，每一種供使用的物，也可以變成符號載體。這樣就出現表意－使用性複合的「符號－使用體」（sign-function）。這個複合詞各家用法不一樣：巴爾特在 1964 年作的《符號學原理》一書中，用 sign-function 指兼有物的使用性的符號；[8] 而艾柯用此片語表示「符號功能」。[9]

---

[8]　羅蘭・巴爾特〈符號學原理〉，見趙毅衡編《符號學文學論文集》天津：百花文藝出版社，2004 年，285 頁，此片語在該書中譯成「符號－功能體」。巴爾特討論的，是符號載體的「使用功能」。

[9]　「不存在符號，只有符號功能。符號這一概念是日常語言的虛構物，其位置

可以說，任何物都是一個「符號－使用體」。它可以向純然之物一端靠攏，完全成為物，不表達意義；它也可以向純然符號載體一端靠攏，不作為物存在，純為表達意義。這兩個極端只是在特殊情況下存在：任何符號──物都在這兩個極端之間移動，因此，絕大部分物都是偏移程度不一的表意－使用體，其使用部分與表達意義部分的「成分分配」，取決於在特定解釋語境中，接收者如何解釋這個載體所攜帶的意義。

從這個基本理解出發，可以看出：符號根據其「物源」，可以有三種：

第一種是自然事物（例如岩石、雷電），它們原本不是為了「攜帶意義」而出現的，它們「落到」人的意識中，被意識符號化，才攜帶意義：雷電傳達了天帝之怒，岩石成了礦脈的標記。

第二種是人工製造的器物（例如石斧、碗筷、食品），原本也不是用來攜帶意義的，而是使用物。這些事物，當它們「被認為攜帶意義時」，都可能成為符號：石斧在博物館成為文明的發軔，食品放在超市櫥窗裏引發我們的食慾。

第三種是人工製造的「純符號」：完全為了表達意義而製造出來的事物，例如語言、藝術、表情、姿勢、圖案、煙火、貨幣、遊行、徽章、旗子、棋子、遊戲、體育等等，它們不需要接收者加以「符號化」才成為符號，因為他們是作為意義載體被製造出來的。它們的意義，可以是實用的，也可以是沒有實用價值的，即藝術的。

實用意義符號，與藝術意義符號，兩者的區別不在符號本身，而在於接收者如何解釋。詩可以「興觀群怨」，或「多識鳥獸魚蟲之名」，歌曲可以喚起群眾，電影大片能賺到上億元票房等，這是

應當由符號功能取而代之」。Umberto Eco, *A Theory of Semiotics,* Bloomington: Indiana Univ Press, 1976, p 34.

藝術符號派了實用性表意用途,與藝術作為藝術被欣賞,是完全不同的事。

因此,可以把符號按物源與意義種類,大致分成五類,見下表:

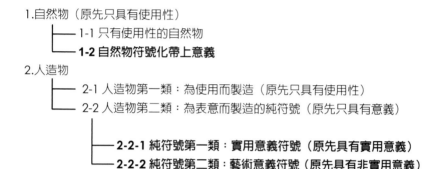

1.自然物（原先只具有使用性）
　　├── 1-1 只有使用性的自然物
　　└── **1-2 自然物符號化帶上意義**
2.人造物
　　├── 2-1 人造物第一類:為使用而製造（原先只具有使用性）
　　└── 2-2 人造物第二類:為表意而製造的純符號（原先只具有意義）
　　　　　　├── **2-2-1 純符號第一類:實用意義符號（原先具有實用意義）**
　　　　　　└── **2-2-2 純符號第二類:藝術意義符號（原先具有非實用意義）**

表上列為六行:1-1,2-1 都是純然物,不是符號;2-2「純符號」大致分為 2-2-1 實用意義符號,以及 2-2-2 藝術意義符號,因此,符號實用上只有上面打了黑體的三類。艾柯曾建議把符號分成三大類:天然事件,人為符號,詩意符號。[10]詩意符號即藝術符號,筆者上面的表格,表面上類似艾柯對符號的分類,實際不然。艾柯分類的是符號,而「物－符號」功能在不同語境中意義千變萬化,所以上表中不厭其煩地說「原先」是作為什麼而產生的。筆者此表分類的不是符號,而是「物－符號」功能:與其說有三種符號,不如說世界上所有的「物－符號」在不同語境中,分別表現出各種功能的混合方式。

這聽起來很複雜,實際上是人類世界中每一件東西的存在方式。舉一個簡單易懂的例子:我往建築工地運來卵石,準備打混凝

---

[10] Umberto Eco, *A Theory of Semiotics*, Bloomington: Indiana Univ Press, 1976, pp 16-17.

土地基，這是用卵石的自然物的**使用性**（1-1）；我在水洗石子時，發現其中有一顆花紋漂亮的雨花石，我就撿起來送給一個南京朋友作禮物，鞏固友誼，這是用符號的**實用意義**（1-2）。我那位朋友見到後如獲至寶，用錦緞盒子襯裱起來，變成人工製造的純符號（2-1）。他供在牆上，懷念他的南京童年歲月（2-2-1）。來訪者不知，只看到石子之美，這是用的符號的**藝術意義**（2-2-2）。一顆似乎只具有自然使用性（加固混凝土）的石子，在一定的接收方式中，可以在五種功能中很自然地轉換。因此，艾柯對符號本身進行分類，並不合適。

　　為了說得更清楚這些關係，上面的列表，可以畫成如下圖表：

	1-2 自然物－實用意義符號	
2-1 人工製造物（使用性）	2-2-1 人工製造實用意義符號	2-2-2 藝術意義符號

　　這張圖表看起來不複雜，它把世界上所有的物與「物－符號」分成五類。物構成了世界的全域：物分成自然物（1-1）與人工製造物（2-1），這兩者都是物，因此都有使用性，所有的符號都是物，也都能降解為物，即回歸使用性；經過符號化，無論是自然物（1-2）或人工物（2-2-1）都可以帶上意義，變成實用意義符號；但是只有人造製造物才能帶上非實用意義（2-2-2）變成藝術符號。自然物（例如石子）先要人工化（例如裝盒示人）變成人工製品，才能成為藝

術藝術意義符號。這個問題比較複雜,本書第十四章會仔細講解藝術符號的「人工化」原則。

從此表可以看到:「物使用性」,不是符號的「實用意義」:「物使用性」指的是物作為工具武器來使用;也可以有實用的符號意義。例如一輛汽車,有物的功用,能載人代步;也有標識社會身份的意義。連小縣城裏的新娘,都對實用意義非常敏感,知道新郎派來接她的車如果不是寶馬,就應當哭鬧著拒絕上車,不然一輩子在娘家親友小姐妹中抬不起頭來。

再者,符號的意義可以很實用。一般人,甚至知識份子,經常說「這只有符號意義」,意思是「這只是紙上談兵」,「無實用意義」,「不實用」。他們恐怕是誤用了符號二字:這個世界上任何意義都要用符號才能表達,因此沒有「非符號意義」這件事,所有的意義都是符號意義;第二,符號意義很可能是非常「實用性」的:可度量,可賣高價,可判罪定生死,可以決定是否打一場戰爭。

總結一句:每一件「物-符號」在具體場合的功能變換,是使用性與各種符號意義的比例分配變化造成的。物(自然事物,人造使用物)可能帶上意義而變成符號,而一旦變成符號,使用性與意義性共存於一事物之中。後一種(人造純符號)原來就是作為符號生產出來的,卻也有可能失去意義,「物化」成為使用物。在人化的世界中,一切都是意義地位不確定的「物-符號」。

3.符號的降解:物化

上一節石子的例子,是物的「符號化」(意義生成、增加);反過來的變化,則是「去符號化」(desemiotization)或稱「物化」,即讓符號載體失去意義,降解為使用物。上一節中被符號化的雨花石,有可能重新成為一顆只有使用性的石子,例如因某種原因成為丟棄物。

　　哪怕是作為符號製造出來的純符號，只要依然有物載體，就不會絕對不能回歸為物。《三國演義》第六回，說到孫堅在焚燒的漢室皇宮，找到了秦漢皇位的玉璽：「王莽篡逆，孝元皇太后將印打王尋、蘇獻，崩其一角，以金鑲之」。玉璽是皇位的標記，絕對是一件純符號，但是也可以用來打人：在打人這一刻玉璽失去原意義，不是皇權符號，而是老太太使用的一件笨拙武器。此後，這件玉璽補上一塊金鑲角，在《三國演義》中，此補角被當作此玉璽是真傳的證據，軍閥之間為此大開戰：用玉璽打人的後果，又被符號化，帶上重大證實意義。

　　2009 年 6 月 26 日，《中國青年網》報導：「今天上午 10 時 15 分，網友在兩江論壇發帖，帖子裏的圖片顯示一位女生表情非常悠然自得的樣子，將百元紙幣點煙。」這與玉璽打人一樣，符號被降低到載體（紙）的物使用性。此圖片上傳後，被線民廣為轉抄評論，此時又帶上「富二代腦殘」的意義，成為一個新的符號。

　　以上兩個例子，是原本是作為符號製造出來的純符號，變成使用的實物。有人愛「梅妻鶴子」，有人「焚琴煮鶴」；有人禮佛，有狂禪和尚燒佛像取暖；信用卡可以用來開鎖；鑽戒可以用來劃玻璃；獎盃可以用來盛物（諾貝爾獎得主高錕曾用「莫里斯獎盃」在家中盛火柴盒），用來喝水（大雨天奪得獎盃的運動員興奮地喝「天水」）；武僧用法器做武器，用念珠做彈丸。

　　符號－物在一定語境中，不再作為符號存在。《漢書・揚雄傳下》：「鉅鹿侯芭常從雄居，受其《太玄》、《法言》焉，劉歆亦嘗觀之，謂雄曰：『空自苦！今學者有祿利，然尚不能明《易》，又如《玄》何？吾恐後人用覆醬瓿也。』雄笑而不應。」魯迅《集外集拾遺・題〈吶喊〉》：「最徹底的革命文學家葉靈鳳先生，徹底到每次上茅廁的時候都用我的《吶喊》去揩屁股」。只用書的物性，是對書這種純

符號作為符號的意義價值之完全否定。上述兩個例子,當然有意義:符號－物降解成非符號,這事態成為符號。

《時代週刊》2009 年十大新聞之五:「九寸釘」樂隊的音樂被用於審問關塔那摩灣監獄的犯人,調高音量,持續數周,直至他們無法忍受,主唱手雷諾向美國政府抗議,並倡議組建「搖滾音樂人聯盟」,抵制在審問犯人時播放他們的音樂作品。西方搖滾對於阿拉伯耳朵,只是噪音,音樂的符號意義消失,「降解」為音波。

如此完全歸於物的例子比較極端。我們更多見到的「去符號化」,是不同程度的符號意義縮小:例如前輩視若珍寶的紀念品被後人送到當鋪或舊貨市場,精心題寫送給朋友的書見於舊書攤,買一套《莎士比亞全集》放書架做裝飾。[11]開車的符號意義不一樣,在地廣人稀的美國、加拿大,或澳洲等「汽車國家」,無車寸步難行,使用性較強;在人口密集的地方,開車過於不方便,使用性不足,此時符號意義較大才值得買車。

在另一端,符號載體本身的價值可能很有限,攜帶的符號實用意義常常有「放大效果」:「符號化」往往把意義放大到遠遠超出原物的使用價值。「投之以木瓜,報之以瓊瑤,匪報也,永以為好也」。木瓜與瓊瑤作為符號,都可以被解釋為攜帶「永以為好」的意義:作為山盟海誓,比原物的意義價值大得多。瓊瑤當然也是符號,但是其價值過高,讓我們對贈予雙方的愛情純潔程度出現懷疑。用木瓜為盟誓,這才出現強烈的符號化。作歌者有意選用了兩種價值差異極大的物,以說明符號的力量。

---

[11] 池上嘉彥《符號學入門》(北京:國際文化出版公司,1985 年)說,買了鋼琴或百科全書而不用,放在那裏做樣子,是購買了符號的外延意義,而不是其內涵意義。筆者認為,是購買了它們的實用符號意義(排場),而不是它們的藝術符號意義。

　　表意性與使用性的消長，在歷史文物上最明顯：許多文物在古代是實用物，但是年代久遠使它帶上越來越多的符號意義。我們的祖先修一座橋，是為了實用用途，今日此橋功能已經大不如前，石板拱橋已經不便行走。當時的符號意義（例如宣揚德政）消失，今日觀察者解釋出來的符號意義（例如從中解讀出幾百年前的技術水平，或地方政府的社會動員能力）卻越來越多。一旦成為歷史文物，使用性漸趨於零，而意義越來越多，兩者正成反比。

　　再次說明：這裏談的「使用性」不是符號的實用意義，鼎的使用性是煮的器皿。當鼎成為祭祀禮器，就不再具有器具的使用性；楚莊王「問鼎中原」，這位野心家問的是鼎的實用符號意義；今日鼎作為歷史文物，符號意義已經變化很大，不再是權力符號，而是古代文明的符號，完全失去使用性，實用意義也不同了。

　　符號化與去符號化，是可以上下滑動的尺規。《史記·高祖本紀》記載，項羽在陣前威脅，要把劉邦的父親放在鍋裏煮，劉邦坦然說：「吾與項羽俱北面受命懷王，曰『約為兄弟』，吾翁即若翁，必欲烹而翁，則幸分我一杯羹」。這是一場「去符號化」心理戰：兩個軍閥比誰更流氓。劉邦拒絕對其意義做相應理解，堅持「我的父親就是你的父親，煮成的湯意義相同」，項羽就無計可施。

　　從歷史規律來看，符號表意性，隨著文明的進程而增加。當代文化的一個重要特點是「符號氾濫」。具體表現為，上面說的各種符號－物，現在都劇烈地朝符號化方向滑動：

　　首先，絕大部分自然物原本與人無關，「征服自然」（例如攀登）把它們硬拉入人化的世界，「改天換地」（例如發電）把它們變成半人造物，旅遊觀光更是把任何自然人化，1-1 變成 1-2。

　　二是在絕大部分符號－使用體中，表意成分越來越大，大到使用性越來越可以忽略的地步，例如品牌使商品的純符號部分增大，相比之下，使用性部分越來越小。

三是純符號物，即只為表達意義而出現的物品（2-2），已經越來越多，多到淹沒使用物的地步，例如娛樂與體育，引出比很多實用問題更受人矚目的大標題：「足球無關生死，足球超過生死」。

四是人工符號中的實用表意部分（2-2-1）越來越小，藝術部分（2-2-2），比例越來越大，出現所謂「泛藝術化」。這問題比較複雜，本書留到第十四章分析。

4.符號化

符號化，即對感知進行意義解釋，是人對付經驗的基本方式：無意義的經驗讓人恐懼，而符號化能賦予世界給我們的感知以意義。只要符號化，哪怕看來完全沒有意義的，也可能被解釋出意義。

符號化什麼時候開始？這也就是問：事物在什麼樣的條件下開始被解釋出意義？艾柯認為是在「表現與內容相關時」。[12]這話同義反覆，稱之為「表現」（expression）就已經是確認為攜帶意義，有表現就有被表現，就已經是符號。如果艾柯的「表現」指的是表現方式，他是說「物載體」一旦用來表現意義內容，就成為符號，這依然是同義反覆，因為表現意義的物，從定義上說，就是符號。

布拉格學派的穆卡洛夫斯基認為符號化應當劃開兩個階段，即「前符號實踐」（presemiotic praxis）階段，以及「符號功能」（semiotic function）階段，[13]他的意思是：在符號化的人類文明出現之前，人的「純實踐」活動並不具有符號意義。但是我們無法證明人類有一

---

[12] Umberto Eco, *A Theory of Semiotics,* Bloomington: Indiana Univ Press, 1976, p 231.
[13] Jan Mukarovsky, *Structure, Sign, and Function*, New Haven: Yale Univ Press, 1978, p 56.

個「非符號化」的，一切事物都純為使用的「前符號階段」：沒有不具有符號表意能力的人類。

　　有一些符號神學家認為，在上帝賦予人靈魂之前，人類處於「前符號」的純自然狀態，[14]這實際上是承認：人作為人，必定是使用符號的人。「前符號」的純自然世界，容易想像，但很難說是人類歷史的一部分。《荀子》說：「夫禽獸有父子而無父子之親，有牝牡而無男女之別」，這「親」與「別」就是對符號意義的自覺。人成為人，即是給事物以意義。無「父子男女之別」的人，荀子認為不是人類。

　　另一位布拉格學派符號學家布加齊列夫認為，符號化發生於一物「獲得了超出它作為自在與自為之物的個別存在的意義時」。[15]他舉的例子是：一塊石頭不是符號，把這塊石頭放在田地中作為田界標記，就成為符號。「分界」的意願把標界符號化，石頭只是這個符號偶然的物源。

　　那麼石頭如何符號化？給任何物一個稱呼，就是一個符號行為。漢代劉熙《釋名》是推勘漢語語源的創始之作，其中說：「名，明也，名實是分明也」。是名讓實變「明」。命名就是符號化。當有人看到一塊石頭，認出是一塊石頭，名之為「一塊石頭」，命名使這個符號化的石頭變成純符號。

　　巴爾特在《符號學原理》一書中認為任何物一旦被人類使用，就會符號化。[16]他區分兩種符號化方式：把物變成「社會文化符號」（sociocultural sign）；把物變成「經濟符號」（economic sign），後者

[14] 參見 Robert S Corrington, *Nature's Self: Our Journey from Origin to Spirit*, Lanham, MD: Rowman & Littlefield, 1996.

[15] Peter Bugajilev, "Signs in Dress", in (eds) L Matejka and I,R, Titunik, *Semiotics of Art,* Cambridge, Mass,: MIT Press, 1979, 14.

[16] 羅蘭・巴爾特〈符號學原理〉，見趙毅衡編《符號學文學論文集》，天津：百花文藝出版社，2004 年，296 頁。

主要指物在「商品系列」中的位置。由此，巴爾特認為「絕對非表意的物」（non-signifying object）只有一種，即「絕對即興製作完全不類似於現存模式的用品」。[17]顯然，「完全不同於現存模式」的事物多得很：藝術家做的事，就是讓作品儘量不落入現存模式，而藝術作品恰恰是純粹的符號。

在符號化問題上，艾柯的討論比較清晰。他認為符號化，起始就有三步：一是思維主體確定某物「有某功能」，二是歸類為「用於什麼目的石頭」，三是由此命名為「叫做什麼。」[18]具體到石頭的例子，符號化的三步就是：發現一塊石頭可用來打人，歸類為「一種武器」，稱之為「戰斧」。第一步已經是符號化的門檻：在人意識到一塊尖石可以傷害別人之時，石頭成為服務於他的目的之物，他就對此種石頭另樣看待，賦予它意義。遠在語言命名之前，就出現了符號化。

符號化與物本身的品質或類別關係不大，物必須在人的觀照中獲得意義，一旦這種觀照出現，符號化就開始，物就不再留於「前符號狀態」中。因此，一塊石頭只要落入人的體驗之中，人感到手中的這個硬物有意義（例如特點明顯可作標記，顏色花紋美觀可作裝飾，堅硬尖利可以作武器等等），這塊石頭就不再是自在之物，它已成為人化世界中的物－符號。

從以上關於符號化的討論中，我們可以看到：符號化取決於人的解釋，這個人不僅是社會的人，同時還是個別的人，他的解釋行為不僅受制於社會文化，也受制於此時此刻他個人的主觀意識：在符號解釋中，社會文化的規定性，經常有讓位於個人意志的時候。

---

[17] 同上，295 頁。
[18] Umberto Eco, *A Theory of Semiotics*, Bloomington: Indiana Univ Press, 1976, 31.

　　就拿「和氏璧」的故事來說：符號意義（例如含可裝飾的美玉）的確是社會性的（中國文化認為玉有貴重價值），符號化（慧眼發覺此石塊包有美玉）卻是和氏個人的認識。雖然「西施」是社會共有的擇偶標準，「情人眼裏出西施」，說明解釋可能非常個人化。因此，任何符號解釋都有個人與社會兩個方面，符號化的過程，從個人感受開始，最終的解釋方式（理解符號所用的符碼）是文化性的。符號化是個人意識與文化標準交互影響的結果。

　　上文說過，不存在完全不可能攜帶意義的物，但是究竟一件「物－符號」有多少意義，取決於符號的具體解讀方式。我現在渴了，舉起杯子喝水。這裏可能沒有符號意義，這是我對身體需求的反應。我喝茶沒有特殊的意圖，此時如果有一個觀察者，他可以我喝茶中讀出意義：學生認為我是講課太苦，關心者懷疑口渴是疲勞，同事知道我又在苦思理論，警官可能認為我因有罪而焦慮，同胞可能認為我沏茶是苦於懷鄉。

　　符號化的過程，即賦予感知以意義的過程，經常稱為「再現」（representation，有些論者譯為「表徵」，此譯法容易與「症狀」相混）。霍爾對「再現」的功用解釋得非常簡明清晰：「你把手中的杯子放下走到室外，你仍然能想著這只杯子，儘管它物理上不存在於那裏」。[19]這就是腦中的再現：意義生產過程，就是用符號（心像）來表達一個不在場的對象與意義。

　　再現的對立面是「呈現」（presentation），一個杯子可以呈現它自身，物自身的呈現不能代表任何其他東西，呈現無法產生意義。只有當呈現對一個意義構築者意識發生，在他的解釋中變成再現，才會引向意義。關於這些概念的討論，有時候很複雜，因為中文與「表現」（expression）相近。「表現」是個人意識（尤其是情感）的

---

[19] 斯特亞特・霍爾編：《表徵》，徐亮、陸興華譯，商務印書館，2005 年，4 頁。

再現，從符號學角度來看，可以認為再現與表現並不對立，表現是再現的一種。[20]

而呈現不同，呈現是事物向意識展開的第一步，其感知尚沒有變成符號而獲得意義，再現則已經被意義解釋符號化。這個測試方法並不複雜：呈現是單一的（以某種形態面向意識），再現則是多元多態的（可以有多種解釋）。例如一棵樹（無論是樹「自身」，還是樹的畫，樹的雕像，或是「樹」這個詞），呈現不是意義，它們只能引向意義，只有被解釋者解釋出「植物」、「自然」、「生機」、「童年」，或者其他任何意義，此時「樹」的各種形式的呈現，才變成攜帶意義的再現，物象就變成了符號。因此，再現就是可以被理解為攜帶意義的呈現。

皮爾斯說，「只有被解釋成符號，才是符號」。[21]這句話簡單、明瞭、精闢，但是並不周全：人工製造的純符號，哪怕沒有被人接收並解釋，依然是符號。說它們不是符號，就否認了它們存在的本質特徵。

5.片面化

作為符號載體之物必須能被感知，本書已經討論過這一點。但是被感知的不是物本身，而是物的某些品質。物不需要全面被感知才攜帶意義：讓物的過多品質參與攜帶意義，反而成為表意的累贅：

---

[20] 謝冬冰《表現性的符號形式：卡西爾－朗格美學的一種解讀》（上海：學林出版社，2008年），把這一派的符號學稱作「表現性的」，應當說是很準確的，卡西爾與朗格很強調符號的情感表現。
[21] "Nothing is a sign unless it is interpreted as a sign", Charles Sanders Peirce, *Collected Papers*, Cambridge Mass: Harvard Univ Press, 1931-1958, Vol 2, p 308.

「被感知」並不能使符號回歸物自身，恰恰相反，符號因為要攜帶意義，迫使接收者對物的感受「片面化」，成為為意義的「簡寫式」。

例如，看到一輛汽車駛過來，一個人會馬上解釋出「危險」意義，並且立即閃避。解釋者此時不僅不需要對汽車有整體認知，甚至他不需要這方面的「前理解」——他不需要曾有被汽車壓倒的經驗，也不需要曾經觀察過汽車撞傷人的經驗——他可以從各種非直接的途徑獲得解釋能力：只需要意識到汽車的這種重量，這種速度，一旦被撞到，對他會有很大危險。此時汽車的其他品質，例如色彩、樣式、品牌，只要與重量和速度無關，就應當被忽視，萬一這些與意義解釋無關的品質被感受到了，就是符號文本中的噪音，噪音問題本書在第三章會討論。

我們可以看到：片面化是符號化之必須：無關品質可以甚至必須忽視，不然解釋效率太底。顯然，這不是針對符號載體本身，而是解釋語境的需要：如果汽車按喇叭，一個人聽到馬上會躲避，甚至不去看汽車，此時整個符號載體就極端片面化，只剩下喇叭聲音這一感知；但是當朋友向你炫耀新車，此時你就會觀察另外一些細節，例如座位皮革的品質：那會是另一種方式的片面化。

因此，符號在傳送與解釋的過程中片面化，最後只剩下與意義相關的品質，這是感知成為符號載體的保證。一件物成為符號載體，不是因為它作為物的存在，恰恰相反，**符號載體只是與接收相關的可感知品質之片面化集合。**

例如：錢幣作為購買力符號，錢幣作為歷史文物符號，錢幣作為收藏價值的符號，要求三種完全不同的片面化：購物者、歷史學家、盜墓者，看到的似乎是同一物，接收的符號完全不同，從而引向不同的意義解釋。感知本身是經驗的捕捉，而捕捉哪些些方面，被解釋目的所控制：我接到一紙文字書寫，如果我把它當作一條待猜的謎語，我就會忽視書法的飄逸，文詞的優美，而去注意文字內

容；如果我當做一紙書法，我就暫時不顧寫的內容；如果看成一封書信，我就暫時不管書法。

所以符號載體不僅不是物，甚至不是感知的集合，而只是與「注意類型」相關的某些感知的臨時集合。由此我們可以得出一個聽來奇怪的結論：同一符號物源（例如一場足球賽），可以承載完全不同的符號：足球藝術、展覽愛國熱情、看帥哥、賭假球機會，等等，這就是為什麼本書一再強調，符號不是物，物只是各種相關感知的寄宿地。

回到上一節開始時說的符號定義，符號遠不是「一物代一物」那麼簡單。皮爾斯指出，符號是「一物在某個方面（in some respect or capacity）代替另一物或另一人」；[22]莫里斯指出：「符號學研究普通物，只要他們參與符號行為，但也只在它們參與的程度上（only in so far）」。[23]他們所說的「某方面」與「參與的程度」著兩個限定語非常重要，否則我們就沒有明白：符號不等於符號載體，也不等於感知，符號是它們與意義之間的關係。

片面化不是簡單化，片面化是感知對相關意義之定向匯集，是物源的自我取消：讓木瓜或瓊瑤帶上「永以為好」的意義，就是使木瓜不成其為木瓜，瓊瑤不成其為瓊瑤；讓拳擊成為體育，就必須使拳擊不以打人為目的，不成其為拳擊。只有感知片面化，才能保證意義放大化。木瓜與瓊瑤這樣的物，意義範圍大幅度提升擴充，就是因為首先被片面化。

例如，綽號就是極端片面化的符號，但它卻有放大我缺點的能力，才被認為特別傳神，從而取代了我們的名字，這是讓我們非常

[22] Charles Sanders Peirce, *Collected Papers*, Cambridge Mass: Harvard Univ Press,1931-1958, Vol 2, p 228.
[23] Charles Morris, *Foundations of the Theory of Signs,* Chicago: Univ of Chicago Press, 1970, p 4.

遺憾的符號力量。同例，一幅畫、一場考試、一部小說、一棟「地標建築」，因為都是符號，就都不會是對象的全面再現，甚至不是典型再現。

《紅樓夢》第五十四回，賈母批評才子佳人故事都是破綻百出：「這有個原故：編這樣書的，有一等妒人家富貴，或有求不遂心，所以編出來污穢人家。再一等，他自己看了這些書看魔了，他也想一個佳人，所以編了出來取樂。何嘗他知道那世宦讀書家的道理！」賈母是大富婆，瞧不起窮秀才未免過於勢利，不過她對小說的看法再正確不過：只有「何嘗知道道理」的一廂情願片面化，寫成小說才把幻想放大得精彩。

片面化不一定「虛假」：它既能提高人知的效率，也可能導致非常有效的意義解釋。醫生經常用安慰劑治療，心理暗示等來治療病人，實際是用符號表意對付病症：這些表意不能構築真實的因果關係，但是身體可以接收這種片面化，而且產生想要達到的效果。解釋目的導致片面化感知，這是因為解釋活動服從文化對符號表意的體裁規定。有傳媒研究者調查說：「現在人們選擇一本雜誌到從書架上取走它的平均時間是三秒鐘。你就需要非常簡要封面標題（像「完美的性愛」這樣的短語）來推銷你的文章。」[24]符號表意片面化實際上是傳媒業廣告業成功的秘訣。

6.符號的實用意義及其度量

符號化是給某種載體以意義。意義有很多種，基本上可以分成兩大類，一類是「實用符號意義」，可以取得具體的效果的意義，另一類是「非實用符號意義」，沒有實際目的意義，即藝術意義，或稱

---

[24] 卡洛琳・凱奇，《雜誌封面女郎》，天津人民出版社，2006年，40頁。

「詩意」。這兩種意義，不是判別藝術與非藝術的分野：所謂非藝術品，在一定的使用語境中會有藝術意義，而所謂藝術品卻經常有實用意義，例如能賣出一個價格。實用符號意義的例子很多：儀式能昇華我們的心靈，但是也能變成旅遊賣點；衣妝能增添美貌，但是可以達到「提高社會地位」的實際目的；愛情是心靈的需要，但是也必須考慮婚姻是否門當戶對，能給自己帶來何種好處。

「物化」是切斷表意，不把符號當作符號載體，回歸物的使用性；「實用化」則是在接收符號時，給出的意義解釋傾向於實用。這兩者容易區分：到情人窗下唱小夜曲，對鄰居是「物化」的噪音，對情人是浪漫意義的「藝術符號」，一旦騷擾到左鄰右舍無法忍受，來給這位情人施加壓力，讓她及早接受求愛，就是符號意義的「實際化」。

藝術、體育、遊戲，都是純符號，它們的意義可以很不相同，藝術經常被理解為替代生活庸常的昇華；體育代替人類的打鬥甚至戰爭；遊戲則被看成人在真與假的競爭中取得一個平衡。但是它們都可能引發參與者過分強烈的感情，以至於符號的「實際價值」壓過了藝術意義。例如藝術、體育、遊戲的開發公司與經紀人，經營者，可以賺大筆利潤：對他們來說，這些依然是符號活動，但卻可以取得非常實際的價值。

實用化只是個程度區別，城市綠地安排，旅遊點規劃，電影道具佈景，這些似乎非實用符號，背後隱藏強烈的實用社會意義，甚至商業用途。《詩經・小雅・斯干》，「乃生男子，載寢之床，載衣之裳，載弄之璋。……乃生女子，載寢之地，載衣之裼，載弄之瓦。」璋是好的玉石；瓦是紡車上的零件。男孩弄璋、女孩弄瓦。這些符號意義，似乎只是玩具，實際上造成了男女一生的固定社會角色。

符號是用來傳送意義的，因此符號的價值從定義上無法量化。「實用意義」可以比較，可以作社會學的調查統計度量，在當代經

常可以換算成金錢：符號價值貨幣化，實際上成為當代文化一個明顯的符號學特徵。

符號量化不是自今日始，它是人對意義本身的一種解釋方式。例如禮物作為人際關係的符號，已經有幾千年歷史，是人類文化向來就有的意義實踐。古代的番邦「進貢」，對朝貢者是個義務，被朝貢的天朝，一樣進入禮物所體現的意義契約。禮物的實際價值，把送禮者與收禮者的社會等級差距，所求索的好處價值幾何，以及各種其他因素（例如送禮者對收禮者貪婪卑劣程度的估計，對「禮尚往來」的回報計算），精打細算地計算在內：一旦禮物價值超過這些價值的總和，送禮就沒有必要。

甚至出現在舞弊作假也有價值量化。2008 年 6 月 27 日新浪網報導，重慶高考文科狀元，總分 659 分，此考生是縣招辦主任之子，因為少數民族加分造假。《新浪評論》說：改變民族只加 5 分，既然有狀元實力，身為招辦主任的父親為何還如此『畫蛇添足』呢？」。弄虛作假是否合算，是可以度量的。

給符號的實用意義估價，是當代消費文化的一條重要特徵：如果不能給品牌標價，即給商品定下超越實際價值的價格，品牌就不成其為品牌，商品的價值就淪為物的價值。在當代社會，冒牌商品的商標精美，製作加工也不差，但是貨主為了儘快脫手而標出價格便宜，這時冒牌反而暴露。[25]原因可以理解：名牌商品是供奢侈消費用的，價格不夠高，使該符號意義顯得不夠分量。此時價格不是商品的價格，也不是商品意義轉換成價值，價格本身就是商品作為符號的意義。

---

[25] 這是 2007 屆博士生苗豔在符號學作業中舉的例子，特此致謝。

7.文本

　　符號很少會單獨出現，一般總是是與其他符號形成組合，如果這樣的符號組成一個「合一的表意單元」，就可以稱為「文本」。先前學界常認為文本這個術語等同於「講述」（discourse，或譯「語篇」），[26]此術語無論中西文，過於傾向於語言，不適合作為所有符號組合的通稱；資訊理論中則把符號結合起來的整體成為「超符號」（super-sign），此術語意義不明確，各人用法不同，近年「超符號」此術語，漸漸只用於難以分解的符號組合，例如圖像。[27]而「文本」一詞，漸漸作為「符號組合」意義通用。

　　此詞西文 text 原義是「編織品」（something woven）。[28]中文定譯「文本」極不合適，因為「文字」意味太濃，而符號文本卻可以是任何符號編織組成。本書難以糾正翻譯史的不當，否則本書的重點會變成術語糾錯。

　　在符號學史上，對文本概念做出最大大貢獻的，是兩個符號學派別，一是德國六〇年代的「斯圖加特學派」，這派的領軍人班斯（Max Bense）早在 1962 年就把這一批德國符號學家的貢獻編成文集《文本理論》；一是莫斯科－塔爾圖學派，他們把文本看做符號與文化聯繫的最主要方式，洛特曼在 1970 年出版了《藝術文本結構》，

---

[26] Janos S Petofi, "Text, Discourse", in (ed) Thomas A Sebeok, *Encyclopedic Dictionary of Semiotics*, Berlin: Mouton de Greyter, 1986, pp 1180-87.

[27] 「超符號」這個詞被許多理論家用作別的意義，例如「超越語言與文化邊界的巨大的表意」。或「不能分成內容單元的符號組合」，見 Umberto Eco, *A Theory of Semiotics*, Bloomington: Indiana Univ Press, 1976, p 232.

[28] Jurij Lotman, *The Structure of Artistic Text*, Ann Arbor：Univ of Michigan Press, 1970, p 6.

有好幾篇文章著重討論文本。由於當代符號學界的共同努力，符號學的分析單元，重點從單獨符號，轉向符號文本。

在符號學中，文本一詞的意義可以相差很大。最窄的意義，與中文的「文本」相近，指的是文字文本。文本不是其物質存在，因此一本書的不同版本，是同一「文本」。[29]文字文本有個空間和語義的邊框，因此不包括注解、標題、序言、出版資訊。此意義至今在使用，巴爾特與格雷馬斯對文本符號學做出了非常重要的貢獻，但他們研究中的「文本」基本上是最窄概念，即文字文本。[30]巴爾特問「在圖像之中、之下、周圍是否總有文本（texte）？」[31]他指的是圖像的文字說明。因此，必須根據上下文判別「文本」何義。

比較寬的定義，是指任何文化產品，不管是印刷的，寫作的，編輯出來的文化產品，從手稿檔案，到唱片，繪畫，樂譜，電影，化學公式，等等人工符號構成的文本。符號學中往往使用寬定義：提倡文本符號學的俄國符號學派，從巴赫汀到洛特曼，到烏斯賓斯基，都是持最寬定義。巴赫汀說：「文本是時直接的現實（思維和經驗的現實），在文本中，思維與規律可以獨立地構成。沒有文本，就既無探詢的對象亦無思想。」[32]塔爾圖學派的洛特曼定義最為簡明：「文本」就是「整體符號」（integral sign）；烏斯賓斯基提出一個更寬的定義，文本就是「任何可以被解釋的東西」。[33]因此，任何攜帶

---

[29] Alec McHoul, "Text", in *Enclopedia of Semiotics,* (ed) Paul Bouissac, Oxford: Oxford Univ Press, 1998, p 609.

[30] A J Greimas & Joseph Courtes, *Semiotics and Language,* Bloomington: Indiana Univ Press, 1982, p 340.

[31] 羅蘭‧巴爾特「圖像修辭學」，《語言學研究》第六集，北京：書目文獻出版社，2008 年。在《顯義與晦義》（天津：百花文藝出版社，2005 年，27 頁）一書中，此處譯為「文字」。

[32] Quoted in Tzvetan Todorov, *Mikhail Bakhtin: The Dialogical Principle*, Minneapolis: Univ of Minnesota Press, 1981, p 17.

[33] "Anything that can be interpreted". Boris Uspenskij, "Theses on the Semiotic

意義等待解釋的都是文本：人的身體是文本，整個宇宙可以是一個文本，甚至任何思想概念，只要攜帶意義，都是文本，文本的定義可以簡化為「文化上有意義的符號組合」。

本書建議：只要滿足以下兩個條件，就是符號文本：

1. 一些符號被組織進一個符號組合中。

2. 此符號組合可以被接收者理解為具有合一的時間和意義向度。

本書的這個定義雖然短，實際上牽涉六個因素：**一定數量**的符號被組織進一個**組合**中，讓**接收者**能夠把這個組合**理解**成有**合一的時間和意義**向度。此處暫時無法把每一點都在學理上講清楚，本書會一點點處理這些概念，最後予以總結。

文本要如何組成才能有意義的？實際上取決於接收者的意義構築方式。接收者看到的文本，是介於發送者與接收者之間的一個相對獨立的存在，它不是物質的存在，而是意義傳達構成的關係：文本使符號表意跨越時間空間的間隔，成為一個過程。反過來說，通過表意過程，此符號組合就獲得了「文本性」（textuality）。

鮑德朗德認為：「文本性」包括以下七種品質：結構上的整合性；概念上的一貫性；發出的意圖性；接收的「可接受性」；解釋的情境性；文化的文本間性；文本本身的資訊性。[34]這個「七性質」說法把符號學所有要處理的問題一網打盡了，無非是說，符號學的研究對象不是單獨的符號，而是符號文本。

上述標準的頭一條「結構上的整合性」，是後面六條的保證。但後面的六條是否就能保證第一條呢？艾柯就提出過「偽組合」理論：某些「文本」的組合缺乏「整合性」，各部分之間關係不明。他舉的例子是蒙德里安的畫，勳伯格的十二音階音樂。實際上，很多符號組

Study of Culture", in (eds) Jan van der Eng and Mojnir Grygar, *Structure of Texts and Semiotic of Culture*, The Hague: Mouton, 1973, p 6.

[34] Robert de Bauderande, *Text, Discourse and Process,* Norwood NJ: Ablex, 1980.

合都讓人懷疑是否有「整合性」：長軸山水切出一塊難道不能形成單獨文本？電影剪輯不是可以割出好幾種版本？剪裁後照片比原幅照片整合性更多還是更少？70回《水滸傳》是否真不如120回「全本」？六〇年代實驗戲劇的一種，「發生」戲劇（Happenings），沒有預定情節，演到哪裏算哪裏，無始無終，有意取消文本的「整合性」。[35]

筆者認為，「文本性」是接收者對符號表意的一種構築態度，接收者在解釋意義組合時，必須考慮發送者的意圖（例如畫家的畫框範圍），也可必須文化對體裁的規定性（例如絕句應當只有四句），但是最後他的解釋需要一個整體：文本的構成並不在於文本本身，而在於他的接收方式。例如：地理上的一整條線路構成他上路時考慮的文本，某個路標與周圍的某些路況構成一個文本；如果他堅持讀到底，一部百萬字的長篇小說是一個文本，如果他中止閱讀的話一個章節也構成一個文本。文本作為符號組合，實際上是接收者將文本形態與解釋「協調」的結果。

這看來是一個並不複雜的理解，實際上關係重大，會導致很多理論困難。例如與「有機論」的關聯：文本的組合究竟有多緊密，能使文本各部分服務於整體？本書會在第四章會討論「有機論」問題；其次是與「語境」和「伴隨資訊」的關係：究竟什麼地方應當作為文本的邊界，其外的各種因素（例如標題、題詞、注解）是否算文本的一部分？本書會在第六章會仔細討論「伴隨文本」問題。

因此，符號文本是接收者進行「文本化」（textualization）的結果，而文本化是符號化的必要方式：文本自身的結構只有參照意義，文本各單位之間的組合關係，是解釋出來的：一個交通警察、一個搶銀行的強盜、一個看風景的行人，會在同一個街景中找出不同的

---

[35] Zoltán Szilassy, *American Theater of the 1960s,* Carbondale, IL: Southern Illinois University Press, 1986, pp 64-68.

組合，因為他們需要追求不同的時間性與意義性。本書上一章說到
「片面化」，文本化就是片面化的結合：接收者不僅挑揀符號的各種
可感知方面，而且挑揀感知的成分。一個足球運動員，「眼觀六路耳
聽八方」，看到己方與對方每個隊員各種人員的相互位置與運動速
度，並且迅速判斷這個「文本」的意義。體育界行話，稱此人善於
「讀」比賽，此語很符合符號學。顯然，一個後衛與一個前鋒，必
須對同一個局面讀出很不同的「文本」。

　　錢鍾書〈管錐編〉第一卷《老子王弼注》論卷，對文本問題理
解深刻。此書討論老子「數輿乃無輿」說，認為「即莊之『指馬不
得馬』」，《那先比丘經》：「不合聚是諸材木不為車」。錢鍾書指出：「不
持分散智論，可以得一」；「正持分散智論，可以破『聚』」。[36]「分
散智論」，是錢鍾書對拉丁文 Fallacia Divisionada（分解謬見）的翻
譯：整體並不是部分的聚加：一個個數車輻，看不出車輪；一條條
指出馬腿，指出的並不是馬。

　　那麼，有沒有不與其他符號組合，單獨構成文本的「獨立」符
號？一個交通信號，一個微笑，一個手勢，一個命令，「一葉知秋」；
有些符號似乎沒有明顯的組合因素，例如「瑞雪兆豐」、「當頭棒喝」、
「及時雨」。我們略一仔細考查，就會發現完全孤立的符號，不可能
表達意義。要表達意義，符號必然形成組合：一個交通燈必然與其
他信號（例如路口的位置，信號燈的架子）組合成交通信號；一個
微笑的嘴唇必然與臉容的其他部分組合成「滿臉堆笑」或「皮笑肉
不笑」；一個手勢必然與臉部身姿表情相結合為一個決絕的命令或一
個臨終請求；「佛祖拈花，迦葉微笑」，顯然迦葉看到的不只是花，
而是佛祖、花、拈花手勢的組合。

---

[36] 錢鍾書〈管錐編〉，《老子王弼注》，北京：三聯書店，2007 年，第一卷，685 頁。

　　最後，「大局面」符號表意是一種超大符號文本：整個文化場景，甚至整個歷史階段的意義行為，被當做一個文本。本書最後幾章將討論各種「大局面文本」，例如文化演變，歷史進程等。

第二章　符號過程，不完整符號

1.意義不在場才需要符號

　　符號表意，有三條悖論，聽起來可能奇怪，實為符號的題中應有之意：

　　一、意義不在場，才需要符號；

　　二、不存在沒有意義的符號；

　　三、任何理解都是理解。

　　先講第一條。意義不在場才會有符號過程：符號表意之所以有必要，是因為意義缺場，**解釋意義不在場是符號過程的前提**。任何意義傳達，構成其過程的諸成分，必有某些成分不在場，或尚未充分在場。有缺席，過程才獲得展開的動力。缺席是一種姑且勿論，樂見其變。如長白山天池，邊際齊全，即無運動，有缺口才形成瀑布，形成江流。符號等待解釋，意義要解釋後才能出現。時間上，邏輯上，解釋必須出現在符號被感知之後。

　　符號的這個條件，就決定了它只是意義的替代，替代才能表意。文字、圖畫、影片、姿勢（例如聾啞語）、對象（例如沙盤推演），景觀（例如展覽臺）。偶爾我們可以看到「原件實物」：例如博物館的「真實」文物，消防演習中真的放了一把火，法庭上出示證物。這些都是替代：此手槍只是「曾經」用於發出殺人的子彈，放到法

庭上時，已經不是殺人狀態的那把手槍。脫離原語境的實物不是「原物」，只是一種承載「證明」意義的符號。

由此可以得出一個似乎奇怪的結論：既然之所以需要符號，是因為缺少相關意義，那麼符號越多，就越暴露出意義之闕如。孔子說：「祭如在，祭神如神在。子曰：吾不與祭，如不祭。」[1]正是因為神不在場，神的替代物才能置於祭壇上替代神，而參與祭奠儀式過程，才能在我的心中引出「神在」的意義解釋。

耶穌似乎很明白這個道理。在希臘語（《聖經・新約》寫成的語言）中，sema 即符號，也是神跡。法利賽人要耶穌行一個神跡給他們看，他們就會跟隨。[2]希律王把耶穌抓來受審判，叫耶穌出示符號以自辯，「你行一個神跡給我看吧！」[3]如果信仰缺失，符號不能創造信仰，只能更加暴露其無；無神跡，才是信仰確立的地方。耶穌與孔子，看來都很明白符號起作用的機制。列維納斯說：上帝與一般「他者」之不同，在於它不僅是超越的，而且「超越到不在場」。也就是說，人不可能完全瞭解上帝，是上帝存在的前提。[4]

因此，一旦感知符號載體在場，就可以非常準確地說，意義並沒有在場。如果我們覺得意義已經在場，那就證明我們還沒有明白符號的真正的意義：中國古代官員出場要鳴鑼開道，打出牌子「肅靜」「迴避」：百姓雖然可能看到官員的轎子，甚至看到官員本人，卻沒有充分認識官員的權威，這個權威需要儀式符號來宣揚。

反過來，意義一旦已經被解釋出來，符號的必要性就被取消，就是《莊子》說的「得意忘象，得魚忘筌」：密電一旦譯出，就不必再關心密電；神秘之物一旦有滿意之解，神秘就自我取消；市場上

---

[1]　《論語・八佾》。
[2]　《路加福音》23：8。
[3]　《馬太福音》7：6。
[4]　伊曼紐爾・列維納斯《上帝、死亡與時間》北京：三聯書店，1997 年，274 頁。

橘子帶一點葉子，顧客決定購買攤主就會幫助剪掉葉子；投桃報李，互送秋波，是因為愛情關係尚未建立，或是愛意未能充分表達，已經是夫妻，眉目傳情自然越來越少。

那麼意義究竟先於符號而存在，還是後於符號而存在？從常理上說：有了表達一個意義（例如「永以為好」）的需要，表意者採取找一個符號（投之以木瓜）加以表達，而接收者由此解釋出求愛示好的意義。固然他有權選擇一種反應（報之以瓊瑤），或不反應（沉默），兩種反應都屬於下一個符號過程。

那麼「永以為好」究竟先於符號還是後於符號？從符號過程分析：意義並不先於符號表達而預先存在，而是有了符號才有意義：沒有木瓜（或瓊瑤），「永以為好」的意義無法出現。符號並不表達已經存在的意義，投木瓜者要用符號表達的，只是潛在未實現的意圖，而不是意義，意義必須靠解釋才能出現，沒有解釋，木瓜只是一個木瓜。不僅人造符號是如此，自然符號也是如此。皮爾斯喜歡舉風向標（weathercock）為指示符號的例子，風向標的運動，是風吹造成的，原因雖然先出但是無法覺察，風向不在場，才需要看到風向標轉動這個符號。

J・希利斯・米勒曾舉狄更斯的小說引發爭論為例，說明符號表現要求意義不在場：《霧都孤兒》（Oliver Twist）初版時，倫敦地方官員否認有如此條件惡劣的貧民窟存在。1850 年重版時，狄更斯加一序言，侃侃自辯：「當菲爾丁描寫紐蓋特監獄時，這個監獄立即不復存在……那個叫溫莎的古老城鎮，被鎮上的兩個風流婆娘完全毀滅，她們是受一個名叫莎士比亞的人的指使」。米勒引用了狄更斯這段妙言，評論說：「至少，就閱讀過程而言，小說中『雅各島』的存在，以倫敦那個真實的貧民窟的消失為前提」。[5]

---

[5] J・希利斯・米勒《解讀敘述》北京大學出版社，2002 年，114-115 頁。

　　《霧都孤兒》引起的爭論，是小說描寫的貧民窟究竟存在否？狄更斯認為本來只是「或然存在」，一旦小說寫成，就不可能再存在，因為再現的條件就是對象不在場。米勒說狄更斯的辯護有理，因為這是符號表意的一般規律。他舉最普通的路標為例：「這猶如一個路標表明其所指之物在另一個地方，在那邊，不在場」。被路標指明的是駕駛者沒有看到的某種路況，此路況他看不見，或判斷不了，一旦路況看清楚，路標就沒有必要。

　　從這個意義上說，符號表意，只是一個「待在」（becoming）。[6]一旦意義實現，符號過程就結束了，甚至意義也就消失了。狄更斯說的並不是倫敦是否有貧民窟，而是說對這位地方官員那樣的讀者，正是要讀讀《霧都孤兒》才會明白為什麼他們看不到貧民窟：符號的作用，正在於讓我們尋找尚懵懂無所知的意義。

2.符號必有意義

　　要傳送一個意義，發送者能發出的只是符號文本；要接收一個意義，接收者能接收到的也只是符號文本。那麼，發送者如何能讓接收者相信，他發出的符號必然有意義，接收者如何能肯定，他接收的符號必然有意義，從而開始對符號進行解釋？對這個問題的回答，是符號的意義本體論：把世界變成有意義的世界，是人生存在這世界上之必須。人有生存本能，也就必須有意義本能：人時時刻刻做好符號化的站位，時刻準備對觀察到的現象做符號化，也就是找出意義。

　　任何感知，只要能被當做意義的載體，成了符號：被認為攜帶意義，就使符號成為符號。這兩個斷言似乎同義反覆，實際上卻是

6　Eero Tarasti, *Existential Semiotics*, Bloomington: Indiana Univ Press, 2000, p 7.

人作為人的存在需要：我們不能容忍感知到的世界缺乏意義。因此符號學必然的前提是：**任何符號必然有意義**。沒有這個前提，解釋就失去最根本的動力。而一旦接收者放棄解釋，被經驗物就成為純然的感知而不再是符號，此時受到最大損害的不是世界，而是放棄解釋的符號接收者。

意義是人生存的本質需要，我們無法延續一個與意義不相關的生存。艾柯主張在符號學中取消「意義」和「指稱物」這種「不確定術語」，他建議用「文化單位」（cultural unit）取代之。[7]但如果意義必然是文化的，人的本質就完全公共化了。上一章已經說過：個人性的意義解釋經常是可能的，有效的。

符號之接受，必然以有意義為前提，意義使符號成為可能。很多論者談過符號的兩面：索緒爾提出能指與所指是符號的兩面，猶如一枚硬幣的兩面；班維尼斯特也討論過凡是表意必然有「表達面」與「內容面」。這個比喻不錯，因為我們不可能同時看到硬幣的兩面，同時我們也確信，這兩面實際上構成一個東西：符號不可能把自己從意義上剝離下來，攜帶意義是符號之所以為符號。

因此，接收者解釋一個符號，先決的假定就是這個符號有文本意義：這個硬幣有另一面。誠然，解釋活動最後不一定能達到一個接收者認為的「正確」解釋，甚至不一定能達到一個接收者認為「有效」解釋。不管何種情況，接收者「意識」到意義之存在，才能推動解釋。必須假定「投之以木瓜」必有意義，才會迫使接收者解釋這個木瓜。

塔拉斯蒂說：「當我們將一個行動符號（本書稱作符號文本），與它的『本質』的超越的觀念比較，這個行動符號就有了一個更深刻的

---

[7] Umberto Eco, *A Theory of Semiotics,* Bloomington: Univ of Indiana Press, 1976, p 18.

本質意義，一個超越的觀念。因此，當接收者接收這個行動符號，我們事實上肯定了站在它身後的後符號（即意義）。」[8]他的意思是說：我們之所以接收一個符號，是因為它的「本質」即是有意義。

　　以上兩節的論辯聽來複雜，而且立場似乎互相矛盾：究竟意義是先在的，還是解釋出來的？究竟在符號表意中意義是缺場的，還是在場的？實際上，這兩條之間的張力，是符號過程的最基本動力之所在：意義既不在場（尚未解釋出來）又在場（必定能解釋出來）。意義尚未解釋（事先不在場的必定性），才能使符號活動朝解釋方向進行；意義必定能得到一個解釋（最後在場的必定性），接受才能站到解釋的位置上。

　　《德道經》把這個「有」與「無」與意義之「道」的關係說的很清楚。第一章說：「常無，欲以觀其妙；常有，欲以觀其徼，此兩者同出而異名」。「道」作為意義，正是有和無互動的產物：有，才能看到其必有歸宿；「無」，即不在場，才能看到其奧妙。有和無，在場與缺失，「同出而異名」，是同一符號過程不可少的兩個方面。[9]所以《道德經》之三十八說：「失道而後德，失德而後仁，失仁而後義，失義而後禮」。禮這符號，只是道德仁義缺場後的替代。一旦某種符號堅持出現，就可以證明它的意義缺場相當嚴重，只能用符號敦請接收者作如此解釋。

3.任何解釋都是解釋

　　為了更清楚地回答這個悖論，我們必須區別符號過程中的三種不同「意義」：

8　Eero Tarasti, *Existential Semiotics*, Bloomington: Univ of Indiana Press, 2000, 34.

9　參看朱前鴻《先秦名家四子研究》，北京：中央編譯出版社，2005 年，43 頁。

$$\begin{array}{ccccc}
\text{發送者} & \rightarrow & \text{符號載體} & \rightarrow & \text{接收者} \\
\text{（意圖意義）} & & \text{（文本意義）} & & \text{（解釋意義）}
\end{array}$$

本章討論的幾個問題，聽起來很糾纏，一旦區分符號過程中這三種意義的交替變化，就不難理解。

首先，這三個意義經常是不一致的，欲使它們之間保持一致，需要特殊的文化安排，例如現代的「科學理性」文化。而在人類「正常」的符號活動中，不一致是常態：陸機《文賦》「恒患意不稱物，文不逮意。蓋非知之難，能之難也」。「文不逮意」的原因並不是「知之難」，而是「能之難」：人的符號追求，不保證三者一致。

第二：符號過程有個時空跨度，從發出到收到，可以相隔數萬光年的時間與距離，也可以「間不容髮」。時空跨度使這三個意義並非同時在場：發出者的意圖意義只是符號過程起始；符號發出後，只有文本攜帶意義，解釋意義尚不在場。如果文本沒有意義，符號也就沒有理由被接受，不接受就沒有解釋出意義的可能。文本意義的存在，是符號之必須。

第三，這三種意義互相排斥，互相替代：三者不可能同時在場：後一個否定前一個，後一個替代前一個。符號過程只能暫駐於某一個意義：起始的意圖意義，被攜帶的文本意義，輪流在場，最後（如果符號過程進行到解釋環節的話）被取消在場，不在場的解釋意義，最後要落實為在場。本章說的符號「意義」的三條悖論，說的都是解釋意義，即符號意義的實現。

意義之有，是符號接收必要的工作前提，接收者真正的解釋，不一定也不可能回到意圖意義或文本意義，解釋意義的有效性只是解釋本身有效（使解釋成為一個解釋），不需要與對表意的其他環節對應。一旦接收者視某個感知為符號，它就成為解釋對象，而符號

一旦成為解釋對象，就必然有意義：於是，解釋者的解釋意向，使符號攜帶意義。

艾柯說，「我並不對作者意圖進行揣測，我進行揣測的只是『文本的意圖』」。[10]這是對的，因為意圖意義無法追溯，解釋的依據在文本。

應當指出：不同類型的符號文本，對這三者的倚重是不同的。科學文本往往比較著重文本意義，因此所有號稱的科學發現，必須可以讓同行在同樣條件下重複此實驗，並得到同樣結果：誰做的，誰測定，誰解釋的這些主觀因素，不僅不重要，而且必須排除在考慮之外；實用性表意，往往倚重意圖意義：吵架爭執起來時，首先的辯護就是「我原意並非如此」；而文化交流，往往解釋意義更為重要，廣告、詩歌、電影、意義在於接收效果。以上說的三類文本不同倚重，不是準則，而是較容易發生的傾向。

既然解釋是符號意義最後實現的地方，就出現一個或許奇怪的結論：**任何解釋都是解釋**。理由來自本書的定義：「符號是被認為攜帶意義的感知」。既然只要是「被認為」攜帶著意義就是符號，那麼不管解釋活動會達到怎麼樣的結果，不管這樣解釋出來的意義是否「正確」，符號解釋得出的「意義」，作為意義本身總是合格的，它不一定需要與意圖意義或文本意義對應。皮爾斯說：「一個既定物給我們呈現無窮的特徵，都要我們解釋，假定有個解釋的話，也只是猜測。」[11]對於雷電，對於月蝕，人們有各種解釋，這些解釋的是對是錯，是隨著歷史文化而變化的。

可以舉一個比較戲劇化的例子：電影《刮痧》說一個美國華裔家庭，兒子感冒，祖父為他刮痧，學校發現紅印，認為是家庭虐待，

---

[10] 艾柯《詮釋與過度詮釋》，北京：三聯書店：1997 年，84 頁。
[11] Charles Sanders Peirce, *Collected Papers*, Cambridge Mass: Harvard Univ Press,1931-1958, Vol 2, p 643.

警方捲入調查，法院剝奪了父親的監護權。電影下半部的情節是父親去「偷」回兒子，鬧出更大的「違法」之事。

據說電影是根據真實故事改編：作為中國人，我們能夠理解意圖意義：刮痧「醒神救厥、解毒袪邪、清熱解表、行氣止痛」。但是既然這個文本（皮膚淤青）有獨立的意義，法院的理解也不能說完全無中生有。如果這件事拿給中國人解釋，居委會的理解能認同意圖意義，但是如何才能說服美國的接收者同意這個理解？這裏意圖意義，文本意義，解釋意義三者悲劇性地不一致：所謂「對錯」是文化元語言的判言，而文化是隨著地域與時代變易的。

進一步說，當接收者完全「不懂」，即無法理解釋一個符號，提不出任何解釋，這時符號意義何在？例如猜不出一則謎語，讀不懂一首詩。筆者的看法是：一旦接收者認定文本體裁，他面對的是謎語或詩，就是認定這個符號文本必定有解。解釋努力是文本壓力的效果，這也就證明意義有解釋的可能：接收並不直接導向理解，不理解並不證明文本不能解釋。既然是否符合（意圖或文本）原意，不是此解釋是否成立的標準，接收者的任何解釋努力，都完成了這一輪的符號過程。

任何解釋努力都是一種解釋，**連不理解也是一種解釋**。聽梵語讀《大悲咒》，聽蒙古語唱歌，聽義大利語歌劇，絕大部分人不能解。但只要不否認這些歌是有意義的符號文本。既然被當做符號接收，哪怕接收者明白已經超出他索解的能力，他放棄作進一步解釋努力，他的最起碼解釋努力（即「神秘感」）也使這些文本符合「被認為攜帶意義」這個定義。許多宗教密語，均是如此：對《大悲咒》，《楞嚴經注解》中有詳細解說，密咒就變為顯說。佛教高僧們認為，不解說（不翻譯）更適合傳達教義。

如果接收者完全不具備解釋能力，例如收到電報，卻不掌握相關密碼，完全無從下手。此時符號過程無法完成：「未送達符號」是

暫時性的不完整符號：只要在合適條件下，接收者就有可能得出某種意義。「無法理解」恰恰是理解努力的結果，接收者是認為某感知攜帶著意義，才得出他不理解的結論，這也就是肯定了面對的符號應當有意義，只不過接收者暫時未能得到這個意義。

可以看到，符號過程三個環節的意義，一步步把前者具體化：意圖意義在文本意義中具體化（主觀的想法被落實到文本表現），文本意義在解釋意義中具體化（文本的「待變」意義成為「變成」的意義）。反過來，這三層意義也在一步步否定前者：

第一，文本意義否定了意圖意義的存在。如果意圖意義並沒有在文本中實現，就只是發送者的一廂情願；反過來，如果文本意義體現了意圖意義，那麼意圖意義只是一個供追溯的可能。

第二，解釋意義否定了文本意義的存在。得到解釋，使文本失去存在必要。本節上面已經說過，不管解釋意義是否符合文本意義，解釋意義至少暫時地結束一個符號表意過程。只是在有足夠理由把符號過程推倒重來重新解釋（例如《刮痧》主人公到美國法庭上訴），或是文本具有無窮解的複雜意義（例如對此電影各人有不同解釋），否則意圖意義與文本意義都被解釋取代。

以上符號過程的描述，是理想的。符號學之複雜，是因為絕大部分符號沒有達到這個起碼的標準，只能稱為「不完整符號」，就是缺失了三個環節中的任何一環的符號。意圖意義，文本意義，解釋意義，三者都只是符號過程的必要工作假定：意圖意義是「可能有」的意義，文本意義是「應當有」的意義，接收者提供的解釋意義是「被實現」的意義，但是三個環節中沒有一個是不可或缺的，大量符號行為實際上沒有完成這三個環節，有一個甚至兩個環節缺失，也已經是符號，因為這個感知已經攜帶意義。

4.信號

　　因此，不完全符號是重要的符號類別，本書不得不仔細檢查。符號學的研究範圍比傳達學寬得多：傳達學（Communication Studies）研究兩個主體之間的交流傳達，因此必須有發送－資訊－接收三個環節。而符號學的研究對象，包括各種**不完整符號**活動（信號、無發送符號、潛在符號、某些自我符號），傳達過程嚴重缺損，卻依然是符號過程。

　　符號學界關於信號（signal）有過大量討論，因為信號在這個世界上大量存在。但是符號學界對信號的解釋眾說紛紜，至今沒有接近一致的意見。把信號排除出符號之外，會造成理論和實踐上極大困難；把信號包括在符號內，一樣會引起理論和實踐上許多困惑，這的確是一個兩難之境。

　　信號是一種特殊的不完整符號：它不需要接收者的解釋努力，信號的特點是：一，它是一個有符號載體的意義發送；二，它不要求解釋，卻要求接收者以行動反應。

　　信號的起始既然被是可感知的載體，它就是符號。前一節說過，符號的三個環節，只要有一個存在，意義也就存在，就夠資格成為符號：從原則上我們無法否認信號是符號。

　　不少符號學家認為信號不能算符號，因為信號的反應是固定的，不要求解釋。例如動物發情時，兩性對氣味或動作有反應，但是解釋反應都固定，因此應當算信號。蜜蜂的舞蹈對蜂群是信號，超聲波的反射對蝙蝠是信號，觸摸對含羞草是信號，閃光對瞳孔肌肉是信號，染色體配置對胚胎生長是信號。信號可以發生在動物之間，植物之間，甚至有機體不同部位之間，並不一定需要以人格出現的解釋者。因此，一旦承認信號是符號，會使符號學的領域過於

擴大。反過來，不承認信號是符號，就會使符號學的領域過於縮小：
這是個兩難之境。

　　比較適中的說法是，作為符號的信號（不是電梯的光電管那樣
的機械信號），依然期盼接收者（人或動物）作（生物基因性地，或
社會規範性地）固定的解釋，從而反應也是固定的。這樣，信號就
不同於充滿自然界的各種因果連接：地震引發海嘯，月亮引發漲潮，
電梯門的光電效應開關，都不能算信號－反應，因為其中完全沒有
哪怕固定解釋的地位。

　　而且，即使捲入人或動物解釋者，直接的（物理或化學的）原
因不是信號，對原因的感知才是。[12]例如高血壓可能是腦溢血的原
因，但高血壓不是腦溢血的信號，血壓升高而頭疼（症狀）才是信
號，量血壓才是符號行為。山石滾落到公路上，對攔住路的山石的
感知（形象），是「不可通行」的信號，山石的物理存在，卻是不可
通行的實際原因，不是信號。

　　任何符號的載體，必須被感知，沒有感知就不可能是符號，這
點必須堅持。但是感知符號載體者，不一定必須是一個人，可以是
動物、植物、有機體，如果是人類設置的機械（例如閉路電視，例如
無人偵察機），就必須要有人作檢查。一句話，感知者最終必須是「有
靈性」的。究竟什麼是靈性？動植物有沒有靈性，就屬於爭論的範圍
了。近年很多符號學家回顧愛沙尼亞出生的德國生物學家 Jacob von
Uexkull（1864-1944）提出的 Umwelt 概念，認為這是生物符號學的
前驅。Umwelt（環境）指的是生物體「主觀感知到的世界」，因此其
中充滿了符號與意義，而這個世界中的「功能圈」（Functionskreis），
即是符號過程（semiosis）。[13]

---

[12] Roscislaw Pazukhin, "The Concept of Signal", *Lingua Posnaniensis*, 16, pp 25-43.

[13] Paul Cobley (ed), *The Routledge Companion to Semiotics*, New York: Routledge,

在這個基礎上，美國西比奧克等人堅持把符號學擴大到生物界，讓當今的環境保護運動與符號學結合，有一定道理。[14]把信號看作符號的一種，符號學就可以擴展到動物符號學（zoosemiotics），植物符號學（phytosemiotics），或是幼兒的非語言表意。[15]

如此討論之後，我們可以看到，信號處於符號定義的門檻：信號要求接收者立即做出反應，而不必也不允許作可能產生歧義的解釋。[16]交通信號就是典型：紅燈的意義不容置疑，它要求明確的行動回應。比賽的起跑槍聲意義固定，不容許任何解釋。可以看到，只有動物、植物、有機體，可以保證做到感知信號後自動採取行動。人哪怕面對在文化中習得的固定信號反應（例如中學體育課學會槍聲起跑），也不可能完全排除解釋：賽跑偷跑者叫人惱火，因為人必然作解釋，有解釋餘地就引向「投機取巧」。見到汽車衝來就躲閃，是人的求生本能，是對信號的反應，對於想擋住汽車的人，他依然有另作解釋另選反應的餘地。

因此，信號傳送的流程如下：

（發送者／意圖意義）→符號載體／文本意義→（接收者／解釋意義）→反應

信號不是沒有接收者，只是信號不需要接收者解釋，只向他提出反應的要求。生物界的資訊傳遞與應用，應當說是比較極端的信號－反應模式，只能說是符號活動的底線。許多學者致力於在生物

2010, p 347.

[14] Thomas A Sebeok et al, (eds), *Biosemiotics,* Berlin & New York: Mouton de Gryuter, 1992.

[15] Roberta Michnick Golinkoff, *The Transition from Prelinguistic to Linguistic Communication,* Hillsdale, NJ,: Lawrence Erlbaum Associates, 1983, p 57.

[16] Thomas A Sebeok, *Contributions to the Doctrine of Signs,* Lanham: Univ Press of America, 1976, 121.

符號行為中尋找人類表意活動演化的基礎，有的學者甚至在動物的行為中找出誘騙謀略設計，這就使動物符號遠遠超越了信號的範圍。[17]的確，在動物的群體繁衍的一些最重要環節，例如哺乳、撲食、求偶，有時候可以看到動物作為一個物種（而不是個體），會對環境的資訊作綜合解釋。但是絕大部分動物行為，如飛蛾撲火，的確不作解釋，這就是我們對生物信號現象是否能作為符號的猶豫之處。

是否承認「獲得了靈性」的電腦作出的信號－反應是符號行為，至今是有爭議領域。據《軍事資訊報》2008 年 10 月 20 日報導：「戰爭的突然性，對快速、靈活的反應能力要求，壓縮了謀略的時間和空間。軍事謀略的新時代已經來臨，它的顯著特徵是：電腦與人腦合作，謀略與資訊合成。」到目前為止，計謀這種複雜符號行為，還是要靠人這個符號動物來做（本書第十二章將詳細討論計謀問題），未來的符號不可預測，未來的符號學也不便預測。

本書不準備進入生物符號學與人工智慧領域，但是本書承認生物與電腦的信號行為，是符號的邊界，應當屬於符號學研究範圍。尤其在生態問題日益重要的今日，生物符號學日益重要，西比奧克為建立生物符號學作了長期而卓越的努力。但是這個區域過於模糊，本書只能劃出符號學的這條門檻，不作深論。[18]

---

[17] Thomas A Sebeok and R. Rosental (eds), *The Clever Hans Phenomenon: Communication with Horses, Whales, Apes and People,* New York: New York Academy of Sciences, 1981.

[18] 關生物符號，請參看筆者另一書中的介紹。趙毅衡《文學符號學》，北京：中國文聯出版公司，1990 年，63-67 頁。

5.無發送符號

　　最常見的不完全符號，是非人工製造的自然符號，第一章第三節已經討論過符號「物源」分類。絕大部分無發送符號是自然符號。沒有發送者，也就沒有意圖意義，也沒有文本意義。自然符號攜帶的文本意義，完全來自接收者對其「符號化」，也就是說，自然符號的意義，必須靠接收者強加。

　　古代政治常說到的所謂「天意」，古希臘神廟祭司說出的神意，中國的天文乾象、吉凶預兆、星卦謠讖、感應夢幻等自然現象，通過一套預言體系解釋出意義。既然自然現象是「天意」的表現，而解釋者必須構築神這個符號發送者。正由於此，自然符號文本必須盡可能隨機（例如求籤或測字），抹除人為意圖意義的可能，以便接收者有理由重新構築天意作為發送意圖。

（發送者／意圖意義）←符號載體／文本意義←接收者／解釋意義

　　自然符號的發送者意圖意義與文本意義，本來闕如，需要接收者的反向構築，因此，無發送符號的表意過程是倒流的。重建自然符號的發送意圖，幾乎是人類文明難以避免的衝動，目的是使自然符號的表意過程重新完整，使符號具有權威意義。

　　構築自然符號的發送者意圖，是現代之前人類文化生活中的重要內容。《三國演義》言及「仰觀天文」、「夜觀星象」之事約有二十餘處，多以星象天文預應政事大局和將帥人物的吉凶：大部分從天象觀察到的天意，用來指導重要的戰略性問題。十四回太史令王立「仰觀天文」，便預言「大漢氣數將終，魏晉之地，必有興者。」三十三回曹操見「南方旺氣燦然」，就覺得東吳孫權「恐未可圖也」。

九十一回譙周見「北方旺氣正盛」，勸諸葛亮不要勉強伐魏。有時這種天意也可以指導具體的戰術布置：官渡之戰前夕，謀士沮授仰觀天象，預言「恐有賊兵劫掠之害」，袁紹不聽其言，就被曹操燒了烏巢糧草。

在政治行為中，「天意」是如此重要，使得欲採取政治行為的人，不得不尋找攜帶所需要的「天意」符號的支持。《史記・項羽本紀》載，范增遊說項羽殺劉邦：「吾令人望其氣，皆為龍虎，成五彩，此天子氣也。急擊勿失。」范增構築了發送者「天」及其意圖，目的是馬上除掉劉邦。[19]可惜項羽不太相信「望氣」之術，中國歷史於是走上另一條路。

推而廣之，文學作品中的寫景，經常是給予自然景色發送意義。《詩經・采薇》：昔我往矣，楊柳依依。今我來思，雨雪霏霏。讓自然景色充滿人性意圖，我們一般稱為「移情」。

哪怕是有發送者的符號過程，發送者的意圖強度可以有很大不同，艾柯甚至認為符號可以有發送者而並無意圖意義（只是無意識地發出符號），他列出八種「意圖關係」。[20]筆者認為只要有發送主體，就必然有意圖意義，發送者是否自覺，接收者是否理解，是另一回事。即使發送者是依樣畫葫蘆，按例辦事（例如在儀式中），依然有意圖：按規矩做的意圖。

在文學理論中，有些學派認為文本意義比發出者意圖意義重要得多，批評者不用追溯發送者意圖，只需在文本中尋找意義構築。持如此觀點的大多為形式論學派，他們把文學藝術視為無發送符號。傅柯認為作者這概念只是現代思想：現代之前沒有作者這概念，《荷馬史詩》或《水滸傳》，多半是在相當長歷史中許多作者的集體

---

[19] 這是 2008 屆博士生王冠在符號學作業中舉的例子，特此致謝。

[20] Umberto Eco, *A Theory of Semiotics,* Bloomington: Univ of Indiana Press, 1976, pp 18-19.

創作。[21]人類文化進入現代後，作者的主體意識高漲，但如果作者意圖已經在文本中實現，依然要讀出文本意義才能印證；如果此意圖沒有實現，那麼批評要做的依然是從文本中讀出意義。

現代批評家厭倦了一個上帝般的作者，拒絕從作者傳記資料出發進行批評，因此他們建議作者離場，巴爾特認為「文本誕生時，作者就死亡」。[22]他們實際上是建議：最好把文學藝術看成無發送符號，這樣才能讓讀者有解釋的自由。

此種立場，恐怕有點走極端。即便作者自己聲明的意圖並不可靠，在分析作品時，我們依然無法忽視作者的時代背景與文化理念，哪怕這不是作者自覺的意圖，卻也是符號攜帶的發送者意圖。批評重構把這樣的發送意圖歸結到所謂「隱含作者」（implied author）這個虛擬的人格上，隱含作者不是符號意義的實際發送者，而是解釋者從文本中推導出來的支持符號文本意義的一套價值的「人格化」。所有的符號文本，都應當有這樣一個「隱含作者」，本書第十五章將詳細討論「普遍隱含作者」問題。從符號學角度來看，批評家推導出這樣一個人格的過程，很像占星師構築星象發送意圖的方式。

如果必須重構文學的發送者意圖，有時候會做出非常勉強的解釋。《關雎》因為是《詩經》第一首，幾千年釋經儒者不敢怠慢。王充《論衡》解：「周衰而詩作，蓋康王時也，康王德缺於房，大臣刺晏，故詩作」。朱熹解《關雎》，認為是頌揚后妃之德，「太姒配文王」。如此強行製造作者意圖來解詩，是因為傳統文化必須把經書視為攜帶聖人的意圖意義的文本。

---

[21] 米歇爾・傅柯，〈什麼是作者？〉趙毅衡編《符號學文學論文集》，天津：百花文藝出版社，2004 年，513-524 頁。

[22] 羅蘭・巴爾特，〈作者之死〉，趙毅衡編《符號學文學論文集》，天津：百花文藝出版社，2004 年，505-512 頁。

　　此時我們就會想到禪宗在構築意圖意義問題上的灑脫。「不是風動，不是幡動，仁者心動」。南禪宗的這個開門公案，乾脆否決了回溯發送意圖的必要性，給解釋主體以絕對自由，同時也讓解釋主體承擔意義責任，這是非常獨到的符號化方式。[23]靜坐打禪有所悟，此時「佛心」是否即自心，就由自己解釋了。

　　符號過程從發送流向解釋只是理想的情況。對無發送符號，解釋操作卻是「反者道之動」：接收者作反向倒推，構築發送者意圖作為意義解釋的根據。

6.潛在符號

　　潛在符號，是作為符號被生產出來的人工製品（純符號），因為各種原因沒有被接收，沒有完成符號傳達過程。[24]此種符號文本，雖然沒有能夠及接收者，依然是符號，原因是它們是人類作為符號製造出來的：發送者明確地把它們當做意義載體生產出來，只是因為某種原因，沒有夠及接收者：沒有發表的文學藝術作品，沒有被人看到的化妝或設計，半夜裏無車輛行人時的紅綠燈，沒有傳送出去的電子信，沒有送出的禮品，沒有郵寄的單相思情書。這些都是符號，因為它們確定地攜帶著意圖意義和文本意義，哪怕沒有接收者，它們依然符合「攜帶意義」的符號定義，具有「被認為攜帶意義」的潛力，一旦有機會遇到接收者（例如一篇「抽屜文學」重見天日，一個無人街口的錄影被檢查），就可以完成符號表意的整個過程。

---

[23] 這個例子是 2010 屆博士王立新在符號學作業中舉出來的，特此致謝。

[24] 筆者在 1990 年出版的《文學符號學》一書中曾經把這種符號稱為「零符號」，但是現在符號學界把空白文本的符號稱為零符號，本書術語儘量從眾，特此自我糾正。

潛在符號的流程圖式如下：

發送者／意圖意義→符號載體／文本意義→（接收者／解釋意義）

　　沒有能被接收，符號過程就沒有能完成。但是這不能證明它們沒有攜帶意義，不能證明它們不是符號。上一章引過皮爾斯的話：「只有被解釋成符號，才是符號」，這話當然是對的，但是潛在符號是例外。說它們不是符號有點難，因為它們除了攜帶意義沒有別的用處。本書從皮爾斯的立場讓一步，承認有未能被接收的潛在符號，不是故意標新立異，而是力求說明符號過程三環節的相對獨立地位。

　　《紅樓夢》中賈寶玉挨打前呼救，在場的只有耳背婆婆，這是符號無法送達的窘境。但如果是說他的慘叫呼救，連符號都不是，就太虧了寶二爺。廣告研究中講究「到達率」，也就是說許多廣告未能到達受眾，也就成了潛在符號。甚至可以說，被接收而實現了可能攜帶著的意義的符號是少數：大部分符號未能被解釋成符號。

　　另一種準潛在符號，是上一節討論的無發送者的自然符號。「一葉知秋」是對秋葉的符號解釋，世上任何落葉都可以成為此種符號，為何此張秋葉獨幸？因此這裏起表意作用的，不一定是個別的具體的某張落葉：正因為所有的落葉都可以是秋天的符號，具體的一次落葉借助全部落葉而成為秋之符號。

　　如果考慮到自然界充滿了無發送符號，只要能夠及接收者，都會被解讀出意義，那麼任何可能被解釋出意義的物或現象，都可以是潛在符號，潛在符號就充溢了整個自然界。韋應物詩句「野渡無人舟自橫」，此情此景，讓騷人墨客感慨萬端。但如果真是「無人」，這場面就不可能成為任何一種方式的再現，只作為一個潛在符號存在。

　　因此，可以說任何一個顯現的符號，都只是潛在符號的特例，無論是在自然界還是在人類世界，絕大多數感知沒有完成符號過

程。只有某些符號幸運地得讓接收者感知到並給予與解釋。但是，也只有當整個世界由潛在符號構成時，人才能感覺到自己存在於意義中，存在於「為我之物」中。

葉爾慕斯列夫曾經討論過這種符號，他說「符號是否出現，這個問題的關鍵並不在於它是否得到了解釋，而是是否有某種內容意圖付之於它」。[25]艾柯引了這句話，解釋說葉爾慕斯列夫指的是一種「未曾解釋，而僅僅是可以解釋的系統」。艾柯說這種系統就是「信號」系統。[26]筆者建議：最好不要把葉爾慕斯列夫的「尚未解釋」的符號與「信號」相混：信號無需解釋，但是依然要被接收，而「可以解釋而未得解釋」則是有潛質卻無此機會。鑒於這個世界上「攜帶意義」的感知數量無窮大，恐以單列一個種類為宜。

有的潛在符號稍微往前一些，落在符號的門檻上：當我們聽到幾聲吼喊，我們不會完全不理解，因為我們能從語調、重音、姿勢、節奏、律動、加速、遲延等方面，感覺到它們可能具有的內容：只是它尚未落到我們的文化場域中，尚未被語言與其他符號系統轉化為文本，因此是未充分成為文本的符號。[27]本章第三節說過，「任何解釋都是一種解釋，連不理解也是一種理解」。這些讓人「不明白」的符號，也是符號。

克里斯臺娃認為在符號之前，尚有子宮間（chora）前符號層面，它是慾望、律動、姿勢、動力能量，它們形成於人之存在前的原始階段。這是人的潛意識中的符號。它們尚未得到符合文化規範的編碼，尚未能以一定的符號文本形式出現，所以克里斯臺娃認為它們

[25] Louis Hjelmslev, *Proglemena to a Theory of Language*, Madison: Univ of Wisconsin Press, 1961, pp 99-100.
[26] Umberto Eco, A Theory of Semiotics, Bloomington: Indiana Univ Press, 1976, p 134.
[27] 同上，28。

是「前符號」（pre-symbolic）符號活動。這也是一種特殊的潛在符號。[28]

7.自我符號

既然符號表意有一個過程才能被感知、被接收、符號的意指，就總有有一個距離要跨越。可以看到，有三種「符號距離」：

一、時間距離：符號從發出到接收的傳達過程，必然佔用一定時間：時間可以長達千年（例如古錢幣），可以億萬年，例如地質或生物演化的符號解釋；也可以幾乎同時，例如看到母親的眼神，或是躲開照相機的閃光。

二、空間距離：遠到在幾萬光年外的星系找一個黑洞，近到感受臉上挨了一掌。符號表意必須跨過一定的空間。如果沒有時－空距離，符號與其意義就會一起出現，意義充分在場，就不需要符號。

三、表意距離：符號的載體與表意對象必須有所不同，符號表現絕對不會等同於對象自身，不然就不成其為「再現」，符號就自我取消了。在極端情況下，例如我想買的衣服，就是櫥窗裏的那一件（而不是那一種）衣服，依然有一個表意距離：符號意指的是「我穿上那件衣服後的風度」。

這三種距離說起來很簡單，但是符號活動的面很廣，一旦仔細思考，捲入的困難問題很多。

「符號距離說」最難說清楚的，是**自我符號表意**。如果一個符號的接收者是發出者自己，此時的時間－空間距離幾乎難以辨認，

---

28 Julia Kriseva, *ReVol ution in Poetic Language*, New York: Columbia Univ Press, 1984, p 25.

但是依然存在：我自己檢查血壓，或是我讀自己三十年前寫的筆記，此時我是符號表意的發送者，也是符號表意的接收者：我通過把自己對象化（把自己的身體情況「符號化」）來理解自身：我現在努力想理解的這個人，不是「我自己」，而是通過解釋重建的一個對象之我。[29]

當符號的發送者與接收者是同一個主體，此種符號可稱為「自體感受」（proprioceptive）符號。自我符號非常常見，最明顯的自我信號發生在動物界：蝙蝠、海豚等動物能發出音波或超音波，用回音定位自身（echolocation）。《每日郵報》2009 年 10 月 6 日報導，英國 7 歲男孩盧卡斯‧默里生來雙目失明，然而，盧卡斯學會了一種用舌頭擊聲的「回聲定位法」。經過一段時間刻苦練習之後，即使在大街上也能自如行走，不會撞上電線桿，如今他已經甚至還能打籃球、玩攀岩等高難度運動。如果我們把自己身體裏一些生理過程也看成符號行為，例如 DNA 遺傳符號，即西比奧克所謂「內符號學」（endosemiotics），[30]那麼自我符號表意的範圍就寬得多。

本書不準備進入這些符號的生理學邊緣領域，但即使我們只處理人化的世界中的符號，依然可以看到，自己發送給自己的「自我符號」相當常見。有的時候自我符號過程比較明顯，例如不準備出門只是自己打扮的齊楚一些（讓自我感覺好些），例如寫不想給任何人看的日記筆記（可以整理自己的思想），例如自己對自己生氣（免得向別人發脾氣）。

極而論之，可以說大部分符號表意都有「自我符號」的初始階段，符號表意的第一個接收者往往是自己，[31]就像寫作的初稿，總

---

[29] Eero Tarasti, *Existential Semiotics*, Bloomington: Indiana Univ Press, 2000, p 66.
[30] Thomas A Sebeok, *The Semiotic Sphere,* New York: Plenum.
[31] 這個觀點是 2008 級研究生肖翔首先提出來的，特此致謝。

是只給自己看的。任何思索都是在自己頭腦中打草稿,然後才有可能找到合適載體,以文本形式發送出去。

自我符號表意有沒有跨過一個時間－空間距離?筆者認為還是有:雖然發送者與接收者是同一個人,發送主體與接收主體依然處於有間隔的不同時空中。

有不少學者(例如米德、西比奧克),認為自我實際上可能分成不同的「我」,尤其是「主我」(I)與「客我」(me)。主我是自我意識(願望、決策等),「客我」可以是他人或社會對我的期待或評價,也可以是自我思索的對象:現在之我、過去之我、未來之我三者之間,顯然現在之我是主我:任何思想、判斷、推理、想像、感悟等心智活動,實際上都是兩個自我之間的協調,而不是純然的「自我意志」。[32]也就是說,自我符號不純粹是我個人的表意活動,它也是一個文化過程:我,通過被符號解釋對象化的我,來理解我自己。

8.鏡像,自我鏡像

「符號距離」說的第三條,引發另一條困惑:鏡像是不是符號?這在當代符號學中是一個爭議問題,而且這個爭論牽涉到到如何看待「絕似符號」、「同一符號」、「自我符號」等特殊符號。所謂「絕似符號」(absolute icon)包括非常肖似的繪畫、照片、錄音、攝影、電影、高清電視等。部分「絕似」符號與對象外形非常接近(例如3D 電影),幾乎可以完全誤認為合一。但是符號與對象並非同時在場,因此它們明顯是代替對象的符號。而且,無論如何「絕似」的

---

[32] George Herbert Mead, *Mind Self and Society: From the Standpoint of a Social Behaviorist*, Edited by Charles W, Morris, Chicago: Univ of Chicago, 1934。這本重要著作,是米德去世後,由他在芝加哥大學的學生兼好友,著名符號學家莫里斯編輯而成,米德的觀念後來被稱為「符號互動論」。

符號，都有框架套出對象的一部分。既然是用部分代表整體，這就符合第一章所說的符號「片面化」要求。

絕似符號很可能給接收者造成「實有其事」的誤會，誘導出過於現實的解釋：例如早期電影造成觀眾驚恐，廣播劇火星人入侵造成群體恐怖，例如今日 3D 電影造成觀眾身體退縮反應。但絕似符號依然是符號：下文會討論到符號與對象完全合一的所謂「重複」（double），絕似符號並沒有絕對到相同（sameness）的地步，絕似只是錯覺，實際上是不同程度的「貌似」，文化解讀程式從此種貌似符號中讀出「現實感」。

而鏡像，還有閉路電視、監聽等「遠距鏡像」，其圖像常被稱為「同一符號」（identitical sign）。因為其對象與鏡像完全同時出現，或是兩者都在場（鏡像的發送與接收似乎沒有跨過時間空間距離），這樣就不符合符號的「不在場原則」。

但是鏡像、閉路電視、現場轉播等，無法給出對象的全部，只是對象的一部分的形象顯示。接收者用這部分解釋對象整體：對象的整體依然「不在場」，此時鏡像所代表的對象與意義，依然需要解釋。例如駕車者從後視鏡中，只看見車後路面的一部分情況，需要從中解釋出路況的全部情況，以決定自己相應行動方案；閉路電視與監聽也都需要接收者作出解釋，而且是社會文化性的解釋，例如解釋看到的人做的行為是否構成犯罪，所以它們依然是符號。

但是鏡像有兩種：它物鏡像是接收者從鏡中看到別的東西，自我鏡像接收者照見自己。最難解釋的，是第二種，即自我鏡像：我看鏡中的自己，此時發出者／符號文本／接收者三者合一，同時在場，此時鏡像還能不能算符號？筆者認為依然是符號，在自照時，我面對我，但是我並不瞭解對象我的全部情況。例如買衣服時要看一下穿衣鏡，因為我不瞭解穿衣後的我是什麼情況。在這個問題上，鏡像有點像照片：我看者我自己的照片，也是在看著絕似我但是代

替我的符號：某個姿勢某個場合下的我，並不是此地此刻對照片上我的形象作解釋的我。既然自我鏡像依然需要解釋，那麼它還是**攜帶意義的符號**。

《中國青年報》2001 年 6 月 4 日報導：「在某市一些招聘會上，出現眾多年輕的女大學生，這些求職者都攜有個人的寫真集」。此事從符號學來看，似乎大可不必，因為考察對象充分在場，而且被確認在場。有的公司對雇員外貌有所要求，但是考察對面的真人應當更為可靠，不必通過照片。實際的情況是：呈交花了上千元做的寫真光碟的女生越來越多，招聘公司的確也收下備用。看來「同一符號」並不完全同一，所謂「上照」程度，化妝著裝後的相貌改善程度，照片可能提供不同的解釋。

因此，鏡像與寫真集等「同一符號」，究竟是不是符號，取決接收者（我自己，或公司經理）是否能從感知中瞭解對象的更多相關資訊，也就是說，鏡像是否攜帶了某些意義，即第一章中所謂「放大化」效果。鏡像的對象與意義實為**不完全在場**，而不完全在場也應當視為一種不在場，因為解釋者需要解釋的是全部情況。

討論鏡像，不可能避而不談拉岡著名的「鏡像階段」理論。拉岡在關於《鏡像階段》的論文中提出：無自我（selfless）的幼兒，發現鏡子中的影像，幼兒在鏡中發現自己時，會作「錯認」（misrecognition），以為所看到的鏡像是另一個小孩，一個玩伴。然後，他發現了在自我與鏡中之人之間有奇特的對應行為：幼兒衝著鏡子皺眉，那個玩伴也皺眉；幼兒吐出舌頭，玩伴也作出同樣的舉動；幼兒伸手去觸摸玩伴，而玩伴似乎也在觸摸著幼兒，只是玩伴的觸摸顯得生硬，由此他開始明白鏡像不是另一個幼兒，而是自己。[33]

---

[33] Jacques Lacan: *Ecrits: A Selection*, 1977, London: Tavistock, Vol 1, p 7.

可以對「鏡像階段」提出一種符號學的理解：在皮爾斯的「試推法」（後文將有詳細討論）理論中，解釋者意識到錯誤，對進一步解釋起重大作用。鏡像階段也就是人生的第一次嚴肅應用符號試錯法：對玩伴的假設是錯誤的開端，而試錯開始了符號解釋過程。漸漸地鏡像成為一種自我否定的經驗。

正因為自我鏡像是符號，才出現自我這種分裂：自我的鏡像攜帶意義，自我接收者得出解釋，而且從錯誤解釋到比較合理的解釋。正因為自我鏡像是符號，需要認識，主體體驗這個人生第一齣魔術，才得以上演。而艾柯則提出幼兒應當有一個「照相階段」（photograph stage），因為幼兒半歲到一歲就開始漸漸能認識鏡中之我，而要弄清照片中旁人的形象，自己的形象，要到五歲左右，[34]明顯這是符號距離造成更多的認知困難。

鏡像作為符號，捲入的還有更複雜的問題，本書在第四章第六節討論「類型化」時，再作詳細探討。

---

[34] Umberto Eco, *Semiotics and the Philosophy of Language*, Bloomington: Indiana Univ Press, 1984, p 223.

第三章　任意性與理據性

1.任意性

　　符號過程到底憑藉什麼力量，把表意引向某種特定對象和特定意義上去呢？符號與意義究竟靠什麼互相連接？索緒爾把這種連接關係稱為「任意性」（arbitrariness），他說任意性是「語言符號本質的第一原則」。[1]「任意性」在中文中也常被譯成「武斷性」，兩個譯法都可能造成偏向與誤會，因此中文中有時乾脆譯為「任意武斷性」：任意是邏輯上的「無邏輯聯繫」，武斷是社會心理上的「無需理據」。譯成五個字不是因為中文不夠用，而是此西文術語本身一詞兼二義。《簡明牛津詞典》給這個詞兩個意義：（1）基於並不一致的意見或任意的選擇；（2）武斷。[2]

　　在索緒爾看來，符號的能指與所指的關係既是社會習俗所規定的（武斷的），又無需理據的（任意的），任意兼武斷，就是說符號與其意義的結合方式不可能也無須論證。他的原話是：「（任意性）它不是取決於個體的『自由抉擇』這一意義上的任意性。相對概念

---

[1]　Ferdinand de Saussure, *Course in General Linguistics,* New York: MaGraw-Hill, 1969, 61.

[2]　《The Concise Oxford Dictionary》對 arbitary 一詞下的定義"1, based on or derived from uninformed opinion or random choice; 2, despotic"也包括兩個方面：沒有理據而任意的；武斷的。

來說，它是任意的，因為它本來與這概念毫無特定的關聯。整個社會都不能改變符號，因為演化的現象強制它繼承過去」，[3]他的意思是任意必兼武斷。班維尼斯特建議乾脆把這個關係改為「必定」（necessary），[4]不容選擇，也無需討論。

索緒爾更強調提出，任意性原則是任何符號普適的。他說「將要建立的符號學」的對象「是以符號任意性為基礎的全體系統」：[5]任意性原則不僅支配語言，而且支配所有符號系統，是符號之所以為符號的原因。只要是符號系統，必然以任意性為前提，從而使符號變得「不透明」，自身不能導向意義，必須依靠社會文化的約定俗成來確定意義。

在索緒爾看來，符號的意義雖然會有歷時的變化，在共時上卻是固定的。這個看法顯然是以語言為考察對象。而詞彙的意義究竟從何而來，這個問題在哲學史上辯論已久。柏拉圖對話錄中的〈克拉提魯斯篇〉（「Cratylus」），整篇對話是（顯然虛構的）三人辯論：蘇格拉底先站在克拉提魯斯一邊，認為詞語是「自然的」，後來又站在赫莫根涅斯（Hermogenes）一邊，認為「自然沒有給事物一個名稱，名稱只是約定，是使用者的習慣」，[6]蘇格拉底同意後者，但是他們的駁斥並沒有終結辯論，而且蘇格拉底最後出人意外地對自己的立場有所保留，他指出：「語言與對象之間應當有像似（likeness），不然不夠完美」。[7]

[3] 費爾迪南‧德‧索緒爾《索緒爾第三次普通語言學教程》，上海世紀出版集團，2007年，87頁。
[4] Emile Benveniste, *Problems in General Linguistics*, Coral Cables: Univ of Miami Press, 1971, 45.
[5] Ferdinand de Saussure, *Course in General Linguistics*, New York: MaGraw-Hill, 1969, 65.
[6] Edith Hamilton and Huntington Cairns, (eds), *Plato's Collected Dialogues*, Princeton: Princeton Univ Press, 1963, p 423.
[7] 同上，p 469。

由此開始了貫穿西方哲學二千五百年的辯論，一種認為詞語與對象天然有關係，此論點被稱為「克拉提魯斯論」（Cratylism）；有時候被稱為「透明性」（transparency）——從辭符可以「直接」看到意義；二十世紀符號學興起後，大多數學者稱之為「理據性」（motivation），熱奈特等又稱具有理據性的語言為「模仿語」（mimologic）。

另一種認為語言並不具有對象的「本性」（nature），而只是社會上大家「同意」（agreement）而已，這種理論因為柏拉圖《對話錄》中據稱採取此立場的哲學家之名，而被稱為「赫莫根涅斯論」（Hermogenism），這也就是索緒爾的「任意武斷性」，或稱「不透明性」（opaqueness），符號學上稱作無理據性（immotivation），即從符號本身看不到與對象的連接。索緒爾提出符號的普遍的任意性原則，任意性不僅支配語言，而且支配所有符號系統，甚至是符號之所以為符號的原因：只要是符號系統，必然以任意性為前提。

2.系統性

任意性原則，會引出一系列重要結果，其中最主要的是系統問題。索緒爾本人並沒有預見到他的語言符號學會發生如此大的影響，他甚至沒有把他的講課稿寫出來，但是他預感到「符號學的主要著眼點，是立足於符號的任意性基礎上的整個系統集團」。[8]這個觀點成了整個結構主義大潮的出發點。在上引這句話中，索緒爾已經提出了關鍵字「系統」（system），而且指出系統「立足於任意性基礎上」。系統性是任意性原則的必然後果，是看來散亂的符號單元之所以能表達明確意義的關鍵。

---

[8] 同上，p 68。

　　結構主義的核心問題，不是「結構」，而是「系統」。[9]一個系統是各成分關聯構成一個整體，而不是各成分的簡單累積：系統大於個成分之和，也就是說，一旦進入系統，組分除了自身的功能，還獲得了「系統功能」，例如一件衣服，配合成一套裝，或配合成一款時裝系列，此時一件衣服不再是一件衣服，而是時裝系統的一個組分。

　　系統能超過成分的總和，是因為系統有幾個特點。首先是其「全域性」（wholeness）。例如在一個語言中，其符號單元（例如詞彙）的意思是任意的，如何保證語言之間能翻譯？因為每個語言覆蓋的全域大致上一致，一個語言能覆蓋的意義面，另一個語言大致上也能覆蓋，只是每個詞彙或短語的意義劃分不一致：翻譯之所以可能，是因為兩個系統的全域覆蓋，翻譯的困難在於兩個系統的組分覆蓋區域不一樣，就像兩個拼圖遊戲，拼出來的全圖相同，每一小塊的覆蓋面不一樣。例如中文「桌子」，英文分成 desk 與 table，每個地方要根據上下文和使用語境判斷對應方式。例如交通警察的指揮，與紅綠燈自動指揮，形式不同，分節也不同，「全域」卻一致，系統之所以能互相替代互相變換，正是符號的這種「全域系統性」。

　　結構觀念古已有之，亞里斯多德分析悲劇的六個因素，李漁講戲劇結構「密針線」，這些都是結構分析，但與符號學的結構沒有關係，因為其中沒有全域覆蓋與變異重組的討論。並不是任何「結構」都符合系統的要求。

　　一個系統的符號組分能覆蓋「全域」的意義，條件是在組分之間能互相區別。索緒爾認為「區分」是系統與各成分關係的主要維繫條件：「狗」之所以為這個意義，並不在於它的發音和寫法本身，

---

[9]　也有人認為系統是元素的集合，而結構是元素之間關係的構築，這也就是說系統觀是元素組成加上結構性。即使如此解釋，「系統」一詞，依然比「結構」這個詞更清楚地解釋結構主義的原則。

而是在於此詞與其他詞發音上寫法上的區別，這個區分保證了這個詞在漢語這個系統中，獨佔一個特定的意義。

對這個區分原則可以做個簡單的實驗：一盤象棋丟失了一個「將」，可以用任何一個木塊替代，但是為了保持系統性，要滿足兩點要求：第一，此木塊與其他棋子不同（棋盤上不能有相同木塊）；第二，這個木塊的走法（使用）與「將」相同，目的是讓整副棋子覆蓋象棋的全域。這樣，整個系統依然起作用，而這個棋子作為系統的一個單元也依然起作用。這塊東西本身是什麼物質，什麼顏色，什麼形狀，給人什麼感知，並非至關重要，因為「將」之為「將」本來就是任意武斷的。

符號系統之所以能夠服務於「全域」，在於它是動態的，可變的。系統的任何狀態都只是一種暫時的顯現方式，系統保證了動態變化中的延續。例如下棋，從開局下到面目全非的任何階段，都在系統規則能處理的範圍內。系統的變化服從一套規律（下棋規則、「棋路」），這套規律控制了系統的全部運作。索緒爾稱這套規則為「語言」（langue），而系統的任何一次出現形態為「言語」（parole）。更正確的說法是深層結構（deep structure）與表層結構（surface structure）。深層結構是任何系統能發揮作用的關鍵，因此索緒爾對符號學發展的貢獻，往往被稱作「系統論」（systematics）。

後來出現的控制論，把系統的這種能力，稱為系統的「自行組織」（self-organizing）能力，或「抗擾亂」（counter-perturbation）能力。結構的這種能力，是因為可以變換的表面結構，受深層結構控制。由此，凡是承認深層結構為系統控制與重組力量的人，都是結構主義者。不少人認為馬克思（以經濟基礎控制上層結構）、佛洛伊德（以本我控制自我）、涂爾幹（以集體意識控制個人行為）等思想家，都是結構主義的前驅。甚至有人認為托勒密體系是結構天文學，哈威的血液循環論是結構生理學，居維葉的古生物重建是結構古生

物學，林奈的物種分類是結構生物學等等。[10]這些體系的確都是符號表意體系，但是作為一個「系統」起作用，就不再是個別的累積。十九世紀末涂爾幹與塔爾德關於社會學中社會規律關係與個人行為的辯論，給了索緒爾的系統思想很大啟發。[11]

列維－斯特勞斯從「系統性」出發，給了結構一個定義：「首先，結構展示了一個系統的特徵，系統有若干組分構成，任何一個組分的變化都會引起其他成分變化；第二，對於任一模式，都應有可能排列出同類型一組模式中產生的一個轉換系列；第三，上述特徵，使結構能預測，如果某一組分發生變化，模式將如何反應；最後，模式的組成，使一切被觀察到的事實都成為可以理解的」。[12]

這個定義聽起來複雜，實際上是強調符號表意必須依靠系統：不能納入系統的東西，無法存儲，無法傳送，也無法解釋，而符號恰恰需要這些功能。因此，一旦承認索緒爾的「任意性」原則，符號與意義就無自然聯繫，符號就不得不依靠系統才能表意。

皮爾斯沒有討論系統性問題，很多人認為這恰恰是皮爾斯的優勢所在。後結構主義堅決攻擊結構主義的系統觀念，這樣做是對的，但是系統性並非一點沒有道理。目前符號學界對皮爾斯符號學的極高評價，以及對索緒爾的系統模式符號學的貶低，是對六〇年代結構主義極盛期過高名聲的反撥。反撥是必要的，但反撥矯正不等於必須完全漠視：要破解系統性，首先必須理解系統性。在本書的討論中，尤其在下半部分討論藝術與文化符號問題時，我們依然會感到系統性的重要。俄蘇符號學派把普利高津的耗散系統觀用於

---

[10] 見 Georges Mounin, *Semiotic Praxis*: *Studies in Pertinence and in the Means of Expression and Communication,* New York: Plenum, 1985, p 105.

[11] Stjepan Gabriel Mestrovic, *Durkheim and Postmodern Culture*, New York: Walter de Gruyter, 1992, p 72.

[12] Claude Levi-Strauss, *Structural Anthropology,* New York: Basic Books, 1974, p 7.

文學，發展了開放系統觀，證明系統性在一定條件下依然是個重要概念。

3.共時性

　　系統性連帶出來的另一個問題，是所謂「共時性」，在索緒爾理論的四個二元對立（能指／所指，語言／言語，共時／歷時，組合／聚合）中，這條似乎最容易理解，實際不然。共時性問題，是索緒爾為語言學發展做出的重大貢獻：索緒爾之前的語言學，主要在語言的演變上下功夫，而索緒爾的系統觀，注重的是一個系統內部各種元素之間的關係，因此要求從一個「共時角度」來觀察，系統才能運作。因為系統各因素之間，不是歷時性的聯繫，而是在某個時刻共存的關係。

　　共時觀念，給語言學的研究帶來重大變化，也使是符號學一開始就落在一個非常有效的模式之中。但共時觀念還沒有被真正弄清楚，就被追趕時髦的學界宣佈過時，所以本書稍微多花一點功夫解釋一下：共時與歷時不可分，每個系統都是在歷時地轉化為一連串的共時局面中形成的：沒有一個符號系統能歷時不變，我們只能談歷時性中的共時性，這一點容易理解。

　　關於共時與歷時究竟如何區分，卻一直有很多誤解：列維－斯特勞斯在《結構人類學》中舉據交響樂為例，說一首交響樂是共時與歷時配合而成：某個瞬間的和聲與配器，是共時性的，交響樂的演奏則是歷時的。[13]巴爾特認為西餐中一道道上菜是歷時的。[14]這兩位大師恐怕是弄錯了：他們把符號系統的空間展開／時間展開，誤

---

[13] Claude Levi-Strauss, Structural Anthropology, New York: Basic Books, 1963, p 45.

[14] Roland Barthes, *Elements of Semiology,* London: Cape, 1967, p 25.

作為共時性／歷時性。有的符號文本在空間中展開（例如壁畫、建築），有的符號文本在時間中展開（例如電影、儀式），這並不等於共時或歷時：哪怕需要在時間中展開的文本，依然可以被看成一個共時結構，只要展開的時間過程沒有影響組分的相互關係和意義的變化。一本小說看上去是空間的存在，但是小說的閱讀需要時間，與講故事需要時間一樣：一本小說和一則故事都不是歷時的：當符號組合被看成一個文本，或一個系統，它們就是共時的。

列維－斯特勞斯和巴爾特關於一首交響樂或一頓餐是「歷時性」的說法，頗類似錢鍾書所引《優婆塞經》中的例子：「有智之人，若遇惡罵，當作是念：是罵詈字，不一時生；初字生時，後字未生，後字生已，初字復滅。若不一時，云何是罵？」，錢鍾書認為這種態度，可以「以資軒渠」。[15]

符號學討論的共時，不是指符號文本的空間（非時間）展開方式，而是解釋者看待這個系統的角度。對於一個系統的研究，可以有共時與歷時的兩種側重：一部交響樂，一頓晚餐，哪怕不是嚴格的「共時發生」（空間並存），也可以被看作共時系統：即可以當做一個系統給於解釋。

斯瓦西里語把周圍所有的人分成「活人」，「撒哈」（sasha），「扎馬尼」（zamani）三種，活人是實在的活人，撒哈是人已去世，但是在世的有與他相識的人，扎馬尼已經死去，並且所有認識他的人也都已經死去的人。[16]這是一個非常典型的系統：原先本是歷時的關係，在意義關係中變成了一個共時系統，三種「人」互相區別，必須用不同方式處理，談論扎馬尼已經無人對證。其他語言對歷時的兩種死者不加區別，是因為更多地憑藉共時的書面記載談論他們。

---

15 錢鍾書〈管錐編〉，《老子王弼注》，北京：三聯書店，2007年，第一卷，685頁。
16 James W. Loewen, *Lies My Teacher Told Me: Everything Your American History Textbook Got Wrong,* New York: The New Press, 2008, 23.

　　因此，共時性與歷時性，只是觀察解釋符號系統的角度之分，並不是嚴格的時間問題。在這個很多人搞錯的問題上，葉爾慕斯列夫說得一清二楚：「（共時性是）語言成分內在邏輯上的一致性，而不是經驗上的共時性，而所謂歷時性也只能看成一種關係轉換系列」。[17]巴爾特後來似乎也明白了這一點：「時裝的共時性年年風雲變化，但在一年之內它是絕對穩定的」。[18]為什麼時裝系統「一年之內」是穩定的？因為時裝需要用四個季節展開整個系統。巴爾特對共時性看法，在幾年中前後矛盾，只能說他一直在思考這個問題。如果巴爾特知道我們至今在一句一句認真讀《符號學原理》，他必定會鄭重其事地做個自我修正吧。

　　既然系統必須從「共時」角度觀察，索緒爾符號學就帶上一種共時偏向，這一點受到不少關注社會歷史的理論家抨擊。既然系統只有在共時狀態中觀察，歷史就只是系統的疊加。[19]符號系統的一系列共時狀態，靠「自組性」組成一個貫穿了的演變系列，才出現系統的歷時性，因此難以否認，系統觀是共時性優先。雖然共時性並不否認歷時性，當共時中的結構被特別關注時，歷時關係容易被忽視。

　　由於索緒爾理論，至少共時性作為一種可供選用的研究角度出現，只要這種觀念沒有獨霸學界，就不應當說是壞事。這個理論興起之初，不少學者讚美有加。巴爾特甚至說，索緒爾提出共時性原理，「意味著起源概念的退場……個體不再相當於『子女』，而是相當於『同胞』；語言結構不再是一種『貴族制』，而是一種『民主制』」。他甚至感慨說索緒爾的理論，與索緒爾的「籍貫」有關：「只有一位

---

[17] Louis Hjelmslev, 1969, *Prolegomena to a Theory of Language*, Madison, Milwaukee: Univ of Wisconsin Press, pp 109-110.

[18] 巴爾特《流行體系》，上海人民出版社，2000 年，8 頁。

[19] 參見 Fredric Jameson, *The Prisonhouse of Language*, 1972, pp 5-6.

盧梭的同鄉，住在具有數百年民主制傳統的日內瓦，才能想到把語言的意義比擬為社會契約」。[20]這個讚美太政治化，也太詩意。

4.有機論，「噪音」，露跡

心理學家皮亞傑討論結構主義有機整體觀，提出其三條特徵。皮亞傑對「結構的守恆性和某種封閉性」看得很清楚，只是他並不認為是問題，而且認為即使在轉換中，結構也能「不越邊界」，這可以說是結構主義有機論最清楚的表述，所以我詳細引述於此。

他的第一條是「整體性」：「一個結構是由若干個成分所組成的；但這些成分服從於能說明系統之成為體系特點的一些規律。這些所謂組成規律，並不能還原為一些簡單相加的聯合關係，而是把不同於各種成分所有的種種性質的整體性質賦予作為全體的全體」。[21]

皮亞傑同時也注意到變化的壓力，「語言的共時性系統不是靜止不動的：它要按照被這個系統的種對立或聯繫所決定的需要，拒絕或接收各種變革」。因此他提出結構的第二條特徵「轉換性」：「一項起結構作用的活動，只能包含在一個轉換體系裏面進行。結構的成分變化，可以引起結構的整體轉換」。

但這種轉換是在結構之內進行的，這就引出皮亞傑的第三條特徵「自我調整性」：「結構的第三個基本特性是能自己調整；這種自身調整性質帶來了結構的守恆性和某種封閉性。試從上述這兩個結果來開始說明，它們的意義就是，一個結構所固有的各種轉換不會越出結構的邊界之外，只會產生總是屬於這個結構並保存該結構

---

[20] 同上，164 頁。

[21] 皮亞傑《結構主義》北京：商務印書館，1984 年，5 頁。

的規律的成分」。自我調節是系統的生命力之所在，但也使系統能夠在變異中不必把自己打散。

這可能是思想史上對有機論最雄辯的辯護。從亞里斯多德以降，大部分文藝學家都是有機論者：作品是一個有機整體，不可能刪除任何一部分，而不損及其整體意義。如果對長篇作品，這個說法稍嫌誇張，至少在持這種觀點的理論家和批評家看來，對作品任何一個部分的最高讚揚，是證明它對作品整體所做的貢獻；而對一部作品的最高讚揚，是說明各個部分如何被綜合成一個更高的境界，一個更富於意義的整體。作品就像一個有機的生物，雖然整體由部分組成，整體卻擁有部分所無的生命。

有機論在任何時代都不缺少擁護者，似乎這是對藝術作品的理所當然的理解方式。從亞里斯多德以降，理論家立場可以各不相同，擁護有機論卻似乎自然而然：柯勒律治的浪漫主義，愛默森的超驗主義，坡的神秘主義，克羅齊的直覺主義，現實主義者如別林斯基，[22]馬克思主義者如盧卡奇，[23]形式主義者如新批評派：黑格爾的辯證整體理論對布魯克斯和維姆賽特等人影響最大。二十世紀初開始興起的格式塔心理學，也給有機整體論很大支持。然而，二十世紀最有影響的有機理論，有機論的最後也是最強大的辯護者，是從索緒爾符號學發展出來的結構主義。

七〇年代初之後，符號學發展到後結構主義階段，有機論才從文藝學中漸漸消退。解構主義者德曼明確反對「修辭有機主義」，他認為隱喻象徵等修辭格所攜帶著有機觀念，即言義合一，會發展成「美

---

[22] 別林斯基說：藝術作品比現實更美，是因為「裏面沒有任何偶然和多餘的東西，一切局部從屬於一個整體，一切朝向一個目標，一切構成一個美麗的，完整的，單獨的存在」。《別林斯基選集》上海譯文出版社 1979 年，卷二，457 頁。

[23] Martin Jay, *Marxism and Totality,* Berkerly: Univ of California Press, 1984, p 81-102.

學的帝國主義」，張揚權威主義與專制傾向：「我們稱為意識形態的這種東西，正是語言現實與自然現實——亦即指涉與現象——兩者的混淆」。[24]德曼認為只有用反諷不疲倦的求異，才能顛覆有機論。

本書要到第十章討論符號修辭學時，才能討論修辭如何漲破有機結構，朝反諷運動。德曼在指責有機論為「美學的帝國主義」，眼光很敏銳。但是本章上文引用巴爾特讚美共時性中的「日內瓦公民的民主意識」，結論正好相反。可以說這兩種說法都是過分「政治化」，可以付諸一笑。

有機論牽涉到所謂「噪音」問題。巴爾特在《符號學原理》一書中聲稱：「藝術無噪音」。[25]意思藝術作品是一個完整的符號系統，作品中任何元素都是構成系統的單元，不存在不需要的組分。巴爾特又在《流行體系》中聲言：「（對時裝的）描述是一種無噪音（bruit）的言語」，因為「任何東西都不能干擾它所傳遞的單純意義：它完全是意義上的」。[26]說文本無噪音，實際上就是把文本看做一個完全自組自適的系統。

同是在二十世紀六〇年代，格雷馬斯的觀點卻相反，他認為噪音問題與體系的開放程度有關：「在一個封閉文本中，一切冗餘（redundancy）皆有意義——與開放文本相反，那裏的冗餘是『噪音』——特別是當這些冗餘在自然語言中顯現為相同或相近的語句時，其意義更為昭然。」[27]格雷馬斯看出：是否有噪音，取決於如何看待文本。只要跳出系統之外，就可以看到，接收者必然在文本中發現對他的解釋不需要的冗餘感知。

---

[24] Paul de Man, "The Concept of Irony", in *Aesthtic Ideology*, Minneapolis: Univ of Minnesota Press, 1996, p 170.
[25] Roland Barthes, *Elements of Semiology*, London: Cape, 1967, p 58.
[26] 巴爾特《流行體系》，上海人民出版社，2000年，18頁。
[27] 格雷馬斯《論意義：符號學論文集》，百花文藝出版社，下冊，148頁。

　　本書第一章第六節說到：符號意義的發送與解釋，是一種片面化：被感知卻被片面化到表意行為之外的部分，就只能算噪音。噪音部分可以被感知，但不能被「內化」為解釋：我們讀書時，會儘量忽視別人亂塗的不相關詞句；我們看電影時，會儘量不顧及起身臨時遮住視線的觀眾。人在符號化過程中，不自覺地貫穿了目的論，為了求解而把感知的豐富性抽乾：世界並不是純然目的化的符號世界。王羲之書《蘭亭序》有塗改，董其昌說王羲之「隨手所如，皆入法則，所以為神品也」。這是藝術文本被經典化之後的特殊解釋，明顯的噪音也能被接收者去噪音化。

　　對於自然世界，這點容易理解：我們無法顧及整體的自然，只能採集相關的感知，把無關的擱在一邊。難題出在人造的「純符號」中，尤其是藝術中：既然是有目的地人造的符號，尤其是藝術文本這樣精心製作的符號：為什麼文本還會有噪音？既然噪音是不攜帶意義的干擾因素，藝術作品不是完全可以刪除這些干擾？

　　因此，應當區分兩種噪音：第一種是符號發送過程中無可奈何帶上的不表意部分，例如演員說話突然結巴，例如無線電發送中的干擾音，電影攝製過程中不小心拍攝進來的對象。在精心製作的純藝術符號中，這種噪音應當減少到最低程度；第二種是解釋者認為對他的解釋不起作用的部分，應當說，這種噪音普遍存在，因為每個解釋者提供的意義不一樣。在可以解釋成意義的範圍之外的感知，就是噪音：解釋活動必然產生噪音，任何一種解釋都不可能讓文本的每一部分都進入意義。

　　齊澤克對於噪音的普遍性，有個精彩的論述：「文本總是存在一些不合適的異己的成分，為此，一個文本總是逃避變化它能被理解的存在形式，這是他的統一性的終極保證。」[28]齊澤克的意思是：

28 Slavoj Zizek, *The Invisible Remainder: An Essay on Shelling and Related Matters*,

文本總有不協調的部分，正因為此，文本才對接收者產生「按期盼意義理解文本」的壓力。反過來說，擁有不可理解的部分，才使文本不會完全臣服於「期盼中的」固定解釋。甚至可以極而言之，對於渴望觸及世界終極真相的人，所有的符號都是噪音。[29]

　　至今有很多論者堅持「藝術無噪音論」。戲劇符號學家依蘭姆說：「戲劇資訊無贅餘……每個信號都具有（或被認為具有）其美學理據。刪除這些信號會劇烈地改變被表演的資訊或文本的價值」。[30]這段話在關鍵點上自相矛盾：「都具有美學理據」與「都被認為具有美學理據」完全不同。哪怕「世界第一畫」達芬奇的〈蒙娜麗莎〉，人物背後的風景，是按照文藝復興時代的肖像畫慣例畫的，有的人認為大有意味。「一個遙遠的背景一直延伸在遠處的冰山。只有彎曲的道路和遠處的橋樑顯示著人的存在。模糊的分界線、瀟灑的人物、光亮與黑暗的明顯的對比和一個總體的冷靜的感覺都是達‧芬奇的風格」。[31]但是還是有人認為此風景與肖像不相關。《紅樓夢》中大量燈謎，有人認為意義重大，每一處都影射情節和人物命運，也有人認為大部分燈謎與主題不相干。對此，我們這種非紅學家無法判斷，只能說，《紅樓夢》的燈謎，對前一種人不是噪音，對後一種人才是。

　　既然噪音不可避免，噪音就是一種重要的風格因素，有些藝術家就有意暴露製作痕跡中的「非內容」因素，「露跡」成為現代藝術的重要特徵：現代油畫有意暴露筆觸，現代音樂有意安排非樂音，希區柯克的電影有意讓自己在背景中出場，現代戲劇有意讓燈光工

London & New York: Versos, 1996, p 26.

[29] 最後這句話，是 2011 屆符號學班的任玲在課堂討論中提出的，特此鳴謝。

[30] Keir Elam, *Semiotics of Theatre and Drama*, London: Methuen, 1980, 4.

[31] Carol Strickland and John Boswell, *The Annotated Mona Lisa: A Crash Course in Art History from Prehistoric to Post-Modern,* Kansas City: Andrews and McMeel, 1992.

上場對著人物打光，現代小說家在小說中說自己如何寫此篇小說。
這些藝術家做的，正是把「加工」過程作為噪音暴露出來，而這個
過程的目的原是排除噪音。巴爾特說現代藝術家這些做法，是對抗
資產階級意識形態，因為「我們社會進最大努力消除編碼痕跡，用
數不清的辦法是敘述顯得自然……不願承認敘述的編碼是資產階級
社會及其產生的大眾文化的特點，兩者都要求不像符號的符號」。[32]
所謂「編碼痕跡」就是未能完全編碼而留下的噪音痕跡，這樣就讓
人看到了符號化過程，「像符號的符號」就會讓人警惕，因為不再是
「自然」或「真實」。

　　承認噪音，就是承認藝術作品不可能是有機的，因為有機論的
第一要義是」每個部分都為整體意義做出貢獻」，不可或缺，不可刪
節，刪除一處，整體意義就不再完整。這個說法實際上把意義看作
是客觀存在。而且充分體現在文本中。一旦我們承認藝術是一種符
號，那麼在某些解釋中，必定有文本的某些部分變成沒有對整體意
義做出貢獻的冗餘部分。這不一定會降低藝術價值：暴露藝術的「非
有機組成」，經常有特殊的效果。

　　克摩德曾經一陣見血地指出：六〇年代巴爾特的結構主義符號
學，是有機論的最複雜辯護，巴爾特從七〇年代起超越結構主義，
正是感到了有機論的危險：「巴爾特之所以最後放棄了用形式主義
方法確立底本與述本的言語／語言關係的努力，正是因為他害怕他
即使成功了，也只會復活就有的特定作品特定結構這種有機論深
化。這樣，我們想打開的作品又重新關閉，重新擁有一個所指的秘
密」。[33]

---

[32] Roland Barthes, *Image-Music-Text*, New York: Hill & Wang, 1977, p 44.

[33] Fran Kermode, *The Art of Telling: Essays on Fiction,* Cambridge: Harvard Univ
Press, 1983, p 75.

5.理據性，像似符號

　　系統性與有機論問題，可以說都是索緒爾的任意性原則造成的。如果符號與對象之間，不必依靠任意武斷性連接，就出現另一種符號學。索緒爾把「任意武斷性」的反面稱作「理據性」（motivation），他堅持認為符號與意義之間沒有理據。雖然皮爾斯沒有用理據性這個術語，他的理論體系卻立足於理據性，他的符號理據論使符號學最終擺脫了系統觀。

　　索緒爾也承認：任意性原則，哪怕在語言的詞彙層面上也不是絕對的，至少有兩種詞不完全任意。一是象聲詞、感歎詞，都具有「語音理據性」（phonetic motivation），只是這兩種詞在語言的詞彙總量中很少，可算普遍任意性中的例外；[34]二是複合詞，如「十五」、或片語如「蘋果樹」，複合詞或片語具有排列方式的理據性（前詞與後詞的搭配並不任意），這樣，理據性成分在語言中相當多，一旦構成組合（如複合詞），就出現二度理據性。

　　語言中的理據性比索緒爾意識到的更多。柏拉圖已經發現某些語音與意義有關聯，他沒有總結規律。古代文明的許多典籍，如印度的《奧義書》，希伯來的 Kabbalah，日本佛教九世紀出現的「真言宗」，都注意到這問題。洛克與萊布尼茨，為這問題還有一場辯論，洛克主張語音與語意的關係是全任意，萊布尼茨認為不全是任意。

　　雖然有些人認為全世界的語言都有「聲音像似」（phonetic iconism）。全世界各民族幾乎都用唇音 m 稱呼母親，顯然這與哺乳有關；用塞音 p-d 稱呼父親，看來與最簡單的呼叫有關。再例如英文那樣用 b 作「打擊」用詞（如 bang, beat, batter, bash, bruise, blister），

---

[34] 同上，67。

用 p 作「腳步」用詞（step, stop, stamp, stomp, tap, tamp, tramp）。中文一旦像聲，也幾乎類似，例如急劇動作用爆破音：「棒打」、「抨擊」、「拍打」。但是這種語音相似，在任何語言中都過於零散，難以找到規律。

皮爾斯的符號學一開始就不以語言為符號範式，於是符號與其「對象」之間的關係，就顯示出各種「本有的」連接。皮爾斯認為，根據與對象的關係，符號可以分成三種：像似符號（icon）、標示符號（index）、規約符號（symbol），前兩種是有理據性的符號。

像似符號指向對象靠的是「像似性」（iconicity）：「一個符號代替另一個東西，因為與之像似（resemblance）」。[35]任何感知都有作用於感官的形狀，因此任何感知都可以找出與另一物的像似之處，也就是說任何感知都是個潛在的像似符號。[36]符號化的第一步，實際上是比擬模仿。

像似性（iconicity）看起來似乎簡單直接，有一種「再現透明性」，似乎符號與對象的關係自然而然，而且讓我們馬上想到視覺上的像似，例如電影、攝影這樣的體裁，如肖像、風景這樣的題材，符號與對象的關係不言而喻，讓人覺得有一種「直接感」（immediality）。圖像，與其他符號（如語言）很不一樣。其他符號「引入非自然因素，如時間、意識、歷史，以及符號的間離性干預，從而瓦解了自然的在場性」。[37]而圖像雖然是符號，但它看起來似乎是對象的自然而直接的顯現。

實際上「像似」概念遠遠比此複雜，仔細討論下去，我們會發現這種「自然而然」是假相，尤其當我們移到圖表、關係式、音響

---

[35] Charles Sanders Peirce, *Collected Papers*, Cambridge Mass: Harvard Univ Press,1931-1958, Vol 3, p 362.

[36] Ernst H Gombrich, *Art and Illusion*, London: Phaidon, 1968, p 12.

[37] 阿萊斯・艾爾雅維茨《圖像時代》長春：吉林人民出版社，2003 年，206 頁。

等符號載體，像似關係就不直接了。像似性由於當代文化的「圖像轉向」而成為學界研究的重要課題。符號學界，以阿姆斯特丹大學與蘇黎世大學的符號學中心為首，從 1997 年開始，舉行世界「語言文學像似性」討論會，[38] 出了多本書集，問題越討論越多，也正如整個符號學，問題越多學科越豐富。

　　首先，像似不一定是圖像的，可以是任何感覺上的：舒伯特的《鱒魚》旋律像似魚的跳躍，里姆斯基－科薩科夫的《蜜蜂飛舞》中的音符像似蜜蜂的嗡營。還有嗅覺上、味覺上，例如香水像似某種花卉。只是非圖像的像似，沒有圖像那麼直接，上述的音樂，沒有標題很難確定地像似。

　　其次，像似關係，似乎應當是符號儘量去模仿對象，這問題實際上不那麼簡單，很可能是對象模仿符號。皮爾斯已經指出：「像似符號可以不必依靠對象的實在性：其對象可以是純粹的虛構的存在」。[39] 例如麒麟（unicorn）、鳳凰（pheonix）的圖像，或設計圖，符號看起來很生動很「實在」，對象卻不存在，模型圖像之類的對象，必須反過來像似符號。因此無法說對象總是預先存在，等待像似符號來摹寫。

　　而當今文化中的大量的圖像，究竟是在摹寫對象，還是在創造對象？用王爾德幽默的話，是藝術模仿生活，還是生活模仿藝術？當代文化的發展趨勢是後面這種像似符號越來越多：去看一看大量的旅遊景點就可以明白這個變化。

　　進一步說，從具體到抽象，像似性幅度可以很寬。凡事三分的皮爾斯，把像似性也分成三級：形象式像似（imaginal icon）、圖表式像似（diagrammic icon）、比喻式像似（metaphorical icon）。形象

---

[38] International Symposia on Iconicity in Language and Literature.

[39] Charles Sanders Peirce, *Collected Papers*, Cambridge Mass: Harvard Univ Press,1931-1958, Vol 4, p 531.

式像似符號，是圖像式的，上文已經說過，雖然有一部分像似符號，靠形象創造對象，這類像似符號與對象的關係比較清楚而自然。圖表性與比喻性相似符號，則比較複雜。

所謂圖形相似，是一種「構造類似」。皮爾斯解釋說：「它與對象的像似，不是在其外形上，而是各個部分之間的關係上」：代數公式，或化學反應公式，其內部關係（部分與整體的關聯）與對象形成所謂「結構同型」（structural homology）。各種「圖表」就是把符號之間的關係（例如大學排名、富豪榜）變成圖表的位置關係。索緒爾說的複合詞與片語所具有的理據性，實際上就是「圖表式像似性」。

語言中詞彙的衍變就具有這樣的構造類似之處：英語 high, higher, highest，隨著詞長與詞素增加，意義程度加強。這種情況被有的語言學家稱為「構造像似性」（constructional iconicity）。[40]甚至擬聲詞，所擬的不一定是「真實的」聲音。漢語 「黏黏糊糊」、「糊裏糊塗」、「氣勢洶洶」，擬的不是物態，而是詞彙（粘黏、糊塗、兇狠）之擬聲疊加，表示「程度又加一層」。

第三級為「比喻式像似」，抽象程度又比圖形相似朝前跨了一大步：比喻像似，就已經脫出符號的初級像似之外：符號只是再現了對象的某種品質，有時候是很難說清楚的品質。在比喻式相似中，像似成為某種思維相似，「擬態」像似。例如，築高臺模仿至高無上，由此產生了遍佈世界各地的「金字塔文化」，而所有獲得權勢者，首先要登上高臺：上下位置像似了權力與服從關係。

儀式往往是「歷史像似」，因為極其遙遠而成為一種關係方式：社會關係中各種貌似具有像似性的動作關係，實際上是歷史留下的文化陳跡：例如脫帽致意，或舉手致意，原是中世紀騎士脫下頭

---

[40] William Mayerthaler, *Morphological Naturalness*, Ann Arbor: Karoma, 1988.

盔，或攔開武器，伸出空手表示無敵意。此後哪怕面對不可能是敵人的人，也要敬禮。在當代，體育成為重要的比喻像似符號，它用有規則的對抗比喻人與人，民族與民族的競爭，戰爭中的具體動作（射擊、投擲、擊劍等）。成為儀式後，其「像似性」源頭已經被替代。

先鋒主義的抽象美術，如蒙德里安的垂直線畫，波洛克的「滴瀝畫」，德庫寧的單色畫，都沒有對象可言。因為無對象，也就不是形象像似，甚至很難說是圖形相似。波洛克的最重要辯護士美術批評家格林伯格，把「抽象表現主義」的畫比喻成藝術史的重大轉變階段，即「藝術漸漸剝離內容，純化成工具」。[41]實際上就是說不必有表意對象。波洛克的「滴瀝」可以說是一個「比喻式像似」，像似（或者說創造了）「思想動勢」這樣一種品質，[42]本書第十四章將討論到，跳過對象，是藝術符號的特權。

應當承認，上述三級像似性之間，邊界不一定很清晰。近年的文化研究理論，把各種「關係像似」，稱為文化拓撲學（cultural topology）也就是研究各種變易中的關係形式。最著名的例子是傅柯關於歷史與社會「圓形監視」（panopticon）結構的研究：當圓形監獄式的監視變形成閉路電視式監視，形式已經大變，但是「構造像似性」依舊。再進一步擴大，圓形監視可以成為「概念比喻」，例如「道德法庭」「輿論法庭」造成的全民監視，其文化拓撲關係變成抽象的比喻。

像似符號還捲入了另一個問題，即「像似程度」問題。莫里斯改進皮爾斯的像似性定義，認為像似符號與對象之間，是「分享某

[41] Clemente Greenberg, "After Abstract Expressionism", in *Collected Essays and Criticism*, Vol IV, p 124.
[42] Steven Naifeh & Gregory White Smith, *Jackson Pollock: An American Saga*, New York:Clarkson N, Potter, Inc, 1989, p 12.

些性質」，也就是說，像似性符號與對象只是部分像似。這個定義比較準確：一旦符號與對象「分享全部性質」，像似性就變成相同性，符號變成所謂「全像似」。[43]本書第二章已經討論過這問題：所謂同一符號，是鏡像之類與對象極端相似或同時出場的符號，但是依然可以看到符號載體與對象的區分。

如果接收者完全無法辨認同時在場的兩個感知有什麼區別，兩者之間互相成為「重複」（double），不具有符號關係：解釋者如果無法辨認兩條松鼠的差別，就無法把一條當做替代另一條的符號。艾柯指出：「我寫字的這張紙，與剛寫完的那張紙，是『重複』，沒有理由說前者是後者的符號」[44]這種情況非常多：同一次印出的兩張照片，同一版的兩本書，兩輛完全相同的汽車，彼此之間無法出現符號替代關係。只有當僅僅一個感知在場時，它才是替代起種類的符號：任何一條松鼠（例如放在動物園裏），可以作為全部松鼠的類別符號；任何一輛汽車（例如放在車展上），可以作為這一型號的汽車的類別符號。

重複的絕對像似，與完全無法找到與對象之間像似點的符號，是像似性光譜的兩端。像似性的差別可以如此之大，這也就是為什麼艾柯嚴厲批評皮爾斯的像似概念：像似符號實際上是必須靠文化規約起作用：「像似性並不存在於形象與其對象之間，而存在於形象與先前文化的內容之間」。[45]他的意思是：像似符號要依據符號接收者對符號與對象兩者的理解，才能表意，像似理據性本身無法連接兩者。因此艾柯認為像似本身作為理據，是「像似謬見」（iconic

[43] Charles Morris, *Writings on the General Science of Signs,* The Hague: Mouton, 1971, p 273.

[44] Umberto Eco, *Semiotics and the Philosophy of Language*, Bloomington: Indiana Univ Press, 1984, p 210.

[45] Umberto Eco, *A Theory of Semiotics,* Bloomington: Univ of Indiana Press, 1976, pp 216-217.

fallacy），主張乾脆從符號學中取消像似性這個範疇。雖然艾柯說的
很對，像似問題不如初看那麼簡單，此論還是有點走極端。

6.指示符號

　　皮爾斯討論的第二種「有理據」的符號是指示符號（index，複數
indices）。皮爾斯說：「指示符號是在物理上與對象聯繫，構成有機的
一對，但是解釋者的心智無須關心這種聯繫，只是在這種聯繫形成之
後注意到它」。[46]他的話大意是說接收者不必考慮指示關係的由來。
　　指示性，是符號與對象因為某種關係──尤其是因果、鄰接、
部分與整體等關係──因而能互相提示，讓接收者能想到起對象，
指示符號的作用，就是把解釋者的注意力引到對象上。指示符號的
最根本性質，是把解釋者的注意引向符號對象。要達到這個「指出」
目的，可以使用許多符號載體：學生們最常用的指示符號，是用書
包搶位子；教課的老師則經常用教鞭或手電筒箭頭。電影《人群中
的臉》（Faces in the Crowd），主人公患了奇症，無法記住臉容，於
是弄不清家人、親友、朋友、敵人，而在此電影中是最讓人緊張的
是她認不出要殺她的兇手。
　　皮爾斯舉的指示符號例子非常多：風向標、敲門聲、手指指點、
喊人、名字、專用名詞、物主代詞、關係代詞、選擇代詞。皮爾斯
解釋說這些符號有共同點：「指示符號只是說：『在那兒！』它吸引
我們的眼睛，迫使目光停留在哪裏。指示代詞，關係代詞，幾乎是
純粹的指示符號，它們指出對象而不加描寫；幾何圖形上的字母亦
然」。[47]

---

[46] Charles Sanders Peirce, *Collected Papers*, Cambridge Mass: Harvard Univ
Press,1931-1958, Vol 2, p 299.
[47] 同上，p 310。

艾柯對指示符號特別重視（與他對像似符號的懷疑態度正成對比），他覺得皮爾斯的解釋不夠清楚，因此他把指示符號分成兩類：蹤跡（trace）與指示（index）。[48]從因果推到並非實在的鄰接，稱為蹤跡，例如獵人看到足跡而知道野獸的走向，其鄰接關係已經過去，並不在場；指示則相反，從鄰接推向因果，例如巴夫洛夫實驗中的條件反射形成後，鈴聲成為指示，與唾液鄰接。在另一處他認為蹤跡也可以稱為「印跡」（imprint），例如複寫、複印、鏡像、現場轉播電視等。[49]

筆者覺得艾柯的兩種指示符號，很難嚴格區分：動闌尾炎手術的外科醫生，依據病人被按時特別疼的位置，在皮膚上畫一道，這是蹤跡。依照著這根線劃開皮膚，打開腹腔，就是把印跡當做指示。筆者在本書行文中把某些重要的詞句打成黑體，明顯是指示，提醒讀者注意為什麼用不同字體；但是黑體詞是我思想的蹤跡。

收集愛好者，用部分的物，代替已經不可能夠及的對象。例如收集汽車號牌、名人遺物、名人簽字、名人書信、錢幣、郵票、火花。零星的對象具有特殊意義，其意義不在本身，在於它指示的整件（過去某個時代）。當一個人把指示符號與對象的替代關係暫時忘卻，慾望從對象移到替代符號，就出現了「戀物狂」（fetishism）。亨利·詹姆斯的中篇《阿斯彭文稿》（The Aspern Papers）講一個某作家的崇拜者狂熱收集其書信，甚至對擁有這批書信手稿的女人產生了感情。當他知道手稿已被燒毀，馬上發現這個女人並不可愛。[50]

---

[48] 轉引自 Winfred Nöth, *Handbook of Semiotics*, Bloomington: Indina Univ Press, 1990, p 113.

[49] Umberto Eco, *Semiotics and the Philosophy of Language*, Bloomington: Indiana Univ Press, 1984, p 214.

[50] Henry James, *The Aspern Papers and Other Stories*, in Oxford Classics, Oxford: Oxford Univ Press, 1958.

大部分收藏者是「清醒的」，知道收藏品的價值，為了斂財而收藏，明白符號的實用意義可以度量，價格合適時就應當出售。

指示符號文本有一個相當重要的功用，就是給對象的組合以一定的秩序：它們既然靠因果與鄰接與對象聯繫，符號在文本中的組織，也就使對象有個相對整齊的對比方式，使對象的也跟著組合成序列。最清楚最簡單的指示符號，是手指，它不僅指明對象，而且給出對象的方向、動勢、大小、幅度的暗示。當我們使用一個代詞（例如「這個」），實際上調動了整套代詞（這個、那個、這些、那些、哪個？哪些？）的系統，用一環帶出了整個系列：指示性把對象放到特定的關係中。

符號指明對象的排列位置，似乎只是指示符號的順帶功能，其實是「指示」這個關鍵功能之所在：在關係之中確定意義。指示符號的這種功能，不是其他符號所能替代的。樂隊指揮給出的不是音樂，而是音樂元素（節奏、力度、情緒等）組成方式的指示符號。

例如詩詞的格律，就是一種指示性符號的序列秩序：律詩的對偶，限制了語義的自由展開，但是它給予的不僅僅是詩形式美。沒有這些形式上的指示符號構成的秩序，詩的體裁特徵就會消失，也就是詩作為詩消失。這就是為什麼艾略特和龐德再三宣稱：沒有自由詩（free verse）是完全意義上的自由，那樣詩就自我取消了。[51]印式、韻式等指示符號，給詩以詩在文本體系中的位置，詩才成為詩。

教師按學位等安排級別；體育比賽按年齡、按性別、按殘廢等級分等；高考加分，給特殊青年相對更多的機會。不少人費盡心機想在這個既定秩序中投機假冒，在中國成為一個大問題，這證明符號秩序最後是供解釋的。[52]指示符號秩序感也可能具有令人不舒服

---

[51] Noel Stock, *The Life of Ezra Pound*, London: Routeledge and Kegan Paul, 1970, 205-206.
[52] 據 2009 年 07 月 09 日《羊城晚報》：「全國少年乒乓球比賽骨齡測試，竟

的強制性：各種等級制度就是具有壓迫性的，例如高考成績與高校之間的等級對應，會影響人的一生，指示符號成為永久的等級烙印。

書籍、文件、字典，以字母或筆劃排列，都是指示符號給對象以秩序。上海市中心一帶，東西向的路用中國的城市名，南北向的路用省名；紐約曼哈頓的路名基本上東西向街全部用數位，南北向的街幾乎全部用字母，類似經緯度，可以嚴格地定位；全世界大部分國家，路西路南房子用雙號，路東路北房子用單號，而整個號碼由東往西，由南往北增大。指示符號的秩序組合，給行人極大方便。

電影教學中有所謂的「庫里肖夫實驗」，這位蘇聯電影工作者在十九歲的時候發現一種現象。他在一個特寫鏡頭後面，分別接上三種不同的內容。結果是觀眾在看的時候，根據後面出現的那個鏡頭的內容，來斷定前面那個特寫鏡頭中的人的情緒。接的是一個歡樂的場面，觀眾就覺得那人的臉上露出了笑容；接的是一個悲傷鏡頭，則觀眾會覺得那個特寫中的人臉是悲傷的。其實那幾個例子裏的特寫鏡頭是同一個的，不同的鄰接關係轉化為不同的文本意義，最後影響了解釋意義。

庫里肖夫實驗，實質是鄰接（指示關係）影響符號解釋，單個鏡頭的「像似性」意義有限。影視看來是像似符號，但其中的「影視內指示符號（intrafilmic indices）」，即次序排列，意義比形象更為重要。筆者在符號學課程的作業中要求學生——不管是不是影視專業的——都自己編寫短小的「分鏡頭劇本」，結果學生編出很多有趣的鏡頭連續段，證明這不是導演或剪輯師才能弄通的藝術。

皮爾斯指出：「指示符號是這樣一種符號，如果其對象被移走，就不成其為符號」[53]他的意思是指示符號的主導意義是對象。而相

查出三成多小選手虛報年齡」。

[53] Charles Sanders Pierce, *Collected Papers*, Cambridge Mass: Harvard Univ Press, 1931-1958, Vol 2, p 297.

當多符號有所謂「指稱難題」（problem of reference），[54]例如本書第十四章將討論藝術符號如何「跳過對象」。因此，提供秩序的符號（例如路牌）最好不要太「藝術」，或者說，其藝術品格應當被忽視。

自然符號的最大特點是弱編碼，也就是說意義的解釋比較模糊，岐解的可能性較大。例如沒有幾個人能從雲的形狀判斷地震。《三國演義》中諸葛亮立下軍令狀說三天之內必有東風，東吳官佐都訕笑他是自己找死，今日的氣象學家否定諸葛亮這種預報的可能性，可見自然符號經常指示性不足。

秩序也有代價。《南方週末》報導：「中國目前對電影內容的管理不科學是顯而易見的。不過，在國外已經成功實施多年的分級制，至今在中國電影界仍是諱莫如深，幾至談分級而色變的地步。」[55]建立分級制本意是保護未成年人，一旦有秩序，就不得不為每種對象設立一個指示符號，結果「限制級」的缺失就太明顯。明末利瑪竇帶來的《萬國全圖》，中國作為「遠東」落到邊上，受到指責。利瑪竇把中國改畫到中間，依然惹怒華夏中心主義者：「中國當據正中，而圖紙稍西，全屬無謂」。[56]

7.規約符號

靠社會約定符號與意義的關係，這種符號稱為規約符號，皮爾斯稱之為 symbol，這個稱呼在西方思想史之混用，連累中文也混亂

---

[54] Saul Kripke, "A Problem in the Theory of Reference: The Linguistic Division of Labor and the Social Character of Naming", in *Philosophy and Culture*, Montreal: Editio Montmorency, 1986, pp 241-247.

[55] 《南方週末》2009 年第一期，「2008 年中國人最關心的十大問題之八：電影會實行分級制嗎？」

[56] 《破邪集》卷三。轉引自陳義海《明清之際》南京：江蘇教育出版社，2007年，255 頁。

不堪，在皮爾斯自己的討論中也相當混亂，本書第九章第五節將詳作辨析討論。「規約符號」，是與對象之間沒有理據性連接的符號，也就是索緒爾所說的「任意／武斷」符號。

皮爾斯認為相當多的符號是有理據的（像似性或指示性），只是一部分符號沒有理據性，解釋者都需要靠規約來確認符號與意義的關係。但皮爾斯也承認，任何符號與對象的聯繫，最後還是需要社會約定，也就是說，很少會有純理據性符號。無論什麼樣的理據性，解釋時依然必須依靠規約。也就是說，規約性是大多數符號多少必定要有的品質，否則無法保證符號表意的效率，而理據性只是一部分符號具有的程度不同的品質。

這種普遍規約性，是符號表意的通則。像似性與指示性，無法給接收者一個確定的解釋意義。即使是極端像似符號也缺乏準確度：沒有社會規約，無論男女洗手間上面用穿裙子穿褲子人形相（像似性符號），還是用煙斗與高跟鞋圖形（指示性符號），還是別國語言的「男」、「女」字樣（規約性符號），人們依然逡巡不敢進：符號表意的確切保證是社會一致的規約。

例如象聲詞，連索緒爾都認為是有理據的詞彙，但語言中即使有理據的部分，依然要靠規約性。狗吠聲，英語為 bow-bow，法語為 oua-oua，漢語中為「汪汪」，每個民族都認為自己的象聲詞像極了，對比一下就可以明白這種像似性非常有限，哪怕表現哪怕狗叫聲這樣簡單的對象，也不可能不靠規約性。

一般人認為「副語言」（paralanguage），即非詞彙性的話語成分，例如聲高，語氣，伴隨語言的手勢，表情等，像似性很強，各國通用。其實其中有很大的規約性。例如大部分民族用點頭表示同意，阿拉伯人搖頭表示同意；又例如趙元任先生指出的：中國人向人招手掌心朝下，西方人掌心朝上。

　　規約性是社會性的，因此不同社會的規約不一樣，不能通用，而像似符號與指示符號，各個社會有可能都有能力懂（雖然不像規約符號能立即精確理解）。洗手間不用文字說明，用圖案，就是想用「世界通用」的符號，不用規約符號，反而能避免誤會。全球化與「圖像轉向」同時發生，至少部分原因在此。

　　應當指出：符號三分說清楚不難，在具體符號身上，三者卻經常混合。皮爾斯指出：「要找到任何一個沒有指示性的事例是非常困難的，如果不是不可能的話」。[57]他的意思是說任何符號多多少少都有指示性，都引起接收者對對象的注意，因此都有指示成分。實際上三者混合是常見的，幾乎是普遍的：一個最普通的「禁止迴轉」交通標記，就有像似、指示、規約三者結合。

　　指示符號可以與像似符號結合：許多指示符號以像似對象的一部分指向對象的全體。此種符號非常多見，可以稱為「像似－指示符號」：例如一塊牌畫上鐵絲網，指示的卻是禁區；中國戲曲舞臺表演，用碎步與目視代上樓下樓，用揮鞭代騎，用開門動作代替門。其大量像似－指示符號，與基本上使用像似符號的西方戲劇，形成兩種非常不同的風格。

　　相當多符號，混合了這三個成分，無法截然說某個符號屬於某一種，只是各種成分多少而已。所以上文說，任何符號多少有圖像性，多少有指示性，也多少有規約性。三種符號各有其短處，也可以簡單說一下它們各自的特殊優點或傾向：

> 像似性使符號表意生動直觀；
> 指示性使對象集合并然有序；
> 規約性讓符號表意準確有效。

[57] Charles Sanders Peirce, *Collected Papers,* Cambridge Mass, Harvard Univ Press, 1931-1958, Vol 2, p 304.

皮爾斯認為上述三種關係「盡可能均勻混合（blended as equally as possible）的符號，是最完美的符號」。[58]不太清楚如何測量符號組分的「等分均勻」，也不太明白為什麼這樣的符號「完美」。不過憑此倒可以宣稱：中文是世界上最「完美」的符號系統。

8.中文的理據性與規約性

漢語與世界上其他語言相同，規約性占主導。《荀子》中說：「名無固宜，約之以命。約定俗成謂之宜，異於約謂之不宜。名無固實，約之以命實」。這是中國古哲人非常精確的卓見。

但是書面的中文不然，中文是世界上唯一現存的非拼音文字。中文的特殊性引起許多文學家（如龐德）、哲學家（如德里達）、符號學家（如克里斯臺娃）的注意，他們從中引出一系列對西方文化及其語言基礎的質疑。他們的看法不一定符合中文發展的歷史，只能看作有趣的誤讀。

拼音文字是純規約性的，因為表音文字不可能表現出了聲音之外的任何其他形象，而語言的聲音對象局限於象聲詞和感歎詞。

可能任何文字都起源於象形，卻不約而同轉向拼音。中文起源於象形，但是沒有朝拼音的路子發展。中文迅速擺脫象形，發展出複雜的構詞法，系統內部出現有效的指示秩序；也可能因為民族疆域過大，方言複雜，對文化統一的需要太大，必須拒絕拼音文字隨方言而變化的像似性，中文文字強有力的規約性迎合了帝國的需要。當歐洲各地方言演變獨立語言，語言促成獨立文化，獨立文化創造民族國家，中文的寫法固定，保證了中國文化的穩定延續。

---

[58] Charles Sanders Peirce, *Collected Papers,* Cambridge Mass, Harvard Univ Press，1931-1958, Vol 4, p 448.

　　「文」原意為圖像，但是攜帶意義的圖畫，也並非文字，「形聲相益」互相配合，才成文字。成為文字之後，寫下來才是「書者如也」，才成為文字規約性表意系統。甲骨文與金文中異體字之多，證明圖像性比重很大，規約性不足。鄭樵《六書略》中指出「指事字」有三兼：「事兼聲，事兼形，事兼意」。事是文字符號的對象，要進入文字符號系統，要有規定的發音，有規定的寫法，有規定的意義解釋：這正是符號語言學的規定。

　　「六書」中的造字四法：象形，指事，會意，形聲。趙元任給了它們一個符號學分析：[59]象形源出描摹對象的圖畫文字（pictograph）。其他三種實際上都是在象形基礎上發展起來的各式指示符號。

　　「指事字」（Ideographs）是在象形字上加符號，形成了皮爾斯所說的「圖形像似符號」。指事字「視而可察，察而見意」：「本」為樹根，刀邊為「刃」，「日」為一輪光中有實，都是另加標注，引起注意。「烏」　清代段玉裁《說文解字注》：「鳥字點睛，烏則不，純黑故不見其睛也」。是「空符號」的妙用，缺失本身成為符號。

　　「會意」是形象組合，實際上是複合的指事，趙元任稱之為Compound Ideograph。「比類合誼，以見指撝」：「休」為人倚樹，日月為「明」，魚羊為「鮮」，子女為「好」，心腦為「思」，女執帚為「婦」。本章上面已經討論過，組合與序列，是指示符號的特點。

　　至於占了中文字絕大多數的「形聲字」（Phonetic Compound），則是「以事為名，取譬相成」，「名」是形旁的類別，「譬」是聲旁的語音：例如「剛」，例如「橋」。這是中文朝拼音文字轉化的開始，簡體字比繁體字更多語音因素。據《甲骨文字集釋》統計，在商代

<hr>

59　Yuen Ren Chao, *Language and Symbolic Systems*, Cambridge: Cambridge Univ Press, 1968, pp 103-104.

的甲骨文字裏，形聲字僅占 37% 強，到《說文解字》，增到 80% 強。而現代漢字裏的形聲字則已經達到 90% 以上。所以中文言實際上沿著皮爾斯的符號三分法，從相似符號，演變成指示符號，再演變成規約符號。或許其他書面語言也是從這條路上走過來的，只有中文保持了三個成分並列，因此，可能接近上面說的皮爾斯的理想，成為「最美的文字」。

無論哪種字的構造，都只是與詞源，一旦進入中文這個符號系統，各種造字法本身都淡入幕後。因此龐德「借鑒中文」為現代西方詩學發明的「會意文字法」（Ideogrammic Method），根據的是中文中其實不復存在的「像似性」。德里達認為中文是不同於西方的「非語音中心，亦即非邏各斯中心」的語言，也是沒有考慮到中文中語音因素越來越多，實際上是在逐漸拼音化。無論如何，到具體使用時，中文與任何其他文字一樣，全部詞彙都必須是規約符號。哪怕寫詩時，也是如此。中文「詩中有畫」，與拼音文字無異。本書第十一章第二節將詳論。

第四章　符號表意成分

1.能指與所指

　　本書不得不推遲到此章，才討論符號學最基本的一對關鍵術語，「能指」與「所指」。這對術語原是索緒爾討論符號的出發點，符號學發展到今天，這一對似乎簡單易用的概念，引出的誤會太多。當代符號學需要更精確的術語，本書在前面用「符號載體」、「符號文本」等來分解「能指」，用「意義」、「對象」、「解釋」等來分解「所指」，下文筆者會詳細解釋，為什麼本書建議放棄這對術語。

　　索緒爾把符號視為能指與所指的結合。能指是符號的可感知部分，在不十分嚴格地討論符號學時，符號也就是符號的能指。但究竟什麼是所指，卻是爭論不清的題目，此詞失諸籠統。

　　所指是是否原先就存在，等著一個能指來指出，能指應所指之需才出現？還是相反：能指出現後，必須被解釋出一個所指？艾柯看來贊同後一說，他曾經乾脆稱能指／所指為「前件／後件」（antecedent/consequent）。[1]當前件消失，後件也不可能存在。沒有符號的能指，任何一種所指都不可能出現。在胡塞爾所說的「生活

---

[1] Umberto Eco, *Semiotics and the Philosophy of Language*, Bloomington: Indiana Univ Press, 1984, p 214，天津百花文藝出版社 2006 年版中文譯本《符號學與語言哲學》略去此節。

世界」中，存在是純粹意識的意向性存在，是被構造的意義世界：思必有所思。[2]王陽明說得更清楚：「意之所在便是物」。[3]

索緒爾認為能指是「聲音－形象」，而所指是「概念」，兩者都不是客觀的物理實體，[4]甚至都不是個人心理中的。能指「是聲音留下的印跡，是聲音給我們的印象」，而所指是社會性的「集體概念」（collective concepts）。兩者都是「獨立於外界客體的心智體」（mental entities），不管能指還是所指，都是只在「符號結構」（sign structure）內部的存在。因此，他稱符號學是「形式，而不是實質的科學」。他說「樹」指的不是一棵特定的樹，而是「樹」這個概念集合。關於符號指向的究竟是個體還是類型？本章最後一節將詳細討論。

我們很難同意所有的符號所指都是概念。筆者認為，如果一定要給所指下一個定義，**所指就是能指所指出的東西**，就是能指所指向的東西。筆者這定義的確是同義反覆，而且似乎故作驚人之詞，實際上索緒爾的術語本來就是這個意思：這兩個法文詞，是同一個動詞「符指」的主動動名詞（signifiant 符指者）與被動動名詞（signifié 被符指者）。「被符指者」的定義當然就是「符指者」所指出的。所以在西文中不必為所指下定義，中文中的說明也只能是同義反覆。

本章頭兩節的詳細討論證明：沒有別的說法能概括兩者的關係。至於那些東西能被指出來？那就應當仔細分解了。也正是因為被符指的東西太多太雜，本書不得不建議棄用「所指」這個太籠統的概念。

大部分符號表意，是科學的／實用的，必須是「所指優勢」符號，以明確地傳達意義。《易傳·明像篇》「故言者，所以明象，得

---

[2]　Edmund Husserl, *Logical Invesitigations*, London: Routeldge and Kegan Paul, 1970, Vol 1, p 23.
[3]　王守仁《王陽明全集》，上海古籍出版社，1992。
[4]　Ferninand de Saussure, *Course in General Linguistics*, tr, Wade Baskin, New York: McGraw-Hill, 1969, 66.

象而忘言；象者所以存意，得意而忘象」。實用表意活動以達意為目的，得意忘言，得魚忘筌，是正常的。朗格描寫實用語言時說：「詞僅僅是一個記號，在領會他的意思時，我們的興趣會超出這個詞本身，而指向它的概念。詞本身僅僅是一個工具，他的意義存在於它自身意外的地方。一旦我們把握了它的內涵，或識別出屬於它的外延的東西，我們便不再需要這個詞了」。[5]所以「買珠還櫝」被人笑話，「名不副實」是我們都想躲開的罪名。

魯迅〈藤野先生〉一文中說到他把解剖圖「美化」了一下，受到教師藤野的好意規勸：「你看，你將這條血管移了一點位置了。——自然，這樣一移，的確比較的好看些，然而解剖圖不是美術，實物是那麼樣的，我們沒法改換它。」解剖圖當然必須所指優先，能指是否「好看」，不必也不應當考慮。

所指優勢，並不是說所指必然是「真相」。接收者滿足於他認為合理的一種意義，這意義是否「真相」，符號學中的討論很複雜，本書要到第十二章才能詳談。曹操的「望梅止渴」計，能指是「梅子」的語言表達，這個能指起到解渴作用，與真實的梅子相同。

另一種符號，藝術的／儀式的／文化的符號行為，表意過程的主導環節正相反，是能指優勢。一首唐詩，可能我們至今沒有理解其意義，卻記住了文詞。仔細檢查，我們可以發現藝術／儀式／文化領域的符號表意，能指並不需要明確指向所指，而是獨立形成一種價值。[6]古代中國人三跪九叩向皇帝表示敬意，歐洲人用鞠躬。能

5　蘇珊·朗格《藝術問題》，北京：中國社會科學出版社，1983 年，128 頁。

6　舉個容易理解的例子：陳建華〈讀茅盾《創造》——「時代女性」與革命公共空間〉中指出：「鴛鴦蝴蝶派以『高尚情操』為正宗，盡可能不描寫女性肉體，萬一不得不提到，則用『酥胸』；舊式色情小說如《金瓶梅》，當代頹廢小說如《廢都》，用『奶子』……『乳房』一詞，從日語轉用，是科學（解剖學）用語，（五四）小說用此詞，就帶上一種奇異的『現代性』。這是對同一個女性器官完全不同的能指方式」。見趙毅衡《重訪新批評》，天津：

指雖然不同，所指是相同的。但是耶穌會教士在中國苦心經營二百年，最後撤出，傳說（沒有證實）的原因之一是，梵蒂岡天主教教皇雖然也同意教士應當向中國皇帝表示敬意，卻不允許他們用叩頭方式表示這種敬意。

在這種符號表意中，所指是否「真實」就很不重要，甚至反過來：能指能夠製造真相的感覺。專門研究禁忌的人類學家瑪麗·道格拉斯在《純潔與危險》一書中指出：猶太人忌食海蜇，是因為猶太人為種族維繫而長期禁止族外通婚，海蜇被視為「非魚非肉」，犯了忌諱。[7]直至今日民族文化意識過強的猶太人，看到有人食用海蜇就會反胃。同樣，伊斯蘭教徒聞到豬肉會噁心，中國人看到「美式摔跤」（其實是一種表演）覺得慘不忍睹，過分殘酷。《詩》可興觀群怨，小說可誨淫誨盜，都與能指製造的「現實幻覺」有關。

能指優勢的規範意義，在命名中非常明顯：中國古代的避諱，所指相同，能指只是改用一個寫法，不遵守就會有殺身之禍。太平天國在江河日下時，公佈《欽定敬避字樣》，避諱制度卻加倍嚴格起來，顯然是為了加強控制。各種命名法，例如地名、國家名的更改，也是起團結內部作用。

其實在「能指形式偏執」上，國人至今不遑多讓：1996 年廣州與北京同時改電話號碼位數為八位，北京統一加 6，暗指「六六大順」，廣州原擬加 5，但是受到群眾反對，因為 5 粵音諧音「無」，因此改成 8，粵語諧音發財。這是能指崇敬，盼望能指能創造所指：北京人和廣州人患「城市病」，幸福感不高，更需要每天接觸到這些吉祥數位。

百花文藝出版社，2009 年，319 頁。

[7] Mary Douglas, *Purity and Danger: An Analysis of Concepts of Pollution and Taboo*, London & New York: Routledge 2002, p 65.

對於科學和實用的所指優勢符號，所指意義的確實性，有獨立的核實方式，例如用邏輯方式證實，或用實驗方式（重複方式）證實。[8]但是對能指優勢符號而言，要在同一個文化體系內，受同一個意識形態元語言控制，就很難觀察符號是否撒謊，所指是否真實。而一旦站在使用符號的文化之外，能指創造所指的能力就失效：各民族「吉祥數位」大不相同，即為此理。

傅柯對能指的這種自行創造意義的力量，頗感悲哀。在《詞與物》一書中，他認為人類最初使用符號時，語言符號是物的完全確實並且透明的符號。但是文化讓符號有可能超越與具體物的對應，而指向自身。詞語－物關係的逆轉，是現代社會知識型上的根本斷裂。最終，符號作為傳播媒介，就像貨幣作為流通媒介一樣，只關心自身的增殖潛能，而將其與物的關係通道全部切斷。應當說，傅柯的這個看法非常尖銳正確：當代文化中符號氾濫，是因為能指優勢幾乎吞沒了全部文化。

2.雙重分節

分節（articulation）概念更能讓我們看明白，所指只是「能指所指出的東西」。索緒爾已經談及分節的雙重性，他說「應用到言語上，分節既表明說出來的語詞鏈分為音節，也表明意義鏈分為有意義的單元」。他心裏想到的依然是語言：語詞分成音節，對應意義分割成詞彙。他沒有說何者為因何者為果。

此後語言學家馬丁奈（André Martinet）對雙重分節做出更清晰的講述，他把第一個層次的最小有意義分節稱為 moneme（即詞素 morpheme 與書素 grapheme），與此對應地出現的是發音的最小分節

8　Alfred J Ayer, *Language, Truth, and Logic*, Harmondsworth: Penguin, 1974, p 12.

音素（phoneme）。[9]馬丁奈的討論，方向與索緒爾相反：意義單元對應語音單元。

哥本哈根學派的葉爾慕斯列夫認為語言最基本的雙重分節，不是在詞素與音素之間，而是在「表達」與「內容」這兩個層面之間。[10]這樣一來，雙重分節就從語言擴大到所有的符號。葉爾慕斯列夫認為表達層的單元是純粹形式，是空洞的，他稱為空符（ceneme）；相對應的內容層面是具體的意義，是實符（plereme）。兩者對應，卻不一定重合。[11]他看出一個能指的所指，可以是複雜的系列。

此後雙重分節概念成為符號學的基本命題，巴爾特甚至建議符號學可以稱作「分節學」（arthrologie），符號本身可以改稱「節」（articuli）。[12]艾柯也認為分節問題至關重要：「任何符號學課題……是對世界進行切分的歷史和社會的結果」。[13]

可以說絕大部分符號系統，都是能指分節造成所指分節才形成的：學生分成年級和學歷，教師分成助教講師副教授教授，軍官分成尉級校級將級帥級，機關職員分成科級處級局級部級，清代文官體系，分成九個品級，各有頂戴、蟒袍、補服，這是以有序的能指，對所指系列進行秩序化的方式：只有這樣才能給一個意義域的基本構成以一定形式；科學中，對物種進行詳細命名分類，才能掌握龐大浩雜的生物界全貌。沒有排行榜，沒有各種 PK 分等，各種競爭將是一片混沌。

9　Andre Martinet, *Elements of General Linguistics,* Chicago: Univ of Chicago Press, 1967, p 45.
10　Louis Hjelmslev, *Resume of a Theory of Language*, Madison: Univ of Wisconsin Press, 1975, p 56.
11　Ibid, p 71.
12　巴爾特《符號學原理》，見趙毅衡編《符號學文學論文集》，天津：百花文藝出版社，2004 年，297-298 頁。
13　Umberto Eco, *A Theory of Semiotics,* Bloomington: Indiana Univ Press, 1976, p 315.

　　因此，只有能指分節清晰，相互不重疊，合起來覆蓋全域，表意才會清晰：寫論文章節不清，範圍重疊，論述就會陷於混亂；商品和商店分成等級，才形成商品市場的分流，重疊往往被稱為「攪亂市場」。公孫龍《名實論》討論分節的「非重疊」要求，非常精彩：「謂彼而彼不唯乎彼，而彼謂不行；謂此而此不唯乎此，則此謂不行」。「唯乎彼此」，就是能指互相清晰地分開。

　　能指分節，不僅分割所指，而且經常指出所指分解的方向，形成所謂「矢符」（vector）：所指出現正負（例如南北球）、上下（例如經緯度方向）、向度（例如晝夜）、分區（例如時鐘，例如經緯度，例如戲票分區）、源流方向（例如聲音氣味）、展開方向（例如敘述的故事頭尾）、動勢方向（例如舞蹈）、對比方向（例如股票漲落圖表）等等。此時能指的分節本身是帶著方向意味的指示符號，形成意義域的方向秩序。

　　可以看到，這種能指分節以分開所指，好像有根有據，甚至自然而然，順應自然本有的秩序（例如生物分類）。實際上分節是一種人為的區分，改動一種區分方法，雖然表達的全域依然，所指也起了變化。

　　漢語中的親戚關係特別複雜，表哥表弟堂哥堂弟表姐表妹堂姐堂妹，父系母系長幼次序各有不同，不能混淆，充分表現了中國文化的家族中心特徵。中文用各不相同的八個詞，也就是分成八節；法語對應詞有陰性陽性，因此有男女之分；英語平輩只有一個詞cousin。照理說會出現不可思議的混亂，其實沒有太多不便。只是用那樣語言的社會，男女長幼敘倫講究也就沒有中國那麼強烈。愛斯基摩語言有四十種稱呼雪的方式，阿拉伯語中的駱駝有上百個詞，也是根據表意需要，用不同分節把對象世界切割開來。上文說到斯瓦西里語把死者分成兩種，分節造就了人類文化。

雙重分節，對於人際關係至關重要。政治本來就是人際關係的操作，必須對人眾進行分類，才能知道如何採取一個社會行動。「誰是我們的敵人，誰是我們的朋友，這個問題是革命的首要問題」。能指分節實際上是任何政治行為的首要問題：例如土地改革的先決條件是「劃分成分」，不然不知道「依靠誰打擊誰」；例如經適房適用範圍必須區隔清楚，不然這個政策會弊病叢生；五四後，有中醫／西醫，國樂／西樂，國畫／西洋畫，舊體詩／新詩等等，並列命名，實為爭取生存空間的手段。

所指原本是模糊的「內容星雲」，可能有一定展開方向，但是連續如光譜。是不同的能指分節，把所指隔成一個個意義單元。葉爾慕斯列夫測定了英語，威爾士語關於各種色彩的命名與對應，發現各民族語言雖然都有「綠」，綠色的範圍不一樣，英語的 green 與威爾士語的 gwyrdhd，意思都是「綠色」，在光譜上的劃出的段落卻很不一致。一旦兩個語言沒有相應的詞，感覺就更難言傳，漢語把色彩分成「赤橙黃綠青藍紫」：西語中沒有「青」一詞，這種色彩對西方人就不存在：不是說西方人看不到這種顏色，但而是他們難以明白中國人的「青」或「碧」指的是什麼。

沒有符號加以分節的世界，不成其為世界。張愛玲有一段描寫很有意思：

> 夜晚投宿到荒村，如果忽然聽見鐘擺的滴答，那一定又驚又喜——文明的節拍！文明的日子是一分一秒劃分清楚的……蠻荒的日夜，沒有鐘，只是悠悠地日以繼夜，夜以繼日，日子過得像像均窖淡青底子上的紫暈，那倒也好。[14]

---

[14] 張愛玲：「我看蘇青」，《餘韻》，廣州：花城出版社，1997 年，83 頁。

　　張愛玲敏銳地覺察到，文明需要對時間進行切割分節。作為敏感的藝術家，她不喜歡文明世界，但她也明白不分節的蠻荒雖然詩意，卻不可能。

　　雙重分節清晰地證明，上文說的「所指就是能指所指出的」這樣一個似乎同義反覆的定義，實際上是人類理解世界的基本方式。巴爾特有個精彩的說明：醫學的診斷，也是一種分節處理，「診斷是對一組符號配置的讀解行為」。他舉十八世紀的醫學診斷為例：「肌肉疲軟」指向水腫病，「青灰臉色」指向腸梗阻，「身體斑點」可能是天花，「牙齦腫」是因為牙垢積存。「如果把這些符號……再聚合的話，就可能指向壞血病」。[15]巴爾特這個「雙重分節」的例解相當精彩：符號的組合分成若干互相分明的環節，把混沌的所指劃開，合起來可以覆蓋對象「全域」，這時，依靠互相之間從感知上把握的能指群，我們就可以掌握也可以可分解對象，也可以把其中某些單元合成一個有特別意義的文本。

　　同一連續體不僅在不同文化中分節不同，在同一文化中也可以用不同方式分節，因此同一所指，可以被不同分節的能指作不同劃分。例如巴爾特說的十八世紀的醫學，與當代醫學很不相同，因為對症狀的分節不同；再例如年月，陰曆陽曆一年之始時間不同，都可以當作新年鄭重地過節；再例如艾柯引用的卡爾納普舉過的例子：同樣一組動物，可以分成水生、飛翔、陸棲，也可以分為蟲類、魚類、鳥類、獸類。[16]按前一種，鯨魚是水生，按後一種，鯨魚是獸類。

---

[15] 巴爾特，〈符號學和醫學〉，《羅蘭・巴爾特文集，符號學歷險》，北京：中國人民大學出版社，2008 年，220 頁。

[16] Rudolf Carnap, *Meaning and Necessity,* Chicago: Chicargo Univ Press, 1947, 29, Quoted in Umberto Eco, *A Theory of Semiotics,* Bloomington: Indiana Univ Press, 1976, p 93.

其實任何符號都落到文化的「多分節」的局面之中，例如我們每個人，在不同境況下處於不同的分節系統中，因此可以是教師、家長、男人、黃種人、南方人、音樂愛好者等等。此種身份分節，將成為第十五章討論符號自我問題的關鍵。

艾柯不同意巴爾特說的普遍分節論，認為分節並不是是符號表意普遍必須有的條件。艾柯指出有六種情況：無分節系統（如盲人的白手杖）；只有第一分節或第二分節（即是分節不對應）的系統；具有雙重分節的系統；分節變動不居的系統（如撲克、音樂）；三層分節系統（如攝影）。[17]他認為一張臉的圖像，不像詞語，無法分解，臉固然可以繼續分解出嘴唇、眼睛等，但每個單元另有意義；如果置於一個系列之中，就組成鏡頭；而電影的鏡頭組（sequence）才是比較清楚的意義解讀單位，這樣就出現至少三層分節：圖像、鏡頭、鏡頭組。

艾柯的「雙重分節非普遍」之說，觀察敏銳：幾乎所有的圖像，都沒有明顯的分節，而是整體呈現的。有人認為馬賽克壁畫是分節的，拼鑲彩窗是分節的，波洛克的抽象表現主義滴瀝畫是分節的，但是這種能指的「可分節性」，沒有造成對象明顯的分節，只有第一分節，即能指分節，所指沒有被能指的節分開，因此也不是雙重分節。

3.符號意指三分式

上文說過，皮爾斯沒有聽說過索緒爾及其理論，他的符號學不是針對索緒爾而提出的。但是幾乎索緒爾所有的原理，在皮爾斯那裏都有另一套不同說法，當代符號學由此得到寶貴的模式比較機

---

[17] Umberto Eco, *A Theory of Semiotics,* Bloomington: Indiana Univ Press, 1976, p 233

會。與索緒爾的能指／所指兩分法不同，皮爾斯提出符號三元素方案，得到了當代符號學界的廣泛支持，本書也盡可能不用能指／所指這一對概念。

皮爾斯把符號的可感知部分，稱為「再現體」（representatum），這相當於索緒爾所說的能指；但是索緒爾的所指，在皮爾斯那裏分成了兩個部分：「符號所代替的，是對象（object）」，而「符號引發的思想」，稱為符號的『解釋項』（interpretant）。[18]

皮爾斯的三分方式，不僅是比索緒爾理論多了一元，更主要是強調了符號表意展開延續的潛力：「對象」比較固定，在符號的文本表意過程中就確定了，不太容易隨解釋而變動，而解釋項完全依靠接收者的解釋努力才能產生。這樣分解，就把符號過程的重點放到了接收這一端，為符號學的許多難題提供了鑰匙。

皮爾斯是個非常奇特的思想家，也許是因為幾乎沒有在大學任教，也沒有寫專著（他生前唯一的一本小冊子，討論的是天文觀察如何使用光譜儀），他完全跟著興趣走，研究領域過於廣泛：他自稱主要研究邏輯，但他也是數學家、哲學家、化學家，他的主要工作範圍是認識論與形而上學，是美國實用主義哲學的創始人之一。但是今日回顧，他的歷史地位主要是為現代符號學打下的基礎。他關於符號學的研究前後經歷許多年，散見於許多筆記與書信，用語不免有點混亂，偶爾也有不一致之處。例如他的符號分類法過於複雜，有的分類也不見得很有用，他對符號學的任何方面都做三分，範疇過於整齊難免削足適履。本書避免逐一討論皮爾斯所有的符號學觀念。

甚至這個起頭的符號表意三分式，也不能照搬：「再現體」這個術語很準確，但是拉丁詞 respresentatum 西文太累贅，不方便。皮爾

---

[18] "(T)he idea to which the sign gives rise", Charles Sanders Peirce，*Collected Papers*, Cambridge Mass: Harvard Univ Press, 1931-1958, vol 2, p 228.

斯自己有時直接用「符號」這個詞代替。本書為了行文簡便，也經常用「符號」或「符號載體」代替「再現體」。

但是皮爾斯的另外兩個術語非常重要：把符號直接所指的稱為 object，這個詞本身有語義困惑。中文把 object 翻譯成「客體」，因為西文本身就不清楚：權威的《簡明牛津詞典》上對 object 給出三條定義，object 可以是：

(1) 「一件可見到或可觸摸的物體」（A material thing that can be seen or touched）。

(2) 「行為或感情針對的人或事物」（a person or thing to which action or feeling is directed）。

(3) 「獨立於思考心智即主體的東西」（a thing exterrnal to the thinking mind, subject）

三個不同定義，漢語中竟然都正正巧巧地譯為「客體」，應當說把事情弄得更糊塗了：第一條，可感知之物是客觀存在，所以中文叫「客體」；第三條，與主體相對之物是主體外之客，所以中文也叫「客體」。而中文的「客體」，詞典解釋是「在人類意識之外獨立存在的」。[19]正好綜合了上面第一和第三兩個定義，這樣中文就混淆了物理客體與心智客體，似乎所有的心外之物都不言而喻是物的存在。究竟這個「客體」是否「獨立存在」？我們不需要在符號學範圍內解決這問題。符號的表意指向，恰恰是上面說的第二種 object，即「行為或感情針對的人或事物」。因此，本書採用趙元任 1926 年所作中國第一篇符號學論文〈符號學大綱〉[20]的說法，把符號學中的 object 一詞譯為「對象」，而不譯為「客體」，避免與西語第一或第三種意義糾纏，也避開與中文詞典糾纏。

19　《古今漢語詞典》商務印書館 2001 年。

20　《趙元任語言學論文集》，吳宗濟，趙新那編，北京：商務印書館，2002 年，186 頁。

　　應當說明，object 第一義「物」，仍然在文化符號學中廣泛使用，例如博多利亞的《物體系》（The System of Objects），[21]或是他的著名的「物的四條邏輯」（Four Logics of Objects）。只是「客體」一詞務必慎用。本書第十五章討論符號」主體」時，會詳細討論。

　　這個譯名問題，不僅是解決中文的混淆，也是理解皮爾斯的符號學的關鍵。皮爾斯在指明符號成分下定義時說：「符號替代（stand for）某事物，即它的 object。不是在每個方面都替代那個 object，而是指稱其理念，有時我稱為『再現體的理由』（ground of the representamen）。理念（idea）在此應當大致上理解為柏拉圖的意思，也是我們平時慣用的意思」。[22]他的意思是，與符號關聯的 object 並不是實在之物，而是符號的理念式意指對象。

　　服膺實在論的莫里斯不同意這樣的看法，他認為不僅符號載體是個「物理事件」，其「指稱」（referent，有時他作 denotatum，意義相近），也是「物質上存在的刺激物客體」（physically existing stimulus object），在莫里斯看來，符號載體與其直接對象都是物質的，因此是物理上的個別物對應客觀存在的個別物。

　　關於符號世界與物世界如何對應，皮爾斯與莫里斯提出兩種完全不同的看法。筆者認為：符號載體必須能被感知，才能觸發符號表意過程，莫里斯說它必須是個「物理事件」（也就是說不一定是物質的，但必須是個物理過程），應當說是對的。但莫里斯說「符號的直接指稱」必須是物，就直接與皮爾斯的看法衝突。此處先把「對象」究竟是什麼放一放，放到本章後面討論。

---

[21] Jean Baudrillard, *Le Système des objets* (Paris: Gallimard, 1968), trans as "The System of Objects" by Jacques Mourrain, in Mark Poster, ed,, *Jean Baudrillard: Selected Writings* (Stanford: 1988) 10-29.

[22] Charles Sanders Peirce, *Collected Papers*, Cambridge Mass: Harvard Univ Press,1931-1958, vol 2, p 230.

　　符號的第三元素，即「解釋項」的提出，是皮爾斯的妙筆。皮爾斯再三強調：正因為符號有解釋項，任何符號必須有接收者。筆者在第二章〈潛在符號〉一節討論過：沒有被接收的符號，只是不完整符號。沒有一種分類能夠窮極符號的變化，皮爾斯的各種分類，也不見得窮盡了符號意義解釋的各種層次。但是他把解釋項與「對象」分開，這個做法對當代符號學的成形，是至關重要的一步。

　　皮爾斯並不是第一個明白意指過程三分的人，他只是第一個對此提出斬釘截鐵的明確定義的人。錢鍾書是最早注意到皮爾斯理論，並加以發展的中國學者，〈管錐編〉用相當長的篇幅討論了皮爾斯的這個見解。[23]錢鍾書直接引皮爾斯的符號學，以及瑞恰慈的語義學，來解釋這個三項關係。他指出現代符號學這個「表達意旨」（semiosis）過程，實際上墨子（《小取》、《經說》），劉勰（《文心雕龍》），陸機（《文賦》），陸贄（《翰苑集》）等都已經提論及，只是用詞稍有不同。可以把錢鍾書的看法畫成這樣一張簡表：

錢鍾書	符號	事物	思想或提示
皮爾斯	sign	object	interpretant
瑞恰慈	symbol	referent	thought of reference
墨　子	名	實	舉
劉　勰	辭	事	情
陸　機	文	物	意
陸　贄	言	事	心

　　上表中，關鍵是對第三項的理解：陸贄的「心」，劉勰的「情」，與瑞恰慈類似，有心理主義（psychologism）傾向。[24]墨子與陸機的

---

[23] 錢鍾書〈管錐編〉北京：三聯書店，2007年，第三卷，1863-1864頁。
[24] 瑞恰慈說「藝術與科學的不同……在於其陳述的目的是用它所指稱的東西產生一種感情或態度」，I, A Richards, *Principles of Literary Criticism,* London:

用詞比較符合現代符號學的觀念：「舉」則是皮爾斯描述的符號過程特點，「以名舉實」就是引發，指向「符號的效果」（effect）。[25]至於第二項，object，錢鍾書稱為為「事物」，這比現在符號學界的通用譯法「客體」準確多了。「事物」，則可事可物，也就是墨子所說之「實」。

在此我們順便提一下佛教的因明學（Hetuvidya）中的三分式。玄奘在中國傳「唯識宗」，介紹因明為佛教「五明之學」之一：「求因明者，為破邪論，安立正道」。大乘時代的古因明學，集中討論「義」，惜都失佚不傳。

西元 5-6 世紀出現小乘佛教的新因明，陳那（Dignāga）為其奠基大師，陳那作《集量論》，集中討論「量」，開創「量論因明學」。量即感知，認識。陳那原作失佚。現有陳那論著大部分來自藏傳本。1928 年呂澂作《因明入正理論講解》，使因明論重新傳入中國，熊十力作《新唯識論》，是玄奘唯識論與現代哲學接軌。令人驚奇的是，陳那也提出認識的三分式，即所量、能量、量果。所量，謂被量度者；能量，謂量度者；量果，謂知其結果。心識的作用作分別：相分即所量，見分即能量，自證分即量果。[26]「所量」為認識對象，「能量」為認識能力，「量果」是認識的結果。陳那的「能量－所量－量果」的三分式，成為索緒爾術語漢譯「能指」「所指」的來源，但陳那的第三項「量果」，接近皮爾斯的「解釋項」，因此，因明學是「皮爾斯式的」。

Kegan Paul, Trench, Trubner, 1924, p 267.

[25] Charles Sanders Peirce, *Collected Papers,* Charles Sanders Peirce, *Collected Papers*, Cambridge, Mass: Harvard Univ Press, 1931-1958, vol 5, p 484

[26] 釋智德編輯《因明入正理論》教案之六

　　這個三聯式，實際上成為二十世紀論辯意義問題的各種符號學、語言學、語言哲學學派最後都同意的一個基礎。對意義的分解，各家使用的術語不同，方式卻都有點相近，大致可以列出下表：

對象（object）／解釋項（interpretant）──皮爾斯
指稱（referent）／指稱的思想（thought of reference）──瑞恰慈
字面的（literal）／語境的（contextual）──瑞恰慈
外延（denotation）／內涵（connotation）──葉姆斯列夫
指向（denotatum）／意味（significatum）──莫里斯
外包（extension）／內包（intension）──卡爾納普
指稱（referent）／意味（significance）──雅柯布森
意義（meaning）／神話（myth）──巴爾特
詞典式解碼（dictionary）／百科式解碼（encyclopedia）──艾柯
含義（Sinn）／意義（Bedeutung）──赫許

　　以上各家的術語，不能說完全對應，但大致上討論意義問題的各論者都看到，意義必須分成兩個部分：直接義、延伸義。艾柯的「詞典式解碼／百科式解碼」；班維尼斯特「字面的／語境的」兩種說法比較清楚，也比較貼近外延與內涵的區分。其中引起最多爭議的恐怕是赫許的「含義／意義」兩分方式，赫許是為過於散亂無標準的釋義找一個「有效解釋」的立足點，在他看來，「含義」是文本固有內在的，與作者意圖有關的，不隨時代、文化、解釋者變化；而「意義」則是外在的，是解釋行為的產物，是隨語境變化的開放的產物。[27]他的這個分割遇到嚴重挑戰，許多論者提出「含義」也難以封閉固定，更難作為解釋「有效性」的標準。[28] 應當說，赫許的觀念不容易站住腳。

---

[27] E.D. 赫許《解釋的有效性》，北京：三聯書店，1991 年，34-39 頁。
[28] E.D. Hirsch, "The Politics of Theories of Interpretation", in T, J, Mitchel(ed), *The Politics of Interpretation*, Chicago: Univ of Chicago Press, 1983, pp 321-334.

　　艾柯指出，外延是「所指物在文化上得到承認的潛在屬性」，而內涵「未必對應所指物在文化上得到承認的潛在屬性」，他這個觀察很犀利：符號意義隨著文化的具體安排而變化，這點本書在第十章討論元語言時，將進一步分析。

　　但艾柯又說：「內涵必然取決於先行的外延」。[29] 這就恐怕賢者有失察之處了：有不少符號，對象並不存在，例如儀式符號（鳳凰麒麟等圖騰符號）、藝術符號（例如夏加爾在空中飛的人物、達利融化的表）、政治符號（例如「托派取消派」、「右派分子」、「走資派」），很多符號並沒有對象，而是直接引向解釋項（右派是反動派），從這個解釋項重新出發的符號過程，才創造相應的對象（例如每個單位都劃出一定比例的右派分子，畫廊禮品店出售達利式的橡膠手錶）。皮爾斯符號學之所以比索緒爾適用於文化分析，原因正在於此。跳過對象直趨解釋項，是多種符號的特點。本書十四章藝術符號學，會詳細討論。

　　外延是符號的直接指稱，也就是皮爾斯說的「對象」。內涵則是對象各種屬性的總和，包括暗示意義。內涵實際上是沒有邊界的，可以無限延伸的。符號學關注的重點內涵，正如巴爾特所說，符號學家是「內涵科學家」（scientist of connotations）。

　　這一系列術語指出符號意義的複雜性，研究意義的學者不可能躲避這種最基本的分化。巴爾特認為「物永遠是一個符號，有兩個座標加以規定，一個是深度象徵的座標，一個是擴大的分類座標」。[30] 顯然他認為符號的意義，分佈在兩個方向上，對象落在「分類座標」上，解釋項落在「深度象徵座標」上。

---

[29] Umberto Eco, *Semiotics and the Philosophy of Language*, Bloomington: Indiana Univ Press, 1984, p 125.

[30] 《羅蘭‧巴爾特文集，符號學歷險》，北京：中國人民大學出版社，2008 年，192 頁。

　　皮爾斯認為理據性不同的符號，其對象與解釋項的重要性有別。他說：「指示符號是這樣一種符號，如果其對象被移走，符號會一下子失去使它成為符號的那種特性。但如果沒有解釋項，它卻不會失去那種特性」。[31] 他的意思是：指示符號的目的，是把接收者的注意引向對象：對象如果消失，注意就落空。的確，比起其他符號，指示符號的對象更為明確：例如用書包搶座位，座位這對象重要。此符號也可以引向「不公平」或「爆棚」的解釋，但是距離遠一些。反過來，有許多符號可以跳過對象，重點落到解釋項上面。本書後文，將仔細說明這種「跳過對象」現象。

4.無限衍義、分岔衍義

　　皮爾斯對解釋項有更進一步的解釋：符號「面對另一個人，也就是說，在這個人心中創造一個相應的，或進一步發展的符號」。他的意思是，符號必須有接收者（是否必須是「另一個人」，本書第二章第七節「自我符號」已有討論），在接收者心裏，每個解釋項都可以變成一個新的再現體，構成無盡頭的一系列相繼的解釋項。「一個符號，或稱一個表現體，對於某人來說在某個方面或某個品格上代替某事物。該符號在此人心中喚起一個等同的或更發展的符號，由該符號創造的此符號，我們稱為解釋項」。[32] 這個理解非常出色：解釋項是意義，但是它必然是一個新的符號，因為任何意義必須用符號才能再現。

　　由此，他給符號一個絕妙的悖論式定義：「解釋項變成一個新的符號，以至無窮，符號就是我們為了瞭解別的東西才瞭解的東

---

[31] Charles Sanders Peirce, *Collected Papers,* Cambridge Mass, Harvard Univ Press, 1931-1958, vol 2, p 304.
[32] 同上，p 228。

西」，[33]這段話似乎繞口，卻非常值得細細思考：要說明一個解釋項，必須開始另一個符號過程，符號的意義必然是「可解釋的」，（見第二章第三節），但是要解釋意義，就必須另用一個符號。

這樣一來，**符號過程，定義上不可能終結，因為解釋符號的符號依然需要另一個符號來解釋**。皮爾斯理論比索緒爾開闊，正是由於從解釋項推出的這個「無限衍義」（infinite semiosis，艾柯稱為umlimited semiosis）概念，令人驚奇地預示了後結構主義的開放勢態：符號表意，必然是無限衍義。

讓我試用平易的語言來解釋一遍皮爾斯這個重要概念：

（1）　符號指向兩個不同的東西，一個是對象，另一個是解釋項；

（2）　解釋項是「指涉同一對象的另一個表現形式」。也就是說，解釋項要用另一個符號才能表達；

（3）　而這個新的符號表意又會產生另一個解釋項，如此綿延以至無窮，因此我們永遠無法窮盡一個符號的意義。

對象是符號文本直接指明的部分，而解釋項是需要再次解釋，從而不斷延展的部分。解釋項不僅是能夠延伸到另一個符號過程，解釋項必須用另一個符號才能表現自己。這也就是說，符號的意義本身就是無限衍義的過程，不用衍義就無法討論意義，解釋意義本身就是衍義，因此，符號學本質上是動力性的。

皮爾斯自己明白解釋項／無限衍義這個理解方式的重大意義。他認為無限衍義是人的思想方式的本質特徵：「每個思想必須與其他思想說話」。「思想永遠用對話的形式進展──自我的不同階段之間的對話──這樣，對話性（dialogical）本質上就是由符號組成」。[34]不

---

[33] 同上，p 303。

[34] Charles Sanders Peirce, *Collected Papers,* Cambridge Mass, Harvard Univ Press, 1931-1958, vol 5, p 253.

管是與他人思想對話，還是與自己的思想對話，符號意義只有在對抗與衍生中才真正成為意義。

皮爾斯並不知道索緒爾與他同時在創建另一種符號學模式，但他似乎處處有意用他的符號三元原則，對抗索緒爾的二元原則，而且似乎明白這種對抗可能導致的巨大分歧：「一個只有三條分叉的路可以有任何數量的終點，而一端接一端的直線的路只能產生兩個終點，因此，任何數位，無論多大，都可以在三種事物的組合基礎上產生」。[35]三元組成，保證了皮爾斯符號學的發展開放，也讓我們想起了老子的名言「三生萬物」。

索緒爾式的符號學走向系統觀，主要原因是索緒爾的符號意義「任意性」。二元式本身並不必然會導向封閉，例如葉爾慕斯列夫與巴爾特都在能指／所指二元式基礎上提出過進一步衍義的梯級方式。[36]但皮爾斯符號學的開放性，不僅在於用「理據性」代替任意性，不僅在於一系列三元式，更在於皮爾斯強調堅持無限衍義原則：符號表意過程在理論上是無結束的，在實踐中，表意「能被打斷，卻不可能被終結」。[37]

這個討論可能抽象，卻很容易理解。例如索緒爾提出的符號表意例子「樹的稱呼→樹」，而一旦置入皮爾斯的無限衍義，就會演變開來：

樹的符號表現體→樹→自然界的肺
　　　　　（自然界的肺）→呼出氧氣→良好環境
　　　　　　　　　　　　（良好環境）→……

---

[35] 科尼利斯・瓦爾《皮爾士》，中華書局 2003 年，19 頁。

[36] 羅蘭・巴爾特《符號學原理》，見趙毅衡編《符號學文學論文集》，天津：百花文藝出版社，2004 年，323-325 頁。

[37] Charles Sanders Peirce, *Collected Papers,* Cambridge Mass, Harvard Univ Press, 1931-1958, vol 5, p 253; p 284.

　　哪怕「樹」這樣一個簡單的詞，我們的解釋也永遠不會終止。雖然在具體的符號表意中，意義解釋因為各種實際原因，會暫時終止於某一點，但衍生的可能性依然存在，衍生的必要性也一直存在。

　　任何符號都可以引向無限衍義，包括最原始文化中的符號表意過程中。人類學家列維－布呂艾爾（Lucien Lévy-Brühl）舉過一個例子：「一片樹葉上有個腳印指示了有個人踩在上面，腳印的方向影響印象踩著樹葉的人，這個人又象徵了他所屬的部落」。這就開始了一個無限衍義過程。[38]

　　皮爾斯為無限衍義提出一段更詩意的說明：「人指向（denote）此刻他注意力所在的對象；人卻意味（connote）他對此對象的知識和感覺，他本人正是這種形式或知識類別的肉體化身（incarnation）；他的解釋項即此認知的未來記憶，他本人的未來，他表達意義的另一個人，或是他寫下的句子，或是他生下的孩子」。[39]解釋項是符號生命延續，就像某些東西是人的生命延續。

人的符號表現體→人→關於人的知識和感覺
　　　　　　　（關於人的知識和感覺）→他本人→未來，他人，
　　　　　　　　　　　　　　　　　　　　　　寫作，孩子
　　　　　　　　　　　　　　　　　　（未來，他人，　　→……
　　　　　　　　　　　　　　　　　　　寫作，孩子）

　　人的生命，人的存在，人類的繁衍，就是符號的無限衍義。這真是一個絕妙的理解。我們想起皮爾斯主張「人本身是符號」，這個驚人的看法，一旦無限衍義，就演化成「人的世世代代」是符號過程：我們的寫作，我們的孩子，都可以是「符號自我」的延伸。

---

[38] 轉引自茨維坦・托多洛夫《象徵理論》，北京：商務印書館，2004 年，310 頁。

[39] Charles Sanders Peirce, *Collected Papers,* Cambridge Mass, Harvard Univ Press, 1931-1958, vol 7, p 591.

　　敏感的讀者相比已經發現：我們能從皮爾斯的無限衍義思想中，找到通向巴赫汀的對話理論、德里達的解構主義等後結構主義思想的門徑。符號學家科爾比指出，皮爾斯的符號學理論，還預言了八〇年代後結構主義的一系列觀念：博爾赫斯的「迷宮」，艾柯的「百科全書」，德勒茲的「塊莖傳播」，互聯網之「萬維」等等。[40]

　　艾柯在無限衍義基礎上提出「封閉漂流」（Hermetic Drift）概念。他認為符號衍義是不必追溯的。假定衍義已經從 A 到 E，「最終能是 A 與 E 連接的只有一點：他們都從屬於一個家族像似網路……但是在這個鏈條中，一旦我們認識 E 時，關於 A 的想法已經消失。內涵擴散就像癌症，每一步，前一個符號就忘記了，消除了，漂流的快樂在於從符號漂流到符號，除了在符號與物的迷宮中遊蕩其他沒有目的。」[41]艾柯的意思是無限衍義並不是同一個符號的累加解釋，而是不斷更換成新的符號。至少，這是無限衍義的變體之一：已經過去的衍義過程，有可能不留下痕跡。

　　可以用博多利亞對當代媒體的批評，來說明「封閉漂流」理論：一旦事件進入傳媒，傳媒就按「擬像」的四個階段延伸：第一階段，媒體介入零度事件；第二階段，將其變成媒體事件，同時將其抽象化為資訊；第三階段，若干媒體對同一事件的報導形成若干媒體事件，在角度、方法、內容等不同技術手段的作用下，逐漸形成事件，越來越多資訊的出現，只是為了掩蓋事件退出這一個事實；第四階段：媒體與事件已經不再有聯繫，它只是自身的擬像。媒體資訊互相指涉，而不指涉事件。[42]試說明如下：

[40] Paul Colby *The Routledge Companion to Semiotics and Linguistics,* London: Routledge, p 281

[41] Umberto Eco, "'Unlimited Semiosis' and Drfit", *The Limits of Interpretation,* Bloomington: Indinana Univ Press, 1994, p 31.

[42] Jean Baudrillard, *Simulacra ans Simulation,* Ann Arbor: Univ of Michigan Press, 1994, p 30.

（1）　「零度事件」就是「表現體」，尚無意義可言，此謂「零度」；

（2）　「媒體事件」就是符號文本；

（3）　媒體大量加入，解釋其意義，意義使「事件退出」；

（4）　媒體的報導衍生出報導，無限衍義以至無窮，與衍義起因的聯繫就不很明顯。

所以，博多利亞聲稱「作為事件的海灣戰爭從未發生過」，這場戰爭是一個媒體上的戰爭，是一個巨大的擬像。[43]

艾柯和博多利亞的觀點，是可能，但是不一定必然。按皮爾斯的觀點，我們都是祖先無限衍義的後果，我們可能已經不認識這個過程，E 點已經不暸解 A 點，但是我們的文化是前輩留下的，我們無法擺脫文化傳承，因此衍義過程不一定毫無痕跡。

我們自然會問：無限衍義一直發展下去，最後會達到怎樣一種境地呢？皮爾斯認為：「正由於解釋會成為一種符號，所以可能需要一種補充性解釋，它和已經擴充過的符號一起，構成更大的符號；按照這個方式進行下去，我們將會，或者說應當會最終觸及符號本身。」[44]這種最後的「符號本身」究竟是什麼？艾柯解釋說這個「最終符號實際上不是符號，而是結構那樣的把份混合性銜接並聯繫起來的整體語意場」。[45]所謂「整體語意場」就是文化：一個符號的無限衍義，最後可能延及整個文化。筆者覺得這就類似數學的極限概念，任何具體的符號衍義，理論上最後迫近「整個文化」。

在符號的實踐中，這是不可能的，不然每個符號過程最終會殊途同歸。符號表意與無限衍義，兩者同義，因為理論上沒有「有限

---

[43] Jean Bauderillard, *Fragments: Cool Memories III,* 1990-1995, New York: Verso, 1997, p 71.

[44] Charles Sanders Peirce, *Collected Papers,* Cambridge Mass, Harvard Univ Press, 1931-1958, vol 2, p 230.

[45] 同上, Vol 11, p 79

表意」；兩者又不同義，因為任何符號表意活動都會中止在某處，甚至如潛在符號那樣從來沒有開始。大部分符號由於解釋過程中的實際原因——接收者的能力，解釋意願，或者簡單地因為時間不夠——總會停止於某些意義的積累點上，暫時不再延伸下去。任何解釋活動，由解釋意圖推動。當這個意圖消失，解釋者已經滿足於一種取得的意義，意義推演就暫時停止，此時無限衍義就變成一種潛在的可能。

而且顯然存在「分叉衍義」：不僅是解釋項產生另一個符號，同一個符號可以產生不同的解釋項，例如皮爾斯說的「人生意義」的解釋項，就可以是「未來，他人，寫作，孩子」四種。此種平行式的意義衍生，更加劇了符號意義的流散。分叉衍義，是接收者給出完全不同的解釋。魯迅那段各種人讀《紅樓夢》的名言，很多人引用。每一個解釋都可以衍生發展，成為一種獨立的「紅學」。

即使同一個解釋者，也會在不同時間，不同場合，不同心態下，在同一符號中也會讀出不同意義，也會朝著不同方向延伸：符號意義的解釋，實際上是一個開放的過程。例如近幾年的高考作文題目，大多數傾向於題目模糊，允許學生可以分叉衍義，考生發展自己的論述餘地較大。2009 年北京考場用了臺灣女歌手張韶涵的歌〈我有一雙隱形的翅膀〉，雖然題解給了一段歌詞，有人指出這是「小女生的歌」，男生不太熟，不得不讓衍義朝不同的分叉方向走。

分岔衍義也給誤讀提供了機會，只要第一環節似乎有根據，以下的衍義就都似乎是有道理。例如費諾羅薩學習中國文字的筆記中，記下了一些關於漢字的說法，被美國詩人龐德抓住了，以此為根據構築了一套「表意文字法」（Ideogrammic Method）體系，給美國現代詩提供了「整整一套價值觀」。[46]

---

[46] Ernest Fenollosa and Ezra Pound, *Chinese Written Characters as a Medium for Poetry,* (ed) Haun Saussy, Fordham Univ. Press,2008.

5.試推法

　　回過頭來看本章第一節提出的兩種符號：能指優勢符號，「對象」難以確定，「解釋項」更因解釋者的具體理解而異，所以「詩無達詁」，哪怕千家注《詩》，也只是注出「對象」；所指優勢符號，至少「對象」確定，解釋項依然難以確定：例如一道命令，「內容」清楚，解釋依然可以不同。意圖、邏輯、習俗，可以嚴重限制解釋歧出的可能，但不可能完全限定。

　　大部分文化符號的解釋，就不能完全靠邏輯。為此皮爾斯提出符號意義解釋的普遍性方法是「試推法」（abduction）。他認為：形式邏輯的歸納法（induction）與推理法（deduction），很難解決符號的釋義問題。試推 abduction 這個西文詞有「劫持」之意，有論者認為皮爾斯有意用了一個幽默雙關語。[47]

　　歸納法從各種符號文本出發，以取得一個整體的解釋，歸納的結果是「實際」（actually be）如何如何；推理法從一般規律或整體理解出發，用此說明具體問題，推理的結果是「應當」（must be）如何如何。皮爾斯認為這兩種都是「單向科學思維」，符號的解釋無法使用這樣的思維方式，符號的解釋是對一個假定的試驗，試推法的結果是「或許」（might be）如何如何。

　　皮爾斯認為試推與歸納、演繹不同，是一種「雙向」思考方式，目的是增加我們「猜對」（即給出一個「有效」意義解讀）的可能性，而無法做到肯定猜對。試推法實際上是解釋項與無限衍義定義中所要求的解釋方法。所以試推法是一種後驗性的歸納法，一種「逆推法」（retroduction）。

---

[47] Vincent M Colapietro, *Glossary of Semiotics,* New York: Paragon House, 1993, p 1.

　　皮爾斯解釋說，假定就在這時刻起了重大作用：「在圍繞一個題目的複雜論斷的糾葛中，假定代表了一個概念……在假定推斷中，一個單獨的強度較高的感覺，代替了這種線索無窮的感覺，只有對這個假定的結論進行思考才有這個感覺」。用試推法進行解釋，最後產生的是「思維的感性成分」。[48]也就是說，試推法不是一個純粹理性的方法，因為符號的本質是文化的。

　　西方的偵探小說，被認為是實證主義意識形態的藝術體現，[49]而福爾摩斯的所謂「推理」，不是嚴格的推理，而是猜測和（解釋的）試驗，其結果是否達到真相，要看具體效果。西比奧克和艾柯都認為：皮爾斯符號學與福爾摩斯偵探小說精神相通，方法互相印證，甚至皮爾斯本人也曾手癢做業餘偵探。[50]

　　艾柯指出：試推法的提出，與現代詮釋學開拓者狄爾泰同一時期指出的「詮釋循環」概念有應和之處：試推法與詮釋循環的共同前提，是無法最後確定真相，只能漸漸靠攏真相。因此試推，也就是解釋學處理解釋循環的主要方法。詮釋循環在二十世紀詮釋學諸家中發展到五種之多（施賴爾馬赫提出的兩種循環：部分與整體，體裁與作品；伽達瑪提出歷史語境與當下語境；海德格提出前理解與理解；利科提出第五種：信仰與理解）。[51]解釋循環不是「惡性循環」，伽達默爾認為，「理解既非純主觀，又非純客觀，而是傳統的運動與解釋者的運動之間的互動。對意指的預期決定了對文本的理

---

[48] "The sensuous elements of thought", Charles Sanders Peirce, *Collected Papers*, Cambridge Mass, Harvard Univ Press, 1931-1958, Vol 2, p 643.

[49] 凱薩琳・貝爾西，〈解構文本〉，趙毅衡編《符號學文學論文選》，天津：百花文藝出版社，2004 年，578 頁。

[50] Umberto Eco and Thomes A Sebeok, eds, *Dupin, Holmes, Peirce, The Sign of Three*, Bloomington and Indianapolis: Univ of Indiana Press, 1983, p 19.

[51] Don Idhe, *Hermeneutic Phenomenology: The Philosophy of Paul Ricœur*, Evanston: Northwestern Univ Press, 1971, p 22.

解，這不是主體性的行為，而是由把我們與傳統連接起來的社群決定的」。[52]也就是說，在詮釋循環中取得理解，是一種社會文化行為。皮爾斯也強調，試推法是一種文化行為，是一種非嚴格邏輯的認知方式。

在二十世紀後半期思想史發展中，試推法成為主要的研究方法。許多二十世紀的思想者，都主張類似方法，例如喬姆斯基主張的「糾正行為」（corrective action）[53]都接近試推法，皮爾斯的貢獻在於他是第一個明確提出，在歸納和演繹之外，符號解釋需要另一種思維方式。皮爾斯甚至認為應當從邏輯學中取消歸納法，因為歸納法「對取得知識作用極有限……歸納無獨創性，歸納只是測試已提出的看法」。[54]今天我們至少可以同意，試推法應當與演繹法，歸納法並列而三。

試推法對符號解釋特別適用，是因為符號意指是一個極端變動不居的過程，意義本身是多元的，解釋的有效性也沒有一個絕對標準。試推法不先定一個結論，也不規定一個結果，適合傾向無限衍義的文化符號活動。

皮爾斯是一位開拓了許多思潮的大學者，其中最突出的是實用主義（pragmatism）。有些學者提出，不可能討論皮爾斯的符號學思想，而不涉及實用主義。這話當然有道理，的確皮爾斯的思想有其整體關聯性。但是今日符號學界並不一定要進入關於實用主義的哲學探討，依然能應用皮爾斯的許多思想：畢竟當代符號學，並不是「皮爾斯學」，很多思想家的貢獻被綜合進來。

---

[52] Robert L Dostal (ed), *The Cambridge Companion to Gadamer,* Cambridge: Cambridge Univ Press, 2002, p 67.

[53] Noam Chomsky, *Language and Mind*, New York：Harcourt Brace Jovanovich, 1968.

[54] Charles Sanders Peirce, *Collected Papers,* Cambridge Mass: Harvard Univ Press, 1931-1958, vol 6, p 458.

　　本節談試錯法，只是在符號學的意義上進行討論。有論者認為皮爾斯是「證偽主義」（fallibilism）的創始人。皮爾斯的確提到證偽主義，但是他並沒有把它教條化：他說的最明確的是試推法。而證偽主義最主要的發展者，是科學哲學家波普爾（Karl Popper），他把證偽主義視為人類認知的準則：非科學（例如信仰）無法證偽，而所有的科學論述（除了個別數學與邏輯「公理」）都是可以證偽的（falsifiable），也就是說總會在某種條件下發現是錯的。而正因為這種可證偽性，才說明它們在某種條件下是真理。這種說法把「科學」與「非科學」截然劃開，實際上是認為「非科學」不可能包含真理，兩個領域在認識論原則上互不相容。[55]

　　而皮爾斯只是說「證偽主義理論是說我們的知識從不是絕對的，而是永遠處於不明確，非決定性的連續帶中」。[56]相比之下，皮爾斯的立場並不絕對，只是說人的認知能力必定有限，人類在智力上必須謙卑。[57]海德格認為上帝的概念只能是一個「質疑的過程」。[58]試錯法要處理的，恰恰是包容整個人類世界的符號行為，科學與「非科學」都包括在內。

[55] Karl R Popper, "Science as Falsification", in（ed,）Theodore Schick, *Readings in the Philosophy of Science*, Mountain View, CA: Mayfield Publishing Company, 2000, pp 9-13.

[56] Charles Sanders Peirce, Collected Papers, Cambridge Mass: Harvard Univ Press, 1931-1958, vol 1, p 171.

[57] 參見 Nathan Houser, "Peirce's Contrite Fallibilism", in (eds) Rossella Fabbrichesi & Susanna Marietti, *Semiotics and Philosophy in Charles Sanders Peirce*, Newcastle: Cambridge Scholars Press, 2006, pp 1-14.

[58] George Kovacs, The Questions of God in Heideggaer's Phenomenology, Evanston: Northwestern Univ Press, 1990, p 15.

6.艾柯七條與類型問題

　　符號學有一個根本性的大難題，至今沒有結論：符號表意的「對象」，究竟是個別物？還是概念或類型？索緒爾認為」所指「必然是個概念，不是具體的個別物。皮爾斯則把符號與對象的關係分成三種：質符（qualisign）、單符（sinsign）、型符（legisign）。質符大致相當於我們說的「符號載體」，是符號感知，後兩者是符號表意的不同相位：單符是符號的每次出現，後來改稱為「個別符」（token）；型符是指向概念的符號，後來改稱「類型符」（type）。例如，在本書中，「符號」這個詞用了好多遍，每一次出現，都是一個單符或個別符，但它們都是同一個型符或類型符（即「符號」此詞的對象）。如果同屬一個型符的單符完全一樣，例如「符號」這個詞每次的寫法相同，就成為一個「副本」（replica）。「副本」與本書前面說到過的「重複」（double）不同：副本是指向同一個對象的不同符號，作為「質符」可以外形不同，作為「單符」卻相同：例如 THE，The，the；[59]而「重複」是從外表到意指完全相同。副本外形不一定重複，而重複是感知上完全一樣，例如一幅畫製成的上萬張印刷品，都是「重複」。[60]本書第三章第五節說過：重複之間，除非特殊安排，並非符號關係。

　　皮爾斯一再說：「所有的常規符號都是型符」。他的意思是，符號的意義必然指向一個類型，一個集合：「它不是一個單獨的對象，而

---

[59] "The Replica is a Sinsign", Charles Sanders Peirce, *Collected Papers,* Cambridge Mass: Harvard Univ Press, 1931-1958, vol 2, p 246.

[60] 有的論家認為印刷造成的重複，因為意指的是同一個「底片」，因此是「副本」（replica）。此說有點勉強，印刷品的對象並不是底片。見 Winfred Nöth, *Handbook of Semiotics*, Bloomington: Indiana Univ Press, 1990, p 461.

是一個普遍的類型」。他又說「作為一個符號，型符也必須在一個存在的東西裏具體出現。但是，具體化的過程不影響符號的特徵」。[61]

這是不是說所有的 「單符」（sinsign）都只是型符（legisign）的特例？[62]是否所有的個別符（token）只是假像，一旦被認識被理解，就只可能是類型符（type）？甚至反過來，先有類型，然後才有符號？皮爾斯其實沒有說得如此一乾二脆。

但艾柯在討論符號定義時，就把這個問題說的非常絕對。在《符號學與語言哲學》一書中，艾柯專章辯論鏡像是否為符號，為此提出關於符號的七條定義，他認為鏡像（他指的是自我鏡像）不符合其中任何一條，因此鏡像不是符號。[63]艾柯的討論相當詳細，而且一步步推演到哈哈鏡、彩虹、照相、電影、現場電視轉播等鏡像的延伸變形。他的論辯是：鏡像不能算符號有七個原因，而在上述其他情況中，這些非符號的條件一步步消失，成為符號。對艾柯七點，李幼蒸作了詳細反駁。[64]這個討論不僅局限於鏡像，而且牽涉到符號的基本品質，符號學家們分歧能如此之大，很令人驚奇，值得詳細引述並細辨。下面筆者逐條辨析「艾柯七條定義」，與李幼蒸的反駁意見，附上筆者的理解。

艾柯第一條：「前件有在場並可感知的潛力，後件通常不在場」。艾柯用「前件／後件」來代替「能指／所指」這對術語：前件必須可感知，後件（必須）不在場，不然符號過程就失去動力。本書第

---

[61] 科尼利斯・瓦爾《皮爾士》，中華書局，2003 年，103 頁。

[62] Winfried Nöth, *Handbook of Semiotics*, Bloomington: Indiana Univ Press, 1995, p 44.

[63] Umberto Eco, *Semiotics and the Philosophy of Language*, Bloomington: Indiana Univ Press, 1984, pp 214-217。注意艾柯的這個討論，僅出現於他為此書英文版特別加寫的兩章，中文本《符號學與語言哲學》（百花文藝出版社，2006 年），是從義大利文本直譯，丟落了這重要的兩章，非常可惜。

[64] 李幼蒸，《理論符號學導論》中國人民大學出版社，2007 年第 3 版，541-543 頁

二章已經討論「不在場」問題的複雜性：火是煙的成因，兩者並不是符號關係；火沒有被見到，煙指向了火，這才是符號關係。因此意指關係中的火，依然是「後件」。艾柯的術語「前後件」，在符號學範圍內是行得通的，只是物理因與意指對象的區分比較細膩，容易引起誤會，因此連他自己也沒有堅持使用這對術語。

艾柯認為鏡像不同，鏡像的「指稱物」不可能不在場，鏡像是「兩個在場之間的關係」，因此鏡像不是符號。參考上面關於煙與火關係的說明，筆者認為鏡像的物理成因，與鏡像的意指對象，雖然是同一個「我」，在意義上是不同的。只是鏡像的符指時空距離接近到幾乎消失，讓人覺得符號與其對象同時在場。其實不然，鏡像的解釋項依然不在場，不然一個人無須照鏡子。

艾柯第二條：「因此，前件可以（may be）無後件單獨產生」。艾柯的例子是化學品冒煙，實際上沒有火。而鏡像不可能沒有後件，因此鏡像不是符號。筆者要爭論的是：「可以無後件」不是符號的必然條件，只是某些符號有此潛力而已。本書第二章第六節討論的「潛在符號」，都沒有後件。

艾柯第三條：「符號可以用來撒謊：前件無需後件作為其必要或有效的原因，只是假定由後件造成」；而鏡像不然，他說「我們可以製造假鏡像，但是無法『使用與通過』（with and through）鏡像撒謊」。艾柯這說法，是堅持他對符號學的「撒謊學」定義。魔術中常用鏡子，明顯是在用鏡像撒謊，艾柯的辯解是鏡子沒有撒謊，只是被用來製造「假鏡像」，這個分辨未免太細微了一些。

李幼蒸拒絕討論這一條，他說：「說謊功能問題，可以不在符號學理論中討論」。[65]符號學既然是「意義學」，的確無法迴避「誠意」、

---

[65] 李幼蒸，《理論符號學導論》北京：中國人民大學出版社，2007 年第 3 版，543 頁。

「真相」這些有關意義的重大問題。關於艾柯的「符號撒謊原理」，本書十二章將細細詳論。至於艾柯說鏡像不撒謊，他可能過於恭維鏡像了。鏡像完全可能有意誤導，上過服裝店穿衣鏡之當的朋友，請站出來作證。艾柯在此章後文中討論到「扭曲鏡像」、「遮蔽鏡像」等，認為這些鏡像已經開始有「符號過程性」（semiosic）。艾柯自己也認為攝影是「凝凍」的鏡像，攝影只是時空距離延伸的鏡像：在前後件的關係上，兩者相同。巴爾特就曾經指出：「攝影的研究不能深化，原因在於它就明明白白地擺在那裏……這種確定性是至高無上的……除非你能向我證明，這張圖像『不是』照片」。[66]巴爾特的話看來不確切：攝影可以產生假象，與鏡像一樣。

先說艾柯第七條：「一表達的內容可以被解釋」，這是符號的基本定義，艾柯這說法是絕對正確的：解釋是符號的關鍵，沒有解釋不成其為符號。但是艾柯接著說「鏡像不能被解釋……至多是它的對象可以解釋」，卻叫人很納悶，因為艾柯第一條就說「鏡像與對象同時在場」。我認為解釋項並不解釋符號文本，解釋項解釋的是符號與對象的關係。用艾柯自己的例子：符號是煙，對象是火，解釋項是火災。正因為解釋項針對的是符號與對象的關係，而不是艾柯說的「對象可以解釋」，因此接收者可能上當（例如把消防演習放的煙當做真的火災）。

回過來看，鏡像與其對象，都具有可解釋性（interpretability），這是看鏡子的目的。例如，我很可能對著鏡像中的自己驚歎：「我怎麼成了這個模樣！」因為我由鏡像瞭解了一些我先前不瞭解的自己，「我」在照鏡子之前雖然在場，但是「對象我」及其解釋項並不在場。既然我的照片，我的日記，我的重量，我的血壓脈搏，我的膽固醇高度，對於我都具有「可解釋性」，那麼，我的鏡像對我也具

---

[66] 羅蘭·巴爾特《明室》，北京：文化藝術出版社，2003年，168頁。

有「可解釋性」。《紅樓夢》黛玉照鏡，「自羨壓倒桃花⋯⋯卻不知病由此萌」；賈瑞照鏡，想找出他的相思病的原因解釋，結果他瞭解到的自己實在太多，以至一命嗚呼。林黛玉看到的是「真鏡像」，賈瑞看到的是幻像，都引出特殊解釋。看來，曹雪芹對鏡像意義之複雜，瞭解得比艾柯多。

「艾柯七條」的核心問題是第四、第五、第六條，都是談的符號意義的「類型性」問題：即符號的解釋究竟可以是個別的，還是必然是類型的？是可以具體的，還是必然是概念的？這是符號學不得不辯清楚的的一個問題。

艾柯第四條：「前件主要不是與一事態相連，而與多少一般性的內容相連。在每個意指系統中，前件所傳達的後件僅為一個可能諸多後件的類群（a class）」。鏡像不是符號，因為鏡像的指稱卻是個別的。

艾柯第五條：「符號本身是非物質的，是兩個命題之間的蘊涵關係，也就是一前件類型與一後件類型相連的法則。符號關係存在於類型（type）之間，而不存在於個別（token）之間」。而鏡像「只在兩個個別物之間建立關係」，因此不是符號。

艾柯第六條：「符號是兩個類型之間的關係，從而使符號獨立於生成或傳達符號的實際的渠道或媒介」。例如煙到底是什麼樣的煙，與「煙指向火」無關。艾柯對「渠道」「媒介」二詞的混用，本書第五章第一節將仔細討論。艾柯說鏡像不能獨立於其唯一媒介即鏡子，因此不是符號。

艾柯這三條說的是同一個問題，即本節討論的關鍵點：符號意指的「類型性」。艾柯關於「符號必然是類型」的討論，的確可以在皮爾斯和索緒爾哪裏找到起源，這是符號學兩位奠基者不多的意見相合處之一，他們的看法影響深遠，直到今天，討論符號的學者，依然持此標準。有論者堅持說：「視像與語象，都必須能描寫事物的

基型（protoptype）或「原型」（archetype）；正因為與基型有這樣的聯繫，他們才能夠互相替代」。[67]但是我的身份證上的照片與我的名字可以互相替代，卻無關於類型，因為我本人不是類型。

艾柯說「類型」超出符號的個別性，鏡子照見的是個別物，不是類型。但是鏡像經常是類型，例如我從後視鏡看到一輛警車追上來，我就知道超速被「員警」抓住了，完全不需要知道哪一位員警在追我；如果僅談自我鏡像：我攬鏡自照（或者看到我自己的照片）看到的是我自己，也可以看到「人」這個類型。李幼蒸反駁艾柯說：「一時一地的個體亦為該個體（原型）身份的型例」，[68]就是說某個特定時空中的存在，是該存在物的特例。「亦為」這個詞是關鍵，此地此刻的我是「個體」，也是「原型」身份（即「一種人」，或「人」，或更大規模的原型）的一個型例。符號本身不可能決定對象是個別符或類型符，它只可能被解釋出「個別性」或「類型性」，而解釋取決於接收者個人以及語境。

例如我送一位來訪的朋友，一輛汽車駛過小區花園的窄道，我看到的是我的鄰居買了一輛跑車，全身「璀璨金」：我心裏想的是，這位鄰居要出行，我沒有必要也沒有能力把這件事看作為一個原型；而我旁邊這位朋友，是汽車發燒友，他馬上注意到這是一輛進口蘭博基尼：他看到的不是一輛車，而是一種車。我們兩個解釋不同，都是有效解釋。

再例如著名肖像畫《紅衣主教利歇留》（*Portrait of Cardinal Richelieu*, 1637）對熟悉法國史的人是指一個特定的人物，對其他人此畫可能指類型「一位主教」；家裏放一盆花可能表示「喜歡這顆

---

67 Valerii Lepakhim, "Basic Types of Correlation Between Text and Icon, Between Verbal and Visual Icons", *Literature and Theology*, March 2006, pp 28.
68 李幼蒸，《理論符號學導論》北京：中國人民大學出版社，2004，542 頁。

花」，也可能表示「喜歡這種花」，或表示「熱愛大自然」；敬一個禮可能表示尊敬對方，也可能表達「尊重權威」。

　　大多數人的名字，就像身份證號碼，只能代表自己，對於任何接收者都是個個別符。但是名字本身不會永遠處在個別符狀態中。首先，某些名字的成分很可能是類型：姓氏可以被瞭解這種語言或文化的接收者看成一個類型符，某些姓氏有特殊色彩。名字的類型化更有可能。西方人的名字對於西方人往往是個類型符（大多數人取名於聖徒），雖然聖徒名對於個人是空的，例如生個男孩叫「保羅」，與其他叫保羅的人沒有共同點。[69]但是我們從中可以知道他們父母，或這個社會的宗教傾向，此時就不再是個別符；中國人的名字，取得隨大流則為時代類型，符合八字則是民族傳統類型，取得非常出格，就可能是個別符。

　　綽號是最典型的個別符／類型符轉換。綽號的產生，極其自由，經常類型化，如「蘆柴棒」、「捲毛」、「強牛」。連英文中都有類似的，如 Matchstick, Curl, Bulldog，太容易明白是什麼意思，只是類型形容詞。一旦在群體（例如一個班級）反覆使用，就獲得了特指意義。「豹子頭」只指一個特別人物，但是「及時雨」就可能成為一個類型名稱（現在是很多服務公司的名字）。很多人用的網名過於奇怪，達到完全隱身的目的，因為非常個別。但是網名「不饒恕者」，就把個體類型化。可見究竟名字或綽號是類型符還是個別符，取決於解釋語境與接收者能力元語言（參見本書第十章第四節關於「元語言組成」的討論）。[70]無法一概而論。艾柯說，鏡像與人名，在符號學

---

[69] Thomas Sebeok, *Sign: An Introducytion to Semiotics*, Bloomington: Indiana Univ Press, 2001, p 60.

[70] Giovanni Maddalena, "Peirce, Proper Names, and Nicknames", *Semiotics and Philosophy in Charles Sanders Peirce*, (ed) Rossella Fabbrichesi and Susanna Marietti, Newcastle: Cambridge Scholars Press, 2006, pp 22-34.

上非常類似，都是指向個人。這是對的，但是名字與鏡像一樣，未必類型，也未必非類型。

應當說，所有的個別符，包括名字或綽號，在群體的社會使用中，漸漸會變成類型符。所以有些學者們在討論「為什麼于丹是個符號」，恐怕他們用錯了術語：任何名字都是符號，「于丹」也是。只是這名字原先是個別符，只意指她一個人。群體使用後，成為「某一種人」：這批學者應當說的是：「為什麼于丹成為類型符」。

在手抄本時代，每本書都是個別符，因為很可能是異文；刻板印刷術發明後，每本印刷的書，定義上說就是一個類型符的副本（replica）。文學史專家看到手抄本如獲至寶，至少可以用作版本校讎對照。「每一個抄本和版本，都是一場獨一無二具有歷史性和時間性的表演，參加表演的有抄寫者、編輯者、評點者、刻板者和藏書家，他們一個個在文本上留下了他們的痕跡，從而改變了文本。」[71]現代書籍出版，使每個單符都成為型符。但收藏家對「雙名人題簽本」視若珍寶，就因為是絕對的個別符。

因此，一個符號是類型符還是個別符，取決於解釋者如何解釋它們與其他符號之間的關係，這是個「符號間性」（intersemiosity）問題。[72]在商品社會，可以斷定絕大部分商品是類型符號的嚴格意義重複，這就是為什麼富商用大價錢買一個特殊車牌號碼：他不甘心與大眾共用一個類型符號。商品限量版的經營策略，就是朝個別符演化：「名牌」或者「普通名牌」這個類型符，不足以滿足高端消費者的心理期待，要用限量版、簽字版、編號版，漸漸成為「個別符」。此種「個別化」在當代常見：電影演出班子的明星，有單獨的

---

[71] 田曉菲《塵幾錄》北京：中華書局，2007年。這段引文借用2009屆符號學班學生彭佳在《符號學論壇》上的帖子。

[72] Claus Emmeche, "A Semiotical Reflection on Biology, Living Signs and Artificial Life", *Biology and Philosophy,* July 1991, pp 325-340.

化妝師伺候；足球隊的大牌球星穿 7 號或 10 號球衣；名人觀眾坐包廂，或坐前排。

當代社會，符號的個別性大幅度降低，女性的「深度類型化」讓女性主義者深惡痛絕。她們更憤怒的是女性自己對類型化過於熱衷，費盡心機往類型上靠。[73]但是這些「時尚女」確認為自己是超出芸芸眾生的人物。因此，對類型符還是個別符的理解，也可以說類型化與個別化的程度，取決於我們對文化的瞭解，對社會問題的敏感程度。

西方論者大多持「符號必為類型符」說，是西方哲學關於「理念」的強大傳統。他們認為意義必須歸為範疇，才能得到理解。但是範疇化只是符號化的方式之一（例如本書上一章說到的「石頭作為田界」的符號化），本節所舉的許多例子證明：範疇化不是必然，個別化不僅是可能的，還是經常可見的。

堅持「符號必類型」的艾柯，自己舉出了反證：他說五歲前的孩子，只能認出「一個女人的照片」，把此照片解釋為一個「類型符女人」（type-woman），然後他漸漸能認出是「個別符女人」（token-woman），最後他認出是自己的母親。[74]可見皮爾斯與艾柯都被西方思想的「理念」傳統誤導了：符號的理解，可以從個別到類型，也可以從類型到個別，取決於符號接收者的具體理解過程。

《荀子》把這兩者分別稱為「共名」與「別名」：「物也者，大共名也。 推而共之，共則有共，至於無共然後止。有時欲偏舉之，故謂之鳥獸。鳥獸也者，大別名也，推而別之，別則有別，至於無別然後止」。兩種推進過程，從共到別，從別到共，都是正常的。

---

[73] Jane Van Buren, "The Semiotics of Gender", *Journal of American Academy of Psychoanalysis*, 1992, vol 20: pp 215-232.

[74] Umberto Eco, *Semiotics and the Philosophy of Language*, Bloomington: Indiana Univ Press, 1984, p 223.

　　艾柯長篇討論鏡像，結論是：「（鏡像的）折光世界（catoptric universe）是實在（reality），給人的印象卻是虛擬（virtuality）；符號世界是虛擬，給人的印象卻是實在」。[75]這話說得有趣，他的意思是鏡像在符號的門檻之外，是「實在」，不是以虛（感知）代實的符號。只有鏡像的各種變體（從拉開空間距離的多次折射鏡，拉開空間距離的照相開始）跨過了門檻，成為符號。這不是有意跟大師較真，艾柯的討論相當有意義，涉及了符號的許多基本性質，所以筆者跟艾柯見招拆招全部過一遍：筆者認為任何鏡像都已經進了符號的門檻，原因是表意距離已經出現。

　　除了東西方思維傳統的不同，這場爭論說明本書作者對符號的理解，比艾柯，比皮爾斯，都更寬一些。本書一以貫之地堅持第一章提出的定義：凡是可以被認為攜帶著意義的感知，都是符號。而鏡像，哪怕自我鏡像，恰恰就是這樣一種「被認為攜帶著意義的感知」。

7.皮爾斯的普遍三分論

　　皮爾斯認為符號表意可以產生的解釋項分成三種，表現為三個階段，他用了一套比較難懂的術語，稱之為呈位（rheme）、述位（dicent）、議位（argument）。呈位解釋項只是一種可能的解釋；述位解釋項是描述語句，論位解釋項則是本身具有合理性。這三個名詞不太好懂，也很少有論者使用。在另一個地方，他稱這三階段為即刻（immediate）解釋項；動態（dynamical）解釋項；終結（final）解釋項。[76]這大致上接近本書第一章第二節說的符號解釋的感知、

---

[75] Umberto Eco, *Semiotics and the Philosophy of Language*, Bloomington: Indiana Univ Press, 1984, p 226.

[76] Charles Sanders Peirce, *Collected Papers,* Cambridge Mass: Harvard Univ Press,

接收、理解三步。有論者認為這三步相當於一般說的「概念－聲言－論辯」(concept- statement- argument)。[77]符號意義的實現，實際上逐步深入，不一定有如此清楚地分級，三個階段只是可以參考。

　　三者步步深入，究竟在哪裏做終結，是解釋者個人的決定。但是他在達到他的終結解釋項之前，必定經過頭上兩個階段，立即反應的解釋，中間嘗試的解釋，在達到終結解釋之後，頭上兩者就被放棄。

　　這樣我們或許就可以找出艾柯式「類型論」的理由所在：符號的「即刻解釋項」，完全可能是個別的，但是深入下去，就必須與記憶中的經驗沉積作對比，從而不得不與已有概念相遇，就漸漸成為「類型」理解。例如虎符，第一步的拼合，是一對一個別對個別；第二步則是認同傳令人言辭代表的權威，就是辨認類型。用於鏡像，第一步是認辨，林黛玉看出自己是個別者；然後林黛玉看出自己是類型，一個病人，甚至是一個「病美人」。問題是：如果不進行到「終結解釋項」，林黛玉的鏡像沒有被取消符號的資格。本書第二章第三節就聲明過：「任何解釋都是解釋」。

　　這三類解釋項，與皮爾斯對符號的三分（質符、單符、型符）是相應的，所有的符號最後都成為型符。皮爾斯認為三階段中的前兩者不可能單獨存在，只可能是符號解釋的起始於中間階段，而符號解釋的本質，必然是從感知的個別性，推進到意義的規律性。符號的「第一性」(firstness)即「顯現性」，質符與任何其他事物沒有聯繫，是「首先的，短暫的」，例如汽笛的尖叫；當它形成一個要求接收者解釋的刺激，就獲得了「第二性」(secondness)成為「則是堅實的，外在的」單符，能夠表達意義；然後出現的是第三性

　　1931-1958, vol 8, p 184.
[77] Vicent M, Calapietro, *Glossary of Semiotics*, New York: Paragon House, 1993, p 172.

（thirdness）：「我們就會對於我們所看到的事物形成一個判斷，那個判斷斷言知覺的對象具有某些一般的特徵」。[78]他所謂「一般的特性」，就是範疇化。符號表意的三個階段，而一旦到了解釋階段，就必然歸為類型。

上面已經說過皮爾斯對「三分」的迷戀。符號本身三分：再現體－對象－解釋項。其中再現體三分：質符－單符－型符；對象三分：像似－指示－規約；解釋項三分：呈位－述位－議位，一律都是三位推進。皮爾斯還說了一系列其他三位推進，把他的「三分」理論普遍化為符號學的根本規律。這個三性理論很直觀，列出來相當整齊：

表意層次	表現體 representatum	對象 object	解釋項 Interpretant
第一性 firstness	質符 qualisign	像似符號 icon	呈位 rheme
第二性 secondness	單符 sinsign	指示符號 index	述位 dicent
第三性 thirdness	型符 legisign	規約符號 symbol	議位 argument

這三列可以任意組合，構成十種不同的符號，例如：一個圖表，是「呈位像似單符」；一個自發的叫喊，是「呈位指示單符」；交通信號燈，是「述位指示型符」；三段論是「議位規約型符」。這中間嚴格的區分，恐怕有點繁瑣，至少呈位－述位－議位，只是層層遞進，逐步抽象，難以做嚴格區分。

但是，可以看到這表格的總趨勢很有意義：從第一性，到第二性，到第三性，是個理解深化的過程，從表像感知，到經驗理解，

---

[78] 科尼利斯·瓦爾《皮爾士》，中華書局，2003 年，25-27 頁。

到抽象理解。這種漸進方式，類近於認識論哲學與心理學上說的統覺（apperception），即是「用個人過去經驗的積澱把新的經驗吸收進來，加以改造，形成一個新的整體」。佛教哲學稱為「行」（sanskara），即「通過過去印象形成的形式看事物」。《波羅蜜經》中說「不行色，不生色行」。我理解此言說的是：不把經驗形式化，就不可能產生形式的經驗。

　　對意義的這種漸進理解，就是符號學與現象學哲學的結合部。符號學在論說範圍上，應當與現象學有相當多重疊之處：它們都關心經驗與表述之間的關係。兩個學科的奠基人，以及很多後繼者，都在這個結合部下過功夫，做出了重要貢獻。

　　很多論者認為符號學是一種「描述性理論」：「當它談論存在時，在語法上就是指一個狀態謂語，而不帶任何本體論考慮」。[79]他們的看法是，符號學不考慮談到的某個事物是不是真地存在，或者說關於此事物的感知在多大意義上是「真實的」，符號學只關心這個事物捲入的意指過程，以及意義傳達的有效性。在符號學的視野中，表意主體與解釋主體，與被表意的「對象」和意義之間，無法確定何者優先，符號學只關心它們之間的諸種意義關係。筆者認為這看法太絕對：皮爾斯的三性之說，說明他對從現象到底蘊的進展，非常關注，他的條分縷析，至少證明了符號學應當考慮所有與意義有關的問題，包括真相問題。這題目我們留到第十三章討論「述真」時再詳談。

　　皮爾斯從 1905 年開始討論他心目中的現象學，他稱作「顯現學」（phaneroscopy）。皮爾斯自然不知道胡塞爾，他只是有意不用黑格爾在他之前創用的「現象學」（phenomenology）一詞。他說：「我用顯現 phaneron 一詞（而不用「現象」phenomenon）來稱呼以任何

[79] 安娜‧愛諾《符號學簡史》，天津：百花文藝出版社，2005 年，譯序 3 頁。

方式以任何意義存在於頭腦的東西，不管它們是否與現實事物相應。如果你問是什麼時候，存在於何人的頭腦，我的回答是這個問題不必回答，因為我從來不懷疑我的頭腦發現的顯現的特點，任何時候都存在於任何人的頭腦中。」[80]

這話的意思是：不必懷疑經驗中的現象是否是真相，因為是經驗現象是人類共有的能力：我與他人共用一個經驗的世界。所以皮爾斯的「顯現論」討論的對象，並非「什麼東西出現了」（what appears），而是「看來顯示是什麼」（what seems）。[81]顯現的第一性經驗是所有的人共用的，不同的在於此後符號解釋的形成路線。

皮爾斯認為描述一物的符號表意方式，就是描述它的經驗範疇，最後不得不觸及它的本質特徵：解釋者的任務就是把個別性的品質，與經驗中的前例結合起來。雖然我們看到很多解釋停留在個別性上，皮爾斯認為原因只是解釋者暫時無能力將意義範疇化，暫時的理解，他無法擋住解釋最後歸結為範疇。而筆者認為：許多解釋停止在個別性上，並非暫時的權宜：許多符號行為，例如藝術，就是期盼留在個別性上，即皮爾斯的「第一性」上。

---

[80] Charles Sanders Peirce, *Collected Papers,* Cambridge Mass: Harvard Univ Press, 1931-1958, vol 1, p 284.

[81] 轉引自科尼利斯・瓦爾《皮爾士》，中華書局，2003 年，24 頁。

第五章　媒介與渠道

1.媒介、傳媒、渠道、體裁

　　這幾個術語，非常重要，而且隨著電子傳媒時代的來臨，變得越來越重要。偏偏這些術語在各家的討論中經常混用，定義不清；在一些符號學或傳播學專業書籍，甚至教科書中，使用也很隨意，弄出許多歧義。筆者認為符號學研究者在術語使用上應當有敬業精神，所以不憚繁複，先做個辨析。

　　符號的可感知部分，索緒爾稱為能指，皮爾斯稱作再現體，經常也被大家直接稱為符號。符號依託於一定的物質載體才能被人感知，但是感知本身需要傳送，傳送的物質稱為媒介（medium，又譯「仲介」），媒介即是是儲存與傳送符號的工具。葉爾慕斯列夫認為媒介即符號系統的「表達形式」，[1]但他又把符號的能指稱為表達層（plane of expression），因此媒介往往與能指形式（符號載體）混淆不清。

　　媒介與符號載體的區別在於：載體承載符號，而媒介讓這個感知得到傳送。傳播學中往往把媒介稱為「傳送器」（transmitter）。例如電視，符號載體是圖像與言語，傳送器是電磁波，或者整個電視技術。

---

[1]　Louis Hjelmslev, *Resume of a Theory of Language*, (ed, and trans) Francis J Whitfield, Madison: Univ of Wisconsin Press, 1975, 3.

艾柯認為符號表意必然是「異物質的」（heteromaterial）。[2]這話不一定對：只有在出現第二章第八節討論鏡像時說的表意時空距離時，符號才需要與載體不同的另外介質，即媒介，來給予傳送。也就是說，載體與媒介這兩者的區分，要在有時空距離時才會出現：海嘯可以是「天譴」的符號載體，如果目擊，它的載體是海嘯；如果電視轉播，它的媒介才是傳送的畫面。一旦符號時空距離消失，媒介也就消失。而且，在近距傳達中，區分「異物質媒介」沒有什麼大必要：我手握茶杯，感覺到燙（熱感），載體（杯子）直接把感知傳送給我，無須媒介；做夢時，符號由心像承載，但是找不出媒介；當我直接聽到對面的人說話，看到對面的人面孔時，說聲源是載體空氣是媒介，說表情是載體光波是媒介，未免多此一舉。本書一章一節就討論過：符號（準確地說：能指，或再現體）是個抽象的意義項，載體與媒介是包裹並傳送符號感知的物質。

由此可以總結出以下幾條：

（1）　任何符號都有載體；

（2）　當符號表意有時空距離時，需要異物質媒介；

（3）　當代媒介學，研究的對象事實上是載體以及／或者媒介。

例如文字是載體，印刷是媒介。圖像研究中，圖像是載體，電視等是媒介，但是媒介學的圖像研究，既研究圖像，也研究圖像的傳送工具，如電視網路等。人類文化發展至今，遠距表意越來越重要。媒介學這才成了一門重要學科，但是在研究中，媒介與載體經常不再細分。

媒介一詞的西文 medium 為拉丁文中性單數，其複數形式為 media，意思即「各種媒介」，在當代文化中，media 指專司傳達的文化體制，中文譯為「媒體」或「傳媒」，媒體是一個文化類別。

---

[2]　Umberto Eco，*A Theory of Semiotics,* Bloominton: Indiana Univ Press, 1976, p 217.

但是 media 又是 medium 的複數，因此 multimedia text，應為「多媒介文本」。學界常用「多媒體文本」，是誤譯導致誤用。上一章所引博得利亞關於所謂「媒體事件」（media event）的討論，有論者稱為「媒介事件」，[3]就不一定合適，因為明顯是在討論媒體這種文化體制，而不是媒介這種物。

渠道（channel）這個詞意思簡單顯豁，但是在傳播理論中的討論很複雜，各家說法不同。有時被認為即「接觸方式」（contact），[4]但是這定義不能說明電話的渠道究竟是電流，還是電線（電話設備）；艾柯認為「空氣是聲波傳送的渠道」，[5]恐怕應當說空氣是媒介。渠道往往被定義為「模式化的媒介」，或「技術與社會經濟體制」，如此定義，則與「媒體」相混。[6]

筆者認為，渠道不同於媒介或媒體：渠道是符號資訊到達接收者感官的途徑，是媒介被接收的方式。渠道應當用接收者感知的器官來分：因此有視覺、聽覺、味覺、觸覺、嗅覺等五類。人類文化使用最重要的渠道是視覺與聽覺，而視覺比聽覺重要得多：人類收到的符號資訊 80%來自視覺。西比奧克把渠道分成兩大群：物質的（液體的、固體的）；能量的（化學的、物理的），而物理的又分成視覺（日光、生物光），聽覺（氣體傳達的、液體傳達的、固體傳達的）、電力、熱力。[7]這樣就有九類細分的渠道。過分技術化的分類容易糾纏：例如味

[3]　丹尼爾・楊，伊萊休・卡茨《媒介事件》，北京廣播學院出版社，2000 年。

[4]　Vincent M Colapietro, *Glossary of Semiotics,* New York: Paragon House, 1993, p 61.

[5]　Umberto Eco, *Semiotics and the Philosophy of Language*, Bloomington: Indiana Univ Press, 1984, p 209.

[6]　參見 Winfred Nöth, *Handbook of Semiotics*, Bloomington: Indina Univ Press, 1990, p 175.

[7]　Thomas A Sebeok (ed), *Animal Communication,* Bloomington: Indiana Univ Press, 1968, p 56.

覺符號的物源究竟是固體還是液體的？是物理還是化學的？這些不是符號學的課題，符號學只能滿足於說：味覺是一種渠道。

而符號文本的文化類別，稱為體裁（genre，又稱「文類」），每一種體裁的邊界並不清楚，往往我們把細分的體裁稱為「分體裁」（subgenre）。例如歌詞與詩歌究竟是兩個體裁，還是兩個分體裁，可以看法不同。同一體裁往往可以通過不同媒介傳送，例如一首詩可以讀出來，錄音放出來，寫出來，印出來，渠道不同，媒介也不同，其體裁依然不變。不同體裁可以用同一媒介（例如小說與詩歌），也可以用不同媒介（例如小說與電影）；可以是形式的區別（例如小說與連環畫），也可以是內容的區別（例如武俠小說與言情小說）：體裁是文本的文化分類程式，與媒介或媒體並不捆綁在一起。

以上這些區分有時候細微，不容易弄清楚，一般研究者也無暇細分，這些術語經常被混用。本書細論符號學，不得不盡可能說清楚：渠道是作用於感官的物質介質；媒介是符號傳送的物質；媒介可以社會化類型化為媒體；而符號文本的樣式分類為體裁。如此說明，因此我們可以大致上區分這個術語群。謹以畫報照片為簡單的例子：

一張照片是符號文本；

一張照片的物質存在，是符號載體；

攝影是體裁；

照相術是媒介；

照片傳送用的是視覺渠道；

印照片的畫報是一種媒體。

在收音機裏聽一首歌，歌是符號文本，歌聲是載體，樂音是媒介，聽覺是渠道，廣播是媒體。再以書為例：視覺是其渠道，文字是其媒介，書籍出版業是其媒體，而小說或傳記等是其體裁。

這裏最容易混淆的是渠道與媒介：渠道是感覺方式，媒介能延伸而不可能改變渠道，例如錄影延伸儲存戲劇演出，但是最後依然

要通過視覺渠道，讓人看見；而媒介是指示符號號傳達的物質方式，電子技術是文化變遷中的重大動力。

渠道的具體界線一直有爭議：有人認為在人類文化中，圖像、言語、影視技術、電子技術、身體、表情，每個媒介都已經發展到如此規模，遠比嗅覺等渠道儲存傳送的信息量大得多，因此不能再稱為媒介，應當稱為渠道。有不少人認為語言太重要，應當算一種渠道，這樣分反而容易混淆：例如艾柯就抱怨以感官決定渠道沒有道理：「把交通路牌和馬奈〈草地上的午餐〉都說成是視覺符號，把貝多芬第九交響樂，與但丁《神曲》都看作聽覺符號，實在不能說明任何問題」。[8]他的憤怒當然有理，但是符號類別的重要性，不是判斷它們是否應該被稱為一個渠道的原因。語言是重要的媒體，言語和文字是不同的媒介，通過視覺與聽覺兩種不同的渠道傳送給接收者。從本章下面的討論可以看到，在具體研究中，渠道與媒介還是應當分清。

西比奧克認為，從動物符號活動來看，應當加上熱力、電磁、化學、超聲波、紅外線等渠道，[9]西比奧克說的額外渠道，依然是通過五官，而「熱覺」與「電覺」也是觸覺。動物與人的渠道範圍不同，渠道範圍之外資訊，人則需要通過工具（例如紅外線眼鏡，例如 X 光攝像）轉換到可感覺渠道。只有電磁波比較神秘，我們至今不是很清楚一般人（不包括個別「電磁人」）是否能用此渠道接收「感知」。另外，據說親近者之間常會有神秘的「遙感」（telepathy），至今不能證實是否確實有這種傳達方式，也不知道是通過什麼渠道。

在符號表意過程中，媒介不是中立的，媒介不是符號過程的傳送環節，而是直接影響符號文本的意義解讀：符號表意要達到效果，應當與適當的媒介配合：情書最好手寫，不用電腦列印；情歌最好

---

[8] Umberto Eco, *A Theory of Semiotics*, Bloomington: Indiana Univ Press, 1976, p 202.
[9] Thmas Sebeok, *How Animals Communicate,* Bloomington: Indiana Univ Press, 1977, pp 189-194.

曲調柔軟婉轉，不用重金屬搖滾；甚至，筆者愚見，情詩最好不用
嘹亮的江陽韻。

　　媒介有時候本身成為符號，例如刺繡的針法，可能比所繡的內容
更有意義；一幅書法或潑墨山水，首先強調其筆法畫藝，寫的是什麼
字，畫的是什麼景色，倒是其次的事。因此，媒介是符號表意的成分
之一，有時甚至是最重要的部分。對藝術意義的解釋，往往集中到媒
介的運用。藝術理論家克萊門特‧格林伯格甚至認為現代藝術的特點
是「節節向工具讓步」，[10] 也就是說：媒介成為藝術的主導成分。

　　由於媒介出現於「符號距離」中，因此就其距離不同，可以分
成三種：

（1）　心靈媒介，是思想、夢境、白日夢等的呈現仲介，它們
　　　　往往被認為是符號表意的草稿，符號發出者大量的表意
　　　　意圖最後並沒有形成表意，成為自我符號。心靈媒介形
　　　　成的往往是「文本草稿」，但是人表現出來的只是這巨
　　　　大量草稿的冰山一角。

（2）　呈現性媒介，往往用於表演，如身體姿勢、言語、音樂、
　　　　電子技術等；呈現性媒介造成文本的表演性現在性；呈現
　　　　性媒介是一次性的，現在進行式的，如果用於表意（例如
　　　　臺上演出一個故事），接收者有干預衝動，一如在對話中
　　　　聽者與說話者可以互動，互相質問，互相打斷。

（3）　記錄性媒介，能保存符號文本，遠古是岩畫等圖像，古
　　　　代是文字書寫與印刷，現代則有電子技術。記錄性媒介
　　　　造成文本的過去性；這種媒介造成的文本是成品，讀者
　　　　已經無法改變小說的結局。

---

[10] Clement Greenberg，*Modernist Painting*，Wangshington DC: Voice of America, 1961, p 102.

這三類媒介造成的符號表意的巨大區別，本書將在第十六章第四節〈符號敘述學〉中仔細討論。

媒介與技術有重要關聯，現代媒介廣泛延長了符號距離：電氣技術與電子技術對媒介的改造，形成人類文化的巨變。動物以及原始人類的符號行為，絕大部分只能是超短距的，人類的五個渠道中，**觸覺、嗅覺、味覺**至今相當短程；聽覺視覺以前只是想必稍微長程，當代的電子技術，使呈現性媒介可以輕易地轉化為記錄性媒介，使通向人類五官的渠道得到延長。符號資訊的發出、傳送、接收、現在可以克服時空限制，越過巨大跨度的間距相隔，這是人類文化之所以成為符號文化的一個重要條件：被媒介技術改進了的渠道，保證了文化的表意行為能夠被記錄，被檢驗，保留給後世。

可以簡單化地說，渠道屬於生理感覺，媒介屬於物質文明，而媒體與體裁從屬於文化實踐。因此，媒介似乎與意識形態不直接緊扣，容易被另一個文化接過去；而體裁則是高度文化的，跨文化流傳時會發生一定的阻隔。例如攝影術作為媒介，普及推廣並不難，實際上任何文化很難抵制技術上的進步；而「婚紗照」體裁的傳播，就會出現文化阻隔，不會跟著攝影術走向全世界。再例如手機短信作為媒介技術，迅速普及全球，但是微博作為一種體裁，其推廣必須克服文化障礙，就慢得多。

2.「媒介即資訊」

符號學研究在二十世紀下半期成為顯學，一個重要原因是當代文化由於電子技術突變成「傳媒文化」：電子技術的發展，使媒介變成當代文化的最重要部分。加拿大著名傳播學家麥克盧漢在《古登堡銀河：印刷人的產生》一書中認為，德國人約翰奈斯·古登堡於1453年創辦印刷廠，歐洲文化由此進入印刷時代，文藝復興時代

的巨星才得以湧現，形成群星燦爛的「銀河」。[11]一種重要的新媒介出現，會引起文化模式重組。媒介不僅僅是知識內容的載體，不是消極的、靜態的，而是積極的、能動的，對社會發展會產生重大影響。

1964 年，麥克盧漢在《理解媒介：論人的延伸》一書中提出名言「媒介即資訊」。[12]這句話的意思是：對一個文化而言，媒介形式的改變，不是資訊傳遞方式的變化，而是整個文化模式的變化：媒介才是文化的真正「內容」。麥克盧漢在六〇年代發表此說時，引起極大爭議，他的崇拜者大多是想抓住商機的企業界人士，熱衷於擁抱新奇思想的大學生。當時傳播學尚未充分發展，也未能在學院站穩腳跟，主流學術界覺得他那些說法過於怪異。但是當代文化的發展證明了麥克盧漢的預言，麥克盧漢被譽為二十世紀重要的思想家。

麥克盧漢此後又在一系列著作中發展這個觀點，他強調傳播科技本身的形式的發明或進步便是改革的動力。他認為人類歷史上有三次基本的技術革新：首先是文字的發明，打破了原始社會五官的平衡，突出了視覺的作用；然後是十五世紀機械印刷的推廣，進一步加快了感觀失衡的進程，印刷形態本身對人類至今有催眠作用；而十九世紀中期發明電報，預告了電子時代的到來。在電子時代人的感官（主要是視覺與聽覺）可能趨向平衡，人類重新「部落化」。電子媒介使感知整合，回歸整體思維的前印刷時代。

麥克盧漢這個「部落化，非部落化，再部落化」（tribalization, de-tribalization, and re-tribalization）演變觀念，當時並不讓人信服，但是到互聯網時代，媒介的變化推動了社會關係的演進。以電子遊

---

[11] Marshall McLuhan, *The Gutenberg Galaxy: The Making of Typographic Man*, Toronto: Univ of Toronto Press, 1962.

[12] "The medium is the message." Marshall McLuhan, *Understanding Media: The Extension of Man*, Cambridge Mass: MIT Press, 1994, p 7.

戲為例：七、八〇年代（在西方）是「遊戲機房」部落化時代；八〇年代個人電腦興起，遊戲者互相隔絕；九〇年代後期網路遊戲開始興盛，遊戲者在虛擬空間聚合，「再部落化」。本書第十六章討論文本身份的社會紐帶，會回到這個問題。

麥克盧漢的另一個觀念是：媒介有冷熱之分，熱媒介傳遞的信息量比較多，清晰明確，無需更多感官和聯想就能理解；冷媒介相反，資訊含量少，需多種感官聯想配合理解，增強解釋。麥克盧漢說電影、廣播、照片、書籍、報刊是熱的，而電視、電話、漫畫、談話等是冷媒介，有時不好理解。例如麥克盧漢搖滾是冷的，而華爾滋是熱的，顯然是相對某種特殊資訊（男女關係的資訊）傳遞而言的。

媒介冷熱是指傳達信息量的密集度：現代媒介的主要趨勢是越來越熱，例如電影從黑白，到彩色，到寬銀幕，到身歷聲，到環繞銀幕，到 3D，符號資訊的密度越來越高。而電影一旦描寫「大劫後」的未來世界，影片色調就用暗調，幾乎是黑白，此時媒介本身就是資訊內容。

文本的「熱度」，效果卻是相對的。《牡丹亭》中杜麗娘的畫像，讓柳夢梅看得神魂顛倒，「近睹分明似儼然，遠觀自在若飛仙」。一幅單線平塗的畫像，比起現在的照片，應當說是絕對過「冷」，今日放到「交友網」上，會因為信息量太少，無法吸引任何注意。因此，資訊的冷熱，即信息量的多寡，是文本的品質。接收者的反應，卻更受制於文化程式。對於一位十六世紀中國的多情才子來說，線勾的畫像，「熱度」就足夠了。

「媒介即資訊」這名言對文學藝術研究者不難理解。二十世紀上半期文學理論家，尤其是形式論－符號學學者對文學的類似觀念，例如本書八章四節將談到的雅柯布森關於「詩性即符號自指」的觀念。麥克盧漢的看法之所以震驚世人，是因為媒介與傳播研究，一直是被視為社會學領域的實證科目。用藝術符號的方式進行探

索,就意味著放棄邏輯推理式的話語。麥克盧漢以詩人的想像力來觀察傳媒在現代社會的作用,他認為在傳播技術飛速發展的新時代,我們必須採取藝術家的態度。在《理解媒介》這本開拓性著作裏,麥克盧漢再三強調對社會問題,採取「藝術和詩歌式觀點」很重要:「嚴肅的藝術家是僅有的能夠在遭遇新技術時不會受到傷害的人,因為這樣的人是認識感覺變化方面的專家」。這種具有想像力的研究姿態,符合符學學的精神。

傳統的觀念是媒介為內容服務,仔細研究當代電子媒介的作用,我們就明白:有某種媒介才能講某種故事。電影理論家貝拉有一句俏皮話「先有勺子後有湯。藝術工具先於靈感而存在」。[13]的確,有某種技術,然後才有某種內容表現的可能,例如先要有電腦技術,然後才能拍出《鐵達尼》的沉船場面;先要有 3D 技術,然後才能拍《阿凡達》的異星大戰;先有互聯網,然後才可能有網路「接龍小說」。

而麥克盧漢在超前一步,從符號媒介的發展語言未來:早在六〇年代,他就提出「地球村」概念,[14]認為電子媒介將催速全球化的進程。在個人電腦、互聯網、手機、衛星通信等技術遠遠尚未出現的時候,做出這樣的預言,是很了不起的。

3.多媒介文本的聯合解碼

許多體裁可以有多種媒介構成。例如連環畫是一種體裁,由圖畫與文字兩種媒介組合而成;多媒介體裁(multimedia genre)看起

---

[13] 巴拉茲・貝拉《可見的人/電影精神》,中國電影出版社,2003 年,257 頁。轉引自 2010 屆四川大學博士徐文松的論文,特此致謝。

[14] McLuhan, M, and Q, Fiore, *War and Peace in the Global Village*, New York: Bantam, 1968.

來是現代技術的產物，實際上自古以來一直有：歌曲是一種從人類文明開始時就有的體裁，其中的媒介有語言、音樂，以及演唱者的身姿；中國畫經常有文字（印章、題款），可以說是圖文結合的最早例子；至於小說配插圖，是自然而然的做法。戲劇據說有十種媒介，形成複雜媒介體裁。電影中有連續的圖畫造成的動態影像、聲音、音樂、文字、語言等多種媒介，有的研究者在電影中找出十三種媒介。

在當代電子傳媒中，更容易做到多種媒介混合：例如電影的表演、特技、音樂、聲音等，可以分別錄製然後剪輯拼合，這就讓電影進入工業生產流程，也造就了電影這個現代「奇觀」體裁。

一般說來，多媒介配合能夠使表意更加明確，更加豐富，合起來作用於解釋。貝多芬《第九交響樂》最後樂章與席勒《歡樂頌》配合之完美，已經讓人不可能想像沒有合唱，樂曲如何終結。三〇年代初有聲電影出現，曾經使不少電影從業者認為，對話與音樂將使電影過於接近當時的強勢體裁戲劇，從而走向窮途末路。雅柯布森當時從符號學角度研究這一問題，寫出「電影在衰落嗎？」他認為多媒介將使電影藝術煥然一新。[15]看來符號學家觀察文化發展，常能先人一步。

也有人認為一個體裁中媒介越多，藝術感染力越強。瓦格納堅持認為歌劇是一種「集合藝術」，是最理想的藝術門類：他是說感染力的強度，與同時在觀眾感官上起作用的媒介數目稱正比。媒介多的確能增加表現力，卻不能保證藝術的優劣：當今某些演出，舞臺炫麗，聲光電氣一擁而上，花樣百出，作為藝術卻讓人不敢恭維。

多媒介符號文本，在資訊接收者頭腦中要做最後的拼合：此時各種媒介表意不一定對應，接收者不得不對各媒介傳送的意義分別

[15] Roman Jakobson, "Is Cinema in Decline?", in *Semiotics of Art: Prague School Contributions,* (eds) Ladislav Matejka and Irwin R Titunik, Cambridge: MIT Press, 1976, p 145-52.

進行解釋，然後綜合起來。例如戲劇說話與表情不一致，歌曲的詞與曲調不一致，音樂的曲調與標題不一致，電影的畫面與語言不一致，這時候根據哪個媒介的資訊決定解釋，就成了需要斟酌的事。

在多媒介文本中，經常有一個媒介在意義上定調，否則當幾種媒介傳達的資訊之間發生衝突，解釋者就會失去解讀的憑據。何者為意義「定調媒介」，並不取決於此媒介的「重要性」，而是取決於此媒介傳達的文本清晰程度，用麥克盧漢的術語，取決於媒介的「熱度」。在具體操作中，定調媒介是由體裁的文化程式決定的。

在電影的多媒介競爭中，「定調媒介」一般是鏡頭畫面，因為畫面連綿不斷，而語言、音樂、聲響等時常中斷。由於電影藝術的超熟發展，電影觀眾的充分成熟，各媒介之間的反諷張力更為複雜有趣。根據道克多洛（E.L. Doctorow）小說改編的電影《爵士時代》（Ragtime）有個鏡頭：女主人公已經不愛她那個偽君子丈夫，丈夫對她說：「我得離開了」；女主人公回答說：「別把我一個人撇下」。她說這話時，特寫鏡頭卻顯示了她的表情冷淡，可以體會到女主角的實際意思是「走你的吧」：人物說的語言與人物表情畫面意義正好相反，而畫面傳達的資訊應當是「定調」的。如此安排，人物的心理和文化處境之間的複雜關係，很細膩地表現出來。

臺灣導演楊德昌的《一一》中，電影聲音是中年男子和女友在街頭的談話聲，畫面則是他們的下一代女兒和男友街頭約會的場面，音與畫各講一個故事，可以看到鏡頭畫面是主線，敘述重點在下一代身上，上一代的對話已成供對照的遺跡。[16]一個世代又過去了：歷史滄桑感借媒介衝突體現出來。

在歌曲中，「定調媒介」是歌詞，歌詞決定歌的意義解釋。〈社會主義好〉無論怎麼唱，哪怕用搖滾風格來演唱，都是頌歌，但是

---

[16] 這是 2007 屆博士生吳迎君在符號學作業中舉的例子，特此致謝。

電影《盲井》中幾個礦工把詞改了，就變成諷刺歌曲。2007年風靡一時的歌〈香水有毒〉，曲調優美，歌手胡楊林闡釋動人。春晚進了大名單，在三審時還是被拿下，因為歌詞有「愛情不專一」的曖昧傾向，音樂改變不了歌詞的「定調媒介」地位。[17]

歌詞決定意義走向，是由於語言文字作為媒介的「熱度」。經常音樂經常不得不靠區區一個標題。哪怕有的樂曲模仿「自然聲」聲惟妙惟肖，例如德彪西的交響詩〈大海〉，霍爾斯特的交響詩組曲〈行星〉，哪怕有大量意義明確的音樂素材，例如斯美塔那的〈我的祖國〉有大量捷克民歌，柴可夫斯基的〈1918序曲〉直接用〈馬賽曲〉，這些音樂依然必須靠標題才能讓人聽懂。貝多芬因為拿破崙稱帝，憤而把〈英雄交響曲〉獻給拿破崙的題獻去掉，果然這首樂曲與拿破崙不再有任何關係。

4.通感

表意被束縛於某種載體，並不是符號本質的要求，因為意義本身並不是物質的。擺脫載體的束縛，成為人類使用符號時很難擺脫的一種衝動。科學／實用的符號表意，追求效率和準確性，這種衝動往往不顯；藝術符號著眼於過程，在藝術中就會出現各種逃脫載體限制的努力，符號學把這種情況稱為「跨符號系統表意」（transsemiosis）。常見的有兩種局面：「通感」是跨越渠道的符號表意，而「出位之思」是跳出媒介體裁的衝動，兩者完全不同，不可不辨。

錢鍾書於1962年在《文學評論》發表〈通感〉一文，他的廣徵博引，使此文具有強大說服力。在文革前萬馬齊喑的文化局面中，

---

[17] 陸正蘭，《歌詞學》北京：中國社科出版社，2007年，6頁

此文公然討論藝術形式，暮鼓晨鐘，令人興奮。此後，通感也成為國內學生盡知的文學手法，由於錢鍾書引用大量中國詩例，通感似乎變成中國文化本有的詩學範疇，不再是一種西方傳來的觀念。實際上符號學的基本概念，無關乎中西，是文化的人共用的表意方式。

「通感」（synaesthesia），是跨越渠道的表意與接收：符號感知的發送與接收，落到兩個不同感官渠道中，例如光造成聽覺反應，嗅覺造成視覺反應等，莫里斯稱之為「感覺間（intersensory）現象」。文學作品中利用這個原理，用不同渠道的資訊互相比較形成比喻，也稱為通感。

通感往往是遺傳所得的精神異常，醫學家發現有自閉症（autism）的兒童比較經常表現出此種能力。也有一定比例的成人，能以一種以上的感覺感知某個刺激，大腦中出現「跨區域啟動」（cross-activated）。有人認為這種異常能力是才能，例如納博科夫的小說《天賦》（The Gift）把通感者描寫成超越世俗經驗的天才。[18]但是女作家格拉斯（Julia Glass）的小說 *The Whole World Over* 把主人公的通感能力看成病態。但是我們這種沒有特異稟賦的人，也能讀懂寫通感的詞句，可見人多多少少有一點「通感異常」。[19]

問題在於：各種渠道之間，哪怕能造成交叉感應，也無法再現出來。文學中的通感，不是跨越兩個渠道的符號反應，而是用語言寫出兩個渠道之間感覺的比較。因此通感實際上是一種特殊比喻，一種修辭格。[20]例如，可以說某種聲音（類似視覺上的）「明亮」，某種聲音（類似觸覺上的）「粗鈍」，某種笑聲「尖利」，某種襯衫圖案「喧鬧」：這些都是描寫一種渠道感覺的詞語，用於描寫另一種渠道的感覺。

---

[18] 類似題材的小說有 Jane Yardley, *Painting Ruby Tuesday*; Wendy Mass, *A Mango-Shaped Space* 等。

[19] 具有通感能力的人所占比例，至今沒有研究清楚。

[20] Gerard Genette, *Mimologics*, Lincoln: Univ of Nebraska Press, 1994, p 146.

討論任何符號活動，必然要用語言，因此通感只能用語言作二級表現，語言描寫感覺只是一種間接的模擬，本書在第十一章討論「理據性」會講到語言類比的特殊方式。但是語言靈活，能同時描述幾種感知，形成「跨渠道比喻」。這就是為什麼在藝術家中，詩人最得益於通感。

其他藝術家通感能力再強，也只能用語言來表達。畫家稱紅黃為「暖色」，藍白為「冷色」，是視覺與觸覺的相通。音樂家普遍認為音調有色彩：例如貝多芬認為 b 小調是「黑色的」；里姆斯基－科薩科夫與斯克里亞賓關於音樂色調曾有爭論，但都同意 D 大調黃色，F 大調青色，降 A 大調紫色，這是樂音與色彩的相通。

但是只有詩人作家能把通感直接用到自己的作品中：蘭波的詩《母音字母》說語音有顏色：「黑 A，白 E，紅 I，綠 U，藍 O，字母啊，總有一天，我要道出你們隱秘的身世：A 是陰翳的港灣，是件黑絨絨的緊身……」；宋祁「紅杏枝頭春意鬧」，蘇軾「小星鬧若沸」是聽覺修飾視覺；杜甫「晨鐘雲外濕」，是用觸覺修飾視覺。

通感有個特殊規律，就是感官有個大致上的比擬次序。錢鍾書指出「最早引起注意的也許是視覺和觸覺向聽覺的挪移」。[21]他舉的聽覺靠向觸覺的例子是「尖」「重」的聲音；他又舉了《樂記·師乙篇》中描寫音樂「如歌者，上如抗，下如隊，曲如折，止如槁木，倨中矩，句中鉤，累累如端，如貫珠」，這是用類似觸覺的身體動作與肌肉感覺（類似錢鍾書在此文中引用的《樂記》說音有肥瘦）來形容音樂。

與錢鍾書差不多同時，烏爾曼發現通感比喻中，感官渠道大致有一個低級推向高級，簡單推向複雜，可及性較強推向可及性較弱的修飾關係。他排出的次序是觸覺、溫覺、味覺、嗅覺、聽覺、視

---

[21] 錢鍾書《七綴集》北京：三聯書店，2006 年，71 頁。

覺六個渠道。單列「溫覺」，因為是比較特殊的觸覺。烏爾曼指出：
絕大部分通感，都是用比較低級簡單可及性強的感覺，來形容比較
複雜的感知。[22]「甜蜜的微笑」用味覺形容視覺；「柔和的嗓音」，
用觸覺形容聽覺；「清涼的藍色」用溫覺形容視覺。

　　通感可以不限於五官：當某些沒有感官作用的事物，與感官相比，
就出現了「概念通感」。這在佛教哲學中稱為「六根互用」，「六根」是
五種感官加上「意」，「意」的對象是「法」。如此一來通感不只是「感
覺通用」，而可以發展到非感覺：某些成語如「秀色可餐」，「大飽眼福」，
用的是味覺，描寫的卻是某種「美」；《史記・樂書》描寫音樂「廣則
容奸，狹則思欲」；[23]艾略特讚美玄學派的名文中說詩歌能「像嗅到玫
瑰一樣嗅到思想」，應當也是從五官到「意」的通感。[24]

　　「意」就必然永遠列於通感的被形容一端，但是可以看到，概
念通感往往是用低序列的感覺來形容概念。因為比任何感覺更抽
象，更不可及。但是視覺位置較高，相比之下概念離視覺不太遠，
視覺與概念通感（例如說「紅男綠女」、「上竄下跳」），往往不夠遠
距，張力不足。

5.出位之思

　　通感是跨越渠道的符號認識，也是文學中一種語言修辭手法，
而出位之思任何藝術體裁中都可能有的另一種體裁的仰慕，是在一
種體裁內模仿另一種體裁效果的努力，是一種風格追求。兩者似乎
都是試圖擺脫媒介或渠道的限制，但是要衝破的繭殼不一樣。

---

[22] Stephen Ullmann, *Language and Style*, Oxford: Basil Blackwell, 1964, p 86.

[23] 王肅《史記集解》：「其音廣大，則容奸偽；其狹者，則使人思利欲也。」

[24] T.S. 艾略特「玄學派詩人」，趙毅衡編《新批評文集》，天津：百花文藝出版社，2001年，47頁。這是2010屆研究生董明來提出的看法，特此致謝。

　　追求其他體裁的效果是藝術符號表意的一種自然趨勢：體裁是載體－渠道－媒介這些符號文本的物質形式的文化程式。符號表意必須依靠體裁，但藝術本性是追求新奇，擺脫束縛，試圖達到別的體裁能達到的境界。陸游詩云：「情知言語難傳恨，不似琵琶道得真」。這是文學家常見的衝動，音樂家可能有恰好相反的願望。

　　「出位之思」是錢鍾書的翻譯，原先是德國藝術學術語 Anders Streben。英國藝術哲學家佩特在 1877 年出版的文集《文藝復興》一書中，首先把它當做普遍規律來討論。佩特把出位之思定義為藝術「部分擺脫自身局限」的傾向。佩特說：「建築儘管自有規則……卻似乎追求達到圖畫的效果，而雕塑企圖挑出自身的行事的條件而追求色彩」。但是他說：「所有的藝術都追求音樂的效果，因為所有的藝術都有可能區分形式與內容，但是藝術都想消除這種區分」，而音樂正是最不容易區分形式與內容的體裁。但是，反過來，「大部分美妙的音樂似乎都在靠攏某種形體，某種圖畫品質」。佩特警告說，不要認為出位之思「僅僅是比喻」（mere figure of speech）。[25]

　　出位之思不太可能出現於非藝術的體裁中：非藝術的符號表意要求效率與準確性，就必須在體裁範圍內充分利用程式的優勢。如果要追求超越體裁的效果，就乾脆換一個體裁。例如發電子信者，如果要傳送檔圖像，與其在電子信中發揮「出位之思」，還不如去發明掃描器和圖像傳送技術，形成一種新的體裁。

　　而藝術家的跨體裁「仰慕」，只是為了創造出一種新的表意方式，並不是真正進入另一個體裁。佩特說的「部分擺脫」，用詞極為準確：如果真正挑出體裁，例如詩真地做成繪畫，即所謂具體詩（concrete poems），反而受雙重限制，大多勉強，鮮有成功，論者

---

[25] Walter Pater, "The School of Giorgione", *The Renaissance: Studies in Art and Poetry*, Berkeley and Los Angeles, Univ of California Press, 1980, pp 104-05.

譏稱為「後衛主義」(Arriere-Garde)。[26]電影追求繪畫效果，器樂追求非樂音（自然音）效果，建築追求舞蹈效果等等，只能偶一為之，做的人多了，反無新意。

也有同一時期的各種藝術體裁共同追求某種效果，例如十七、十八世紀的巴羅克風盛行，建築、音樂、美術，都來追求裝飾畫的效果：在建築涉及加上過多的雕飾，浮誇的結構；音樂追求豪華、誇張動勢，講究低音複調，上旋律和低音旋律之間相互制約；而詩歌也追求富麗典雅，遣詞造句繁複，音韻格律複雜。

象徵主義詩歌對音樂有異常的興趣，超現實主義詩歌則刻意追求繪畫效果。法國十九世紀的印象主義音樂，深受象徵主義文學和印象主義繪畫影響，總是試圖取得「描繪」效果。法國作曲家德彪西創作的管弦樂作序曲〈牧神的午後〉，就是試圖模擬象徵主義詩人馬拉美的同名詩歌，它的音色與風格，渲染在炎熱的太陽下昏昏欲睡所出現的種種幻覺。馬拉美在欣賞〈牧神的午後〉演出後，卻來了個三種藝術對比：「這首樂曲發揮了我的詩的感情，它記錄的景象比色彩所能做到的還要生動得多。」

馬拉美是在用恭維回敬恭維，他也可能真心，因為文學家一向欽慕音樂的境界。但是大部分此類模仿有點表面化，是佩特勸告最好不為的「比喻做法」。有的作家做的比較細膩：米蘭・昆德拉的《笑忘書》，被很多評論家稱為「音樂思維的小說」，是用音樂的變奏曲和複調手法寫出來的。他說此手法來自捷克音樂家雅那切科的啟迪，全書用音樂中的對位方法將「笑」與「忘」兩個主題在各部分變奏發展。[27]

---

[26] Charles Altieri, "Avant-Garde or Arriere-Garde in Recent American Poetry", *Poetics Today*, Winter 1999, pp 629-653.

[27] 米蘭・昆德拉《小說的技巧》北京：三聯書店，1992 年，68-69 頁。

　　應當說，「出位之思」常常只是藝術家的意圖，文本中很少能充分體現這些一廂情願。熟悉音樂的羅曼羅蘭，借他的主人公約翰・克里斯多夫的口說：「他們（法國音樂家）不用文學做拐杖，就寸步難行！他們勉為其難地描寫的主題，簡直幼稚可笑，不是果園，就是菜園，或是雞窩……他們滿懷信心地在樂譜上寫些有韻或無韻的詩句，就像小學生或沒落的小報記者一樣」。[28]

　　但是同一本書中羅曼羅蘭用文字描述音樂，也不甚高明：「他生命的音樂已經融成了一片光明。空氣、海洋、土地，都成了交響樂。義大利多麼善於用天生的藝術才能來指揮這支樂隊啊！……這是五光十色的音樂，一切都是音樂，一切都在歌唱。」[29]

　　藝術家也都明白符號文本的體裁規定性，是難以跨越的障礙，出位之思只能偶然一試，著迷於此只能自露其短。但是文學史和藝術史，依然充滿了類似的努力。在當今文化中，小說與電影模仿電子遊戲的「多選擇」，已經成為一個重要的形式手段。著名的德國電影《羅拉快跑》明顯是模仿電子遊戲：一次不成功遊戲，可以重新起頭再來一次，直到達成滿意的結果為止，這是難得見到的出位之思成功妙例。而在《駭客任務》、《香草天空》等影片中，電腦的控制與被控制問題，成為主人公想弄清的主要困惑，這可以看成電影對電腦遊戲的出位之思，而《全面啟動》是電影對夢的出位之思，雖然至今尚沒有「造夢」這種藝術。

---

[28] 羅曼・羅蘭《約翰。克里斯托夫》第五卷，第一部，北京：燕山出版社，2005年，245頁。

[29] 同上，第十卷，第一部，748頁。

6.體裁與期待

　　體裁的最大作用，是指示接收者應當如何解釋眼前的符號文本，體裁的形式特徵，本身是個指示符號，指引讀者採用某種相應的「注意類型」或「閱讀態度」。

　　體裁看起來像是符號文本的分類，卻更是一套控制文本接收方式的規則。渠道與媒介這些元素，影響文本的品質和意義，但是決定一個文本應當如何解釋，最重要的因素，卻是該文本所屬的體裁：體裁就是文本與文化之間的「寫法與讀法契約」。

　　體裁首先體現於文本的形式特徵：同樣一段故事，如果是歷史書，至少不能有太多的對話或場景描寫，也不能有太多的小人物命運，那是小說的形式特徵。但是體裁有強大的力量，同樣的語句，在不同的體裁中，可以產生完全不同的意義，因為我們的閱讀必定有體裁程式的支持與限制。詩句的節奏韻律，並不完全是詩句本身的品格。一首詩分行寫，與其說是因為寫的是詩而分行，不如說分行表示這是一首詩。中國傳統詩雖然不分行，依然有其他體裁定位標誌，例如標題、押韻、印在詩集中等。

　　接收者的頭腦不是白紙一張，閱讀不是絕對自由的，不是任憑符號文本往上加意義，接收者首先意識到與文本體裁相應的形式，然後按這個體裁的一般要求，給予某種方式的「關注」。文化的訓練使接收者在解釋一個文本時，帶著一些特殊的「期待」。很早就有人指出：對同一文本有「散文讀法」與「詩歌讀法」的區別。[30]

---

[30] Paull Franklin Baum, *Principles of English Versification*, Cambridge: Harvard Univ Press, 1922, p 6.

一個文本被生產出來，就必須按他所屬於的體裁規定的方式得到解釋，這就是所謂「期待」。卡勒說的話一針見血：「各種文學體裁不是不同的語言類型，而是不同的期待類型⋯⋯戲劇之所以存在，正是因為把某些作品當做戲劇來閱讀的期待」。[31]期待「讀法」是體裁的最重要效果。

這樣就出現了一個幾乎是悖論的循環定義：一首詩之所以為一首詩，主要原因就是它屬於詩的體裁，它強迫讀者按照詩的讀法來讀它。也就是說，如果我們非不按詩的方式來讀，哪怕這個文本號稱是詩，它也不成其為詩，成了散文。卡勒引用過熱奈特的一個實驗。一段報上常見的新聞：「昨天在七號公路上一輛汽車以時速一百公里行駛撞上一棵梧桐樹。車內四人全部喪生。」熱奈特把它分行寫：

> 昨天在七號公路上
> 一輛汽車以時速一百公里行駛撞上
> 一棵梧桐樹。
> 車內四人全部
> 喪生。

完全相同的語句，這裏的「昨天」，已經不僅是某個特定的日子；這裏的「死亡」，象徵「瘋狂的終結」，或「永恆的寂靜」。

卡勒認為讀詩有四種特殊的期待：節律期待、非指稱化期待、整體化期待、意義期待。[32]此處換用廣告舉例。廣告是與詩完全不同的體裁，因此（或者說，因為）廣告的「期待」完全不同。廣告

---

[31] Jonathan Culler, *Structuralist Poetics: Structuralism, Linguistics and the Study of Literature*, Ithaca: Cornell Univ Press, 1975, p 129.

[32] 參見趙毅衡《文學符號學》中的詳細舉例說明。北京：中國文聯出版公司，1990 年，131-139 頁。

之所以為廣告，就是因為我們按廣告的這些期待來看廣告。這樣的循環論證，實際上是體裁的題中應有之意：無論是廣告製作人或廣告觀眾，都與文化簽了約不違反這些程式。

廣告，無論是電視上的鏡頭，還是招貼上的圖像，還是報上的文字，還是雇人在街上大聲叫喊，都是為了勸人購買某種商品或服務。因此，「誠信」是廣告的第一期待，「誠信」就是讓潛在的顧客覺得廣告說的是老實話，沒有故意的欺騙意圖。當然廣告有大量欺騙因素，為了讓接收者感到符號資訊發出者有誠信，廣告的符號文本作各種修辭裝飾，讓文本裹上可信性，讓文本接收者覺得發出者「據實而言」：這個「實」不一定是事實（facts），卻是「事實性」（factuality），而廣告發出者會鄭重地對「事實性」負責。[33] 如果廣告明目張膽說自己是在騙人，或者表現手法之花哨低於意圖瞄準的顧客智力水平，這個文本就無法滿足接收者的首要期待。

廣告的第二期待是區分，廣告勸人購買的商品或服務，必須讓顧客看到這家的貨與別家有別，不是價廉，就是物美，或是兩者兼有，或者有其他值得購買的好處。無區分即無廣告可言，區分越大則越有說服力。廣告出的各種奇招，目的都是要讓接收者一眼就可看出這個區分。如果與其他商品說不出什麼區別，至少廣告做得多，出現次數多，使得商標品牌讓人記住。

廣告的第三個期待是相關性，是否相關與接收者的生活方式有關，與他們的經驗積累和生活慾望有連接的可能。因此出售的貨品哪怕全球相同，廣告卻很難從一個文化移用到另一個文化，而必須根據生活於每個文化的人不同的經驗另外設計，正如「代言人」所選用的明星，在各個國家不一樣。這種「合適」很大部分是促進所

---

[33] Ron Beasley and Marcel Danesi, *Persuasive Signs: The Semiotics of Advertising*, Berlin and New York: Mouton de Gruyter, 2002, 18

謂「炫耀消費」，而「炫耀」必須與接收者生活世界相關，這是廣告
這種體裁起作用的基本方式。

可以用美國軍方的招募參軍的一則廣告做例子：「當了兵有兩種
可能：一是留在後方，一是送到前線，留在後方無可擔心。送到前
線有兩種可能，一是受傷，一是不受傷，不受傷無可擔心。受傷有
兩種可能，一是輕傷，一是重傷，輕傷無可擔心。重傷有兩種可能：
一是能治好，一是治不好，治好無可擔心。治不好也有兩種可能，
一是不死，一是死亡，不死無可擔心，死了麼……也好，既然他已
經死了，還有什麼可擔心的？」[34]

這個廣告滿足了廣告的「誠意性」、「區別性」、「適合性」三個
期待：當兵就有死亡危險，廣告沒有撒謊，因此「可信」；表面幽默
調侃的詞語，說當兵生活豐富多彩，有各種機遇和可能；而對沒有
遠大前程的年輕人，機遇問題非常相關，既然死亡的可能性不大，
這種生活有吸引力。

此則徵兵廣告，拿到中國就完全不適用，雖然中國的廣告也有
這三個期待，與生活世界的聯繫卻完全不一樣，與文化習慣的關聯
更不相同，「說服」的方式就必須不同。

廣告這種體裁，在當今文化中已成為一個重大產業，既推動經
濟，又救活文化。是應用符號學的研究重點。廣告自成體裁，就必
然有不同於其他體裁的特點：從符號學角度研究，第一要找的特點，
就是這種體裁籍以立足的「接受期待」。

---

[34] 轉引自李思屈等著《廣告符號學》，四川大學出版社，2004 年，204 頁。

第六章　伴隨文本

1.伴隨文本的定義

　　按照上一章的討論，符號文本的解釋，依靠文本與文化的關係，依靠接收者與文化簽下的契約。但是接收者怎麼會知道他已經簽下這個契約，而不是那個契約？接收如何發現這種決定關係呢？因為他在接收時看到某些記號，這些記號有時候在文本內（例如上一章說的體裁），有時候卻在文本外：伴隨著符號文本一道發送給接收者的附加因素，筆者稱作伴隨文本。

　　任何一個符號文本，都攜帶了大量社會約定和聯繫，這些約定和聯繫往往不顯現於文本之中，而只是被文本「順便」攜帶著。在解釋中，不僅文本本身有意義，文本所攜帶的大量附加的因素，也有意義，甚至可能比文本有更多的意義。應當說，所有的符號文本，都是文本與伴隨文本的結合體。這種結合，使文本不僅是符號組合，而是一個浸透了社會文化因素的複雜構造。

　　在相當程度上，伴隨文本決定了文本的解釋方式。這些成分伴隨著符號文本，隱藏於文本之後，文本之外，或文本邊緣：卻積極參與文本意義的構成，嚴重地影響意義解釋。要理解符號的意義機制，必須明白伴隨文本的作用。

　　伴隨文本問題一直是符號學、解釋學、傳達學沒有研究透徹的環節，學界至今沒有給這現象一個合適的術語，也沒有一套切合實

際的分類。大部分論者在克里斯臺娃的「文本間性」架構中討論這個問題。國內論者討論所謂「潛文本」,[1]基本上也是延伸演繹「文本間性」概念。而「文本間性」這個重要理論,經常過分籠統,需要進一步細化。

法國敘述學家熱奈特首先注意到他稱為「跨文本關係」課題:1979 年他的著作《型文本導論》,[2]1982 年的《羊皮紙稿本:次度文獻》[3],1987 年的《門檻》[4],合成了一組論著。熱奈特說的「羊皮紙稿本」(palimpsest),指的是中世紀所用的羊皮紙,由於極為貴重,僧侶經常把原先的文字刮掉,在上面再寫一層,原先的墨蹟就隱約留在下面。

費斯克認為互文本可以在水平和垂直兩個層面上運作:水平面是類型、角色和內容等文本內因素,垂直面指與其他文本的相互指涉關係,例如一部新劇上映的各種宣傳廣告,會對這個劇有影響。[5]貝內特指出受眾會對某些批評和解釋有「偏好」,影響解讀;[6]瑪麗‧

---

[1] 徐翔,鄘明豔,〈接受與效果研究中的「潛文本」:文學理論與傳播研究的交叉視角〉,《文學理論研究》2010 年 1 期,121-124 頁。中丹《敘述、文體與潛文本》(北京大學出版社,2009 年,1 頁)一書認為「作品的潛文本,subtext,即字面下的深層意義」。

[2] Gérard Genette, *The Architext: An Introduction,* Berkeley: Univ of California Press, 1992.

[3] Gérard Genette, *Palimpsests: Literature in the Second Degree*, Lincoln NB: Univ of Nebraska Press, 1997, 此書有史忠義節譯本,收於《熱奈特論文集》,天津:百花文藝出版社,2001 版。

[4] Gérard Genette, *Paratexts: Thresholds of Interpretation,* Cambridge MS: Cambridge Univ Press, 1997

[5] John Fiske, *Television Culture: Popular Pleasures and Politics*, London: Methuen, 1987.

[6] Tony Benett, "The Bond Phenomenon: Theorizing a Popular Hero", *Southern Review*, 16, 1983, 195-225.

麥克林則把文本分成第一序列與第二序列，第一序列是文本本身，第二序列是附加文本。[7]

可以看到，討論此問題的論者，各有一套分類與術語，熱奈特的分類比較詳備，但是與我的理解有較大出入。[8]下文筆者結合各家理論，加上個人的一些體會，對整個伴隨文本現象重新加以分類和命名。筆者設法與已有的分類盡可能對接，看看能否把問題說得更清楚一些。

2.顯性伴隨文本：副文本、型文本

伴隨文本因素並不一定是「潛在」的、「隱藏」的，所以不宜稱為「潛文本」（subtext）或「隱文本」（implicit text）。伴隨文本的第一類，**副文本（para-text）**，就是完全「顯露」在文本表現層上的伴隨因素，它們甚至比文本更加醒目。

可以把副文本稱做文本的「框架因素」：書籍的標題、題詞、序言、插圖、出版文本；美術的裱裝、印鑒；裝置的容器；電影的片頭片尾；唱片的裝潢；商品的價格標籤等等。副文本往往落在文本邊緣上，某些符號文本類型，例如歌曲、交響樂、作者身份與標題等框架因素，甚至不顯現於文本邊緣，需要另外的文本渠道（例如戲單、CD 封套等）來提供。

不管副文本用何種方式顯現，都可能對符號文本的接收起重大作用。例如唱片封套說明是小澤征爾指揮的錄音，接收者聽的時候，想起曾經看過的小澤征爾錄影，就會覺得聽到的音樂格外生動；例

---

[7] Marie Maclean, "Pretext and Paratext: The Art of the Peripheral", *New Literary History*, 1991, No 2, 273-279.

[8] 熱拉爾・熱奈特《熱奈特論文集》，天津：百花文藝出版社，2000 年，69-74 頁。

如某影片寫明「成本過億大片」，就會讓我們非去影院看一次不可；而某商品標出的價格便宜，就會被看做「質次」。

但是在分析中，副文本因素往往被忘卻在一邊，似乎比文本因素重要性小得多。主張「文本中心論」的新批評派，在「細讀」中排除所有的伴隨文本，首先排除的就是副文本因素。二〇年代瑞恰慈執教於劍橋文學系，做了一個著名的實驗，他把一些詩略去作者署名，列印出來分發給學生，請他們交上他們讀這些「純文本」的理解與批評，結果令人大吃一驚：這些受過良好文學訓練悟性不錯的學生，竟然會大捧三流詩人的劣作，而否定大詩人的傑作。瑞恰慈說這證明傳統文學教學過於依靠作者生平與文學史，學生在閱讀文本之前，習慣性地帶上先入之見，失去獨立判斷作品價值的能力。瑞恰慈逐一評點學生出現錯誤的原因，寫出了著名的《實用批評：文學判斷研究》[9]一書，新批評的文本中心理論，以及細讀方法，就是從這個實驗中發展出來的。

然而，今天我們回顧瑞恰慈這個實驗，可以說它反過來證明副文本因素的重要：讀詩不可能跳過作者名字；看電影不可能跳過封面、片頭、導演名字；看畫不可能忽視畫家名字、標價高低；小說讀者不可能不受作者名字、時代背景、出版公司、推薦人語等等因素的影響。瑞恰慈的書本身，證明了他靠副文本（他本人知道略掉的作者名字），才能判斷出學生的錯誤：他壟斷了副文本。

誠然，過於熱衷於副文本因素，可能讓人放棄獨立的個人解讀評判，例如看到牌子就覺得一件衣服是優質，看到某公司品牌就認為是精品。瑞恰慈這個實驗的確說明，細讀文本是一種重要的訓練，但是這實驗也說明了副文本之重要：一個簡單的作者名字，可以帶

9　I. A. Richards, *Practical Criticism, A Study of Literary Judgment*, London: Harvest Books, 1956.

來大量的關於此文本未經宣佈的消息，這些成分不能代替文本，但是我們的解讀，本來就不可能局限於文本本身。一首詩是莎士比亞之作，必然不同於任何其他詩人的作品，讀者會把它與伊莉莎白時代的英國文化聯繫起來讀。

型文本（archi-text）也是文本顯性框架因素的一部分，它指明文本所從屬的集群，即文化背景規定的文本「歸類」方式，例如與其他一批文本同一個創作者，同一個演出者，同一個時代，同一個派別，同一個題材，同一風格類別，用同一種媒介，同一次得獎，前後得同一個獎等等。

最明顯的，最大規模的型文本範疇是體裁，本書上一章已經詳加討論。現代傳媒在不斷創造新的型文本集群，例如由同一個公司發行，由同一個頻道播出等。型文本的歸屬，常常以副文本方式指明，例如詩歌的分行，例如搖滾樂演唱的舞臺布置，或街舞方式伴舞；但是型文本也可能由文本形式標明，例如接收者從形式就能斷定是交響樂還是歌劇，是小說還是歷史；一個人是丞相、侍衛、還是平頭百姓。華裔作家湯婷婷（Maxim Hong Kingston）的名著《女鬥士》（Woman Warrior），書店裏放在傳記櫃，因為讀者對真人真事的傳記更感興趣；在學院卻列為小說，因為小說更值得文學系學生分析。

型文本伴隨文本中最重要的，因為它是文本與文化的主要連接方式。一般認為文學藝術才有體裁，其實所有的符號文本都落在一定體裁之內：體裁是文化程式化的媒介，體裁不僅把媒介進一步固定到模式之中（例如把文字固定為詩歌這種分行書寫的藝術類型），而且是表意與解釋的最基本程式：採用某個體裁，就決定了最基本的表意和接收方式。接收者得到一個符號感知，例如看到一盞紅燈，他必須馬上明白這個紅燈的體裁類別——交通燈、車尾燈、店鋪招牌燈、住宅裝飾燈、舞臺上人物舉起的道具燈——然後

才能解讀出這是停車信號、轉彎信號、妓院招牌、喜宴標誌、《紅燈記》的革命傳統象徵。發出者與接收者的社會約定，規定了體裁程式。如果沒有各種型文本，文本本身（一盞紅燈）無法獨立表達任何意義。

還有一個非常重要的型文本關係，就是發出者－接收者的相對社會地位，同樣一句話，一個表情，一個姿勢，在不同的社會地位對立中，意義會很不相同。同樣一個皺眉頭表示不滿，或是同樣給一件禮物，皇帝對臣子，將軍對士兵，勝者對俘虜，老闆對雇員，師傅對徒弟，母親對孩子，妻子對丈夫，同學對同學，份量會很不一樣。實際上，一種相對關係，就是一種型文本。要理解這個簡單的文本，依然無法脫離社會關係類型，本書在第十六章第七節討論「文本身份」時會細說。

3.生成性伴隨文本：前文本、同時文本

在文本生成過程中，各種因素留下的痕跡，稱作生成伴隨文本。**前文本（pre-text）**是一個文化中先前的文本對此文本生成產生的影響。這個概念與一般理解的「文本間性」相近，稱之為前文本，是因為此種影響，必然在這個符號文本產生之前。狹義的前文本比較明顯：文本中的各種引文、典故、戲仿、剽竊、暗示等；廣義的前文本，包括這個文本產生之前的全部文化史。因此，前文本是文本生成時受到的全部文化語境的壓力，是文本生成之前的所有文化文本組成的網路。例如，一部電影的生成，受到這部電影產生之前的整部電影史，整部文化史的意義壓力。

新歷史主義創始者之一斯蒂芬・格林布拉特（Stephen Greenblatt）把這種前文本稱為「聯合文本」（con-text）。格林布拉特提倡所謂「全方位閱讀」（whole reading），提倡「對文學文本中的社會存在和文

學文本周圍的社會存在實行雙向調查」。[10]把文本與文本誕生時代的文化氛圍，如軼聞、趣事、繪畫、風俗、文書、風景、墓碑等「邊緣文本」，共同構成 「社會大文本」一道閱讀。他尤其重視軼事奇聞小故事，認為這種細節往往形成「管窺」（a hole in the whole）。用「聯合文本」方式重讀名著，可以發現曠世奇才也是歷史的產物。格林布拉特的名著《俗人威爾：莎士比亞是如何成為莎士比亞的》[11]用這種方式重讀莎士比亞，讓人耳目一新。

文本生產需要時間，例如《紅樓夢》「披閱十載」；《大波》在發表前作重大修改；《追憶逝水年華》、《詩章》都寫了幾乎一輩子。因此相當多影響因素，是在文本產生的同時出現的，可以稱作「**同時文本**」。提出「文本間性」的克里斯臺娃，意識到影響文本生成的文本有時間差，她分為「歷史性」與「同時性」兩種文本間性：「文本是一種重新分佈語言等級的跨語言裝置，它是一種傳達言語，引導向各種先前的和同時的講述，因此，文本是一種生成性」。[12]不過，哪怕「同時文本」，依然發生在相關的文本部分產生之前。為了分類簡便，我們可以讓術語「前文本」包括「同時文本」。

紅學界發現：脂硯齋的評語，對《紅樓夢》的影響非同一般。脂硯齋評說：「能解者方有辛酸之淚，哭成此書……書未成，芹為淚盡而逝。」周汝昌認為曹雪芹與脂硯齋是夫妻，我們能肯定的只是《紅樓夢》成書過程中，「脂評」是其「同時文本」，因為是在《紅樓夢》成書過程中起影響。

---

[10] Stephen Greenblatt, *RenaissanceSel-Fashioning: From More to Shakespeare*, Chicago: Univ of Chicago Press, 1980, p 5.

[11] Stephen Greenblatt, *Will in the World: How Shakespeare Became Shakespeare*, New York and London: W W North, 2004.

[12] 轉引自 Winfried Nöth, *A Handbook of Semiotics,* Bloomington, Indiana Univ Press, 1995, p 322.

4.解釋性伴隨文本：元文本、鏈文本、先後文本

以上是文本出現前就已經發生的伴隨文本。在文本生成後，還可以帶上新的伴隨文本，下面三者就是文本產生後才出現，因此只能在文本解釋時起作用。如果我們認為「脂評」寫作在《紅樓夢》八十回寫出之後，就不是同時本本。不會對《紅樓夢》的寫作起影響，卻影響我們的解釋，此時「脂評」就是元文本。

「**元文本**」（meta-text），是「關於文本的文本」，是此文本生成後被接收之前，所出現的評價，包括有關此作品及其作者的新聞、評論、八卦、傳聞、指責、道德或政治標籤，等等。在接收符號文本時，很多人有意排除元文本的壓力，例如法官努力不理會關於某案的輿論，例如自視甚高，有意不理會別人意見的批評家。這種排拒態度似乎是「反元文本」，實際上是對元文本壓力的反彈。

元文本在文本出現之後才生成。因此出現一個悖論：我們可以討論《紅樓夢》對《金瓶梅》的「影響」。一旦被當做元文本，十八世紀末的小說，的確能「影響」十七世紀初的小說的解讀：《紅樓夢》成就，使我們看清了《金瓶梅》在中國小說史上的重大意義，成為後世人讀《金瓶梅》時無法忽視的元文本，而文學史關於《紅樓夢》及其他「世情小說」的評價，也成為讀《金瓶梅》的間接元文本。

這個「逆時間」影響，說起來有點悖謬，實際上是任何符號解讀的普遍現象：英語現代詩使我們對十六世紀英國玄學派另眼相看；後現代建築使我們對古代金字塔另眼相看；當代電影使我們對古代儀式另眼相看；生態主義使我們對道家哲學另眼相看：我們解讀先出文本時，必然參考後出的評價性元文本。

鏈文本（link-text）：接收者解釋某文本時，主動或被動地與某些文本「鏈結」起來一同接收的其他文本，例如延伸文本、參考文

本、注解說明、網路鏈結等；[13]某些論者稱之為超文本（hypertext），此為網路術語，與我們在此討論的無關，例如經常出現於網路的多媒介（例如音／畫／詩）文本。[14]術語混淆，因此並不合適。鏈文本在網路上體現最為具體：許多人的網上閱讀就是從一篇「鏈結」到另一篇，網頁文本，不管是文字還是圖片，在「介面」（interface）上提供各種被稱為「微文本」（microtext）的關鍵字連接，友情鏈結，評論欄，跟帖等，都是鏈文本元素。

實際上鏈文本先前時代一直有，例如圖書館的分類、書店或圖書館的上架、畫展的同時展出、樂曲演出的序列，不僅能使讀者「順便流覽」，而且提供了一個「參照背景」。詞典上給出每個詞條的同義詞、反義詞、片語搭配等。

有研究者在酒品專賣店有計劃地改變播放的音樂。半數顧客聽到古典音樂，還有半數聽到的是流行音樂。研究者發現播放的音樂類型，並不會影響人們在酒店裏停留的時間，不會影響人們買酒的數量，但會影響顧客願意付的價格。播放古典音樂時，人們所選酒品的價格，平均而言要比播放流行音樂時高出三倍：聽到古典音樂會讓人們下意識地感覺自己「高貴」起來，會選購較為昂貴的酒品。[15]

鏈文本與型文本的最大不同是，型文本是在生產或解讀時意識到的文本集群類型，而鏈文本是在文本被接收同時接收的文本，某個符號文本的接收變成一批文本的集團接收，但是一道接收的不一定是同型文本。例如考察某個樓盤，必定看看鄰近建築，甚至注意

---

[13] 錢德勒認為熱奈特說的「超文本」（hypertext）與「次文本」（hypotext）兩術語中，「超文本」一詞在網路中已經通用，錢德勒只贊同使用後者。見 Daniel Chandler, *Semiotics: The Basics*, London: Routledge 2004, p 134.

[14] 陸正蘭〈超文本詩歌聯合解碼中的張力〉，《詩探索》2007 年第 3 期理論卷，168-173 頁。

[15] 懷斯曼：《怪誕心理學》，天津教育出版社，2009 年，67-68 頁。

附近的垃圾焚燒廠，最後接收者解讀的是整個社區：這是鏈文本，
不是型文本。

　　網路「多選擇」（multiple choice）文本，幾乎是本節討論的鏈
文本的反向使用，即甩脫已經被文本鏈結在一道的選擇。由於電子
遊戲敘述的流行，很多電影和小說都仿效網路鏈結，把情節安排成
多選擇：比較為人所知的電影有豪伊特（Peter Howitt）的《雙面情
人》（Sliding Door），瓊斯（Spike Jones）的《蘭花竊賊》（Adaptation），
斯蒂文斯（Fisher Stevens）的《緣起一吻》（Just a Kiss）。而小說家
用此技巧已經很久，遠在網路文學出現之前：羅布－格里耶（Alan
Robbe-Grillet）的《嫉妒》（La Jalousie）寫一組相同的事件，用了九
個不同的描述；阿特伍德（Margaret Atwood）的《圓滿結局》（Happy
Ending）用的是「反鏈文本」：小說中有十個可供選擇的敘述，但是
無論哪條路徑，結局卻相同：主人公難逃一死，「圓滿結局」怎樣做
也達不到。安娜・卡斯提羅（Ana Castillo）的《密西誇華拉信件》
（The Mixiquiahuala Letters）提供三種鏈結方式：給墨守成規者，
給憤世嫉俗者，給堂吉訶德式的讀者。卡羅爾・希爾德（Carol Hilde）
的《巧合》（Coincidence）書頁分成兩半，兩半用不同視角說同一
故事。

　　庫切的 *Diary of a Bad Year* 寫一個叫 JC 的作家（明顯是庫切自
己）口授小說，年輕的女打字員安雅不斷「更正」老闆的說法，她
的男友又不斷插進來干擾，三個文本線索並列進展。這時，多種鏈
結，就變成了作品的自我批評：讓讀者在矛盾的發展中做一選擇，
但這個選擇不可能不受被甩脫的鏈文本的影響。

　　先文本／後文本（preceding/ensuing text），兩個文本之間有特
殊關係，例如仿作、續集、後傳。電影經常改編自小說，小說為其
先文本，每部電影都有電影劇本作為其先文本。史忠義把熱奈特的
「hypotext」一詞譯成「承文本」，意思是後出的文本承接某個先出

的文本。這個翻譯很傳神,比熱奈特的原術語清楚。但是承文本只是後文本,沒有包括先文本。先文本／後文本實際上既是生產性伴隨文本(如果作者有意在編續集,或留續集餘地),也可以是解釋性伴隨文本(當讀者意識到此文本演化自另一文本)。

在符號表意中,一個文本不僅受制於先出文本,也不得不受制於後出文本,例如初審判決不得不考慮複審會不會被推翻;例如下屬的獻策,不得不考慮上司是否能變成他自己的決策。因此本書把先文本／後文本作為一對概念。

上文說的五種伴隨文本,任何符號文本必定具有,而這最後一種「先／後文本」,似乎只有個別符號文本才有:獨立創作的文本,既無「先文本」也無「後文本」。這是因為我們在文學藝術範圍中思考,而文學藝術作品往往以獨創性立足。一旦走出文學藝術的範圍考察符號文本,就可以看到,先後文本幾乎無所不在:唱歌大多唱的是別人已經唱過的歌;購衣是買看到時裝模特兒穿過的式樣;買房是已成傳統的樣式;做菜是飯店裏吃過或外婆做過的品種;制定課堂規則,制定任何遊戲或比賽,是前例的模仿延伸;制定國家法律,往往要延續傳統,或「與國際接軌」。各種競技打破記錄,就是後文本相對於記錄數位的差異;法學中的「案例法」,即律師或法官引用先前定案的一個相似案子,在許多法系中是庭辯的一個合理程式;而交通信號中的黃燈,完全靠前後文本順序決定意義。[16]所以「先／後文本」幾乎是普遍的,所有的符號文本共有的。

先文本看起來似乎應當歸屬於前文本,實際上這兩種伴隨文本有很大差別:前文本是文本出乎其中的文化網路,例如《施公案》等公案小說,源出《史記》中的「俠以武犯禁」的俠文化,但這是一個若即若離的文化聯繫:公差為官做事,畢竟與俠客不同,《施公

---

[16] 《熱奈特論文集》,天津:百花文藝出版社,2000 年,69-74 頁。

案》並不以《史記》為先文本。而先／後文本，則關係非常明確：後文本的情節，從一個特定先文本化出，《三國演義》的先文本是陳壽的史書《三國志》，要理解《三國演義》「三分歷史七分虛構」的特點，不能不知道《三國志》；法官判案時受法制史道德史的影響，與直接引用一個案例，分量大不一樣。一個文本對先文本的依賴，遠遠超出一個文本產生時依賴前文本的明顯程度。

所謂「山寨」、「惡搞」、「戲仿」，最重要的特點就是有明確的，大眾都能認出的「先文本」：山寨明星之所以為明星，是他必須與某當紅大明星非常相似，一旦放在相同的類文本（例如衣裝），鏈文本（例如公眾場合、會議之前），就具有足夠的效果。惡搞則是利用先文本某些特點（例如《無極》中的饅頭）加以發揮，重寫先文本。這些符號表意，是充分利用先文本，輔之以其他伴隨文本，達到其表意效果，例如顛覆先文本的「崇高意義」。[17]

而且，先／後文本變化無窮：某些文本夾在中間有先有後。例如肯甯哈姆（Michael Cunningham）的小說《時時刻刻》（The Hours）脫胎於伍爾夫的《達羅威夫人》（Mrs Dalloway），又導向了同名電影；董說《西遊補》從吳承恩《西遊記》化出；《金瓶梅》從《水滸傳》「武十回」化出。其情節的時間順序相當複雜：先文本指的是「來自某文本」，不一定是續作，《金瓶梅》的先文本是《水滸傳》，但它的情節時間夾在先文本的情節時間中間，不是《打漁殺家》那樣的「水滸後傳」。

最有名的「後文本」翻成「前傳」（prequel）是簡・里斯（Jean Rhys）寫的《簡愛》前故事《夢迴藻海》（Wide Sargosso Sea）。一般的後文本是「往下說」，「另樣說」，《夢迴藻海》卻是往前說，實

---

[17] 此處關於「山寨文化」的討論，從 2009 符號學班陳功同學作業中得益頗多，特此致謝。

際上把《簡愛》這個生成先文本,變成了情節上的後文本,並對之提出了強烈的元文本式批評。《夢迴藻海》的愛情故事讀起來可怕,是因為我們已經知道這個女主人公「將會」在《簡愛》裏會發瘋,被關在閣樓上,在一場大火中被燒死。

後文本經常是不請自來,無法控制,而且明說是「續集」,就難以確認是違法襲用。瑞典作家弗瑞德里克・科爾汀(Fredrik Colting)寫了一本《60年後:走過麥田》(60 Years Later: Coming Through the Rye)。《麥田捕手》(The Catcher in the Rhy)作者沙林格非常不滿,將作家和出版商一起告上法庭。科爾汀的律師則堅持並未構成侵權,因為《60年後:走過麥田》一書只是寫了「一個老人的故事」,是典型的後文本。歐洲法庭判決不支持塞林格的訴狀,但是此書在美國不能公開發行,可見法律拿伴隨文本沒辦法。

5.普遍伴隨文本與文本間性

任何符號表意文本必然攜帶以上各種伴隨文本,反過來,每一個符號文本都靠一批伴隨文本支撐才成為文本:沒有這六類伴隨文本的支持,文本就落在真空中,看起來實實在在的文本,會變成幻影,無法成立,也無法理解。以寧浩的電影《瘋狂的石頭》為例:

副 文 本:《瘋狂的石頭》的出品公司、演員表、職員表,都是名
　　　　　不見經傳,讓人好奇;

型 文 本:《瘋狂的石頭》明顯是驚險警匪片類型,但是又處處拿
　　　　　這個類型開玩笑;

前 文 本:《瘋狂的石頭》「引用」很多「大片」電影:《天下無賊》,
　　　　　《功夫》、《尋槍》、《十二羅漢》(Ocean's Twelve),尤其
　　　　　戲仿《不可能的任務》(Mission:Impossible)的懸空盜
　　　　　寶場面,讓觀眾無法不笑;

元　文　本：在進入院線之前，電影已經受到民間影評熱捧。《中國新聞週刊》稱之為：「媒體和影評人總算對中國電影票房發揮了一次正面引導的功效」。網路上自發熱情讚美讓許多人知道是好片，去看究竟如何好；

鏈　文　本：此後中國的低成本電影井噴，出現了劉德華的贊助計畫，此電影與大把花錢的《無極》恰成對比；

先後文本：作為一個創新的電影，《瘋狂的石頭》拒絕先文本，卻有後文本緊隨。此片之後，寧浩延伸拍攝電影《瘋狂的賽車》，話劇《瘋狂的瘋狂》。後出文本對《瘋狂的石頭》造成「逆影響」，這部電影的歷史意義就大不一樣。

　　任何符號文本都會有這些伴隨文本類型，一場體育比賽也有著六種伴隨文本。例如一場足球賽，必然有場地館所，觀眾氣氛等副文本；有這項運動發展歷史的型文本，有兩支球隊先前多年的交鋒史等前文本；有傳媒評論預測等元文本；有正在同時進行的其他賽事影響目前排名出線希望等鏈文本，有「聯賽」中客場主場積分累加的先後文本。沒有這些伴隨文本，球賽只是 22 人踢著玩而已。

　　即使杜尚的小便池那樣驚世駭俗之作，也是靠各種伴隨文本支持，才成為藝術品：如果沒有鏈文本（放在一個美術展覽會上），如果沒有副文本（杜尚簽的「藝名」，《泉》這個傳統美術標題），它一開始就不會被當做藝術品。它高度創新，似乎隔絕了與文化的型文本聯繫，但是杜尚是從法國遷到紐約的，法國藝術家以大膽出名。如果沒有整個超現實主義的潮流，以及半個多世紀歐美先鋒主義的浪潮，沒有這「型文本」為背景，杜尚這個橫空出世的創新，就可能被扔掉。

　　這件符號文本一旦生成，伴隨文本支持就越來越明顯：它掀起的大爭論，提供了有效的元文本評論，幫助它確立為藝術品，以至於現在很少有藝術批評家敢否認這個小便池是藝術。曾任美國美學

家協會主席的蒙羅・比爾茲利，為了把他的藝術理論貫徹到底，否認杜尚的小便池是藝術品。[18]他被認為是個「大膽」的美學家，敢於抵擋元文本的壓力，不怕藝術界嘲笑他「落伍」：說的人多了，不是藝術也是藝術，最後杜尚開創了「現成物」型文本，這個小便池的後繼者，使它的「藝術性」更不容置疑。

　　同樣，我們可以發現：任何一次演奏，一門課程，一次選舉，一場婚禮，甚至一次交通事故，都在在六種伴隨文本支撐中才能成為符號表意活動。我們甚至可以對任何一次四六級大學英語考試列出六種伴隨文本。副文本：考場紀律、出題人（否則難以解釋為什麼命題組組長的考試輔導書賣得如此之火）、題型的各種組合（每次考試都是從幾種題型中選出一部分進行組合）；型文本：四六級考試的發展、題型變化規律；前文本：每一年的考試範圍和大綱；元文本：對四六級考試的各種批評、建議、評論；考前的各種考點預測；鏈文本：考後的試題分析評論等，以及龐大的四六級考試產業（輔導書、培訓班、槍手集團等）；先文本：之前的所有四六級考試試題（所以真題集是每個考生考前必做的）；後文本：明後年的考生「吸取教訓」改變備考策略，對整個中國教育事業的影響等等。[19]我們不僅被生活在符號的包圍之中，而且被伴隨文本的洪水所淹沒。

　　伴隨文本是符號表意過程造成的特殊的語境，是任何符號文本不可能擺脫的各種文化制約。伴隨文本的主要功能，是把文本與廣闊的文化背景聯繫起來。從這個觀點說，任何文本都是在文化提供的各種伴隨文本之上的「二次書寫」。

　　克里斯臺娃在向西方學界介紹巴赫汀理論時提出「文本間性」概念，此後這個概念越來越擴大，概念覆蓋面過大，常常變成籠而

---

[18] Monroe Beardsley, *The Aesthetic Point of View*, Ithaca, New York: Cornell Univ Press, 1982.

[19] 這個例子是四川大學符號學 2009 班的學生彭佳在作業中提出的，特此感謝。

統之的「文本的文化聯繫」。筆者建議：按伴隨文本的類型，分門別類地解析文本間性，或許比大而統之地討論更容易理解。

克里斯臺娃提出的「文本間性」概念，基本上只涉及「生產伴隨文本」，因此完全有必要嘗試用「解釋性伴隨文本」概念擴展我們對「文本間性」的理解。文本攜帶的各種文化因素，至少應當按符號表意的階段分成兩大類：第一類是文本產生之前已經加入的「生產伴隨文本」，包括前文本，以及與文本同時產生的「顯性伴隨文本」，即副文本和型文本；第二類是文本被接收解釋時加入的「解釋伴隨文本」（元文本、鏈文本）。只有先／後文本可以是「生產性」的，也可以是「解釋性」的。

伴隨文本是一個跨越共時／歷時分界的存在，它們能對符號表意起作用，是因為它們提供文本解讀的廣闊文化背景。筆者一直堅持，文化是一個社會各種相關表意行為的總集合。我們對符號文本的解讀，不得不從文化中借用各種文本聯繫，伴隨文本就是文本與文化的聯繫方式。

伴隨文本控制著符號生產與理解：不管我們是否自覺到這一點，我們不可能不靠伴隨文本來理解文本：一旦洗盡文本攜帶的所有伴隨文本，就切斷了文本與文化的聯繫，文本就會解體成為一堆不可解的感知集合，不能叫符號文本。以擺脫文化束縛的純粹心靈觀照文本，是不可能的事：既沒有這樣的純粹文本，也沒有這樣的純粹解釋。

6.伴隨文本執著

理解任何一個文本，必須與文化的符號場連接。這不等於符號接收者必須把所有的伴隨文本因素都採用到解釋裏，任何解釋不可能內化所有的伴隨文本。符號的伴隨文本群，界域過於遼闊，從定

義上就不可能「全部」進入解釋，絕大部分只是潛在的可能影響解釋的因素，在每一次解釋中，不可能全部感知，更談不上全部內化這些因素。本書第一章第六節已經討論過，符號接收本來就是把文本片面化，對於伴隨文本，也只是挑選一部分。解釋之所以千差萬別，不只是對文本「各有所見」，更是對伴隨文本「各有所選」。

因此，就出現相對集中於符號正文的「窄解釋」，與大規模吸取伴隨文本的「寬解釋」：主張前者的典型是新批評的「細讀」（close reading），主張後者的典型是新歷史主義的「全讀」（whole reading）。兩者實際上代表解釋的兩個極端：不可能有純粹的文本細讀，也不可能有漫無邊際的全方位閱讀。我們的每次解釋努力，實際上是在這兩個極端之間取位，是有選擇地採納一部分伴隨文本融入解釋。

取細讀還是取全讀，實際上並不是完全由接收者決定，文本本身有區別。「弱符號」意義依靠語境才能明白，就必須依靠語境的「全讀」才能解釋。處於一個結構中的符號（例如詞語）是弱符號，因為意義被結構決定。有的符號看起來是反結構的，例如社會的「邊緣群體」的語言、穿著、行為、音樂，處處與主流文化對著幹，看起來很張揚，實際上完全依靠反對的對象。一旦解釋時不緊扣伴隨文本，它們就失去意義，因此也是弱符號。

而「強符號」往往不那麼依靠語境，能比較獨立地表意。反過來，「強符號」較少靠體系，較少靠結構，解釋是或許可以比較多地靠攏「細讀」。獨創的藝術文本，很多是強符號，塔拉斯蒂舉的強符號例子是一個人獨自做夢，或是作者個姓強有力，例如瓦格納的歌劇、尼采的哲學。[20]

---

[20] Eero Tarasti, *Existential Semiotics,* Bloomington and Indianapolis: Univ of Indiana Press, 2000, pp 7-8.

　　但是，「強文本」真獨立到不依賴伴隨文本嗎？塔拉斯蒂認為尼采哲學孤標一格，無所依傍，他舉的例子是《快樂科學》。這本書的結尾，討論文本的音樂性，語言節奏逐漸加速，其前文本很清楚：貝多芬第九交響曲的結尾。尼采自己也引用了席勒《歡樂頌》，更加可以佐證。尼采這篇哲學論文之所以迷人，正是因為巧妙地「引用」貝多芬和席勒的前文本。因此應當說，創造性地運用伴隨文本（而不是徒勞地擺脫伴隨文本），是符號文本強有力個性的標記。[21]所以上面關於弱符號宜於「全讀」，強符號宜於「細讀」的討論，只是相對而言的。

　　現代先鋒藝術家，經常把伴隨文本加入文本之中，這樣造成奇特的「自我戳穿謊言」效果。馬原的《虛構》第一句話就是「我就是那個叫馬原的漢人，我寫小說」，這是「反瑞恰慈」實驗，有意把副文本（作者名、文本性質）拉入文本，讓讀者哪怕有意忽視都做不到。

　　這種手法用得過多，會形成「伴隨文本狂熱」：美國當代女詩人琳·海基尼安（Lyn Hejinian）有一本詩體自傳，37 歲時寫，共 37 首詩，每首 37 行，每首獻給生命中的一年。她 45 歲時出了第二版，加了 8 首成 45 首，但是在先前的每一首上又加了八行，表示年歲漸高，對自己的一生體悟加深了。在這裏我們看到「先文本」：第二版是第一版的生成物；看到「前文本」：每一首引用一年的生活經驗；看到「型文本」：這是自傳，但是類型可以如此劇烈地變體；看到「先文本」，後一版實際上是對前一本自傳之批評；也看到鏈文本：作者年齡這個本來不相干的文本外因素，現在必須顧及。

　　英國作家約翰·福爾斯（John Fowles）的《法國中尉的女人》，作者自己出現在小說裏，小說描寫說自己修了鬍子，「法國化了，像

---

[21] Eero Tarasti, *Existential Semiotics,* Bloomington and Indianapolis: Univ of Indiana Press, 2000, pp 65-66.

個紈絝子弟」，他心血來潮把自己的表撥慢了一刻鍾，於是小說有了另一個可供讀者選擇的結局。這一個情節就有多重伴隨文本在起作用：往文本中拉入了副文本（作者身份現身），給自己怪異的描寫（元文本評論），用多種時間選擇鏈結另一種情節鏈文本。福爾斯用這些方式顛覆了維多利亞時代浪漫言情小說的型文本。

在符號接收這一端，伴隨文本更有可能喧賓奪主，甚至接管了符號接收者的解釋努力，這種情況可以稱為「伴隨文本執著」：解釋過於依靠伴隨文本，我們往往忘了文本本身，瑞恰慈《實用批評》一書，指責的應當是這種過執。拿看電視劇來舉例：如果熱衷於副文本，我們就會過分注意版本，喜歡舊片；過分熱衷於型文本，我們就會凡是言情劇武俠劇必看；過分熱衷前文本，就會對戲仿與戲說特別感興趣；過分熱衷於元文本，就會被各種評論所左右，就會把關於演員八卦的傳聞代替作品解讀；過於注意鏈文本，就會從喜愛一部作品愛上各種鏈結文本（例如某個導演、某個演員的其他作品）；過分熱衷於先文本，就會凡是號稱改編自金庸小說必看；過分熱衷於後文本，就會每天焦急地等著看下一集，進而等續集。

可以說這些做法沒有錯，實際上整個當代文化產業，就是按大眾的這些伴隨文本執著來編制的，只是影視公司的策劃者，不喜歡我在這裏點穿他們用伴隨文本讓人上癮的秘訣。

攝影批評家臧策舉了一個很有趣的例子：有一次他與幾個影友在山區看到一個老大娘抱著一筐柿子對著他們在笑。一個影友拍下來以後，馬上起了個題目，叫「豐收的喜悅」。臧策走上前去問老大娘：「你們豐收了嗎？」老大娘說：「沒有。一家人一年的吃喝就靠這些柿子了。」臧策又問：「那你剛才笑什麼呢？」她說：「我長這麼大還沒人給我照過相呢。見這麼多人給我照相，於是就樂了。」[22]注

---

[22] 臧策《超隱喻與話語流變》，天津人民出版社，2007 年，261 頁

意這不同於所謂「擺拍」或 PS，那是在文本上作假。這裏是文本並無作偽，短短一個副文本因素（標題），就把文本的整個意義改變了。

臧策的例子有趣，是因為這個標題伴隨文本幾乎是個反諷，它強加了文本原先沒有的意義。但是反過來，如果照片沒有任何標題副文本，如果上面的人物沒有民族身份年齡性別前文本特徵，如果我們沒有中國農村的前文本知識，我們就什麼也看不到，這張照片對於我們等於零。如果我們對中國農村的貧窮毫無理解，我們甚至不明白臧策在討論什麼。一句話：沒有對伴隨文本作用的理解，符號表意就只剩下感官刺激，任何理解不可能出現。

我們忍受不了某一種伴隨文本過分明顯的控制，我們也擺脫不了伴隨文本的普遍控制：我們的思想意識本來就是一部合起的伴隨文本詞典，等著解讀時來翻開，來激發。我們關於各種伴隨文本的知識，等著一個符號文本來召喚。

從這個意義上說，我們在讀到一個文本之前，已經理解這個文本；也只有理解了的文本，才能被我們理解。

7.深層伴隨文本

上面討論的六種表層伴隨文本，能影響對文本的解釋，但是在各種伴隨文本群背後，有更深一層的伴隨文本，即一個文化對文本與伴隨文本的「背書」。閱讀時注視伴隨文本，給了我們由文本通向文化的通途；而深層閱讀的目標，則是更隱蔽的文化機制。

阿爾都塞提出的「症候式閱讀」（symptomatic reading），目的是發掘深層文本：阿爾都塞認為文本的清晰話語背後，隱藏著意識形態的沉默話語。閱讀可以順著文本的意圖意義，在文本層面上閱讀，但更應該注意文本的空白、沉默、失誤、歪曲，看出這些裂

隙背後的意識形態真相，找出文本無法達到的意義層次。阿爾都塞的弟子馬歇雷更注重文學文本的分析，他認為症候式閱讀是在作品文本的「字縫」中，找出「作品與意識形態與歷時之間」的錯位運動造成的痕跡，目的是看出受意識形態控制的文本掩蓋的歷史運動。[23]

薩義德則提出「對位閱讀」（contrapuntal reading），他認為：「必須把文本內容與作者排除在外的內容統一起來」，作者沒有寫的東西，文本中被剔除的東西，並沒有消失：因為「這種迴避，恰恰就是帝國主義的文化政治，對作者意識形態的潛移默化，從而對文學文本造成的壓力」。[24]作者與一般讀者（例如寫《暴風雨》的莎士比亞與幾個世紀來熱愛此劇的西方讀者）對其中的帝國主義意識缺乏敏感，恰恰因為他們身處意識形態伴隨文本的掌控中而渾然不知，以為自己面對的是一個童話般純潔的文本。「對位閱讀」的自覺批判姿態，促使讀者和批評家用閱讀介入對文化帝國主義的抵抗，而抵抗的方法就是發現這種意識形態深伴隨文本。

克里斯臺娃則認為文本可以分作兩層：「現象文本」（phenotext）與「生成文本」（genotext）：現象文本是一種構造物，服從傳達的規則，從發送主體（subject of enunciation）到接收者（addressee）完成傳達：而生成文本則是「一個過程，不斷穿過邊界相對變動的區域，構成一個不局限於兩個充分主體之間的傳達通路。」[25]顯性的現象文本難以確定意義，因為每一次顯現的文本，是深層的生成文本又一次轉換的結果。克里斯臺娃認為這兩者的區分，有點類似喬

[23] Pierre Macherey, *A Theory of Literary Production*, London: Routledge & Kegan Paul, 1978, p 67.

[24] Edward Said, *Culture and Imperialism*, New York: Knopf, 1993, p 69.

[25] Julia Kristeva, *Revolution in Poetic Language*, New York: Columbia Univ Press, 1984, pp 86-87.

姆斯基的「轉換生成語法」中的「能力」（competence）與「表現」
（performance）。

　　她更舉了一個有趣的例子，她認為「生成文本與現象文本之間
的區別，可以在漢語中，尤其是古典漢語中看到：寫作把表意過程
「再現－說出」（represent-articulate）變換成特殊的網路或空間；而
話語言說（與寫作對應）恢復了兩個主體之間的意義交換所必須的
辯證批評（diacritical）因素」。[26]她的意思是說：中文的書寫不像西
方的拼音書寫那樣複製口語，而是（口頭）符號表意的生成文本，
口語的說話，只是書寫的一次表現，文言的書寫是深層的。克里斯
臺娃對中國書寫的崇拜，是從德里達得來的啟發。她把書寫與口語
的關係，看成現象文本底下隱藏的深層文本，是很傑出的見解。

　　深伴隨文本，需要接收者對文本進行批評式的閱讀。伴隨文本
是我們的文化習慣的一部分，體裁，框架之類，已經成為我們接收
符號的習慣。哪怕接收者注意力集中於文本，伴隨文本也在在不知
不覺中起作用。而深層伴隨文本則需要批判性的操作，需要揭開文
本表面的整體圓潤，需要有元語言層次（本書第十章會討論元語言
問題）的批評洞察力。

---

[26] Julia Kristeva, *Revolution in Poetic Language*, New York: Columbia Univ Press, 1984, p 87.

第七章　雙軸關係

1.雙軸互相依靠

　　符號文本有兩個展開向度，即組合軸與聚合軸。任何符號表意活動，小至一個夢，大至整個文化，必然在這個雙軸關係中展開。這個雙軸觀念是索緒爾首先提出來的，索緒爾理論的四個核心二元對立（能指／所指，言語／語言，共時／歷時，組合／聚合），只有這一對在今日符號學運動中仍然具有強大的發展潛力。

　　組合關係比較好懂，就是一些符號組合成一個有意義的「文本」的方式，本書第一章已經討論文本組合的若干原則；聚合軸觀念比較複雜，索緒爾把這個軸稱為「聯想關係」（associative relations），他對符號文本的這個關係向度的解釋是：「憑記憶而組合的潛藏的系列」。他的這個理解過於心理主義，術語也不適用：「憑記憶」，不是符號文本的品質。

　　以後的符號學家把索緒爾的「聯想關係」改成聚合軸（paradigmatic），與組合軸（syntagmatic）對列。這兩個源自希臘文的術語，意義相當晦澀，尤其 paradigm（聚合段）一詞，後來被孔恩（Thomas Kuhn）發展成「典範」觀念，與符號學的聯繫非常模糊，

甚至有西方學者總結出 paradigm 的二十二種定義，符號學究竟用了用何義，不容易說清。[1]

雅柯布森在五〇年代提出：聚合軸可稱為「選擇軸」（axis of selection），功能是比較與選擇；組合軸可稱為「結合軸」（axis of combination），功能是鄰接粘合。雅柯布森認為比較與連接，是人的思考方式與行為方式的最基本的二個維度，也是任何文化得以維持並延續的二元。[2]雅柯布森的術語非常清晰明白，可惜未能在符號學界通用。

聚合軸的組成，是符號文本的每個成分背後所有可比較，從而有可能被選擇，即有可能代替被選中的成分的各種成分。聚合軸上的成分，不僅是可能進入符號發出者的選擇的成分，也是符號解釋者體會到的本來有可能出現於文本的成分。可見，聚合軸上每個可供選擇的因素，是作為文本的隱藏成分存在的，它們作為一種可能性存在。因此，聚合雖然不顯露於文本，卻並不是發出者或接收者的「記憶」，而是文本組成的方式。

索緒爾為雙軸關係舉的例子是宮殿前廊柱子：「建築物的組分在空間展示的關係是組合關係；另一方面，如果這柱子是陶立克式的式的，就會引起其他風格的聯想性比較（例如愛奧尼亞式、柯林斯式等）」。[3]

符號文本的雙軸操作，在任何表意活動中必然出現：無論是櫥窗的布置，還是招聘人才，會議安排，電影鏡頭的挑選與組接，舞臺場面的調度與連接，論文章節安排、故事起承轉合：凡是符號表意，絕對不可能沒有這雙軸關係。

---

[1]　Paul Bouissac, "Paradigm", in *Encyclopedia of Semiotics*, New York: Oxford Univ Press, 1999, p 461.

[2]　Roman Jakobson, "The Metaphoric and Metonymic Poles", in Roman Jakobson and Morris Halle, *Fundamentals of Language,* Hague: Mouton Press, pp 76-82.

[3]　Ferdinand de Saussure, *Course in General Linguistics*, New York: McGraw-Hill, 1969, p 67.

拿最簡單的穿衣作分析：裙子、帽子、上衣、鞋子的搭配，是著裝的組合要求，而選擇裙子、褲子，還是連衣裙，選擇何種料子的裙子，何種花色的裙子，則是裙子這個環節上展開的幾種可能的聚合段，文本組合的每個成分都有若干系列的「可替代物」。最後選中某一種裙子，是基於某幾種標準的選擇。一個因素進入聚合段的基本條件，不是「意義上可以取代」，而是「結構上可以取代」（structurally replaceable）組合中的這個成分，即可以在文本系統中佔據相同位置。[4]

解釋符號文本時，同樣需要雙軸操作：接收者感知到的，只是文本和一部分伴隨文本，但是他的解釋如果要比較深入，就必須明白已經隱藏（選下不同）的聚合系列是什麼。例如明白詩句中為什麼不用別的詞，選用了這個詞；明白對方球隊為什麼在這個位置上不用別的球員，選用這個隊員出場；汽車為什麼不用別的零件，選用如此的配置；要真正理解春晚，就必須明白為什麼上了這個節目，沒上那個節目。深入理解，就是朝文本背後隱藏的聚合系探察，就是探索文本的構成原因。

中文中，一般把這個雙軸名稱譯成「縱聚合軸」與「橫組合軸」，似乎兩者之間真有平面座標那樣的一橫一縱的關係。上面舉的這些簡單例子，證明如此把術語空間圖像化，很可能導致誤會：聚合完全談不上方向，而組合也不是橫向的，只有語言這種線性展開的符號文本才有縱橫（即索緒爾說的「序列關係」），也只有西方語言是從左到右「橫」向展開。在樓房建築，飛機駕駛，衣裝搭配等符號組合中，符號文本的組合是立體的，多維的。本書依然稱之為「軸」，只是尊重符號學傳統。

4　Verda Langholz Leymore, *Hidden Myth: Structure and symbolism in Advertising*, New York: Basic Books, 1975, p 8.

　　聚合是文本建構的方式，一旦文本形成，就退入幕後，因此是隱藏的；組合就是文本構成方式，因此組合是顯示的。可以說，聚合是組合的背景，組合是聚合的投影。就一次運作過程而言，文本一旦組成（例如一桌菜點完），就只剩下組合搬上桌來。希爾佛曼指出「聚合關係中的符號，選擇某一個，就是排除了其他」，[5]聚合軸的定義，決定了除了被選中的成分，其他成分不可能在文本組合形成後出現。

　　一個符號表意，邏輯上必須首先在聚合軸進行選擇，然後產生組合。文本完成後，只有組合段是顯現的，屬於表層結構；聚合是隱藏的，屬於深層結構。這兩者沒有時間先後，只有邏輯前後：雙軸是同時產生的，組合不可能比聚合先行：不可能不考慮組合軸的需要進行聚合軸的選擇，而也只有在組合段成形，才能明白聚合段如何選擇。兩個軸上的操作是同時發生的，雖然只有組合操作顯現出一個結果。

　　雙軸同時進行，這道理容易理解：寫詩時要選字，但是選字時要明白詩句這個位置需要一個什麼字，字選了之後要放進去看看是否合適；一場春節晚會，要決定某個節目選用何人的表演，但同時要明白晚會節目單如何佈局，選擇是否改變全局。這是一個來回試推的操作，沒有先後次序之分。

　　有論者認為：某些情況下雙軸可以都顯現出來。巴爾特舉例說：餐館的功能表，有湯、主菜、酒、飯後甜點等各項，每項選一，就組成了想點的晚餐。因此功能表既提供了聚合軸的挑選可能，又提供了組合軸的連接可能。[6]巴爾特這個看法，恐怕不完全正確，筆者提供另外一種理解，或許更為合理：我們的整個文化是多層次的雙軸運作，功能表與一桌飯菜是兩個不同的組合文本：功能表是飯店

5　David Silverman and Brian Torode, *The Material World: Some Theories of Language and Its Limits,* London: Routledge, 1980, p 225.
6　Roland Barthes, *Elements of Semiology*, London: Cape, 1967, p 89.

經理的作品，功能表產生時已經作了選擇，飯店可以提供的（不一定是有能力提供的），比功能表上列出的多得多；然後，一桌菜則是另外一層組合，是從另一套（功能表上列出的）聚合選擇出來的；然後，每個菜又是另一層。只要可以看成為一個文本，就必然是一套聚合與組合的雙軸交叉操作的結果。

可以把這種局面稱為多層次選擇組合：例如全運會之前的各省初選，進入全運會的運動員名單已經是省級選拔的結果，全運會最後的優勝者名單，是在這個名單裏選擇更高層次的組合名單。再例如童蒙課學寫詩，課本上說明詩詞格律規定，這是組合訓練；課本上也說明某字可選的平仄，某句可以押的韻，某字對偶的可選擇範圍，這是聚合訓練。的確，幾乎任何教科書都同時展現聚合與組合。但是課本本身的寫作，是另一個雙軸操作的結果，是上一層次導致的文本：任何顯現的文本，只能是另一個聚合與組合操作而成。

回到巴爾特的「功能表是雙軸同時顯現」之說，可以看到符號文本的雙軸操作，不一定隱藏於文本形成過程中，可以出現在文本面上。功能表或教科書等，是在文本中討論雙軸操作方式的文本；而做成的一席菜肴，設計好的一棟房子，寫好的一首詩，只顯示鄰接關係，是偏重組合的文本。文本的單軸主導，下一節將談到，本書第十七章「符號危機」，則會更深入一步討論文化的單軸主導。

雙軸關係有另一個容易讓人迷惑的地方：任何實際活動，都有挑選與組合的配合，為什麼這是個符號學問題？索緒爾的廊柱例子，似乎可以是建築師的實用設計問題，不一定是表意問題。科學家配備一個工作室，新領導上任後組織一個辦事班子，都有選擇與配備兩方面的關係。雙軸關係似乎是個實踐問題，至少並非每個場合都是意義問題。

但是仔細考察一下，可以看到，哪怕是「實際的」選擇和組合，都必須滿足意義標準：一旦有所挑選組合，就是按某種意義在操作。

組織一個辦事班子，挑選某人任某職，是根據此人的經驗、名聲、歷練、氣質，每一項都是意義問題。這些場合挑選並組合的標準，是它們的意義價值。例如，我要裝修房子，就鋪地一項，必需在各色地板地毯之中選擇其一，就牆面一項，必需在各色塗料牆紙瓷磚等選擇其一，就窗簾、沙發、門戶，都必需擇一：而這些選擇的標準是意義。沒有意義不可能形成文本組合，沒有組合也就不必作聚合選擇：雙軸操作必定是追求意義的符號活動。

動物在求偶、繁殖、尋食活動中，一樣有選擇組合，這些是它們「幾乎」在使用符號的地方。人與動物的區別，是人對選擇組合標準有一定的操控，這是動物做不到的。因此，動物的選擇行為（例如求偶），很少有審時度勢的意義考慮（例如門當戶對，延續家產之類）。因此，本書在第二章第四節中說過：動物的意義標準是進化累積的本能，基本上是「信號」行為。

2.寬幅與窄幅

可以看到，不同文本背後的聚合段寬窄不一，甚至同一文本的每個成分背後的聚合段也是寬窄不一，也就是選擇範圍有大有小。既然符號成為文本之後，只有組合能顯現，對於符號的接收者來說，如何能覺察到聚合究竟是寬還是窄呢？這種理解實際上是很自然的，其中之一是對文本風格的認知。如果風格與接收者經驗中的「正常情況」相比，變異比較大（例如詩歌「用險韻」、房子設計「怪異」、繪畫風格「峻奇」、故事敘述「不可靠」、老闆用人「不拘一格」），他就可能體會到這是寬幅選擇的結果。

一旦文本組合形成，聚合軸就退出操作隱藏起來，但並不是說沒有留下痕跡：哪怕已被「推入幕後」，也可能在解釋中被喚出。聚合軸始終影響著文本的各種品質，任何顯現的符號文本，每個成分

都是聚合選擇的投影。如果某個單元背後的聚合異常大，會給這個單元濃重的投影。

雖然只有組合可感知，「寬幅」聚合形成的組合，與「窄幅」聚合形成的組合，風格很不一樣。哪怕擺出來的一桌菜數量是相同的，依然讓人覺得某些「菜系」豐富，某些相對較單調；一套傳統服裝，與一首現代青年的服裝，背後隱藏的聚合寬度非常不同；一首現代先鋒詩比一首傳統詩「寬幅」得多，也就是可供選擇的詞語多得多。某些畫、某些舞蹈、某些裝飾、某些節慶、某些演出，接收者能夠感到背後的選擇幅度，這是選擇可能性留下的投影，實際上是與這個文化中其他文本的風格相比較的結果。寬幅導致風格多樣化，使組合有更多的意外安排。

不同的文化，也有寬幅窄幅之別，寬幅文化允許更多的選擇。與傳統文化相比，現代文化是寬幅的。電影《手機》中嚴守一等人少年時期的生活是嚴重窄幅：二八圈大架自行車、手搖電話、藍棉襖；電影的悲喜劇故事，發生在這些人進入寬幅時代時，選擇過多造成秩序混亂。電影中的人物費墨大徹大悟：「手機不是手機，是手雷！還是農業社會好」。

窄幅文化是束縛過緊的文化，個人面對生活中許多重要意義場合，沒有多少選擇；適當寬幅的文化，人們往往尋找某種權威意見，某種「意義領袖」的榜樣，尤其是社會傳統給予話語權的人士的看法；而過於寬幅的當代文化，意義領袖已經失語，人們跟著廣告走，跟著娛樂名家走。當代文化的這種「選擇悖論」，本書將在第十七章討論。

另一種表面寬幅實際窄幅，出現於「假性選擇」，即似乎有很多選擇，實際上可選的屬於副本（replica）符號，沒有足夠寬的聚合操作。例如導演選演員，主要角色的演員選擇，慎之又慎，用各種標準衡量選人。而群眾演員，跑龍套角色，幾乎是拉上任何人都可以。可以充任此因素的人很多，並不說明這個點上的選擇是寬幅的，

相反，因為可選的是看不出區別的副本，文本組合的這些點，實際是窄幅的。

「假性選擇」出現在許多符號文本中：裝修房屋，對填地平的混凝土所用的沙子，可選的供應源很多，卻並不寬幅；例如足球賽用三裁判或五裁判制，邊裁可選者較多，卻並不比主裁判「寬幅」；例如公司裏秘書可選者很多，卻並不比經理位置寬幅。因為根據文本組合要求，這些點是窄幅的。[7]

3.雙軸偏重與文本風格

1956 年雅柯布森發表了一篇著名論文《語言的兩個方面，與失語症的兩種類型》。[8] 他指出組合各組分之間的關係是鄰接（contiguity），而聚合各組分的關係是相似（similarity）。這是一個簡潔明瞭，卻非常出色的見解，從中可以推論出重要的符號學原理。首先，鄰接是一種安排，而相似背後的聚合，卻依靠符號元素原本存在的品格；鄰接只有一種關係，即顯現的組合關係，而相似可以在不同方面相似，因此同一組分背後可以有多個聚合段。

雅柯布森在這個基礎上又往前推論一步，他提出依靠相似性形成關係的，正是組成比喻（metaphor）的方式，因此聚合軸上各組分，互相之間是的關係類似比喻。而鄰接的組分之間，形成轉喻（metonymy，雅柯布森說的轉喻包括提喻）。

接著，雅柯布森對此提出了「科學」論證。醫學上的失語症（aphasia，即頭腦受損傷造成的語言障礙）基本上可以分成兩大類：一類病人看來失去了組合功能，語句沒有正常的句法組合，詞序混

---

[7] 以上觀點，是 2009 符號學班集體討論得出的，特此致謝。
[8] Roman Jakobson, "Two Aspects of Language and Two Types of Aphasic Disturbance", *Selected Writings II*, The Hague: Mouton, pp 239-59.

亂，連接元素（連接詞、介詞、副詞等）丟失。但是他們保持了聚合能力，即尋找可替代詞的能力，例如會用「小望遠鏡」來代替「顯微鏡」，能用「綠」代替「藍」。

另一類病人似乎失去了聚合能力，原來能說多種方言或多國語言的人，依然有說這些方言或語言的能力，但是難以轉換難以翻譯。他們甚至看不出來一行手寫的語句，與一行印刷的語句是相同的。他們用的詞彙極其貧乏，無法使用隱喻，但是他們似乎保持了組合能力，句子的語法很正確，各種連接要素很完整。想不出一個詞時，會用鄰接詞彙來代替，例如用「削蘋果的東西」來代替「刀」。

雅柯布森的結論是：人類的大腦的語言工作區本來就分成兩個部分，分別處理組合與聚合，正常的語言能力和符號能力，是人類的基本思維方式中兩種功能互相配合的結果。由此，可以再進一步推論：一旦進行符號表意，必須同時使用這雙軸關係：只有同時進行選擇與組合，人的思維和表達才有可能。但是不同的人，不同的文本，可以有不同的偏向：偏向聚合的表意方式，與偏向組合的表意方式，可以形成文本風格上、體裁上、傾向上的巨大差異。

雅柯布森討論了一個令人驚奇的文學風格例子。他說俄國作家赫列布‧伊萬諾維奇‧烏斯賓斯基（Gleb Ivanovic Uspenskij）晚年患精神病，出現語言障礙。研究烏斯賓斯基的文風，發現此作家「在有限的篇幅中堆砌大量細節，以至於讀者抓不到整體，失去了人物的面貌」。雅柯布森認為：烏斯賓斯基服膺現實主義，他的文風偏重組合。[9]

雅柯布森把本來屬於符號系統的雙軸關係，轉化成二種文本風格分析。雙軸關係可以在文本中同時起作用，但是當不同的軸成為

---

[9]   Roman Jakobson, "The Metaphoric and Metonymic Poles", *Critical Theory since Plato*, (eds) Hazard Adams and Leory Searle, Univ of Peking Press,   p 1134

主導時，就形成不同的文本方式。按照雅柯布森的看法：浪漫主義是隱喻（聚合）性的，現實主義是轉喻（組合）性的。「現實主義作家用轉喻方式，從情節旁枝出去處理氛圍，從人物旁枝出去處理時空……例如托爾斯泰寫安娜・卡列尼娜自殺的場面，特別仔細地寫女主人公落在一邊的手袋，這是轉喻寫法；在《戰爭與和平》中則細寫女性人物「唇上的汗毛」、「裸露的肩膀」，是提喻寫法。兩種都是組合型的，適合現實主義的寫法。

　　雅柯布森在早期電影中也找到不同的風格的雙軸源頭：他認為格里費斯（D.W. Griffith）喜歡用特寫鏡頭是提喻性的，角度鏡頭（set-ups）是轉喻性的，兩者都偏重組合；而卓別林（Charlie Chaplin）的蒙太奇（montage）和疊化（lap dissolve）是比喻性的，即偏重聚合。[10]

　　雅柯布森還認為佛洛伊德描寫的「夢修辭」手法：「認同」與「象徵」是比喻性的，「置換」是轉喻，「濃縮」是提喻；雅柯布森甚至認為人類學家弗雷澤在《金枝》中描述的兩種巫術，一種是「移情式的」（empathetic），基於隱喻，另一種是「交感式的」（sympathetic），基於轉喻。這樣理解，雙軸關係就是人類思維普遍的方式。

　　近年來，在符號雙軸問題上，有很多人做出新的發現或發揮。例如心理學家圖爾文研究人的兩種記憶，一種是「情節型記憶」（episodic memory）是組合型的，記住的是個人的，個別的，與具體時間地點有關的事件；另一種「語義型記憶」（semantic memory）是聚合型的，儲存的是組織過的，抽象的，脫離具體時間地點的範疇。[11]

　　甚至廣告研究學者也發現，設計者為了讓廣告文本獲得潛在顧客的「記憶值」，就必須在雙軸的搭配上下功夫。一個人的記憶雖然

---

[10]　Ibid, p 1135.
[11]　Endel Tulving, *Elements of Episodic Memory,* Oxford: Clarendon Press, 1983.

是雙軸同時進行，但是組合型的比較不容易忘記。因此廣告文本，最好組成一個說得出名堂的故事：有一個「組合結構」（syntagmatic structure），才容易記得住。[12]

筆者認為，俗文化與雅文化，實際上是兩種文本構造方式，它們分別以兩個軸為展開主導，而對於兩種文本方式的迷戀，基於兩種不同的價值構成。本書將在第十七章討論雙軸關係如何進入文化符號學領域。

4.展面與刺點

巴爾特生命中最後一本著作《明室》（La Chamber Claire, 1980）討論的是攝影，巴爾特一生迷戀攝影，影響到蘇珊・桑塔格也來討論攝影。巴爾特認為攝影並不「複製現實」，而是照亮生活的某些點：攝影成像靠的不是「暗箱」，而是「明室」的產物。

在這本書裏巴爾特提出了一對很有意義的觀念，巴爾特用了兩個拉丁詞 Studium / Punctum，這兩個詞不是很好理解。《明室》中譯本中，譯者一直保留這兩個詞的原文，沒有翻譯。這對概念意義界定不太分明，這與後期巴爾特的文風有關。筆者建議譯為展面／刺點：同一幅照片上的各因素，有展面也有刺點；在各副照片之間比較，某些照片是展面的，某些照片是刺點的。

巴爾特解釋說：展面的照片，「使我感覺到『中間』的感情，不好不壞，屬於那種差不多是嚴格地教育出來的情感」；「寬泛，具有漫不經心的慾望……喜歡，而不是愛」，「從屬於文化，乃是創作者和消費者之間的一種契約」。「很有表現力：有責任感，有家庭的親

---

[12] Val Larsen, "The Timely and the Timeless: Syntagmatic and Paradigmatic Sign Relations in Advertisement Montage", *Advances in Consumer Research,* vol 32, 2005, pp 162-163.

和，對習俗的遵從，節日的打扮——這是一種在社會上往上爬的努力」；其寓意最終總可以破解。[13]

而刺點經常是個細節，是一個獨特的局部，或一篇獨特的文本。刺點是「把展面攪亂的要素……是一種偶然的東西，正是這種東西刺疼了我（也傷害了我，使我痛苦）」。而刺點「不在道德或優雅情趣方面承諾什麼……可能缺乏教養……像一種天賦，賜予我一種新的觀察角度」；「簡短、活躍、動作敏捷得像猛獸」；「我能夠說出名字的東西不可能真正刺激得了我，不能說出名字，才是一個十分明顯的慌亂的徵兆」。[14]

巴爾特認為「出乎意料」的各種攝影技巧不是刺點，技巧上「稀有」、「瞬間」、「出其不意」、「疊影變型」、「新穎」，這些都是為了追求驚奇的正常工作。巴爾特認為新聞照片，經常是「單向」的，沒有刺點的，而刺點則在某些場合才出現。

巴爾特在他的前一本書《文本的愉悅》中認為：「語篇愉悅的結果不僅來自於從一個舒適的文本發現狂喜（迷失、斷裂）的時刻，而且在於把一部後現代主義作品變成可讀時，讓其傳達出斷裂感。因此，不論是文化還是它的毀滅並不具有誘惑力，但是他們之間的斷裂卻令人激動。」在這裏，他已經點明「斷裂感」與他在《S/Z》一書中指出的「讀者式」有關，也與「狂喜」有關。

因此，刺點，就是文化「正常性」的斷裂，就是日常狀態的破壞，刺點就是藝術文本刺激「讀者性」解讀，要求讀者介入以求得狂喜的段落。

米切爾對這對概念曾經加以闡發，他說「展面的修辭是道德或政治文化的理性調節，它讓照片允許被讀解出來，或者允許關於照

---

[13] 羅蘭‧巴爾特，《明室》文化藝術出版社，2003 年，40，43，69，82 頁。
[14] 同上，41，71，78，96 頁。

片的科學理論出現」。刺點，則相反，是犯規的，是阻斷的：一些元素「突出」，迫使注意直接體驗，放棄秩序，以得到經驗。米切爾認為：「巴爾特強調迷亂的、尖銳的細節總是刺痛或者傷害他。這些細節……具有偶然的、未編碼的、無名的特徵，它們將照片轉喻式地打開到一個與記憶和主觀鄰接的領域。」[15]

這就像在沉思中突然敏悟，沉思是背景，敏悟是非常規的突破。藝術是否優秀，就看刺點安排的是否巧妙。這是任何藝術體裁都必須遵循的規律，因為任何作品的媒介都可能被社會平均化、匀質化、自動化、失去感染能力。

巴爾特刺點理論的意義在於，它強調了匀一藝術媒介很容易被視為文化正規，而正規的媒介讓人無法給予更多的意義解讀。在藝術中，任何體裁，任何媒介的「正常化」，都足以是接收者感到厭倦而無法激動，成為「匀質化湯料」（Homogenizing Soup）此時，突破媒介常規的努力，可能帶來意外的收穫。藝術是否優秀，就看刺點的安排。

巴爾特從靜止的攝影中尋找衝破框架的「動點」，電影很可能反過來，可以在連續的動態中製造靜止的片刻。電視劇《潛伏》情節一直很緊張，翠平這個好動人物，更是動作不斷。但是全片最後，她被軟禁於小山村，抱了孩子靜靜地瞭望群山，這就成了意義豐富的刺點。因此，刺點是對文本常規的破壞。電影《帶珍珠耳環的少女》中，鏡頭常是女主角戴耳環的側臉。最後特寫鏡頭越來越近，突然臉上出現油畫顏料細碎的裂紋，變成十七世紀佛米爾的名畫。這個風格突跳，造成有歷史縱深的刺點。

---

[15] W, J, T, Mitchell, "The Ethics of Form in the Photographic Essay", *Afterimage,* 1989, 16/6,pp 8-13.

　　刺點能造成文本之間的風格差別，也可以造成同一個文本中的跌宕起伏。大衛・紐邁厄與蘿拉・紐邁厄仔細分析了電影音樂，發現音樂與電影鏡頭的「不配合」，很可能破壞習慣的秩序，創造新的刺點。戈達爾的著名電影《芳名卡門》（Prenom Carmen）中整個電影中沒有海的鏡頭，卻突然出現海鷗的叫聲；再例如希區柯克的電影中，有時候在背景上看到希區柯克本人牽了一條狗悠然走過，讓人突然被拉出電影的世界。

　　所以刺點就是在文本的一個組分上，聚合操作突然拓寬，使這個組分得到濃重投影。例如詩的「煉字」；相聲中的包袱；戲劇出乎意料的亮點；晚會演出中別出心裁出乎意料的部分，都是展面上的聚合脈衝，投影成為刺點。王安石〈泊船瓜洲〉：「春風又綠江南岸，明月何時照我還」，這七個字的組合中，「綠」字背後的選擇軸之寬，遠遠寬於詩句其他成分之上，據說作者先後選換了「到」、「過」、「入」、「滿」等十多個字，最後決定用「綠」。這個字上有極寬的聚合段，投下濃影，構成刺點。

　　刺點有點類似穆卡洛夫斯基論說的「前推」（foregrounding）：造成前推的原因，在組合上說，是風格破壞常規，是結構出現反常，但是造成不協與反常的原因，是在整體的正常背景上，聚合段突然變得縱深寬闊。所以刺點的形成，離不開展面。錢鍾書引《潛溪詩眼》：「老杜詩凡一篇皆工拙相半，古人文章類如此，皆拙固無取，使其皆工，則峭急而無古氣，如李賀之流是也」。[16]「工」必須依靠「拙」為背景，全篇皆工，工就不顯，無展面，就無刺點，任何詩篇都是如此。[17]

---

[16] 錢鍾書〈管錐編〉，《全上古三代秦漢三國六朝文》一三八，北京：三聯書店，2007 年，第一卷，1891 頁。

[17] 參見陸正蘭，〈用符號學推進詩歌研究：從錢鍾書理論出發〉，《四川大學學報》2010 年，第 5 期。

　　一個文本各組分的聚合軸不一樣寬，大部分組分成為背景，襯托最聚合突然變寬的組分，成就文本的刺點；同樣，一個文化的文本之間也是不平等的。如果把一個文化的多數文本視為展面，那麼就有一部分文本很突出，它們的聚合軸比較寬，形成「刺點文本」。如果這些文本得到這個文化比較長期的尊崇，就成為所謂經典。經典現象，與整個文化的雙軸互動有關，這一點將在本書第十七章討論。

第八章 符號的解釋

1.符號學三分科、符形學

　　符號過程極為複雜，研究時必須有所側重，這就必須對符號學研究本身進行分科。美國符號學家莫里斯出版於 1938 年的書《符號理論基礎》，被認為是皮爾斯符號學體系的進一步展開。符號學當時遠未成為顯學，莫里斯孤獨的努力，為符號學發展成一門學科作出了重要貢獻。

　　莫里斯認為人的活動涉及到三個基本方面，即符號體系（S-Signs），使用者集群（U-Users），和世界（W-World），這三者的組合，就出現了六門學科：

　　　R（S,S）　= 符形學（syntactics）
　　　R（S,W）　= 符義學（semantics）
　　　R（U,S）　= 符用學（pragmatics）
　　　R（U,W）　= 實踐學（praxeology）
　　　R（U,U）　= 社會學（sociology）
　　　R（W,W）　= 物理學（physics）

　　莫里斯說，這六門學科組成了「文化的靜力學與動力學」。莫里斯的體系很周全，他的《符號理論基礎》，是巨編《綜合科學基礎：

建立一種綜合科學的國際百科全書》的第一、第二卷。[1]作為這種「百科叢書」的編者，不得不包打天下。此表列出的後面三門科目，與符號無關，合理與否我們不必評論，前面三門應當說說的非常清楚，而且至今被符號學界沿用。

這三門學科研究對象的區別，從符號文本組成形態，到意義，到使用，應當說並不難理解，但是真正討論起來，卻非常複雜。這三個西文詞原是語言學術語，莫里斯借來用於整個符號領域，中國符號學界也譯成「句法學」（或「語形學」）、「語義學」、「語用學」。但是西文至少沒有「語」字，中文譯名如果與語言學相同，讓這些學科從屬於語言學，很容易引起誤會。[2]

例如，符形學研究的應當是符號組合的形成方式研究，莫里斯解釋說：「符形學問題（syntactical problems）包括感知符號、藝術符號、符的實際使用，以及一般語言學」。[3]如果中文稱之為「句法學」，就違背莫里斯的願意。可以看到，符號的組成千差萬別，一幅圖畫，一曲音樂，一首詩的符號形態之間，幾無明顯可比的地方。符形學要總結出各種符號文本的共同形態規律，比語言學困難得

[1]　Charles F,W, Morris, *Foundations of the Theory of Signs*, in Otto Neurath, Rudolf Carnap, & Charles F,W, Morris (eds), *Foundations of the Unity of Science: Towards an International Encyclopedia of Unified Science,* Chicago: Univ of Chicago Press, 1938-1970.

[2]　楊成凱，〈句法、語義、語用三平面說的方法論分析〉，（《語文研究》1993年1期，35頁）一文中說：「60年代我國學者周禮全先生在翻譯此書時，把它們分別譯為語形學、語義學和語用學」。又見池上嘉彥《符號學入門》（張曉雲譯，國際文化出版公司，1985年，18頁）「符號學的發展分成三個科目：一是句法學（syntactics），研究符號與符號的結合；二是語用學（pragmatics），研究符號與使用者之間的關係；三是語意學（semantics），研究 符號與指示物之間的關係。」

[3]　Charles W F Morris, *Foundations of the Theory of Signs,* Chicago: Univ of Chicago Press, 1938-1970, p 16.

多，符形學至今沒有如「詞法－句法」那樣清晰的形態論。西語原詞沒有鎖定在語言上，本書決定不用語言學學科譯名，以避免誤解。

實際上本書章節的安排，基本上也是沿著這個分科展開，從符號的形態，到釋義，到使用。本章之前的各章——第四章渠道與媒介，第六章伴隨文本，第六章雙軸關係——都偏重符形問題，從本章開始，討論偏向符義學與符用學。

2.符義學

比起符形學來，符義學更貼近符號學的核心問題，即意義的傳達與解釋。而符義學的任何問題，都是符號學的核心問題。

符義學首先要回答，如何才能產生意義：本書第四章第八節已經討論過，意義的理解，是個程度不斷深入的過程，從感知（perceived），到注意（noted），到識別（recognized），到解釋（interpreted），到理解（understood），到再述（translated），其中還可以加上很多環節，實際上是一個「無級」的深入過程。為討論方便本書建議，把解釋，即符號意義的實現，分成三步：感知、接收、解釋。這也接近第四章第八節所說的皮爾斯的看法，可以說這三步分別實現了符號意義第一性的呈位，第二性的述位，第三性的議位。

符號意義「被感知」為第一步，感知卻不一定導向認知。解釋者生活在各種各樣刺激的海洋中，這些刺激都能被感知，也有相當多已經被感知，但是沒有多少被識別，而被解釋的更少。例如駕車者一上大街，滿街是可感知物，只有一部分湧入眼睛耳朵，成為被感知物。他作為開車者，必須馬上從被感知物中篩選出一部分，需要判斷其意義的感知，予以接收；本書三章四節討論過，被排除出意義接收的感知，是「噪音」。因此，接收是接收者有意向性的處理：接收過濾感知，這樣接收者才能進入理解。

　　此種「選擇性接收」，在任何符號解釋過程中都會遇到：讀一本書，看一場戲，參加一個聚會，上一堂課，任何解釋，都是選擇接收的結果。接收過程很可能是規約性的，從而是自動化的，例如一個交通標誌，說明前面道路彎道較多應降速，駕車者最好不去辨別路牌上彎曲的線是否「像似」彎道，而是用自己對交通規則的熟悉，增加理解效率。程式化地理解符號，就可以跳過中間環節，從感知直接跳入理解。

　　縮短識別，對於藝術符號來說，卻是最不合適的接收方式：讀了開頭就知道結果，這樣的小說「公式化」。詩的文本與意義之間缺乏距離，是淺薄的詩。藝術是理解的緩刑，是從感知中艱難地尋找識別，從識別中尋找理解，這個過程越費力越讓人滿意，哪怕最後找不到理解，這個尋找過程本身，而不是理解的結果，讓人樂在其中；甚至可以說，理解藝術作品，只是一個必要的藉口閃避理解，盡量長時間地停留在感知和識別上。

　　而實用的符號接收過程正好相反：一位駕駛者沒有選擇性接收的能力，就幾乎無法開車，因為湧向他的感知太多。要解釋的東西太多，就無法找到必須立即弄清楚的意義。例如我從斑馬線穿過馬路，我的存在必須被特定接收者（司機）感知。但僅僅被識別為一個行人，依然不夠：我的走向，速度，我不想給霸道車讓路的決心等等，必須被正確解釋，不然我依然會被汽車撞飛。如果駕車者沒有注意到重要資訊的能力（例如他醉酒），沒有理解我對斑馬線行人優先法定權利的堅持（例如他習慣了在中國斑馬線上汽車可以優先），結果可能很不妙。

　　符義學的第三步是理解，真正的理解是一種「內化」，即是把關於世界的經驗，變成關於自己的經驗：用自己過去的理解積累，來解釋這個符號的意義。即是用一個新的符號「再現」自己的理解：給出一個想法，從而開始一個新的表意過程。

因此出現下面這句悖論：「學習理解，就是學習不理解」。此悖論可以有兩個意思：在駕車者的例子中，就是對符號以最快速度「不假思索」地解釋，就是對符號自動化地反應。在藝術欣賞的例子中，不理解就是努力推遲理解，過程本身就是藝術欣賞，解釋意義反而是第二位的。

3.符用學

符用學落到了符號學的邊界上，因為涉及人的社會行為，或心理條件。按照莫里斯的定義，符用學研究符號與接收者之間的關係，研究接收者在什麼樣的條件下，會得到何種意義，如何使用這個意義。符號學家里奇指出，凡是應對了一下四條中的任何一條，就進入了符用學的範圍：

（1）是否考慮發送者與接收者？
（2）是否考慮發送者的意圖，與接收者的解釋？
（3）是否考慮符號的語境？
（4）是否考慮使用符號而施行行為？[4]

這實際上就是說，一旦牽涉到符號使用者，就成了符用學問題。由於具體的語境不同，符號的意義會變得無窮複雜：人類活動的各個領域，包括社會、文化、個人生活，都進入了考慮範圍。要理解一部電影，幾乎會捲入整個人文學科社會學科的知識：誇張一點說：如果這部小說或電影意義比較豐富的話，它創造的世界，可以讓任何理論言之成理，因為它不僅牽涉到解釋者個人，而且捲入符號的總體社會表意潛能。

---

[4]　Geoffrey N Leech, *Semantics,* Harmondsworth: Penguin, 1974, p 2.

　　布龍菲爾德曾經提出，意義問題不是語言學能處理的，應當排除在語言學之外。[5]符號學界原先也認為，符用學地位是成問題的，因為領域太寬廣。有人甚至覺得符用學是符號學的「垃圾箱」：什麼問題解決不了，就可以往裏扔，也就是不再理睬。有些論者至今認為符號學的核心應當是符義學，畢竟 semantics（符義學）一詞，與 semiotics（符號學）同根，都來自希臘詞 sema（符號，神跡）。這種排拒符用學的態度現在完全變了，符用學成了今日符號學的重要領域，「使用中的意義」的確最為複雜，但也拓展了符號學的天地。

　　有論者認為，法國學派依然偏重符形學與符義學，而英美符號學的核心是符用學，這種看法可能有一點道理。發生在敘述學中的情況與此類似：法俄敘述學派重點研究「情節語法」，而英美學派重點在「隱含作者」、「不可靠敘述」等解釋研究。

　　雖然現在符號學界努力把皮爾斯的符號學與實用主義哲學分解開來，避免因為需要皮爾斯的符號學觀念，而不得不為實用主義辯護，儘管他的某些論點，例如試推法，有實用主義色彩。筆者個人覺得符號學或其分支符用學，與實用主義完全沒有必要聯繫在一起。正如本書上面所說，符號學與關心經驗與意義的其他哲學派別，如現象學、解釋學、日常語言哲學，關係更緊一些，而符號學的批判精神，也與馬克思主義、精神分析容易互相靠攏。

　　瑞恰慈早在二〇年代就以《意義的意義》一書證明了意義問題的複雜，該書梳理出意義的十六種定義。[6]此後這問題越說越複雜，

5　Leonard Bloomsfield, *Language,* New York: Allen & Urwin, 1933, p 7.
6　奧格登與瑞恰慈的十六種定義，一一列出有點過長。感興趣的讀者可以參看俞建章、葉舒憲《符號：語言與藝術》，上海：社會人民出版社，1988 年，213-214 頁。

列維－斯特勞斯感慨：「在整個語言中，你要找出意義這個詞的意義，恐怕是最難的了」。[7]

這個問題最可能的解決途徑，還是必須到語用學中找：維根斯坦說：「一個詞的意義就是它在語言中的使用」。[8]這是很精闢的觀點。到符號的用法中尋找意義固然複雜，但是符號的真正意義也就是使用意義，而符號學作為意義學，無法躲開意義的定義，不然無以立足。

英美學界受維根斯坦的分析哲學影響很深，因而奧斯丁（John L. Austin）的「言語行為」（Speech Act）語用理論引發極大興趣。[9]奧斯丁 1955 年在哈佛大學作的系列演講，在他去世後，1962 年的集成《如何以言行事》（How to do Things with Words）一書出版，該書為言語行為理論（Speech Act Theory）的奠基之作。這個學派實際上是從維根斯坦《哲學研究》一書中得到啟發。維根斯坦主張「言也是行」（Words are also deeds），[10]言語是一種行動，詞語是行動的結果。奧斯丁的貢獻是用具體的言語行為分析，來補充維根斯坦過於鬆散難以分析的「語言遊戲」（Sprachspiel）理論。

文學理論家艾布拉姆斯贊同維根斯坦與奧斯丁：這個理論與他關於文學「捲入人的世界」立場相符。在德里達與奧斯丁的爭論中，

---

[7] Claude Levi-Strauss, *Myth and Meaning*, Toronto: Toronto Univ Press, 1988, p 2.

[8] "The meaning of a word is its use in the language", Ludwig Wittgenstein, *Philosophical Investigations,* New York: Blackwell, 1997, p 29；又見 Garth Hallet, *Wittegenstein's Definition of Meaning as Use*, New York: Fodham Univ Press, 1967.

[9] 參見 M.H. 艾布拉姆斯〈關於維特根斯坦與文學批評的一點說明〉，〈如何以文行事〉二文，見《以文行事》趙毅衡，周勁松，宗爭，李賢娟譯，南京：譯林出版社，2010 年，76-96 頁，251-274 頁。

[10] Ludwig Wittgenstein, *Philosophical Investigations,* New York: Blackwell, 1997, p 546.

艾布拉姆斯站在奧斯丁一邊。艾布拉姆斯也非常欣賞維根斯坦的語言遊戲論，他認為「這個遊戲的名字就是人性」。

的確，符號意義離不開使用：同一符號（例如擁抱），文本形態相似，在不同場合（situations）──外交禮儀、接待客人、家庭內部、戀愛關係、父子關係──意義卻會非常不一樣。看起來簡單的見面擁抱，放在這些情景中，需要完全不同的解釋方式：社交的擁抱（友好）、權力的擁抱（妥協）、信仰的擁抱（認同）、情色的擁抱（求愛），更不用說在沒有擁抱習慣的時代或文化中意義各不相同，而且在不同接收者看起來，會認為屬於不同情境。如果是一個道德場合，就絕對不能誤會為藝術場合，否則一個擁抱的意義會截然相反。使用場合，是符用學的關鍵。

符號意義就是符號的使用，因為符號除了使用於表達意義別無它用。雅柯布森曾經舉例說，莫斯科斯坦尼斯拉夫斯基劇院某演員能把「今天晚上」一語說出五十種不同的意思。[11]筆者猜測他是暗示了使用這句話的五十種不同語境場合（雅柯布森文中說是『情感狀態』），例如「今天晚上（可以一醉方休了）」，「今天晚上（她究竟來不來）？」沒有哪怕虛擬的使用情景支持，不太容易想像同一符號文本如何攜帶五十種「資訊」。

4.符號六因素與六性質

符號本身對意義並不是完全被動，聽憑接收者解釋。符號攜帶著各種標記，推動接收者往某個方向解釋。皮爾斯指出解釋項可以有三種：情緒解釋項（emotional），例如聽到音樂而感動；能量解

---

[11] 羅曼・雅克布森〈語言學與詩學〉，見趙毅衡編《符號學文學論文集》，天津：百花文藝出版社，2004 年，180 頁。

釋項（energetic），例如聽到命令而行動；邏輯解釋項（logical），例如聽到一個問題而思索其答案。[12]但是皮爾斯沒有指出符號文本與這些解釋的關聯方式，他只是指出符號的不同品質推動多種解釋的可能。

1958年，雅柯布森在印第安那大學（美國符號學幾十年的根據地）一次重要的符號學會議上做了個總結發言，提出了著名的符指過程六因素分析法。他說他的模式，是從卡爾・畢勒（Karl Buehler）的「工具論模式」（Organon-Model）發展出來的。[13]現代符號學多線發展，往往造成所用術語不統一，雅柯布森用的某些術語，與符號學後來發展出來的一套術語很不同，容易引起誤會，我在此改成本書堅持使用的術語，為了讓讀者辨誤，也對雅克布森本人公平，括弧裏是雅克布森原先用的英文詞：[14]

$$
\begin{array}{c}
對象（context）\\
文本（message）\\
發送者（addresser）\longrightarrow\!\!\!\!\!\!\!\!\longrightarrow 接收者（addressee）\\
媒介（contact）\\
符碼（code）
\end{array}
$$

雅柯布森指出，一個符號文本同時包含這六個因素，他指出符號文本不是中性的、平衡的，當文本讓其中的一個因素成為主導時，就會導向某種相應的特殊意義解釋。

---

[12] Charles Sanders Peirce, *Collected Papers,* Cambridge Mass: Harvard Univ Press, 1931-1958, Vol 8, p 184.

[13] 畢勒的模式討論，見 Karl Buehler, *Semiotic Foundations of Language Theory*, trans, R,E, Innis, New York & London: Plenum Press, 1982.

[14] 羅曼・雅克布森〈語言學與詩學〉，見趙毅衡編《符號學文學論文集》，天津：百花文藝出版社，2004年，169-184頁。

　　當表意過程側重於發送者時，符號文本出現了較強烈的「情緒性」（emotive）。最明顯的例子是感歎語，或「以表現性姿態展示其憤怒或譏諷態度」。雅柯布森指出：表現功能不一定靠文本中的感歎，實際上在文本的各個層次上，語言、語法、詞彙，都會表現出情緒功能。而本書強調：伴隨文本（例如語氣、姿勢、表情、發出者－接收者關係等）也會推進某種解釋。

　　當符號表意側重於接收者時，符號出現了較強的意動性（conative），即促使接收者做出某種反應。其最極端的例子是命令句、呼喚句、祈使句。意動性是無法檢驗，無法用正確與錯誤加以判斷的。意動性似乎很特殊，實際上卻是許多符號過程都帶有的性質。托爾斯泰在小說《克魯采奏鳴曲》中詛咒音樂的情緒力量，借人物之口評論說：「我聽完樂曲（指貝多芬的同名音樂作品）之後感覺到不能控制的興奮，無法使心情平靜下來。就像士兵一聽到進行曲就立刻踩步子威武地前進，就像我們一聽到舞曲就會心情舒暢地跳舞，一聽到彌撒曲就知道去領聖餐。在這些事例中，音樂的作曲都達到了某種目的……所以，音樂是可怕的，我很贊成中國由國家掌管音樂的做法」。[15]許多符號表意，例如廣告、宣傳，都著眼於影響接收者的行動，因此從定義上說就是意動性的。

　　當符號表意側重於媒介時，符號出現了較強的「交際性」（phatic），這種話語的目的似乎是純粹為了保持交流暢通，或者說保持接觸。最短的例子是打電話時說的「喂喂，你聽得見嗎？」最典型的例子可以是英國議會中所謂 filibuster，即在議會中用冗長無關的發言拖時間，以推遲某個法案通過：此時說的內容無關緊要，符號文本的用途是佔領渠道。

---

[15]　《托爾斯泰中短篇小說選》譯林出版社，2004 年，78 頁。

反覆，是一種保持接觸的方式，幼兒首先學會使用的就是符號的這種功能。戀愛中人往往不斷地說重複的話，家人之間常談些閒言碎語，對他們來說，最重要的保持接觸，是交流渠道暢通本身帶來的快樂，資訊內容倒在其次。比如說明星追求上鏡率，使用的方法多種多樣：自曝情史、揭家醜、慈善活動、奇裝異服等等。這些符號文本傳達不同的意義：我是一個有魅力／愛心／走在時尚前沿的人之類。但它們最重要的目的是曝光率。[16]沒有人氣，明星很快就被人遺忘，被新人所替代。每個符號文本單獨有意義，共同品格是與大眾「保持接觸」。本書第九章第五、六節討論象徵，第十七章討論「群選經典」時，會回到這個問題上。

當符號表意側重於對象時，符號出現了較強的「指稱性」（referential），或稱外延性（denotative）。此時符號過程明顯以傳達某種明確意義為目的。本書上文討論過，實用／科學符號表意，大多是「所指優先」，這一類符號表意最為常見，也容易理解。此時符號的「對象」就是意義所在，意義明確地指向外延。

當符號側重於符碼時，符號出現了較強烈的「元語言傾向」（metalingual），即符號資訊提供線索應當如何解釋自身。自攜的元語言往往來自文本的體裁、風格、副文本等元素上，如果文本討論如何解釋自己，往往用「你明白我的意思嗎？」「你好好聽著」這樣的指示符號來提醒。元語言不一定外在，即是符號文本往往包括了對自己的解釋方法，這一點，應當說是雅柯布森對符號學做出的一個重要貢獻，本書第十章將重點討論「自攜元語言」問題。

雅柯布森的六因素理論造成的最大影響，是此文關於「詩性」的解釋。這問題本書將在第十四章討論藝術符號學時詳加說明，這裏先簡略說一下。雅柯布森認為：當符號側重於資訊本身時，就出

---

[16] 這是 2009 年 10 月彭佳在《符號學論壇》上的帖子，特此致謝。

現了「詩性」（poeticalness）。這是對藝術符號根本性質問題的一個
非常簡潔了當的說明：詩性，即符號把解釋者的注意力引向符號文
本本身：文本本身的品質成為主導。

雅柯布森指出，詩性並非只出現於詩歌中，或文學藝術中，詩
性出現於許多表意場合，雅柯布森舉出的例子極為廣泛，有順口溜、
廣告、詩體的中世紀律法、梵語中用韻文寫的科學論文、競選口號、
兒童給人起的綽號，等等。這些符號並非沒有其他功能，並非不表
達意義，只不過符號自身的品質占了主導地位，符號文本的形式成
為意義所在。

在當代，我們可以看到大量的廣告或招牌，利用符號「詩性」
讓人記住。雅柯布森引詩人霍普金斯的話：詩是「全部或部分地重
複聲音形象的語言」。因此詩性的一個重要標記是重複某些要素，讓
這些重複之間出現有趣的形式對比：例如飯店名為「面對面拉麵」，
「王子餃子王」。再如飯店進門掛了匾「好吃再來」，出門時另有一
匾「再來好吃」。看來今日的詩人，大都在開飯店。

從以上例子可以看到，「詩性」是一種風格特徵，在很多文體中
派上用場，詩性能讓一個符號文本帶上某種「藝術性」，但不一定能
使這個文本變成藝術。雅柯布森認為兩者之間的關鍵性區別是：有
「詩性」的非詩，「利用了詩的功能，但沒有使這種功能像它們在真
正的詩中那樣，起一種強制性的或決定性的作用」。[17] 雅柯布森這個
說法並沒有解決根本性問題：用任何「強制性或決定性作用」，也不
能使廣告變成藝術，體裁的本質是個語用學問題：廣告寫得再有詩
意，不可能變成詩，哪怕詩人來寫也一樣。馬雅可夫斯基在蘇聯
1923-1925 的「新經濟政策」時期，為蘇聯的公司寫過三百首「廣告

---

[17] 羅曼・雅克布森〈語言學與詩學〉，見趙毅衡編《符號學文學論文集》，天津：
百花文藝出版社，2004 年，182 頁。

詩」，有幾首進入《馬雅可夫斯基選集》，[18]俄文原文可能有點俏皮，翻譯過來後，不成其為詩。美國女詩人伊莉莎白‧畢曉普曾應邀為福特公司新款汽車取名，這也不是詩。符號文本的用法，決定了解釋方式，廣告意義依然必須落到商品上。只有李白為「蘭陵酒」寫的廣告，「蘭陵美酒鬱金香，玉碗盛來琥珀光。但使主人能醉客，不知何處是他鄉」。因為「對象」已經消失，可以讀成詩但現在又冒出一種當代「蘭陵酒」，重新把李白詩又變成廣告。關於藝術的「非實用性」要求，第十六章討論藝術符號學時，還會進一步說明。

　　雅柯布森在此文中還作了一個有趣的觀察，他認為：「『詩性』與『元語言性』恰好相反，元語言性是運用組合建立一種相當關係，而在詩中，則使用相當關係來建立一種組合。」[19]這個說法頗費猜詳，我的理解是：元語言性幫助文本指向意義，重點是解釋；而詩性讓文本回向自身，重點停留在文本上，不求解釋。李白的詩，一旦讀成不為某種特定酒而寫，就成了不同性質的文本。

5.語境論

　　關於決定符號意義的各種因素，語境可能是最重要的。語境，就是符號的使用環境，有的符號學家稱為「情景」。最早是由人類學家馬里諾斯基在〈原始語言中的意義問題〉一文中提出的，瑞恰慈用此文作《意義的意義》一書的補遺，[20]使這個理論從人類學擴展到文藝理論中來，語言學家約翰‧菲爾斯在三〇年代詳盡地討論語

---

[18]　《馬雅可夫斯基選集》三卷集，北京：人民文學出版社，1957 年。

[19]　同上，183 頁。

[20]　Bronislaw Malinowski, "The Problem of Meaning in Primative Language", supplement to C,K, Ogden and I, A, Richards *Meaning of Meaning*, 1946, New York: Harcourt, p 296-336.

境論。[21]此後語境問題的研究這眾多,對語境開始做細分,分類的人多了,類別就越分越細。

有的符號學家稱語境為「腳本」(script):人都是社會的人,人對符號的解釋結構,總是以可以預測的語境構築起來的,在符號表意出現的時候,就會「不言而喻」(by default)地放在這個語境序列中進行解釋,哪怕符號文本並不完整,接收者也會在已定的語境中重構意圖意義。

文本不完整但是靠語境完全可以得到理解,這種例子隨時可以遇到。例如,待客吃飯時,你妻子對著你摸了一下下巴,你馬上明白她是指你自己的下巴上有飯粒。再例如「我想打電話,能否借給我一塊錢?」這「一塊錢」必然是指一塊錢硬幣。文化的交際傳達,交流的不只是文本的資訊,同時進行著表意-解釋行為的協調,影響表意解釋的語境條件也就會形成。

大致上可以看出,語境實際上分成兩個大類:第一種是符號內的(符號文本自帶的)「內部」語境,也就是伴隨文本。它們與符號形態有很大關係,但是又不是符號本身,而是是符號傳達的方式。[22]例如商品包裝之豪華、書籍裝幀之精美、歌曲演出的舞臺設置燈光佈局、廣告播出的頻率和時間段等。這些「語境成分」對意義會有重要影響。有時候,例如巴爾特在《符號帝國》中說到的日本人層層包禮物,包裹的符號意義比禮物重要。

美國新任國務卿希拉蕊 2009 年 2 月 2 日在美國國務院宣誓就職,她致詞時刻意消遣自己和丈夫柯林頓說,「我要好好感謝他,這輩子帶給我各式各樣的經驗」。而說到「各式各樣」時加重語氣,引來哄堂大笑。這種語氣副文本,意圖自嘲幽默,給接收者提示她

---

[21] John R Firth, *The Tongues of Men and Speech*, London: Oxford Univ Press, 1966.

[22] 參見趙毅衡〈論伴隨文本〉,《文藝理論研究》,2010 年 2 期,2-8 頁。

期待的解釋意義：她不是一個怨婦，過去已經過去，現在可以合作無間。

　　而符號接收的語境，是符號外部的語境。這些外部語境因素的匯合，經常被稱為「語義場」。它們直接影響到解釋，許多論者（尤其是語言學家）做過分類，但是沒有一個學界基本上能同意的權威分類。此處只是大概說一下，不能說覆蓋了所有的語境種類。

　　首先有「場合語境」（situational context），解釋者處於何種場合，何種社會範疇：在酒吧朋友中傳送的，與在外交場合傳送的，使用同樣符號，意義可以完全不同。有的時候，場合語境變動，「傳達集團」的變化，可以對解釋起決定性影響。軍隊、中學生社群、黑社會，各有一套獨特的表意方式。例如 OrZ，取伏地之狀，意為「我服了你」，在中學生社群之外，大多數人不明白。

　　例如，能夠放在歌詞裏唱的，很可能不能放在話裏說：不可能口頭上說：「我願做一隻小羊，守在你身旁」，不僅滑稽可笑，而且輕薄無禮，但是唱卡拉 OK 就不同。《水滸傳》中的殺人作「投名狀」，在社會其他部分完全不能用。軍官的命令，必須在軍營內或戰場上，才有其權威性。哈姆雷特要在半夜裏被引到古堡接受復仇的指令，鬼魂命令的有效性也要求一定的場合。

　　另一種重要語境，就是第六章討論的「伴隨文本語境」（co-textual context）。既然世界充滿了符號行為，那麼沒有一種符號行為可以獨立表意，都不得不受先存的或共存的其他符號行為的影響。例如，軍官的命令，是有軍規等作背景才成為非執行不可的命令；不瞭解中世紀晚期歐洲，復仇對人格定位的重要性，也不會明白哈姆雷特為什麼那麼苦惱。這點本書第六章已經詳談。

　　不同的情景需要用完全不同的符碼與元語言。塔拉斯提曾經列出九種「情景」：社交禮貌、歷史情景、存在情景、傳達情景、權力情景、宗教情景、食品（象徵）情景、情色情景、道德情景。但是

他馬上指出實際情景遠遠不止這九種,而且這九種也隨時混雜。[23]語境的拓展是沒有窮盡的。一旦符號文本發出,「文本內語境」,就很難自由延伸,而每一次解釋行為可能落入新的語境。語境隨著解釋而無窮變化,使無限衍義枝蔓分叉,意義播散更加複雜。

6.「意圖定點」

按照皮爾斯的無限衍義理論,任何解釋項可以成為一個新的符號,新的符號又產生新的意義,以至無窮。但是「無限衍義」,只是說符號意義潛力上無限開放,實際上不會永遠延續下去。這個暫時停止,就是意義的成形。符號發出者儘管無法控制所有人的解釋,卻可以設法讓大部分接收者的解釋落在這一點上,也就是說,讓接收者大致上接受發出者的意圖意義。這就牽涉到發送者如何利用語境的預設安排。對於社論作者、記者、宣傳家、球隊教練、電影製片人、廣告設計家,對於任何想要在目標接收者中取得特定意義效果的人,這種預設安排,至關重要,本書把發出者意圖中期盼解釋的理想暫止點,稱為「意圖定點」。大致按照意圖定點理解符號文本的接收者,常被稱為「體裁讀者」(generic reader),[24]也就是多少按文化契約規定的方式理解文本的讀者。

「意圖定點」並不是「意圖意義」。所有的符號發出者,都給予文本一定的意圖意義,但是意圖意義並不能代替可實現的意義。而「意圖定點」則是符號發出者可以用各種手段達到的一個效果。例如:廣告人的意圖可以是壟斷整個市場,但是實際上他做不到這一

---

[23] Eero Tarasti, *Existential Semiotics,* Bloomington and Indianapolis: Indiana Univ Press, 2000, pp 8-9.

[24] Barbara Dancygier, *The Language of Stories: A Cognitive Approach*, London: Cambridge Univ Press, 2011, p 76.

點，他只能衡量局面，因勢利導，以取得一定的效果為滿足，過高期盼，只能顯得過於高調，誇而不實。

任何具體的解釋行為，都要暫時停止在某一點。這一點的出現往往是由於實際原因：因為解釋者自己已經滿意（例如贏了一盤棋），因為已經達到了預定目的（例如破譯了密碼），因為時間不夠（例如考試時間已結束），因為「思考疲勞」（例如看不懂的電影不再去想），或因為能力不夠（例如調查一樁案件進行不下去），甚至「反感」或「抵抗」（例如對某種元語言反感而作出「對抗解釋」[25]）。對於個別的接收者任何具體解釋行為，我們只能說停止是必然的，但是停止點落在哪裏情況各異，這不在發送者的控制範圍內。

「意圖定點」無法針對全部接收者，每個人的具體解釋過於多變，而是針對這個文本期待的，在一個文化中規定的接收者社群，接近費許所謂「解釋社群」（interpretive community）觀念，[26]也接近上述「體裁讀者」觀點。因此，意圖定點是個社會符號學問題。

一則成功的廣告，幾乎能讓絕大多數觀眾達到廣告公司所希望的意義。例如「農夫山泉」的廣告：李英愛扮演的御醫，是懂行的高手。那正是韓劇《大長今》風靡中國的年代，大長今的典雅、溫柔、善良極為喜愛，觀眾心理就被抓住。對於我這樣沒有看過《大長今》的少數中國人，衍義的「暫止點」，遠遠落在意圖定點之前。我只看到廣告中的圖景：在青竹流水之間，有一位韓國女郎一襲白衣緩緩舀山泉之水，虔誠地煮水，泡茶，並且徐徐道來「農夫茶，好水好茶好人喝」。對於我，這則廣告與別的飲用水公司廣告差不多，我的理解就未能達到廣告設計者的「意圖定

---

[25] Robert Hodge & Gunther Kress, *Social Semiotics,* Ithaca, NY: Cornell Univ Press, 1995, 11.

[26] Stanley Fish, "Interpreting the Variorum", *Is There A Text in This Class*, Cambridge Mass: Harvard Univ Press, 1980, pp 147-174.

點」，因為我缺少了廣告設計者想利用的語境知識，《大長今》這個伴隨文本未起作用。

符號發出者的「意圖定點」定在某一點，如果意圖成功的話，大部分接收者也會把解釋中止在那一點。例如 DVD 發行商把電影《安娜‧卡列尼娜》翻譯成《愛比戀更冷》，發行商的「意圖定點」落在不熟悉俄國文學的目標受眾身上，效果不錯；他完全不用管像我這種人如何氣得發瘋，他知道我屬於落伍的少數。

因此，符號的意圖定點往往是瞄準特定接收群體。雕塑群《收租院》意圖定點幾十年來一直在變化。創作於 1965 年的大型泥塑群像，當時是為了中國的階級鬥爭教育需要；2009 年重新製作的獲得威尼斯雙年展大獎，卻是瞄準了「國際社群」。

也有符號發出者的意圖，是盡早終止衍義。柯達攝影器材公司 1888 年創辦，Kodak 此詞「不是源於任何現成詞，而是創辦人伊門斯任意組合的，這樣，即使不完全有文化的人也不會將它誤拼，不至於破壞它的特性」。[27] 其實這詞是按快門的擬聲詞，只是求容易記住。埃克森石油公司 Exxon 也是因為名稱敏感，怕人們認為它有利益集團背景，就創造了一個無法讓人有聯想的拼法獨特的詞。

施樂公司（Xerox，臺灣稱為全錄）阻止衍義一事，是堅持「意圖定點」的一個例子。該公司在五〇年代晚期開始生產影印機，公司的名字有意取得很怪。但是很快這個商標就成了英語中一個動詞，因為這種新技術對知識界特別有用，也因為 Xerox 像希臘詞，有一種博學味道。老師們和經理們是影印機的潛在客戶，是這個商標意圖中的解釋群體。很快所有的老師都對助教說：「請 xerox 一下這篇文章」。施樂公司對此大為惱火，因為這個詞一旦變成「複印」

---

27 John Carey, *The Intellectuals and Masses,* London: Toby Eady Associates, 1992, p 35.

之義，那麼這個品牌就成了型符，別的影印機廠商就在合法地搶效益。[28]於是該公司發起一個運動，在英語中堅持用「photocopy」（複印）這個「正式」的動詞，這個運動居然成功了。這是意圖定點「往裏收縮」的一個奇特案例。

施樂公司何幸，在中國市場上他們完全沒有遇到這個問題，中國教授不會對助教說：「把這篇文章施樂一下」。這與市場開拓方式關係不大，而是關係到漢語創造品牌詞彙的方式：中文譯名「施樂」自以為取了個吉祥好詞，但是中文品牌全都是吉祥詞，過於雷同，行之不遠。

而詩人和藝術家，則盡最大努力破壞意圖定點，力圖解放讀者的經驗語境，把意義帶到無窮遠的地方。詩越是不控制意義衍生，就越是有效。某些藝術作品（例如「農業合作化小說」）意圖定點清楚，讓人一眼就看明白這只是文詞比較順的宣傳而已：願意接收這意義的人很容易看懂，不能接收的乾脆看不下去。但是這些小說意圖定點明確：面對其解釋群體（五〇年代的中國讀者），起到了必要的效果。

藝術家有意不暴露意圖，有意「不按常理出牌」，給接收者一個有趣的謎。越是「小眾性」的體裁，在這一點上越是自由。越是出色的現代詩，越像個沒有謎底的謎語，甚至詩人自己都無從索解。這個時侯，一首詩可以讓敏感而耐心的讀詩者把衍義延伸得很遠，最後幾乎企及意義的極限：皮爾斯的「符號本身」，艾柯的「終極語義場」，或是海德格在里爾克的詩中讀出的「存在物的存在被形而上學地規定為世界性現身」。[29]

---

[28] Richard Stim, *Patent, Copyright & Trademark*, Berkeley: Nolo, 2006, p 388.
[29] 馬丁·海德格《詩·語言·思》。北京：文化藝術出版社，1991年，121頁。

第九章　符號修辭

1.符號修辭的特點

　　修辭學（Rhetoric）這門學科本身的彈性很大，一般理解的修辭學，是「加強言辭或文句說服能力或藝術效果的手法」。無論在東方或是西方，修辭學都是最古老的學問。在古典時期和中世紀歐洲，不少學者傾全力於此，以至於現代有些學者認為這門學問已經到頭了。韋恩・布斯指出：修辭藝術一直繁榮，修辭學卻停滯不前。[1] 修辭學一直在語言學中佔有一個地位，主要工作集中於古籍整理研究。但是二十世紀的「語言學轉向」直接導致了修辭學的復興；尤其是二十世紀符號學運動，推動了修辭學從語言學轉向符號學。

　　西方大學的修辭學系科，是符號學與敘述學成為獨立學科以前長期的駐紮地。許多學者原先都在修辭學內工作。符號學公認的源頭之一是修辭學；[2] 皮爾斯符號學思想得益於修辭學甚多；[3] 巴爾特的符號修辭名篇《圖像修辭》影響了很多後繼者；[4] 敘述學家恰特曼

---

[1]　韋恩・布斯《修辭的復興》，南京：譯林出版社，2008 年，51 頁。

[2]　Tzvetan Todorov, *Theories of the Symbol,* Ithaca, N,Y,: Cornell Univ Press, 1982, p 15.

[3]　參見 John R Lyne, "Rhetoric and Semiotics in C, S, Peirce", *Quarterly Journal of Speech*, April 1980, pp 155-68.

[4]　Roland Barthes, "Rhetoric of the Image", *Image, Music, Text*, Ed, and trans, Stephen Heath, New York: Hill and Wang, 1977, pp 32-51.

（Seymour Chatman）一生都執教於伯克利加州大學修辭學系；韋恩‧布斯的敘述學名著《小說修辭》（The Rhetoric of Fiction），開創了敘述學的「修辭學派」。布斯一生致力於修辭學復興，他認為修辭學不是「勸導」人們相信在別處發現的真理，而是思想的根本形式。[5]

　　二十世紀出現了一系列方向不同的「新修辭學」，但是越來越多的人同意：「新修辭學」的主要發展方向，是符號修辭學。符號修辭學有兩個方向：一是在符號學基礎上重建修辭語用學，另一則集中研究傳統修辭格在各種符號中的變異。[6]本書主要在後一方向上做一些探索。

　　符號學給修辭學帶來了新氣象：符號修辭學把修辭推進到各種媒介中。廣告、遊戲、旅遊、影視、設計、藝術等當代文化重要領域，向符號修辭學提出了新要求。「說服」這個修辭學的古老目標，忽然有了新的迫切性：勸人購買貨品，購買服務，成為消費社會的第一要務。但是，非語言符號修辭研究面臨幾個困難：

　　（1）　語言表現力過於強大，具有其他符號體系不具有的清晰度。修辭學從來就是語言修辭，符號修辭的任何問題，往往被認為只是語言修辭格的變形或借用。

　　（2）　關於非語言符號的討論只能用語言寫成，甚至絕大多數非語言符號的例子，也不得不用語言來描述，其論述很容易與語言修辭混淆。巴爾特寫《時裝體系》，乾脆分析時裝雜誌的言語描述，而不直接分析時裝符號。

　　（3）　符號表意不可能有「是」、「像」、「如」之類系詞連接詞前置詞，要對符號文本進行分析，比語言修辭困難。修辭的關聯意義，必須靠解釋才能落實。

5　韋恩‧布斯《修辭的復興》，南京：譯林出版社，2008 年，31 頁。
6　Winfred Nöth, *Handbook of Semiotics*, Bloomington: Indiana Univ Press, 1990, p 339.

（4） 符號修辭格，容易與符號本身的性質（像似性、指示性、規約性）相混淆，這裏的級差問題相當細膩，萬一遇到阻隔，也只有用語言才能說明。雖然符號修辭是超語言修辭，但完全區分語言與非語言符號，是很困難的事。

符號修辭學要成為一個獨立的學科，必須避開語言陷阱，以免回到語言修辭。同時又必須使用語言。本書能做到的只是盡量在兩者之間維持平衡。

舉個例子，電影《心靈獨奏》（The Soloist），一位街頭流浪音樂家得到一把大提琴，他提起弓想塗點松香，隨口說了一句絕妙臺詞：「琴弦需要松香，就像警車需要囚徒」。比喻語言，本可以任意措辭，這比喻取自他老是與員警打交道的生活，古怪而幽默，是語言修辭妙筆。然後，他拉到一段華美樂章時，警笛聲融合了進來，此時鏡頭抬起，員警從前來驅趕流浪漢的警車中跳下。這鏡頭組合，是聽覺與視覺跨渠道符號修辭。但此時果然警車開來，情理流浪漢，這就把語言修辭坐實（形象化）為符號修辭。

語言修辭往往只能讓比喻越出文本之外，上面這個例子說明符號修辭的優點：它可以讓比喻進入文本的組合之中。《周易・繫辭下》所謂「近取諸身，遠取諸物」是說比喻可以出入文本。上面引用的臺詞中的語言修辭，與鏡頭修辭對比，可以看到，符號修辭往往就近（就情景）取譬，它可以把「遠物」拉到「近身」。

2.概念比喻

比喻不僅是最常見的修辭格，很多人認為所有的修辭格是比喻的各種變體，因此修辭學就是廣義的比喻學（metaphorology）。比喻研究在中國也是一門古老的學問，西方中世紀經院哲學中，對比喻的討論幾乎到了繁瑣的程度，艾柯《修辭學與符號哲學》一書，詳

細討論了中世紀以來的比喻研究，指出自亞里斯多德在《詩學》中討論比喻之後，有無數論家研究比喻，以至於修辭學被文獻重負壓得無法推進。

Metaphor 這個詞在西文中有雙義，中文翻譯有時不知所從。為了區分，本書把廣義的 metaphor 稱為「比喻」（也就是把所有的修辭格都看成一種比喻），而把修辭格之一的 metaphor 稱為「隱喻」。

任何新詞是一個舊比喻上累加出來的新比喻，例如「互聯網」、「板塊」、「博客」、「菜鳥」、「金融海嘯」；同樣，新符號也是舊符號元素累加出來的新比喻，例如奧運「足跡」禮花，例如「海寶」吉祥物。

比喻往往被認為是語言的最本質特徵，整個語言都是比喻累積而成。任何符號體系也一樣，是符號比喻累積而成：任何符號都從理據性（廣義的比喻）進入無理據的規約性，再用符號文本做新的有理據的描寫。符號體系正是靠了比喻而延伸，由此擴大我們認識的世界。

當比喻發生在兩個概念域之間，此時出現一種超越媒介的映現（mapping）關係。「映現」這個術語，起源於地圖製圖法，近年在符號學中用得越來越多：同一個地理對象，可以「映現」為各種不同的圖式，因此這意義接近「共型」（analogy），轉用到生物（例如細胞間的 DNA 複製）、數學、邏輯、電腦技術等等學科。在符號學中指不同模式，不同媒介之間的轉換，因此是「文化拓撲學」（本書第三章討論過這個概念）的重要一環。在符號修辭學討論概念比喻時，這個術語很有用。

自從萊柯夫與詹森在八〇年代初提出「概念比喻」（conceptual metaphor），這個課題已經得到了語言學界廣泛的研究。而在符號修辭中，概念比喻的重要性比語言學更甚，因為比喻要在多種符號系統中通用，必定是概念比喻：某些概念比喻幾乎是全世界跨文化共

有，更不局限於某種語言：例如「狂熱」、「心碎」，例如蛇為惡魔、鳥為自由，這些概念比喻可以有不同的媒介表現。哲學和宗教比喻本質上是超語言的，例如陸九淵說：「吾心即宇宙，宇宙即吾心」，雖然這個思想不用語言無法表達，但其意義域不受語言限制。

萊柯夫與約翰森舉的例子之一是「怒火」，他們指出這個比喻可以說出很多變體，並不像一般的比喻鎖定於一個語言表現之中。可以說：「我火冒三丈」，「這可把我惹火了」，「他的道歉無疑是火上加油」，「吵完後他幾天怒火未息」。[7]萊柯夫與約翰森的例子用的是英文，我用中文表達也很自然，一點不像翻譯。最重要的是，概念比喻超越語言：我們可以用表情、圖像、舞蹈、音樂等非語言媒介來表現「怒火」。

上下左右的位置，是重要的概念比喻，而且在各個文化中意義都相近。上下是社會地位（「能上能下」），左右以前是正邪（「左道旁門」），說政治立場（「忽左忽右」）發源於歐洲的議會政治，現在意義全世界通用。上下比較容易用圖像表現，幾乎無處不用，「上」是在演化「本乎天者親上」這個概念，就是《易》乾卦所說：「飛龍在天，利見大人」。臧策認為，在中國，「乾／坤，陽／陰，天／地，君／臣，父／子，夫／婦，長／幼，是具有中心／邊緣關係的『超隱喻』」[8]其中心是將身家族鄉國等扭結起來的，正是被神聖化了的「血緣宗族關係」。因此超出了語言，成為等級的概念比喻。

概念比喻以文化為邊界。例如絕大部分宗教都認為人生最好的歸宿是升天，天堂在上。但是佛教卻認為樂土在西，西天有極樂世界。《觀無量壽佛經》中十六種觀，第一觀就是「日觀」，以觀懸

---

[7] Mark Johnson and George Lakoff, "Conceptual Metaphor in Everyday Language" in (ed) *Mark Johnson, Philosophical Perspectives on Metaphor,* London: Baker & Taylor, 1981.
[8] 臧策《超隱喻與話語流變》，天津人民出版社，2007年，4。

鼓落日為「方便」。對於追尋人生根本意義者來說，看到日落西山，會有如魚得水之感。落日之處為輪迴的交接之處，有限與無限之間的跳躍。方位概念，比喻了最根本的人生理解。但是這個比喻局限於佛教國家。

博多利亞在《消費社會》一書結尾，曾用「櫥窗映射」推進拉岡的鏡像概念；而賈平凹《廢都》的開頭，也有一個關於影子消失的情節。鏡像式拉岡意義上主體生成的工具，主體通過鏡像來確認自身。而博多利亞說，「在當代秩序中，不再存在使人可以遭遇自己或好或壞影像的鏡子或鏡面，存在的只是玻璃櫥窗──消費的幾何場所，在那裏個體不再反思自己，而是沉浸到對不斷增多的物品／符號的凝視中去，沉浸到社會地位能指秩序中去。」

我們在玻璃櫥窗中看到的不是自己完整的影像，而是商品和疊加在商品上、被切割得支離破碎的模模糊糊的自己。這是一個被「物化」的人。前商品社會的個人，對自己的看法類似鏡子，基本上看到一個完整的自我，而商品社會的個人，是玻璃櫥窗中碎片狀的個體。「再也沒有存在之矛盾，也沒有存在和表像的或然判斷。只有符號的發送和接收，而個體的存在在符號的這種組合和計算之中被取消了……消費者從未面對過他自身的需要。」[9]

所以，概念比喻不是一種添加文采的技巧，一種想像能力，而是根本性的思想範疇的研究。拿本書討論的符號學來說吧，皮爾斯說普遍三性，艾柯說封閉漂流，雅克布森分析選擇組合軸，實際上都是在使用概念比喻。

---

[9]　讓・博多利亞《消費社會》南京大學出版社，2007 年，160 頁

3.符號的各種比喻

　　首先應當說明：像似符號與對象之間的關係，類似隱喻關係，正如指示符號與對象之間，類似轉喻或提喻關係。符號修辭格，與符號本身的分類，兩者的區別在於在場性：符號修辭格的兩造，一般都出現在符號文本現場，修辭格是這兩造之間的關係；而像似符號與指示符號的對象必須不在場。

　　這個在場性問題不難理解，在具體分析中還是會有困惑，因為符號的對象只是在符號出場時不在場，如果隔一距離出場，符號品類與符號修辭格就會混淆：此時全看我們如何劃定在場的符號文本之邊界。例如某人穿著阿瑪尼名牌西裝，在街上我見到他，看出這是他的財富之指示符號（他的財富不在場）；在他的府邸見到他，我很可能認為這是他的財富之提喻（他的財富看起來在場）。這兩者的分野，的確比較細膩，符號文本本身沒有不同，區別在解釋上：作為符號，引向一個不在場的解釋意義；作為符號修辭格，則引向與另一個在場符號的關係。在實際的符號分析中，兩者有時候不容易區分。

　　明喻的特點是直接的強迫性連接，不容解釋者忽視其中的比喻關係。修辭學說比喻的兩造之間有「像」「如」等字稱為明喻，沒有則是隱喻。在符號修辭中，無法出現「像」「如」這類連接詞或係詞，但是符號文本可以有其他強制連接喻體與喻旨的手段。

　　電影《班傑明的奇幻旅程》整部電影講的是一個人從老年開始倒著長，越活年齡越小。開始有個強制的比喻：火車站一個倒走的時鐘。這個鐘的安排得太明顯，不得不說是個符號「明」喻：明喻就是文本中兩個組分在表達層上有強迫性比喻關係，不允許另外解讀方式。許多影片公司的片頭，實為符號明喻：米高梅公司的獅吼、二十一世紀福克斯的探照燈，等等。

一旦非語言符號與語言相連接，明喻關係就可能更加清楚。舉個例子，為春節元宵喜慶，本市的廣場上掛了三種燈彩：樹上沿著樹枝掛的是紅色和黃色燈泡，草坪上鋪的是綠色燈泡。晚上廣場上三種色彩輝映，大部分市民會明白，紅的黃的是兩種顏色的臘梅，綠的是草坪，這是明顯的類比。但是策劃喜慶活動的市政府在作計畫書或寫彙報時，肯定會用到這些話語：「本市春節滿街火樹銀花，華燈初上，佳節良宵，普天同慶」。這是因為語言能把符號的比喻連接性說的更清楚一些。在這個例子中，市民和市政府報告都把燈飾看成是明喻。

在廣告中，比喻關係必須明確而固定，必然是明喻：廣告中一定會出現商品的圖像與名稱，而且必然是喻旨之所在。廣告中著名球星的精彩射門，最後必然拍出他穿的球靴是什麼牌子；名演員打扮出場演一位女皇，她下詔所有侍女不准用某種香水，這香水總會出現在她的御用梳粧檯上，瓶子上的牌子必定用特寫映出；世博會的一個廣告，是身著西裝的上海白領，身體的另一半是秦俑武士；大眾車的一個廣告，一架飛機也姿態瀟灑地掠出隧道，同時汽車也從隧道馳出。廣告比喻雙方的強制性連接，如系詞「像」一樣強制。

而符號隱喻，就是解讀有一定的開放性的比喻，喻體與喻旨之間的連接比較模糊，而且這連接往往只是在發出者的意圖之中：比喻關係實際上是意圖定點：如果解釋群體能找到這個比喻點，符號的意義效果就比較好，但是不能保證這個關係。一篇討論營銷技巧的文章說：「去年在北大門口，我看到一個老太太在賣項鏈，也不知道是玻璃還是水晶的……我問她這個東西叫什麼？她說，小夥子你就不懂了，上面綴一個玻璃墜子，這叫情人的眼淚。大學生談戀愛談崩了，買一個東西紀念一下」。[10]這個小商品，至少在意圖意義中，

---

[10] 王希民，〈營銷活動三高招〉，《真情,傢俱 TIME》2009 年 7 期，51-52 頁。

是一個明喻符號。但是購買的學生是否真能想到這是眼淚？如果不加說明（用標籤標明項鏈的名稱，成為明喻），就無法保證如此理解。

李安導演的《喜宴》，主人公最後出美國海關通過安檢口，舉起雙手，這是「投降」姿勢，他對「香蕉化」的子女毫無辦法，對文化的變遷毫無辦法，他的生活中有太多的無奈。[11]但是「投降」這個比喻，要把一部電影看下來才能看出，而且要有點靈悟能力的觀眾才明白，因此只能是一個隱喻。

在符號修辭中，明喻的數量比隱喻多，但是符號明喻與符號隱喻之間，沒有語言修辭那樣清晰而絕對的分界。談青少年成長的影視，片頭的景色是開花的原野，橋頭巨型雕塑英雄的手臂直指前行方向，圖書館前廣場有羅丹的「思想者」雕塑，某本談宋代商業的書，封面上是〈清明上河圖〉：如果接收者看清了比喻的聯繫，這些可以是明喻。但是文本沒有提供明喻式的「直接強迫性連接」。因此，符號明喻與隱喻的辨別，不在發出者意圖中，也不在文本形式中，而在符號表意的第三個環節，即接收者「被期盼」的理解方式上。[12]符號明喻之所以可能失落，是因為符號修辭關係不像語言那樣強制。

在所謂「神話式思維」中，出現「似生似」（Like produces like）的治療隱喻：蛇膽明目、紅棗補血、核桃補腦、藕粉美白、桂圓滋陰、魚籽補陽、魚泡收子宮、牛鞭壯陽：符號與對象的外形像似性關係，被認為是施加直接療效的途徑。這個連接點，在不信者看來只是個「神話式思維」隱喻，在信者看來是明確而強制的明喻：實際上必須作明喻的強制理解才有療效。而一旦如此理解，果然有療效，符號學家與心理學家，都稱這種心理暗示效果為「符號生理（semiosomatic）反應」。[13]

---

[11] 這個例子是 2008 班符號學學生王立新在作業中提供的，特此致謝。
[12] 關於「期盼」與理解方式，請參見本書第五章第六節的討論。
[13] Trigant Burrow, *The Neurosis of Man*, London: Routledge, 1999, p 150. 此書認

　　轉喻在非語言符號中大量使用，甚至可以說轉喻在本質上是「非語言」的。電影《阿瑪迪斯》中，暗懷鬼胎、預謀已久的宮廷樂師巧妙地利用莫札特父親生前用過的面具來到莫札特的家門前，要求莫札特為他做一曲〈安魂曲〉。此時此刻在莫札特的眼中，面具就是死亡的提喻，而〈安魂曲〉這個樂曲的體裁，成為一個序列的指示符號：樂曲完成之日就是莫札特離世之日。

　　幾乎所有的圖像都是提喻，因為任何圖像都只能給出對象的一部分。戲劇或電影用街頭一角表示整個城市，卻是經常被認為為現實主義的表現手法。新聞圖片、電影圖景，實際上都無法給我們對象的全景，都只是顯示給我們對象的一部分，讓我們觀眾從經驗構築全副圖景。所以所謂「記實」攝影或紀錄影片，提供的只是「真實感」而不是「真實性」：關於世界的符號，只不過是世界的符號表現，而不是世界。

　　提喻使圖像簡潔優美、幽默雋永，言簡意賅。錢鍾書用繪畫為例，說明提喻的妙用：〈孟嘗君宴客圖〉有人畫兩列長行。「陳章侯只作右邊宴席，而走使行觴，意思盡趨於左；覺隔樹長廊，有無數食客在。省文取意之妙，安得不下拜此公！」錢鍾書評說，「省文取意，已知繪畫之境」，[14]也就是說，繪畫本質上就是提喻。

　　轉喻與提喻在符號表意中經常混合。電影中的「特長鏡頭」，例如根據麥克尤恩同名小說改編的電影《贖罪》（Atonement），有敦克爾克海灘足足四分半鍾的長鏡頭：開闊的海灘上火光沖天，槍炮聲震耳，到處彌漫著血腥與死亡：這段拍攝有意用完全無切斷的特長鏡頭，為這個原本精緻有餘而豐厚不足的故事加重了砝碼。但是無論怎樣的全景長鏡頭，持續看到的只是無間斷的局部，依然只是戰

為「符號生理反應」是一種條件反射（reflex conditioning）。

[14] 錢鍾書〈管錐編〉《太平廣記》八八，北京：三聯書店，2007年，第三卷，1136頁。

場局勢的提喻。這個長鏡頭最後連接到海灘附近一所小棚子內，男主人公受傷而死：在幾十萬人生死懸於一線的戰場，一個人的死亡微不足道：這個鄰接性轉喻，就是電影的主題形象，人在戰爭中都只是一個可忽略的統計點，一個與大場面不相稱的提喻。

　　某些女子出門挎的名牌提包，是財富的提喻，提包的形式與財富也沒有多少瓜葛，「高貴」提包的表意作用，在於它在成功地化大血本做了廣告後，故意售價很貴。提包再貴也只是她的零花錢中的一個部分，於是牌子提喻提包，提包提喻財富。如果這位女士挎此提包，是因為她崇拜的一位大明星做了這個提包牌子的「代言人」，她挎的這個提包就是轉喻，指向她的「時髦新潮」。

　　佛洛伊德在心理分析奠基名著《釋夢》中指出，夢有兩個重要組成方法，即凝縮（condensation）和移位（displacement）。拉岡認為佛洛伊德說的這兩種夢的方式，就是隱喻和轉喻：凝縮即隱喻，不同事物某一方面的類似性，使它們之間可以聯繫起來；而移位即轉喻，轉喻是成份之間的空間鄰接性。在拉岡看來，慾望是轉喻：慾望指向無法滿足的東西，其喻旨與所有的符號意義一樣，必須不在場。慾望的轉喻本質，是它永遠得不到滿足的原因：符號轉喻永遠不可能代替喻旨意義，一旦意義在場，就不再需要符號。同樣，一旦慾望達到了目的，慾望就不能再叫做慾望，慾望就消失了：這是慾望的符號修辭本質所決定的。

　　拉岡與佛洛伊德，在用語言修辭來解釋心理現象，但實際上夢是符號文本，而不是語言文本，佛洛伊德和拉岡討論的，都是符號修辭。

4.符號比喻的各種複雜變體

　　在語言修辭學中，比喻有各種延伸變化的分類，但是術語不太統一。下文不得不先把語言修辭中的比喻變體略加整理說明，然後擴展到符號修辭。這些變體的基礎，可以是隱喻、明喻、提喻、轉喻中的任何一種。

　　倒喻（reversed metaphor）把喻旨放在喻體前面，B 如 A。例如《長恨歌》「芙蓉如面柳如眉」。一般說來，喻旨與喻體顛倒不會影響理解，因為喻旨往往是符號文本的組成部分，而喻體離符號的表達組合比較遠：電影中一條兇惡的狼狗垂著舌頭先出來，後面跟著壞人出場；先有殘葉蕭索，然後流浪漢孤苦伶仃；先出現春日垂柳燕子呢喃，然後出現戀人成雙。電影觀眾絕對不會搞錯：這是以狼狗比惡人，以冬景比心情。而不是相反。

　　實際上，符號比喻，倒喻比「正常順序」的隱喻更多，因為喻體可以提供背景，烘托氣氛，而喻旨後出，強調意義所在，並延續文本的組成。所以電影中「芙蓉＋面」，遠多於「面＋芙蓉」。在沒有線性順序的符號文本中，例如展覽會的建築與展品之間，室內裝修的掛圖與整體風格之間，喻體與喻旨無法說出一個前後。但是喻體總比喻旨更引人注目（例如車展上的車模與汽車），接收者一般先注意喻體，然後注意喻旨。上一節分析廣告的明喻結構時，也已經說明廣告喻旨後出。

　　潛喻（submerged metaphor）A（如 B，因此）有 B1，其中 B1 是 B 的一個延展的品質或行為。例如被侮辱的女人叫起來：「拿開你的爪子！」沒有說的是「你如狼」。錢鍾書《圍城》中說某女士穿得太暴露：「又有人叫她『真理』，因為據說『真理是赤裸裸的』」，全句應當是「真理（像她的穿著一樣）赤裸」。〈管錐編〉中引卡西爾《象

徵形式哲學》說比喻的兩造「引喻取分而不可充類至全」，錢鍾書引《南北徽詞雅調》為例：「蜂針兒尖尖做不得繡，螢火兒亮亮點不得油」。[15]這是否定式地使用潛喻：A（不如 B，因此）不能完成 B1 功能。

在符號修辭中，潛喻使用的相當廣泛，電影符號學家認為蒙太奇是符號隱喻，但這種隱喻很可能跳過喻旨環節，成為符號潛喻：電影中某人暴怒，爐子上的咖啡壺煮沸溢出濺髒了桌布：咖啡壺（也像人一樣暴怒地）沸騰了。電影裏描寫戀愛中的青年女子，喜歡在家裏穿男人的大號襯衫，這是關於她享受愛情的潛喻，略去的環節是她晨起時隨手抓到的是男人留下的衣服。據說宋徽宗庭考畫家，出題〈踏花歸去馬蹄香〉，某畫家畫了幾隻追逐馬蹄的蝴蝶，得到嘉獎：花香無法畫出，其延展行為卻可以描繪。

曲喻（conceit），是潛喻的進一步展開，A（如 B，因此）有 B1-B2-B3：「他（如狼）永無滿足，每天尋找新的犧牲品，得意時就狂嘯」。很多廣告實為曲喻，例如伊利奶的一則廣告，某明星女孩喝了牛奶，神清氣爽地伸展四肢，跳了起來，跳出舞步，而舞步落在一架巨大的鋼琴上，白鍵黑鍵中流出動聽的音樂。

很多傳說和史詩的情節，是概念比喻的曲喻式展開：例如說聖杯是耶穌與門徒「最後的晚餐」用的杯子，只有最勇敢最純潔的騎士才能找到它，找到聖杯者就是騎士中的翹楚，因此情節的主要部分就成為對騎士勇敢和純潔的考驗；再如孫悟空因鬧天宮而被罰囚禁，因囚禁而必須感謝救助者，因而必須護送唐僧去西天，而唐僧是肉骨凡胎，不能騰雲駕霧，必須一步步走去，從而必須有九九八十一難。

---

[15] 錢鍾書〈管錐編〉，《毛詩正義,大東》，北京：三聯書店，2007 年，第一卷，254-255 頁。

　　類推（analogy）：A 對 C 就相當於 B 對 D，可以緊縮為 A 是 C 的 B。「他對於這個小鎮，就像狼對於羊群」；化成類推就是「他是這個小鎮裏的一頭狼」。類推實際上是所有比喻的預設語境，所有的比喻都是類推的縮寫而已。某經理「像獅子一般怒吼」，說全了就是「他（對辦公室人員），就像獅子（對森林裏的野獸）一般怒吼」。電影中可以是鏡頭組與蒙太奇的配合：豔紅的大麗花，大理花背後的陽光刺目，遮蓋了大麗花的紅色，讓它變得邊緣模糊，一群皮靴踩過，把農田踩爛——這裏的類推是：「田野被兵災蹂躪，就像花朵在夏日乾枯」。

　　「反喻」（antimetaphor），或稱「類邏輯比喻」（paralogical metaphor），即反邏輯的比喻，或很難找到比喻像似點的比喻。反喻往往形式上是個明喻，因為有比喻詞強迫解釋者不得不接收這個比喻。從符號學角度來看，明喻的連接並不在喻旨與喻體有沒有像似點，而在於修辭結構本身對文本的制約。

　　由於符號明喻沒有語言明喻的「謂詞」，只有體裁規定必然的捆綁修飾，因此反喻更為簡便多樣。語言的反喻，只出現於現代先鋒詩歌等反常文體中，而符號反喻也不能出現於廣告等需要解釋明白的地方，只能出現於以反常為立足點的藝術中，尤其在現代先鋒藝術中。例如波洛克（Jackson Pollock）著名的「滴瀝」畫「秋天的節奏」（Autumn Rhythm），用刀、杖、毛巾等把顏料潑灑在畫布上，此畫與標題的像似點完全不存在；同樣，黑塞（Eva Hesse）的布掛條裝置，稱為「意外」（Contingent）；菲尤（Robert Filliou）用金屬絲和板材搭建的裝置，「通靈音樂第五號」（Telephathic Music #5），都是標題強加相似點的反喻。

　　由於現代形式論的發展，二十世紀對修辭學的興趣復興，但是真正把修辭學變成一門嶄新的學科的，是符號學。對修辭學來說，擴展到全部符號，是寶貴的再生機會。一方面，某些符號學的基本

規律，例如關於像似性與指示性的討論，關於組合與聚合的討論，最終與修辭問題相聯繫。反過來，符號學也拓寬了修辭學：例如圖像修辭，多渠道媒體修辭，都比語言修辭複雜得多。還有些重大問題，例如象徵問題，反諷問題，在語言範圍內一直無法講清楚，只有到符號學範圍內才能明白一個究竟。由此，符號學成為修辭學復興的前沿陣地。

5.象徵與「符號」的混用

各種符號修辭格中，最難說清的是象徵。這個概念使用得最多，意義卻最混亂，而且「符號」與「象徵」兩個詞經常被混用。討論如何區分象徵與符號的論著，在中文中很多，越討論越糊塗。在西語中，symbol 與 sign 這兩個詞更加混用，不少符號學家用了整本書試圖澄清之，例如托多洛夫的《象徵理論》，[16]只是把問題說得更亂。本來這個問題應當可以用符號學來澄清，實際上也只有符號學才能澄清。但恰恰是在西語的符號學著作中，這個問題弄得比其他學科更亂。在西語中，象徵 symbol 一詞經常當做「符號」意義來使用：西方符號學家們自己成為混亂的原因。

古希臘語 symbolum 語源意義是「扔在一起」，表示合同或約定的形成過程。在當代西方語言中，symbol 有兩個非常不同的意義。《簡明牛津詞典》對 symbol 一詞的定義是：（1）一物習俗上體現了，再現了，提醒了另一物，尤其是一種思想或或品質，（例如白色是純潔的 symbol）；（2）一個標誌或字，習慣上作為某個對象、思想、功能、過程的符號，例如字母代替化學元素、樂譜標記。[17]

---

[16] 茨維坦・茨維坦・托多洛夫《象徵理論》，北京：商務印書館，2004。
[17] *The Concise Oxford Dictionary,* Ninth Edition, Oxford :Oxford Univ Press, p 1411.

　　前一定義，對應漢語「象徵」；後一定義，對應漢語「符號」，而西語中 symbol 兼為「符號」與「象徵」，亂從此出。索緒爾對此很清醒，因為在他的定義中，符號必須是任意武斷的，symbol 是象徵，並不任意武斷。他說：「曾有人用 symbol 一詞來指語言符號，我們不便接受這個詞……symbol 的特點是：它不是空洞的，它在能指與所指之間有一種自然聯繫的根基」。[18]他說的是 symbol 作為「象徵」並非任意武斷，不符合他的「符號」定義。他拒絕用以免混淆，是有道理的，但是他無法糾正每個西方學者：皮爾斯的 symbol 恰恰就是「規約符號」。至少在這一點上，索緒爾比皮爾斯清楚。

　　應當說，在漢語中，「象徵」與「符號」這兩個術語本來不會混淆，混亂是在翻譯中產生的：西方人混用，翻譯也只能在「象徵」與「符號」中搖擺。影響所及，中國學界也不得不被這種混亂吞噬：中國學者自己的書，也弄混了本來清楚的漢語詞彙。稍看幾本中文討論符號與象徵的書，就會看到：我們讓西語之亂亂及漢語。真是令人遺憾的「中西交流」。

　　例如有一本國內新出的學術書，說是 symbol 此詞，「用於邏輯、語言及符號學心理學範疇時，多譯作『符號』；而用於藝術、宗教等範疇時，則譯為『象徵』」。[19]這話實際上是說漢語中「象徵」與「符號」也是同義：兩者都是 symbol 的譯文，只是「象徵」只出現於藝術學和宗教學之中。這種「按學科」處理譯名，顯然行不通。

　　影響所及，當代漢語的日常用語中，也出現了「符號」與「象徵」的混亂，例如說：「超女是當代文化的符號」。正確的表達應當

[18] 索緒爾《普通語言學教程》北京：商務印書館，1980 年，103-104 頁。
[19] 賀昌盛《象徵：符號與隱喻》，南京大學出版社，2007 年，5 頁。該書同一頁上又說：「西語語境中的『象徵』偏重以形象指涉理性思辯的對象，但當這一『形象』日漸脫離其具體的形態狀貌而被單一的『語言符號』所替代時，『象徵』就成了一種純粹的語言現象。」

用「象徵」：任何一個電視節目，本來就是符號文本。說這話的人，
是想說「超女」節目已經變成一種「特殊的符號，即象徵」。

　　錢鍾書對這個糾葛看得一目了然。〈管錐編〉第三卷中說：符號
即 sign、symbol。[20]錢鍾書的處理原則是：西語 symbol 意義對應漢
語「符號」時，譯成「符號」；對應漢語「象徵」時，譯成「象徵」。
一旦弄清原文究竟是符號還是象徵，就以我為主地處理，不必凡是
symbol 都譯成「象徵」，這樣漢語能反過來幫助西語理清這個糾結。
因此，本章下面幾節的目的，是把漢語的術語「象徵」與「符號」
區分清楚。在可能情況下，幫助西人整理一下他們弄出的混亂。

　　首先，西方學者由於兩詞意義接近，所以每個人一套自己的理
解，經常互不對應。有些學者認為符號是淺層次的，象徵是深層次
的。甚至有西方論者認為符號是「直接」的，而象徵是其「背後的
潛在意義」。[21]持這種看法的主要是某些人類學家，他們思想中的「符
號」，看來只是某種圖像、文字，或類似文字的記號（notation）。弗
洛姆說：「符號是人的內心世界，即靈魂與精神的一種象徵」。[22]這
句話的意思似乎符號範圍比象徵小，只是一種象徵。本書認為，符
號的外延應當比象徵寬得多，象徵是一種特殊的符號。

　　佛洛伊德認為夢的衝突－壓制－替代機制使夢中出現顯義與隱
義，顯義（manifest）是「圖像的－字面的」（pictorial-literal），隱義
（implicit）即是「象徵意義」（symbolic），[23]拉岡給 Symbolic Order

[20] 錢鍾書〈管錐編〉，「陸機《文賦》論卷」，北京：三聯書店，2007 年，卷三，
1864 頁。
[21] Miranda Bruce-Mitford and Philip Wilkinson，《符號與象徵：圖解世界的秘密》
（Signs & Symbols, An Illustrated Guide to Their Origins and Meanings）臺北：
2008，p 2。
[22] 埃里希・弗洛姆《被遺忘的語言》北京：國際文化出版公司 2001 年，31。
[23] Sigmund Freud, *The Interpretation of Dreams*, quoted in Agnes Petozc, *Freud,
Psychoanalysis, and Symbolism*, Cambridge and New York: Cambridge Univ

下的定義卻說：「Symbolic Order 即符號的世界，它是支配著個體生命活動規律的一種秩序」。按他自己說的意思，Symbolic Order 即「符號」，即「秩序」考慮，應當譯成「符號界」才正確。艾柯就一針見血地說：「拉岡稱作『Symbolic Order』，而且說是與語言聯繫在一起，實際上說的是『符號界』（Semiotic）」。[24]

　　卡西爾名著《人論》一書的名句，「人是 animal symbolicum」，現在一般譯成「人是使用符號的動物」，但是也有人譯成「使用象徵的動物」，也有重要著作用此說。[25]不過卡西爾原書在這兩個術語上有特殊用法：他把 sign 解釋為動物都會有的「信號」，而把使用 symbol 看成人的特點。[26]那樣的話，symbol 必須是「符號」。謝冬冰考察了卡西爾著作的歷年中譯處理方式，並且討論了卡西爾自己的解說，結論是「從其整體的認識論來看，他的哲學是符號哲學，而不是象徵哲學，但是全面的看，在討論藝術與神話的發生時，很多地方，symbol 一詞應理解為象徵」。[27]這個總結，實際上是承認卡西爾的著作不可翻譯，除非把 symbol 分別譯成「符號」與「象徵」，但要把卡西爾每一處的意思都弄清楚，很難做到。

　　同樣的作者錯亂禍及譯者多得很。巴爾特的《符號帝國》，說日本文化就是個 symbolic system；[28]哲學家桑塔延納說，「猿猴的聲音

Press, 1999, 64.

24　Umberto Eco，*Semiotics and the Philosophy of Language*, Bloomington: Indiana Univ Press, 1984, p 203，百花文藝出版社 2006 年版中文譯本《符號學與語言哲學》無此節。

25　例如王一川《語言的勝景：外國文學與語言學》，海口：海南出版社，1993，王一川說此語引自甘陽所譯卡西爾《人論》，上海譯文出版社譯本，1985 年版，87 頁。《人論》各版都譯成「人是使用符號的動物」。

26　Ernst Cassirer, *Essay on Human Being*, 1944.

27　謝冬冰，〈符號還是象徵？〉見《表現性的符號形式：卡西爾－朗格美學的一種解讀》上海：學林出版社，2008 年，47-54 頁。

28　Roland Barthes, Empire of Signs, New York: Hill & Wang, 1982, p 5.

變成 symbolic 時，就變得崇高了」；[29]弗賴說 symbol 是「文學作品中可以孤立出來研究的任何單位」。[30]這些人說的都應當是「符號」，但是中譯一律譯為「象徵」。

布迪厄著名的術語 symbolic capital，不少學者譯成「象徵資本」，[31]也有一些譯者翻譯成「符號資本」，[32]中文論者也兩者混用。按布迪厄的本意，恐怕最好譯成「符號資本」。首先因為這個概念是與「社會資本」、「文化資本」、「經濟資本」對列，布迪厄指出：「symbolic capital 是其他各種資本在被認為合法後才取得的形態」。[33]既然 symbolic capital 是各種資本經過一番轉換變成，當以「符號資本」為宜。

克里斯臺娃與博多利亞的用法，又有不同，他們持續地圍繞著「符號」與「象徵」的對立展開論辯。克里斯臺娃的論辯圍繞著「符號的」（Semiotic）與「象徵的」（Symbolic）兩個層次展開，「符號的」，是「前俄狄浦斯的」（pre-Oedipal），焦點集中在「子宮間」（chora）；當一個孩子獲得了語言，就不得不臣服與「象徵的」，後俄狄浦斯的符號系統（sign system）。在克里斯臺娃的術語中，「符號的」大致相當於拉岡的「想像界」。我們只能說，這是她獨特的用法。[34]

---

[29] George Satayana, *The Life of Reason: The Phases of Human Progress,* New York: Dover, 1905, p 67.

[30] Northrop Frye, *Anatomy of Criticism: Four Essays*, Princeton: Princeton Univ Press, 1957, p 34.

[31] 例如褚思真、劉暉譯《言語意味著什麼》商務印書館，2005。

[32] 例如李猛、李康譯，鄧正來校的譯本很重要的布迪厄社會學著作《實踐與反思：反思社會學導引》中央編譯出版社，1998；又如陶東風譯《文化與權力：布林迪厄的社會學》，上海譯文出版社 2006 年，第 9 頁。

[33] Pierre Bourdieu, "The Forms of Capital", In J, Richardson (ed) *Handbook of Theory and Research for the Sociology of Education*，New York：Greenwood, 1986, 241-258.

[34] Julia Kristeva, *ReVolution in Poetic Language,* New York: Columbia Univ Press, 1984, pp 19-24.

　　博多利亞早期認為現代性的發展是從象徵秩序到符號秩序，中期認為現代性是從符號秩序發展到象徵秩序。[35]但是在他的思想中，「符號」不同於「象徵」。博多利亞 1972 年的著作《符號政治經濟學批判》被認為是轉向的路標性著作，在此書中他舉了一個簡易的例子：結婚戒指是「一個特殊的物，象徵著夫妻關係」；而一般的戒指並不象徵著某種關係，因此一般的戒指是「一種他者眼中的符號」，是「時尚的一種，消費的物」。而消費物必須擺脫「象徵的心理學界定」，「最終被解放為一種符號，從而落入到時尚模式的邏輯中」。[36]這段話的意思是，象徵有心理意義，而符號則有時尚意義。這是博多利亞個人化的理解，我們只能說戒指與結婚戒指是兩種不同的「象徵」。但是，既然博多利亞有自己明確的獨特定義，我們只能按他的用法處理他文中的「象徵」與「符號」。

　　的確，sign 與 symbol 這兩個詞，在西語中是從根子上混亂了，每一個論者自己設立一套定義，更加劇了混亂。符號學奠基者皮爾斯，也把這兩個關鍵性的關鍵字說得更亂。他使用 symbol 一詞，指示符號號三分類之一的規約符號，即與像似符號（icon），指示符號（index）不同的，靠社會規約性形成與對象關連的符號，他這是在 symbol 的「符號」、「象徵」複雜意義上再添一義。但是他又花了很長篇幅，把他的這個特殊用法解釋成「與其說這是賦予 symbol 一種新意義，不如說並返回到原初的意義」：

　　　　亞里斯多德認為名詞是一個 symbol，是約定俗成的符號。在古希臘，營火是 symbol，一個大家都統一的信號；軍旗或旗子是 symbol；暗號（或口令）是 symbol；證章是 symbol；教

---

[35] 高亞春《符號與象徵—博多利亞消費社會批判理論研究》北京：人民出版社，2007 年，6-9 頁。
[36] 博多利亞《符號政治經濟學批判》南京大學出版社，2009 年，47-49 頁。

堂的經文被稱為 symbol，因為它代表證章或基督教原理考驗
用語；戲票或支票被稱為 symbol，它使人有資格去接受某事
物；而且情感的任何表達都被稱為 symbol。這就是這個詞在
原始語言中的主要含義。諸位可以判定他們是否能證實我的
聲明，即我並沒有嚴重歪曲這個詞的含義，並沒有按我自己
的意思使用它。[37]

實際上皮爾斯這話的確是「按自己的意思使用它」。他舉的例子
中，「教堂經文代表基督教原理」，明顯是象徵；營火、軍旗或旗幟，
都是是典型的（鄰接性）指示符號；至於「情感的任何表達」，則是
以像似符號居多（例如表情、手勢、身體動作）。他說的「回到希臘
原意」，在西方學界可能是一種為創立符號學辯護的好策略。但是這
種自辯，無法說明他的 symbol 特殊用法「規約符號」之符號傳統。
皮爾斯很能造詞，他完全沒有必要用此舊詞。本書第三章第七節討
論規約符號時，不跟隨他的解釋，就是想把這個麻煩的辨義推遲到
本節再談。

事到如今，最好的辦法是西文取消 symbol 的第二義，即不讓這
個詞再作為「符號」的意義，全部改用 sign。這當然不可能：語言
問題無法由學界下命令解決，況且這是學界自己造出的嚴重混亂。
中西語種兩者本來就不對等，意義混淆的地方也不一樣，**翻譯時必
須仔細甄別**，什麼時候在談的哪一種定義的 symbol。西方人可以交
替使用 symbol 與 sign，雖然引起誤會，至少行文靈動。西人的用法，
不是我們把符號譯成象徵的理由，因為在漢語中，象徵與符號不能
互相替代：象徵只是一種特殊的符號。

---

[37] J, Buchler (ed) *Philosophical Writings Peirce*, 1955, 轉引自塗紀亮《皮爾斯文
選》，北京：社會科學文獻出版社，2006 年，292 頁。

幸好，本書並不企圖代西方符號學界澄清西語 symbol 的混亂，本書只討論漢語中的符號或象徵。中國符號學可以倖免於亂，只要我們拿出定力，不跟著翻譯亂跑。

6. 生成象徵的方法

在語言修辭學中，象徵是個很不容易定義的修辭格。索緒爾在討論德國史詩《尼伯龍根指環》時說：「史詩作者，或甚至歷史作者，在敘述兩軍交鋒時也介紹兩位首領之間的戰鬥……這樣首領 A 與首領 B 的決鬥就不可避免地成了象徵」。[38] 這種「以將代軍」的手法，是一種以部分代全體的提喻。我們說過索緒爾對使用 symbol 一詞小心翼翼。在這裏他說是「象徵」，是對的，它出自提喻，符合象徵的形成方式。

顯然，《尼伯龍根指環》「以將代軍」，不是一個語言問題，在舞臺演出中更明顯，在中國小說、戲曲、電影（例如電影《赤壁》）用得更普遍，因為象徵概念本身就具有超語言的符號修辭性質。實際上象徵在符號修辭學中看得更清楚。

我們先從象徵最基本的情況說起，儘量說得簡單明確。首先，無論哪一種象徵，起先都是一個比喻修辭格。這就是為什麼許多作者在使用中經常混用比喻與象徵。一本寫建築的書，說羅馬帝國的凱旋門等公共建築，是「通天之門……的隱喻」，緊接著又說凱旋門是「皇權神權的象徵」。[39] 這兩句話都沒有錯，但是為什麼凱旋門不是「通天之門的象徵」？不是「皇權神權的隱喻」？這位學者換著

---

[38] 轉引自茨維坦・托多洛夫《象徵理論》北京：商務印書館，2004，366。
[39] 戴志中《建築創作構思解析》，中國計畫出版社，2006 年，20-21 頁。

用以增加文采，但是接得如此之緊，而我們讀起來依然不覺得有錯，說明這兩個術語（無論在中文和西文中）有很大部分意義重疊。

筆者認為：象徵不是一種獨立的修辭格，**象徵是一種二度修辭格，是比喻理據性上升到一定程度的結果**（關於理據性滑動，請參看本書第十一章），它的基礎可以是任何一種比喻（明喻、隱喻、提喻、轉喻、潛喻）。象徵與被象徵事物之間的聯繫，可以取其像似性的隱喻，也可以取其鄰接性的提喻轉喻。但是在修辭機制上，象徵與其他比喻無法區別，因此很難說象徵是一種獨立的修辭格。「易中天是新國學熱潮的象徵」，出發點是轉喻；「黑色是聞一多晚期作品憂鬱情調的象徵」，出發點是提喻；「○象徵太陽金色的陽光」，出發點是通感比喻。

錢鍾書說「同喻異邊」，象徵因為原來就是比喻，也可以多邊。龜在中國古代，因為相似而象徵長壽，為中國壽文化的主要符號，重要禮儀元素。元代之後，俗文化興起，龜與蛇等都是爬行動物（鄰接），而被喻為通姦男子，從而延伸出「龜兒子」、「王八蛋」等侮辱用語。這兩種象徵根據不同，意義相反，在同一文化中似乎也並不衝突，因為使用語境有文化等級差。葉芝說：「當隱喻還不是象徵時，就不具備足以動人的深刻性，而當它們成為象徵時，它們就是最完美的了。」[40] 葉芝明白象徵是比喻的發展。

上文已經說過，概念比喻跨語言跨媒介。象徵也總是跨媒介的，因此象徵的出發比喻，往往是概念比喻。例如十字架、新月、萬字之於基督教、伊斯蘭教、佛教，這些象徵無論用什麼媒介表現，無論是圖像、雕塑、語言、手勢來表現，依然是同一個象徵。

經過如此的變異與積累之後，象徵的意義所指總是比較抽象，經常是難以用語言解釋的精神境界（état d'âme，例如佛教中用蓮花

---

[40] W,B, Yeats, *Essays and Introductions,* New York: Macmillan, 1961, 45.

象徵純潔），或是不太容易用別的方式表達的（例如經輪象徵佛法），甚至難以形諸語言的事物（例如品牌象徵趣味品位、社會地位）。這就為什麼本書強調象徵必須在符號學中才能討論清楚。哲學家謝林說象徵是「以有限方法表現的無限」。「無限」可能要求太高。榮格說得比較清晰：「象徵意味著某種對我們來說是模糊的、未知的、遮蔽的東西」。[41]

卡西爾一方面把 symbol 最普遍化，等同於符號；另一方面又給 symbol 最「精神性」的定義，他說：「『symbolic form』應理解為一種精神能量，借其之助，使一種精神內容，和一種具體的感性 symbol 相聯繫，並內在地屬於這 symbol」。[42]卡西爾這兩種對 symbol 的理解是矛盾的：如果推演他的說法，把人這種「使用符號的動物」定義為「使用精神能量的動物」，就落入老生常談了。

劉熙載《藝概・詞概》名言：「山之精神寫不出，以煙霞寫之；春之精神寫不出，以草木寫之。故詩無氣象，則精神無所寓矣」寫不出的「精神」，宜以形象表現。只不過劉熙載說的是「詞」這種文學體裁，是指描寫這些形象的語言：此時我們就看到了象徵的符號載體的多媒介性：「煙霞」、「草木」這些形象，可以是景色（物象），可以是美術、照片、電影等再現（圖像），可以是描寫場景的詞語（語像）。也可以是集合的「文本形像」：例如電影《黃土地》、小說《邊城》整個文本構成形像象徵。

在某些特定情況下，象徵也可以不涉及如此大規模的或過於抽象的「精神意義」，而使用於非常具體的效果：給人賀喜畫上紅蝙蝠，象徵「洪福齊天」；往新娘床下放紅棗、花生、桂圓、瓜子，喻「早生貴子」。這些只是利用「語音像似」（phonetic iconicity）祈福，錢

---

[41] Carl Jung, *Man and His Symbols*, New York: Dell, 1964, 3.
[42] Ernst Cassirer, *The Philosophy of Symbolic Form*, 1988, 43.

鍾書先生稱之為「聲音象徵」（sound symbolism）。字形字音犯忌，也屬於此類象徵：翰林官徐駿在奏章裏，把「陛下」的「陛」字錯寫成「狴」字，雍正見了大怒，在徐駿的詩集裏找出了兩句詩：「清風不識字，何事亂翻書？」於是徐駿死罪。符號發送者被認為使用象徵，有意不直言顛覆性思想。

因此象徵可以有一系列規模迴異的表現方式，從單元符號，進入大規模文本符號；從物象，到圖像，到語像，到文本景像。有論者提出，象徵就是「被賦予文化意義的符號」，[43]這個定義過於寬鬆了。大部分符號都與文化有關（本書第二章第二節討論過私人化的解釋），沒有「文化意義」，任何人際交流都不可能。**象徵是在文化社群反覆使用，意義累積而發生符用學變異的比喻。**

正因為象徵不停留於比喻，靠反覆使用，積累起超越一般比喻水平的富厚意義。因此象徵必有一個意義形成過程：文化集體地重複使用某個比喻，或是使用符號的個人有意重複，都可以積累意義使之「象徵化」。

經常看到一組比喻，集團地進入社會性反覆使用，轉換為象徵集合。中國的風水術就是複雜的象徵集合：建築選址負陰抱陽；前面有案山，有池為朱雀，有小折河應「金帶環抱」；背面有座山，為玄武，東邊引水成渠以喻青龍，西邊有路謂之白虎。風水的象徵集合，起始是為官宦人家社會慾望比喻。

《詩人玉屑》卷九「托物取況」，開出一個比喻組：「詩之取況，日月比君後，龍比君位，雨露比德澤，雷霆比刑威，山河比邦國，陰陽比君臣，金玉比忠烈，松竹比節義，鸞鳳比君子，燕雀比小人」。如此一一對應，可能過於機械，但是作詩的人把它當做教科書——

---

43 陳華文，《文化學概論》第八章，〈文化符號與象徵〉，上海文藝出版社，2004年，148 頁。

遵循，文化意義累積就產生了。上文引葉芝，說象徵是「完美的比喻」，是詩人的一廂情願說法：象徵與任何符號修辭一樣，可以非常俗氣。

許多象徵靠歷史久遠積累意義。華表原是一種路標，堯舜時代為供百姓告狀的「謗木」。晉代崔豹說：「今華表木也，以橫木交柱頭，狀若花也，形似桔槔，大路交衢悉施焉。或謂之表木，以表工者納諫也，亦以表識衢路也」。後世華表的路標與「謗木」功能早已消失，上面不再刻以諫言，而為象徵皇權天授的雲龍紋所代替，是皇家建築的一種特殊標誌。而在當代，則成了中華民族的象徵。因此華表的象徵意義，是歷史性地累積與變易所得。國家旗徽，城市地標建築，王室貴族紋章，機構標識，直到品牌圖像，都是靠一再複現積累象徵意義。這就是為什麼各種宣傳或廣告，絕對不會輕易放過突出象徵標誌的機會。

數字也靠複用象徵化：在所有數字中，十二是最受歡迎的：星座有黃道十二宮，希臘有十二主神，中國有十二生肖，孔夫子有十二門徒，伊斯蘭教有十二伊瑪目。當然這是因為一年十二個月。耶穌有十二門徒，這個數字的意義可能來自《舊約》：在以色列曠野裏有十二股活泉解渴，此後成為猶太的十二支派。耶穌如果真選了十二個信徒，或是耶穌門徒自稱有十二人，可能就是想到十二這個猶太民族的象徵數字，讓他們代表整個民族；如果十二是基督教建立後聲稱的，更是有意追溯猶太教淵源。不過拿破崙竟然封十二元帥，那就是有意利用數位原型象徵了。

榮格認為組成集體無意識的主要是原型象徵（architypal symbol）。原型是人心理經驗中的先在的決定因素。促使個體按照祖先所遺傳的方式去行動。人們的行為，在很大程度上是由原型所決定。神話象徵影響著我們的行為，在夢、幻想、宗教、神話、傳說中，這些原型超越個體控制。

艾略特《荒原》中依靠的是繁殖神神話，因為引用過多，表現過於晦澀，艾略特不得不在再版時加了許多注。其實繁殖神話是人類經驗中，植根很深的原型象徵：例如太陽象徵真理或陽剛，月亮象徵美麗或陰柔，春天象徵希望，四季象徵生命等等。原型使用歷史非常長久，歷史積累深厚。考慮到在記下的藝術文學出現之前很久，人類已經有上萬年的符號文化，原型必然是意義強大的象徵。

榮格與集體無意識和原型有關的另外一個概念，是從印度教和佛教借來的曼陀羅（Mandala），指的是一種迴旋整合象徵，人類力求整體統一的精神努力，在不同文化中出現。[44]佛洛伊德的學說是悲觀的，他看到的是陰暗的性力無可阻擋，人只能略做些徒勞無益的對抗；榮格的原型象徵說卻是樂觀的，他把原型象徵看成人類觸及神聖的努力。

與原型的久遠相反，藝術作品中往往用特殊安排進行象徵化。藝術家有意讓一個形象多次出現，重複表達，也可能獲得意義更深遠的象徵。英國莎士比亞專家卡洛琳・斯博瓊（Caroline Spurgeon）1935年首先分析莎士比亞戲劇中的「複現形象」（recurrent image）：《哈姆雷特》劇中的疾病形象，《馬克白斯》中的「赤裸嬰孩」形象。布魯克斯在《精製的甕》一書中進一步研究了複現語象累積意義的方式，以至於弗賴評價說：「對複現語象的研究是新批評的主要方法之一」。[45]

如果複現時，這些比喻形象指向一個主題，就產生「主題形象」（thematic image），象徵化過程更為集中。孔尚任《桃花扇》中反覆用扇子（提扇、濺扇、寄扇、撕扇），使它成為女子的愛情氣節與民

[44] C.G. Jung, *Memories, Dreams, Reflections*, New York:Vintage Books, 1961. 其中說：「我知道，發現曼陀羅作為自我的表現形式，是我取得的最終成就」。
[45] Northrop Frye, *Anatomy of Criticism,* 1957, 58.

族氣節的象徵；俄國導演祖亞金瑟夫的電影《歸來》，反覆出現的「爬高」形象，成為孩子長大的象徵。

要縮短象徵化所需要的篇幅：藝術家經常點明自己的「私設象徵」，即直接講說某比喻指向某主題，此時的藝術形象，往往因為尚未充分象徵化，而被稱為「象徵性比喻」。[46]布魯克斯與沃倫稱之為「帶比喻陪音的象徵」，[47]但終究還是比喻。畢卡索名畫〈格爾尼卡〉，「黑白灰三色是壓抑，公牛象徵獸性與黑暗，受驚的馬代表人民」。這是他自己設置的，用的方式是映現，即形象的配合顯示與對象（格爾尼卡轟炸慘案）的「共型」。上面引用的是他事後的說明，但是當時觀眾，靠標題作意義主導，也能大致看懂此種象徵配置。惠特曼紀念林肯的名詩〈當紫丁香最近在庭院開放〉開頭兩行：

　　每年開放的紫丁香，那顆在西方隕落的星
　　和我對我所愛的人的懷念

此處紫丁香象徵意義被直接點明，這個象徵只能在這首詩的範圍內起作用，只能是一個象徵性比喻。葉紹翁詩：「滿園春色關不住，一枝紅杏出牆來」，紅杏只是春色的隱喻。真正的象徵，即「紅杏出牆」，則是使用社群共同的文化積累，不是詩人原先設立的。

因此，要形成一個攜帶著精神意義的象徵，有三種方式：文化原型，集體複用，個人創建。如果把這三種方式結合起來，象徵化往往效率極高：希特勒創用的 Swastika（反向萬字）象徵，利用了雅利安原始神話中的原有符號，加以個人設置，信徒們堅持重複，

[46] Joseph H. Wicksteed, *Blake's Innocence and Experience*, Norwood, Pa: Norwood Editions, 1978, p 23.
[47] Cleanth Brooks & Robert Penn Warren, *Understanding Poetry*, New York: Henry Holt, 1950, p 581.

在暴力實踐中填充「雅利安種族主義神話」內容，結果成了納粹法西斯主義令人恐怖的象徵。

品牌也是象徵，建立方式雷同：大公司的商標圖像 Logo（如 Nike 的鉤、麥當勞的 M、BMW 車的藍黑圖示等等），原本是有理據性的符號（例如 M 字母是招牌的縮寫，像似指示符號），隨著資本主義的全球化，象徵性增加，遠遠超出原先「意圖定點」的意義，消費者只認圖示，而不管「真實品質」。大量的 Logo 品牌產品，其實都是在第三世界的工廠裏生產。當全球化向縱深發展，西方出現了「反 Logo 霸權」運動。[48]

當代大眾傳媒則縮短把象徵化所需的複用時間：大量網路語，如「打醬油」、「俯臥撐」、「躲貓貓」，因為在網上大量重複，最後成為具有特殊意義的表現方式。當代所謂迅速爆紅的名人，也是這樣一種網路與大眾之間接力的人物象徵。

這是所謂後現代社會在象徵化上的一個特點。當代文化中，象徵化速度越來越快，例如芙蓉姐姐、犀利哥之類弄乖賣傻的人，忽然成為代表了一種概念，一種值得追求的「平民神話」象徵。起先可能是「圍觀傻子」的惡習，目的可能是嘲弄；最後恐怕是這些人在笑話我們：笑話我們參與重複使用，為他們成功地象徵化添柴加薪。畢竟要讓那麼多人來使用，才能造就象徵，不是一樁容易事。

7.語言反諷與符號反諷

反諷（irony）是另一種超越修辭格的修辭方式：其他修辭格基本上都是比喻的各種變體或延伸（如象徵），立足於符號表達對象的

---

[48] Naomi Klein, *No Logo, Taking Aim at the Brand Bullies,* London: Harper Collins, 2001.

異同涵接關係；反諷卻是符號對象的排斥衝突；其餘修辭格是讓雙方靠近，然後一者可以代替另一者，象徵也只是加強了這個趨勢，而反諷是取雙方相反，兩個完全不相容的意義被放在一個表達方式中；其餘的修辭格是用各種方式接近一個意義，反諷卻是欲擒故縱，欲迎先拒。其他修辭格「立其誠」以疏導傳達，使傳達變得簡易，反諷以非誠意求取超越傳達的效果，使傳達過程變得困難：因此反諷充滿了表達與解釋之間的張力，最常見於哲學和藝術。

無論中西，哲人早已發現反諷是一種強有力的修辭手段：道家、墨家、名家，他們的著作充滿了反諷，柏拉圖筆下的蘇格拉底成就了西方思想的強大反諷源頭。經過幾千年思想家的努力，反諷已經擴展為人性與社會的根本方式，成為文化符號學的核心課題。

至今為止，大部分關於反諷的討論，也只局限於語言反諷，語言機制已經相當複雜。本書從語言反諷說起，進而處理符號反諷，最後討論作為一種文化情景的反諷。

反諷的修辭學定義，是表達的非但不是直接指義，而是正好相反的意思：這樣的文本就有兩層相反的意思：字面義／實際義；表達面／意圖面；外延義／內涵義，兩者對立而並存，其中一項為顯現義，另一項為歸結義。

反諷不是諷嘲（sarcasm），不是滑稽（travesty），不是諷刺（satire），不是幽默，雖然這些概念有部分重疊。《史記·樗里子傳》「滑稽多智」，註曰：「滑，亂也。稽，同也。辯捷之人，言非若是，言是若非，能亂同異也」。看來漢代的「滑稽」，機制接近反諷。現代概念的反諷，大部分並不滑稽，滑稽並非都是反諷，只有某些類型的反諷可能帶著諷嘲幽默意味，兩者並不同義。男女洗手間，有的賓館「觀雨軒」與「聽雨軒」，[49]這只是幽默。母親對貪玩的孩

---

[49] 這些是 2008 屆博士魏偉在符號學作業中舉的例子，特此致謝。

子說：「奇怪了，你怎麼還認識回家的路？」這裏有一點嘲諷，但不滑稽，更多是惱怒的反諷，方式比責罵更為有力。

可以在電影中找到大量符號反諷例子。電影這種多媒介符號體裁，經常可以用不同媒介傳達不同意義，尤其是音畫不合。日本電影《人證》中女主人公在臺上講話，畫面卻進入她戰時與一個美國黑人士兵同居，殺死兒子的過程，以及跳崖前扔掉草帽的情景；中國電影《都市里的村莊》主人公孤零零在房間裏徘徊，聲音卻是鄰居阿芳婚宴上的吵鬧喧嘩；《小街》主人公在動物園被殘暴毆打，音樂卻是動聽的「媽媽留給我一支歌」；俄國電影《戰爭與和平》中，彼埃羅目睹法軍鎮壓反抗者，槍斃第一個人有槍聲，第二第三個人倒下時，卻沒有槍聲。

蘇聯電影《史達林格勒戰役》結尾，兩個德軍俘虜在西伯利亞大風雪中舉步維艱，一個說：「冬天的唯一好處是讓人沒有感覺」。另一個說，「你會討厭沙漠，在哪裏你會像牛油一樣烤化」。[50]這最後一個例子的反諷，力量之強，遠遠勝過直接宣稱「侵略者決沒有好下場」。一部戰爭電影，宣傳任務迫切，卻能以如此巧妙的反諷結束，的確很傑出。

反諷的定義可窄可寬，最寬的反諷定義是新批評派提出的，他們認為文學藝術的語言永遠是反諷語言，反諷是任何「非直接表達」。布魯克斯說：「詩人必須考慮的不僅是經驗的複雜性，而且還有語言之難以控制，它必須永遠依靠言外之意和旁敲側擊（implication and indirectness）」[51]弗賴也認為在語境的壓力下，文學語言多多少少是「所言非所指」，詩中的文詞意義多多少少被語境的壓力所扭曲。

---

[50] 這個例子是 2006 屆符號學班學生鄧艮在作業中提供的，特此感謝。

[51] William K Wimsatt and Cleanth Brooks, *Literary Criticism: A Short History*, New York: Knopf, 1957, p 674.

　　廣義的反諷，在藝術中處處可見，哪怕在最簡單的以淺白取勝的民歌中都無處不在：《茉莉花》詞云：「就怕看花的人兒罵」，「就怕來年不發芽」，都是調情挑逗語。一旦語義曲折反諷，就成了藝術，甚至堂而皇之成為中國音樂之代表。

　　明知無解故問，是一種常見的反諷。錢鍾書說《詩經‧行露》（誰謂雀無角？何以穿我屋！誰謂鼠無牙？何以穿我墉！）是「明知事之不然，而反詞質詰，以證其然」。[52]明知故問的一個變體，是把比喻翻過來放在後面：《五燈會元》卷一六，「芭蕉聞雷開，還有耳麼？葵色隨日轉，還有眼麼？」

　　那麼《天問》是否反諷之問？錢鍾書引蔣驥《楚辭餘論》：「《天問》有塞語、有謾語、有隱語、有淺語；塞語則不能對，謾語則不必對，隱語則無可對，淺語則無對」。又引克爾凱格爾，指出「思辨之問，知事理之有，而窮究竟委，故問」；而另一種「譎諷之問」，是「知事理之無，而發覆破迷」。問題是：「屈子未必盡知所問之『無可對』而問也」。[53]錢鍾書認為《天問》並非反諷之問，在屈原時代，可能真認為這些是「天」才有能力回答的問題。

8.反諷與悖論

　　討論反諷，最糾纏的是一個看來很淺的問題：反諷與悖論（paradox）的區別。反諷是「口是心非」，衝突的意義發生於不同層次：文本說是，實際意義說非；而悖論是「似是而非」，文本中就列出兩個互相衝突的意思。反諷與悖論，兩者都必須在一個適當的解釋意義中統一起來，只是反諷的歸結義藏在文本背後，表面義

---

[52] 錢鍾書〈管錐編〉，《毛詩正義》，一一，北京：三聯書店，2007年，卷一，129頁。
[53] 同上，卷二，953頁。

肯定是偽裝；悖論的雙義都現於文本，哪一項是歸結義，依解釋而變化。

哲理慣用悖論：「道可道，非常道」，「沉默比真理響亮」（No truth is louder than silence）；日常語也慣用悖論，例如說「我越想他，我越不想他」，是說「他能讓我想到的只有壞處」。

悖論在文本層次上無法解決，只有在超越文本的解釋中，在元語言層次上才能合一。例如上一節說的電影音畫意義衝突形成反諷，也可以看成悖論（當我們把兩個媒介都看成是文本）。其意義（德國俘虜在大風雪中慶幸沒有去非洲，到底是不是真話），在表面上並沒有定論，實際上觀眾的元語言能力，知道俄國嚴寒的威力，不會弄錯意思。

反諷與悖論兩者容易混淆，因為都是矛盾表達，都是旁敲側擊，在許多思想家眼光中，兩者也不必分。反諷現代研究的開山之作，克爾凱格爾的名著《論反諷概念》，就不區分兩者。此書一開始就列出十五條論點討論反諷，第一條是「蘇格拉底與基督的像似之處恰恰在於其不像似之處」。[54]這是悖論，不是反諷。在此書正文第一節中對此條有個注文：「基督說：『我就是道路，真理，生命』。因為門徒們知道：『論到從起初原有的生命之道，就是我們所聽見，所看見，親眼見過，親手摸過的』。而蘇格拉底的真理是隱蔽的」。[55]同時宣揚真理，基督是直截了當的，蘇格拉底則用欲擒故縱的反諷。而克爾凱格爾說此兩人「相似之處恰恰在於其不相似之處」，卻是一個悖論：蘇格拉底與基督都試圖傳播真理，方法不同但殊途同歸。

克爾凱格爾全書最後，又歸結於一條悖論「credo quia absurdum」（我相信，因為這是荒誕的）。[56]為什麼一本專門討論反諷的書，用

---

[54] 克爾凱格爾《論反諷概念》，北京：中國社科出版社，2005 年，1 頁。
[55] 同上，8 頁。
[56] 同上，286 頁。

悖論開場，用悖論結束？克爾凱格爾並沒有解釋。似乎至今也沒有人注意到這部名著混淆了反諷與悖論。

　　新批評派的布魯克斯在名著《精製的甕》中說詩歌語言的特點就是悖論，但是他把悖論分成「驚奇」與「反諷」兩類，就是說，悖論包括了反諷，反諷服從「悖論原則」。[57]但是布魯克斯另一篇著名論文「反諷：一種結構原則」，[58]說反諷，是詩歌語言的普遍特點，是「語境對一個陳述語的明顯的歪曲」。這也就是說詩歌（廣而言之，一切文學藝術），其符號表意，總是所言非所指。如此理解，反諷就包括了悖論。那麼，到底何者包括何者？窄義地說，兩者應當互相分開；寬義地說，兩者混合可能是必要的。布魯克斯把反諷與悖論都用於最寬泛的意義，即是藝術語言區別於科學語言的最根本特點。用於這個目的，混用倒是可以理解：無論是悖論的表現面雙義矛盾，還是反諷的表面義與意指義矛盾，都是矛盾意義合一。

　　語言是單媒介的，而符號表意經常是多媒介，因此反諷在符號表意中出現的更多。反諷與悖論最大的共同點，是都需要解釋者的「矯正解釋」，矯正的主要工具是情景語境和伴隨文本語境。一旦讓伴隨文本加入文本表意，符號表意究竟是反諷還是悖論就更難以判斷，因為文本邊界不清。岑參《白雪歌送武判官歸京》「忽如一夜春風來，千樹萬樹梨花開」，這是「誇大陳述」（overstatement）類型的反諷，口是心非，歸結義「大雪」不顯，需要讀者解釋出來。但如果把作為副文本的標題考慮進來，就成為雙層意義都顯示的悖論。

　　因此，一旦修辭學從語言擴大到符號，一旦多媒介表意成了常態，各種媒介的資訊很可能互相衝突，互相修正。此時原先在單層

57　克里安思·布魯克斯，〈悖論語言〉，見趙毅衡編《新批評文集》天津：百花文藝，353-375 頁。

58　克里安思·布魯克斯，〈反諷：一種結構原則〉，見趙毅衡編《新批評文集》天津：百花文藝，376-395 頁。

文本上的反諷，就會變成複合層次的悖論。所以，一旦進入符號修辭學，恐怕很難再區分反諷與悖論。例如，一個人說「今天天氣太好了！」但是他手裏拿了一把雨傘，或是臉上有詭異的微笑，或是當時正響雷。如果我們把雨傘，微笑，響雷看做伴隨文本，他的話就是反諷；但如果把這些看作多媒介符號文本的一部分，那他給出的就是一個符號悖論。

無論是悖論或反諷，都是一種曲折表達，有歧解的危險，因此不能用於要求表義準確的科學／實用場合。還用天氣作例子：如果電視臺氣象報告天氣很好，打出的圖像卻是烏雲暴雨，電視觀眾只能認為電視臺出錯：在科學／實用傳達中出現自我矛盾，接收者只能拒絕接收，等待澄清。

雙關語反諷，也依靠發出者與接收者的文化背景相通，產生效果，在當代文化中，雙關語大量使用於廣告。廣告與招牌明顯有兩個渠道：商品展示，是主渠道，是不變的意義歸結。廣告反說，而商品正讀，因此廣告與招牌是跨越媒介的符號修辭。正由於歸結義固定，文本可以充分拉開距離，商品的展示必然把意義「矯正」到廣告製作者意圖中的「正確位置」。由於這個意義保證，廣告的名與實距離拉開越遠，矯正距離越大，廣告就越是給人印象深刻，此謂「相關不恰當」（relevant inappropiateness）廣告。反諷式表意衝突加強了廣告的「注意價值」（attention value）與「記憶價值」（memory value），[59]可以稱之為廣告與招牌的「遠距原則」。

遠距原則的第一種方法，是「寫錯」成語或現成語。理髮店名為「一剪美」、「一剪風流」、「最高髮院」、「發新社」；衣服店「一件鍾情」、「棉面俱到」；化妝品店「眉緋色五」；飯店「吃之以恒」；鞋

---

[59] Luuk Lagerwerf, "Irony and Sarcasm in Advertisements: Effects of Relevant Inappropriateness", *Journal of Pragmatics*, October 2007, pp 1702-21.

店「心存鞋念」；咳嗽藥「咳不容緩」；自行車「騎樂無窮」。這種做法，類似於寫詩時活用成語，在中國常稱為「搞笑廣告」，在西方稱為「雙讀」廣告（double interpretations）。有語言社會學家做過測試，發覺雙讀廣告宣傳效果好得多。[60]

第二種方法是貌似說反話、醜話、不雅話，接收者乍一看以為弄錯了，就會特別注意，廣告招牌就產生了欲擒故縱效果：隨手舉例：「天天精彩，要你好看」是電視廣告；「阿里媽媽」為阿里巴巴的交易平臺；打字機廣告「不打不相識」；理財產品廣告「你不理財，財不理你」。

更進一步的策略是自賤，這樣的招牌應當說是有勇氣的：它們為了把自己從眾多競爭者中凸現，冒了被顧客誤讀誤解，甚至犯忌的危險。傳統的招牌很少如此，「狗不理包子」是傳統招牌中的特例。當代社會競爭過分激烈，自賤招牌就到處可見：「蝸牛網吧」、「狗剩拉麵」、「罵廚子家常菜」、「真難吃麵館」、「無味飯店」、「孫子烤肉」，「是非島」、「人民公社大食堂」。有的「自賤」，語義雙關相當巧妙，如「微軟大餅」、「媽的酸梅湯」；廣州一家粥店名「依舊飯特稀」（影射周杰倫的 CD「范特西」，即英文 fantastic，但也是影射網語「稀飯」，即喜歡）。有的只能讓人佩服店主大膽，如「強盜之家」、「摸錯門」，甚至「克林燉萊溫斯雞」。

以退為進的「自謙」廣告有時候可以起到很好的「記憶效應」。反諷語言中的「低調陳述」（understatement），不是真正的自我貶低，而是退一步加強效果。辛棄疾名句「如今識得愁滋味，欲說還休，欲說還休，卻道天涼好個秋」；陸游《臨江仙》「只道真情易寫，那知怨句難工。水流雲散各西東。半廊花院月，一帽柳橋風」，把低調

---

[60] Margot van Mulken et al, "Puns, Relevance and Appreciation in Advertisements", *Journal of Pragmatics,* 37/5, May 2005, p 707-712.

陳述的符號學機制解說的非常生動。用在廣告中,「記憶值」效果奇佳:一家賣小女孩飾品的店,取名「小資格」,就是巧妙地拼合了習語所提供的預設:資格不必老,因為我店為小資服務。1959年大衛・奧格威策劃的勞斯萊斯廣告「在時速60英里時,新型羅爾斯－羅伊斯轎車最大的噪音來自車上的電子鐘」。[61]但是最有力的反諷廣告,往往與自謙結合,此時需要定力和膽量,不怕誤會:邦迪廣告,形象是柯林頓與希拉蕊執手起舞,閃電裂痕出現在兩人之間,此時出現廣告語「有時,邦迪也愛莫能助」。

廣告是一種實用符號,其釋義開放程度總是有限的:它必須保證接收者不弄錯意思。但從符號修辭機制來看,任何偏解都被商品本身糾正。這就是為什麼廣告與招牌反諷比其他體裁更大膽。中國當代的廣告與招牌大量使用反諷,是這個社會急劇演變的徵兆:競爭激烈急需增加消費,才會千方百計用反諷來吸引注意。筆者近年每到一地,總是注意招牌奇特的小店。到中國民間,反諷智慧處處見;一登廟堂,花大錢的豪店,地方建的街道,各地大學改名,往往端架子充斯文,取名一個比一個無趣。本節的例子大多來自我本人多年做的筆記。

9.大局面反諷

本書第一章討論「文本」概念,已經提到過「大局面文本」。大局面的符號文本中,更可以看到反諷的各種變體。但是大局面反諷多具有悲劇色彩,不再有幽默嘲弄意味,因為反諷也超出日常的表意,而是對人生、歷史的理解。

---

[61] 這是2009屆博士饒廣祥在《符號學論壇》上舉的例子,特此致謝。

　　情景反諷（situational irony）是意圖與結果之間出現反差，而且這個反差恰恰是意圖的反面。你給朋友帶去一條好煙，他卻正在戒煙，為此條好煙，朋友破了煙戒，結果嫂子動怒，你成了不受歡迎的人；城管在街口立個標記「此處無人看管自行車，被竊者自行負責」，目的原是推託責任，結果成了給小偷的暗示：「放心下手」。[62]更嚴重的例子：商鞅以刑法治秦，最後自己死於車裂；周興喜用酷刑，最後被另一酷吏來俊臣「請君入甕」。

　　文學作品經常用情景反諷：屢考不中的范進，最後已經不想考，敷衍交卷卻中了舉；歐‧亨利的短篇小說《麥琪的禮物》，妻子賣掉了一頭秀髮，為了給丈夫買一條白金錶鏈作禮物，而丈夫正好賣掉了祖傳金錶，給妻子買了一套髮梳。一般把這種場景稱作「命運的捉弄」，雙重的捉弄就成了加倍的反諷。錢鍾書指出，「（希臘悲劇中）鬼神事先之詔告，聊以捉弄凡夫」，在希臘悲劇中稱為 irony。《始皇本紀》方士奏錄圖書曰：『亡秦者胡也』，始皇因大發兵北擊胡，不知其指宮中膝下之胡亥」。[63]

　　「歷史反諷」（historical irony），與情景反諷相似，只是規模更為巨大，只有在歷史規模上才能理解。追求 GDP 引出污染；厲行一胎政策，引出男女平衡失調；一次大戰時英美的動員宣傳口號「這是一場結束所有戰爭的戰爭」（The War That Ends All Wars），結果這場戰爭直接導致更慘重的二次大戰；例如工業化為人類謀利，結果引發大規模污染；抗生素提高了人類對抗病菌的能力，結果變異成「超級病菌」。如此大範圍的歷史反諷，有時被稱為「世界性反諷」（cosmic irony）。此類大規模的人類行為，看起來不是符號意義活動，而是實踐。一旦形成反諷，就暴露出其意義本質。人類自

---

[62] 這是 2008 屆博士生王立新在作業中舉出的例子，來自校園生活，很生動，特此致謝。

[63] 錢鍾書〈管錐編〉，北京：三聯書店，2007 年，第一卷，442-443 頁。

以為聰明，做的事從長遠看多半是事與願違，危害自身，反諷幾乎必然。

戲劇反諷（dramatic irony），是臺上人物與觀眾之間的理解張力。經典的例子是被一再引用的《俄狄浦斯王》。其他例子也很多：《羅密歐與茱麗葉》羅密歐誤以為茱麗葉已死，就自殺了。飲了迷藥的茱麗葉醒來，發現羅密歐已死，只能真地自殺。這些致命的誤會，人物不知底細而觀眾卻知道，戲劇力量就在讓觀眾為臺上的人物焦急。這種反諷只出現於「演示性」（performing）符號文本的接收中：結果未定，才能引發接收者的干預衝動。本書第十六章討論符號敘述，會仔細談「結果未定文本」。

反諷是思想複雜性的標誌，是對任何把人的符號本性簡單化的嘲弄。許萊格爾重視反諷，認為「哲學是反諷的真正故鄉」。克爾凱格爾《論反諷概念》出現後，反諷地位更高。他的書開頭就列出十五條反諷，最後一條是：「恰如哲學起始於疑問，一種真正的，名副其實的生活起始於反諷」，[64]他在一個多世紀前揭示了反諷的「人性本質」。

前文已經提到過二十世紀上半期新批評派對反諷的重視，當代後結構主義思想家更加推崇反諷。林達・赫琴明白宣稱：「在後現代主義這裏，反諷處於支配地位」。[65]

韋恩・布斯在成名作《小說修辭》中，就提出不可靠敘述的極品是「反諷敘述」。在〈反諷帝國〉一文中，他又提出在當今文化中，只有反諷具有人際「凝聚力」，因為在反諷中，「我們比任何時候都更加接近兩個心靈的認同」，他的意思是他人之心本不可測，反諷卻讓人心在衝突中交流。布斯更進一步把反諷視為世界的本質，世界運行的規律：「反諷本身就在事物當中，而不只在我們的看法當中」。

64　克爾凱格爾《論反諷概念》，中國社科出版社，2005 年，2 頁。
65　Linda Hutchen, *Irony's Edge: The Theory and Politics of Irony,* London: Routledge, 1995, p 67.

他聲稱「世界反諷」的大歷史問題，是「我最終的研究重點」。[66]甚至，布斯宣稱哪怕是 911 這樣善惡非常分明的事件，也是浸透反諷的歷史進程。

而本書第三章第四節引德曼論反諷，他認為反諷能破解「文本品格」，是解構主義的核心概念。他認為反諷可以有三種：「文學手法」、「自我辯證」（dialectic of self）、「歷史辯證法」（dialectics of history）。[67]這樣，反諷從傳統的語言修辭，進入符號修辭，最後成為文化的基本形態：反諷是成熟的符號活動的普遍形式。

10.四體演進

符號修辭的四個主型之間，有個否定的遞進關係。詹姆遜用他喜歡的「符號方陣」提出這四者之間的關係：每一個修辭格都是對方的否定：而反諷實際上是各種修辭格的總否定；格雷馬斯也早就發現反諷是「負提喻」，提喻是部分容入整體，而反諷是部分互相排除；[68]我們可以說反諷與轉喻也相反：轉喻是鄰接而合作，反諷是合作而分歧；最後，反諷徹底瓦解了以隱喻為基礎的傳統修辭學：隱喻以合為目的，而反諷以分為目的。所以反諷否定一切修辭格，是一種逆向修辭。

這樣就形成了從隱喻開始，符號文本兩層意義關係逐步分解的過程，四個修辭格互相都是否定關係：隱喻（異之同）→轉喻（同之異）→提喻（分之合）→反諷（合之分）。

---

[66] 布斯《修辭的復興：韋恩・布斯精粹》南京：譯林出版社，2009，80 頁。

[67] Paul de Man, "The Concept of Irony", in *Aesthtic Ideology*, Minneapolis: Univ of Minnesota Press, 1996, p 170.

[68] 轉引自 A. J. Greimas, *On Meaning*, Minneapolis: Univ of Minnesota Press, 1987, xix.

　　意義的這四步否定關聯，在某些思想家手中發展成規模巨大的歷史演進模式。卡勒在《追尋符號》中提出這四元演進不僅是「人類掌握世界的方式之一」，而是「唯一的體系」（THE system），[69]詹姆遜和卡勒把修辭四格置於一個體系之內，他們認為四格推進是「歷史規律」，是人類文化大規模的「概念基型」。

　　最早提出四體演進關係的是十八世紀初啟蒙時代義大利思想家維柯，他把世界歷史分成四個階段的退化過程：「神祇時期」：比喻為主，給自然界的每個方面以意圖或精神，是神權時期；「英雄時期」：轉喻為主，某些特殊人物具有這種精神，是貴族時期；「人的時期」：提喻為主，上層與下層共用某種人性，特殊向一般，部分向整體昇華，是理性時期；「頹廢時期」：反諷為主：意識走向謊言，人已經意識到真實與偽裝的差別。

　　維科的想法一直被認為是奇思怪想，不符合主導啟蒙時代的理性主義和人性進步觀念。直到二十世紀中葉，加拿大批評家弗賴首先復活了維科這個模式：弗賴 1957 年的《批評解剖》提出「歐洲 1500 年的虛構作品重點一直在下移」。他認為西方敘述藝術的起點是神話，主人公是神，從那以後就每況愈下：

　　第一階段是羅曼史：隱喻性，浪漫主義式再現性，強調事物的同一性；神落到大地上，行動雖然出類拔萃，是英雄，例如《悲慘世界》中的冉阿讓。

　　第二階段是悲劇：轉喻性，現實主義式還原性高模仿，強調事物的外在性，主人公具有權威和激情，但是其所作所為必須服從社會評判，例如《復活》中的聶赫留道夫，《戰爭與和平》中的鮑爾康斯基，《罪與罰》中的索尼婭，他們是小人物但是道德高尚。

---

[69] Jonathan Culler, *The Pursuit of Signs*, Ithaca, Cornell Univ Press, 1981, p 65.

　　第三階段是喜劇：提喻性，自然主義式的綜合性低模仿，強調事物的內在性；主人公有普遍人性因而不比讀者優越，讀者會對之產生共鳴，例如《俊友》中的杜洛阿，《高老頭》中的拉斯提涅。

　　最後，第四階段是反諷，是現代主義式的否定，落在在肯定表達層面上的正是實際上被否定的東西，因此反諷是其本質，主人公比讀者在能力和智力上低劣，讀者對他們的處境有輕蔑的感覺。

　　弗賴的文學分期推進說，影響很大。在弗賴之前，卡爾·曼海姆 1929 年在《意識形態與烏托邦》一書中，就提出四種世界觀的演進：無政府主義是隱喻式社會觀，把過去理想化，在歷史敘述上用的是浪漫主義移情；保守主義是轉喻式社會觀，對有計劃地改造社會表示懷疑，堅持「自然節奏」，在歷史敘述上堅持有機論；激進主義是提喻式社會觀，把烏托邦看成可以用革命方式立即實現，聲稱發現了歷史進程的規律；自由主義是反諷式社會觀，主張調諧社會節奏，把烏托邦推入遙遠的未來，其歷史敘述方式是諷刺。這四者都承認社會改造的必要性，但是代表對時間的四種不同取向：過去、現在、未來、虛化未來。

　　曼海姆與弗賴不同，他沒有把這四體格局看作一種歷史性的演化進程。到七〇年代新歷史主義興起，海頓·懷特對曼海姆此看法大為激賞，認為曼海姆認出了「歷史的每一種敘述方式，都有一種不可簡約的意識形態因素」。[70]

　　修辭四格向反諷演進的模式，被許多人應用到不同領域，皮阿傑用到兒童心理發展，湯普森用到英國工人階級的歷史，海頓·懷特用到歷史寫作的方式。四體演進，幾乎成了人類表意各種體裁的共同規律。用懷特的話來說，「歷史敘述不僅是所報導的事件的再生成，而是象徵的綜合」（complex of symbols），他把歷史朝反諷演進的

---

[70] 海頓·懷特《後現代歷史敘述》，北京：中國社會科學出版社，2003，430 頁。

路子看成符號行為的必然，這個解釋非常到位。可以認為四體演進是歷史退化論，因為崇高感消失了讓位給懷疑論；也可以認為這是進步，是任何一種表意方式必然出現的成熟化過程：文化多元了，人的認識複雜化了。弗賴指出：前三階段是幼稚的，作者和讀者相信可以用比喻抓住事物的本質，最後一種反諷的主導精神是自我批評。

關鍵問題，是四體演進是否真人類文化演進的一般規律？要在中國文化中找出此規律，還真是不難。例如，在中國傳統小說中立即可以看出這個四元進展：浪漫英雄型：《三國演義》劉關張（神話型：《三國演義》諸葛亮）；高模仿型《水滸》；低模仿型：《金瓶梅》；反諷型：《紅樓夢》、《儒林外史》。

在二十世紀中國文學中我們也可以看到這個四體演進：晚清小說是浪漫英雄型，如《新中國未來記》、《老殘遊記》；五四小說是悲劇型：如《狂人日記》；五〇年代小說是喜劇型，如《山鄉巨變》；反諷型出現於「新時期」，如《廢都》。

中國傳統文學可以看成是隱喻性文學，因為各單元之間是情節片段式的（Episodic），是同一隱喻項（陰陽之道）的反覆；而五四的西化的文學，可以看成是轉喻性的，是尋找外在於人的某種世界結構的原點，以此安妥人在這個世界序列中的存身之點；三〇年代「現實主義」是提喻的文學：現實是一個構築完成的先存框架，等待人物的經歷來提示。而「先鋒主義」是自我被拋離出世界中心，世界失去秩序感後，自我被迫與他者建立關係的結果。類似的四體演進，可以在任何符號表意方式的發展史上看到，例如中國當代電影，中國人的戀愛方式，中國流行的情歌方式，中國的社會倫理方式等等。可以歸納說，四體演進的確是普遍規律。

四體演進的原因何在？任何一種表意方式，不可避免走向自身的否定，因為形式演化就是文化史，隨著程式的過熟，必然走向自我懷疑、自我解構。任何教條、任何概念，甚至任何事業，本質上

都是一種符號表意模式。可以說，只要是一個表意方式，就很難逃脫這個演變規律。

宋代學者邵雍（1011-1077）的《皇極經世》，推演古說，把中國史的分期（皇、帝、王、霸）與更廣泛的宇宙觀聯繫了起來：「三皇之世如春，五帝之世如夏，三王之世如秋，五伯之世如冬。春夏秋冬者，昊天之時也。《易》《書》《詩》《春秋》者，聖人之經也。」[71] 遺憾的是，為應四季之說，邵雍把《五經》砍去一經《禮》，斷為四經了，其實四體演進只是說明表意方式演化的大趨勢，不一定必須整齊地分為四步。不過邵雍的「皇、帝、王、霸」四分期歷史退化論，比維科早了七百年；而以四季配四體演進，比弗賴早了九百年。我們不得不欽佩中國先哲敏銳的洞察力。

但是四體演進說本身沒有回答：反諷之後，下一步是什麼？這些人中似乎只有弗賴清楚要求「回歸」：他認為西方當代作家，在反諷時代正在重新創造「神話」，例如艾略特的《荒原》、龐德的《詩章》、喬伊絲的《尤利西斯》。弗賴信心十足，認為現代文學會「回向貴族情趣」，[72]他未免太樂觀了：重建神話，也就是浴火重生重新開始一輪文化循環。無論是《荒原》、《詩章》，還是《尤利西斯》，都是現代文學最反諷的作品。龐德《詩章》的盛世神話，本自儒家的「前三皇」之說，已經說明了樂園已經永遠墮毀，不可追尋。

其餘論者，沒有一個人如弗賴那樣明確提出重新開始循環的前景。實際上大部分人是悲觀地看到反諷的破壞力。德曼在死後發表的論反諷的文章，這位解構主義者警告說：「絕對的反諷是瘋狂的意識，本身就是意識的終結」。[73]這話當然是對的：「絕對反諷」引發普遍岐解，就會使文化表意無法進行下去。

---

[71] 邵雍《皇極經世》卷十一。

[72] Northrop Frye, *Anatomy of Criticism,* Princeton: Univ of Princeton Press, 1957, p 213.

[73] Paul de Man, "The Concept of Irony", in *Aesthtic Ideology*, Minneapolis: Univ of

　　但是，如何逆轉反諷把自身推到毀滅的進程？難道任何歷史過程，都萬劫不復地終結於反諷的火焰之中？筆者的看法是，一旦某種文本方式（中國章回小說和舊體詩，西人的十四行詩）一旦走到頭，此後的懷舊仿作，都是增加反諷苦味式的餘波，不可能復活這種表意方式。重新開頭的，是另一種表意方式，文化必須靠一種新的表意方式重新開始，重新構成一個從隱喻到反諷的漫長演變。

　　從中國敘述藝術的演變，就可以看出「重新出發」的條件，是更換文本形式。古典小說在反諷的晚清後，讓位給現代小說；現代小說在反諷的九〇年代後，讓位給影視。新的表意方式是沒有窮盡的，因此人類文化的歷史的也沒有窮盡：必定用反諷結束自身的，是每一種表意形式，而不是人類的符號生存。

　　另外一種思路，是把反諷看作是「人類文明的前景出路」：一旦進入反諷時代，就應當慶賀進入了一種比較理想的文化狀態，並且盡可能延長這個階段。只要理解了掌握了反諷的根本品質，就可以讓文化在適當的形式中維持很久。這樣，反諷反而是的寧馨兒的十月懷胎。

　　堅持這種看法的，是哲學家羅蒂（Richard Rorty），他提出「反諷主義」（ironism），來替代傳統的「形而上學世界觀」。「反諷主義」承認慾望和信仰不可能超越時代，是被歷史捆束住的：語言無法穿透表像看到本質，因此社會性交流不可能達成「共識」。[74]羅蒂認為反諷才是現代社會最合適的文化狀態，但是要達到這個狀態很困難：「反諷和諧」只有在納博科夫，普魯斯特，亨利·詹姆斯的小說藝術中才能取得。也就是說，一個積極的「反諷主義」社會，只有用藝術符號的模式才能建立。

Minnesota Press, 1996, pp 163-184

[74] Richard Rorty, *Contigency, Irony and Solidarity,* Cambridge: Cambridge Univ Press, 1989.

　　當代文化正在經歷一個前所未有的轉向，進入反諷社會：社會中個人與集團之間的意見衝突不可避免，而且隨著人的利益自覺，只會越來越加重。表意的衝突只能用聯合解釋的方式處置，聯合解釋本身即是反諷式理解。矛盾不可能消失，也不可能調和，只能用相互矯正的解讀來取得妥協。妥協也只能是暫時的，意見衝突又會在新的地方出現，但是一旦反諷矯正成為文化慣例，文化就取得了動態平衡。

　　因此，當代文化本質上是一種反諷文化：這個文化的特點是，人之間的聯繫不再基於在部族－氏族的身份相似性（比喻），不再基於宗法社會部分與整體的相容（提喻），不再基於近代社會以生產關係形成的階級認同保持接觸（轉喻），當代文化中，人與人之間不再有生產方式的合作聯繫。這一點在當代的網路文化中看的相當清楚：各種網路社區群，人與人沒有真正的見面接觸，網聊的好友沒有興趣知道對方就在隔壁還是千里之外。表意距離，使他們不必顧及面子，也讓他們暢所欲言：衝突立現，反而易見結果。

　　如此團聚社群，主要方式就是爭論：不是為了取得一致意見，衝突就是協調。最後以局部妥協，取代了一切問題上合一。只有明白我們無可挑選地進入了一個反諷時代，才能使這個文化才能走上新的方向。本書第十章與第十八章討論元語言衝突造成的「解釋漩渦」與「評價漩渦」，將進一步說明表意衝突的符號學機制。

第十章　符碼與元語言

1.符碼

　　符號文本的載體，只是一堆可感知的刺激，文本的意義只是一個「可變成物」：本書前文已經指出過：意義有待於植入符號文本，以及解釋符號文本。在符號表意中，控制文本的意義植入規則，控制解釋的意義重建的規則，都稱為符碼。這個術語 code，用於各個科目譯法不同：通信工程譯為「電碼」；軍事與生物學作「密碼」；資訊理論用「信碼」，電腦工程用「編碼」。譯法太多，讓人無所適從。語言學界常用「語碼」或「代碼」，後者似乎可以通用，但是 code 並不「替代」某種意義，符號才替代意義。既然沒有一個適用於符號學，因此本書用「符碼」。巴爾特對 code 有一種特殊用法。他在《S/Z》一書中稱呼敘述分析單元為 code，有「代碼」與「符碼」兩種不同的中譯，「每個閱讀單位，都可以在五種符碼中找到自己的位置」。[1]實際上他討論的是敘述學對情節單元（所謂 motif）的分類，有很多論者糾纏於此符碼的確切意義，其實這與符號學中關於符碼的觀念不相關。

　　符號傳達的理想過程是：符號資訊的發出者，依照符碼對符號資訊進行「編碼」（encoding），意義被編織入符號文本；符號資訊

---

[1]　羅蘭・巴爾特《S/Z》，上海人民出版社，2000 年，82 頁。

的接收者對符號資訊進行「解碼」（decoding），資訊就轉換回意義。在實用／科技的符號系統中，符碼是強制性的，解釋幾乎是固定的：解碼必須忠實地還原複製編碼。例如數學教師出題，編碼過程就是把意義變成問卷，把答案隱藏起來，學生答題則是把問卷還原，說出教師編制進問題的原意。對這樣的考試，表意與解釋都是強編碼。

　　強編碼的文本，符碼可以像詞典或電報密碼本那樣清楚，也可以像運動比賽規則那麼條理分明。但是在文化／藝術中，絕大部分符碼，沒有那樣清晰整齊。甚至不能肯定符碼如密碼本那樣先於文本存在。文化／藝術符號文本屬於弱編碼，發送者的編碼就不可能強制，而接收者對符號資訊的解釋，一方面享受很大的機動餘地，另一方面也苦於沒有證據說明他的解釋肯定正確。對文本的理解，就是開始一次新的表意：解釋者只是對弱編碼符號，提出一種暫時的解釋。

　　弱編碼的符號給解碼相當大的機動權，這時候解碼可能落在兩個不同方向上。一是不足解碼：當解釋者不擁有關於文本既定符碼的足夠瞭解時，例如面對異文化文本，對文本的語言不熟悉，對特定時期特定流派的文本不熟悉，他就只能從經驗過的類似解釋活動中，抽取若干片斷組成粗糙的，臨時的，假定性的符碼集合，對文本進行試探性解碼。在實用／科學性「強編碼」符號活動中，可以從不足解碼開始，漸漸迫近適量解碼，發送者作為編碼者，有資格評判解釋是否為「不足解釋」或「過度解釋」；而在文化／藝術性符號活動中，無法強加「適當解碼」，因為沒有判斷標準。

　　另一個方向是在既定的符碼之外嘗試加上另外一些符碼，做附加解碼，形成原規則的特例。附加解碼可以是修辭性的：例如對文本中的「欲言又止」，解碼就不得不添上未說的內容；對文本中的「欲蓋彌彰」，解碼解釋其「真實」的內容；對某些文本形式，解碼者體會出「史詩般宏偉」，或「婉轉蘊藉」等附加的風格性解碼。

文化／藝術作品有大量未充分編碼的部分，幾乎每個解釋就都是附加解碼的嘗試。因此，這些文本既受符碼支配，又不受符碼支配；附加解碼既遵守規則，又改變規則，這是文化／藝術符號解釋的本色。

符碼是符號學中最複雜糾纏最難說清的問題之一，對此問題的討論汗牛充棟，但是無法總結成清晰的理論。從資訊理論的角度，可以作技術型的討論，而從美學文化學的角度，編碼與解碼的情況就過於複雜，要整理出一個規律來，幾乎每次入手就會被自己駁回。

哪怕符碼現成，如何使用依然有個文化問題：紀律嚴明的文化類型中，實用符號活動的編碼與解碼，都不允許過分自由。塔拉斯蒂舉了一個有趣的例子：在義大利，如果一個路標說一個小時不超過 50 公里限速行駛，司機卻仍然要超速。然而又有路標出現了「危險！請減速到每小時 10 公里。」那麼司機會稍微開慢一點點。「義大利作風」讓所有符號都成為弱編碼：發出可以任意，解釋可打折扣。[2]這裏可能有北歐人對南歐人的偏見，但特定文化的確有個「符碼態度」問題。在某些文化中，嚴肅的秩序指示，被看成是似有若無的符號（as-if-sign）。當一切都成為弱編碼：我們往往稱這種文化「生活方式很藝術」。

符碼往往是「成套」出現的，一批符碼構成了一個覆蓋整個符號文本領域的整套意義解釋。但是文本的形式，有單獨的意義。菲斯克開列過一個電影鏡頭「形式符碼」清單：

特寫（臉部）＝親密關係
中景（大半身）＝個人關係
遠景（背景與演員）＝環境、範圍、距離

2　Eero Tarasti, *Exitential Semiotics,* Bloomington and Indianapolis: Univ of Indiana Press, 2000, p 44.

全局（整個人物）＝社會關係。鏡頭角度也與意義有關聯

仰拍＝權力、威嚴

俯拍＝渺小、微弱

推進＝注意、集中

淡入＝開始

淡出＝結束

切＝同時、興奮[3]

這當然不完整，恐怕開一個完整的符碼清單也不可能，因為電影藝術家在創造新的鏡頭意義。但是菲斯克的清單證明，哪怕在藝術中，形式還是可以有一定的規律。可以看出，鏡頭符碼，實際上模仿人的眼睛。費斯克從西方人感知中的人際安全距離為出發點，拉出一套鏡頭符碼清單的。鏡頭的運用模仿了人在空間距離中捕捉意義的方式，因此是文化人類學家愛德華・霍爾所謂「距離符號學」（proxemics）的藝術應用。[4]現實世界的「上下左右」之類的概念象徵，自然就會被鏡頭模仿。我們可以看到：符碼把鏡頭文本「翻譯」成意義。這種隱含意義不在畫面的內容上，而在於觀看角度的指導形式上。

每種文本形式因素分類有重大意義：音樂中，小調和慢節奏象徵憂鬱，獨奏象徵孤單；攝影中，柔焦意味著浪漫等。其他如書籍開本、辦公桌大小、手機厚薄、房子高低、詩體或散文的情書，每一種文本都有形式符碼。

符碼能解釋文本的意義，因為符號本來應當有意義，符碼並不創造意義，它們只是解釋符號的規則。但是，如果能創造性地運用

[3]　John Fiske & John Hartley, *Reading Television,* New York: Routledge, 2003, p 48.

[4]　Edward Hall, *Handbook for Proxemic Research*, Washington D C: Society for the Antropology of Visual Communication, 1974.

符碼,新的意義也就出現了。這就涉及符碼作為解釋規則的形成方式,即元語言問題。

2.元語言與意義

符號的集合往往被比諸語言,而**符碼的集合,一般稱為元語言**。詞的解釋是符碼,解釋的集合如詞典和語法,就可以稱為元語言。符碼是個別的,元語言是集合的。但是這兩者有時候難以分清界限。列維－斯特勞斯就認為符碼是符號人類學的「社會文化行為的底層規則」,[5]他的話可能用「元語言」為宜。本書第八章討論的雅克布森的六因素論,他認為符碼成為資訊主導,符號文本就出現元語言傾向,[6]這兩者的關係就說得比較清楚。

從上面的分辨,可以看到:符碼著眼於符號單元的解釋,例如上一節說到「電影鏡頭的符碼」。符號學界常把研究解釋規律的問題,稱為元語言問題,而不稱為「符碼問題」。符碼必須形成體系才能起作用,元語言就是符碼的集合,兩者界限有時候不分明。因此,符號學討論解釋的規則,往往用元語言這個術語。

元語言是理解任何符號文本必不可少的,儀禮、宗教、民俗,舞蹈、手勢、繪畫、體育、男女關係,只要被當作意義傳播,就都必須有相應的元語言,來提供解釋的符碼。前文已經說過:意義的存在條件,就是可以用另一種符號體系(例如另一種語言)解釋。元語言是文本完成意義表達的關鍵:元語言的存在,就意味著整個文本與文本系列的「可翻譯性」。只是針對個別符號的符碼,必須組成覆蓋全域的元語言。

---

[5] Claude Levi-Strauss, *The Savage Mind,* Chicago: Univ of Chicago Press, 1966.

[6] 羅曼・雅克布森〈語言學與詩學〉,趙毅衡編《符號學文學論文集》,天津:百花文藝出版社,2004 年,179 頁。

例如，要把中文翻譯成英文，要把甲骨文翻譯成現代漢語，就要一部完整的詞典、語法，以及對對象符號文本後面的各種伴隨資訊的瞭解。這本詞典加語法，哪怕不以一本書的方式出現，只是留在解釋者心中，或是留在文化的知識儲藏中，起的作用是一樣的。

這不是說每一次的解釋元語言必須是完整的：符號解釋的「試推法」，意味著適當的符碼，可以在解釋過程中漸漸被發現。接收者在每一次解釋都提出一個臨時性的元語言集合，例如一部電影裏帶著外語、音樂、歌曲、歷史、民俗。說要解讀這樣的文本，必須有幾套元語言，以控制幾個「全域」，這對觀眾甚至批評家來說，都是要求過分。因此，文本的接收者，只能就他的知識、感情、經驗、教育等，組成一套個人的，臨時的「元語言集合」，從文本中解釋出一個意義。

這才能解釋為什麼同一人看同一部電影，同一本書幾次，每次理解會不同，像個年代長了，會更不同。文化符號活動的特點是**元語言集合變動不居**，對同一個符號文本（例如一部電影）不存在一套固定的「元語言」，對同一個人，元語言也不固定：每次解釋，解釋者調動不同的元語言因素，組合成他這次解釋的元語言集合。不同的接收者完全可以採用不同的元語言集合，從而使同一文本能產生無窮的岐出意義。上文四章四節討論的分叉衍義，就是這樣出現的。

3.「斷無不可解之理」

元語言不僅是意義實現的先決條件，元語言也是意義存在的先決條件：面對一個文本，任何解釋努力背後必須有元語言集合，這樣文本才必定有意義可供解釋：文本並不具有獨立的本體存在，文本面對解釋才存在。

那麼，解釋者怎麼知道某個文本必定有意義？怎麼知道他的解釋努力必定能取得一個意義？本書第二章第二節已經討論過這問題，符號必須有意義，這是符號的定義所決定的。但是具體到解釋的機制上，符號有意義，是因為解釋者總有一個元語言集合可用，哪怕這個元語言集合只能提供一個不足之解，甚至誤解，也是一個可用的元語言集合：元語言的目的，是從文本中推壓出一個意義解釋。

只有在解釋中，文本才有意義，此言聽來似乎是因果循環，實際上卻是人類符號表意中的一個根本性悖論：**不是符號文本要求相應的元語言來解釋它，而是元語言強迫符號文本產生可解的意義。**《詩經》中大量表達心情的詞，如

> 我心慘慘（《大雅・抑》）；憂心炳炳（《小雅・頍弁》）；
> 憂心奕奕（《小雅・頍弁》）；憂心殷殷（《小雅・正月》）；
> 憂心欽欽（《秦風・晨風》）；勞心博博兮（《檜風・素冠》）；
> 憂心惙惙（《召南・草蟲》）；憂心忡忡（《召南・草蟲》）。

《爾雅・釋訓》認為這些疊字「殷殷、惸惸、忉忉、博博、欽欽、京京、忡忡、惙惙、炳炳、奕奕」，都是一個意思：「憂也」，如此解釋當然不錯，因為有「憂心」二字在前面。恐怕這些字原本都沒有憂愁之意，大部分只是對「憂心」的一種「擬音」。如果要問無憂愁意義的詞如何能表現「憂心」，憂心又如何能用聲音形容？原因很簡單：文中已經指出了它們表達「憂心」：上下文的壓力，迫使它們不可能有別的意義。這點本書將在第十一章討論「理據性」時詳解。

同樣，「香稻啄餘鸚鵡粒」為什麼必須是通順的詩句？因為詩歌解釋的元語言迫使其混亂的詞序重構到可理解的程度：錢鍾書討論詩經，「不通欠順……在詩詞中熟見習聞，安焉若素，此無他，筆、

舌、韻、散之『語法程度』（degree of grammaticalness），各自不同。」錢鍾書此語引用的是符號學家西比奧克。[7]

　　喬姆斯基在 1957 年造出一句「不可能有意義」的句子，「無色的綠思狂暴地沉睡」（Colorless green ideas sleep furiously.）[8]，用來挑戰語法概率論模式，但趙元任在他的名文「從胡說中尋找意義」（Making Sense out of Nonsense）證明了：在釋義壓力下它必須有意義。[9]

　　理法臺爾在《詩歌符號學》中詳細討論了詩句的「不通」（ungramaticalities）問題。他指出，不通往往是第一遍閱讀時發現的。重讀後，就會發現可以根據結構範本（structural matrix）變異，解釋這個不通：「詩歌文本往往是一個主題的、象徵的、任何結構的變體或改造，而這種與結構的持續關係構成表意」。[10]筆者認為這最後一句話是關鍵：結構必須表意，而「不通」的句子既然也出於這個「範本」之中（就是說，出現於這首詩有意義的背景上），就必然有意義。

　　徐冰的《天書》，2000 個字中，沒有一個能認出的中文字，是絕對的無意義。為什麼有大量論文討論其意義？因為解釋元語言集合，對這個無意義的文本施加了強制性壓力，迫使它們不得不產生意義。徐冰自己有一段話，證明了意義的確是解釋壓力的產物：「當你認真地假戲真做到了一定程度時……當那書做的很漂亮，就像聖書那樣，這麼漂亮，這麼鄭重其事的書，怎麼可能讀不出內容？……剛一進展廳，他（參觀者）會以為這些字都是錯的，但時間長了，

[7]　T.A. Sebeok, ed, *Style in Language,* 84，見〈管錐編〉第一卷《毛詩正義》五四，249 頁。
[8]　Noam Chomsky, *Syntactic Structures*, The Hague & Paris: Mouton, 1957, 15
[9]　Yuen Ren Chao, "Making Sense out of Nonsense", *The Sesquipedalian*, vol VII, no 32 (June 12, 1997).
[10]　Michael Riffaterre, *Semiotics of Poetry*, Bloomington & London: Indina Univ Press, 1978, pp 5-6.

當他發現到處都是錯字的時候，這是他就會有一種倒錯感，他會對自己有所懷疑。」[11]

當解釋面對一個「無法理解」的文本，解釋者會從各個方向收集元語言元素，「這麼鄭重其事的書，怎麼可能讀不出內容？」生動地描寫了尋找元語言的壓力，直到籍此生成的元語言集合，迫使無意義文本產生意義。謝榛《四溟詩話》說「詩有可解，不可解，不必解，若水月鏡花，勿泥其跡也」。何文煥在〈歷代詩話索考〉一文中對此針鋒相對地批評說：「解詩不可泥……而斷無不可解之理」。[12]「泥」就是糾纏於不可解的，表面上不通的文字，實際上各種元語言因素的效應，完全能是解釋擺脫字面意義的糾纏。元語言因素積累達到足夠的壓力，就不存在「不可解」的文本。

絕大多數禪宗公案就是利用了這一點：答非所問，措辭荒誕，之所以能回答不可能答覆的問題，就是因為只要願意尋找意義，無意義也就是一種意義。禪宗要求不立文字，禪師不願意引用佛經給僧徒答覆，就只有有意與問題不發生關係，繞路說禪，又不能說破，答案就形成問題的「不解之解」。

法國電影符號學家讓‧米特里（Jean Mitry）指出，邏輯學家卡爾納普，語言學家喬姆斯基，在「胡說」（nonsense）問題上都弄錯了：符合語法的句子如「這匹馬是一隻六腿甲蟲」、「這條狗生病了但沒病」、「我的勇氣有5公斤」、「彼得被網球聯習著」，這些句子的確荒誕，但並不是沒有意義：一句符合語法的短語，不可能無解。米特里認為它只是不真實（not true）而已。

《愛麗絲奇遇記》中愛麗絲在國王房間中發現的那首胡謅詩（「Twas brillig, and the slithy toves」）整篇音韻鏗鏘煞有介事，卻無

---

[11] 徐冰，〈讓知識份子不舒服〉《南方週末》2002年11月29日。
[12] 何文煥，〈歷代詩話索考〉《歷代詩話》（下）北京：中華書局，1982年，823頁。

一有意義的詞，批評家 R.P. 布萊克莫爾盛讚此詩是「藝術中成為達達主義和超現實主義的整個運動的先驅」[13]托多洛夫也強調說：「自創語言永遠是有理據的，自創詞語者的新詞，可以是語言的，可以是反語言的，但永遠不會是非語言的」。[14]

如果連語法要求明確的語言中，都不可能有「胡說」，其他符號系統中，「不可解」就更難存在。米特里一乾二脆地指出：「電影中不存在胡說，哪怕有意做成反諷或混亂（anarchy），玩弄物的邏輯意義，哪怕被認為荒誕，也就有了意義」。[15]同樣，美術也不可能無意義，達利、馬格利特、夏加爾等超現實主義的繪畫就是證明。至今各種符號行為都在挑戰意義的邊界，它們只要這樣做，就是把自己變成藝術，挑戰本身，開拓了新的疆域。

正如本書第二章第一節的討論，在解釋之前，符號意義的存在已經前定，合適的元語言集合總能形成，只不過意義的實現，邏輯上有待元語言集合完成解釋活動之後才能出現。而這種「不通」，往往因為成為多種解釋的可能，成為一個藝術文本的妙處所在。

理法臺爾歡呼詩歌這種奇特的難點：「我應當強調再強調，這種初次閱讀的障礙，正是符號表意的指南（guideline），是在通向更高的系統上意義的鑰匙，因為讀者明白了這是複雜結構的一部分」。「不用說，這種不通引人注目，為狂歡理解的洪水打開了閘門」。[16]李商隱的〈錦瑟〉〈無題〉，黃庭堅說「殊不解其意」，王士禎說「一篇〈錦瑟〉解人難」。但是注家眾多，哪怕不能定於一解，也就解出來了。

---

[13] R.P. Blackmur, *Language as Gesture: Essays in Poetry,* New York: Harcourt, 1952, p 41.

[14] 茨維坦・托多洛夫《象徵理論》商務印書館，2004，364 頁。

[15] Jean Mitry, *Semiotics and the Analysis of Film*, London: Athlone Press, p 228.

[16] Michael Riffaterre, *Semiotics of Poetry*, Bloomington & London: Indina Univ Press, 1978, p 6, p 62.

　　不過理法臺爾認為，不能說「不可解」的必定是傑出的藝術。謝榛舉出不少韓愈，柳宗元「不可解」的詩句：「韓昌黎，柳子厚長篇聯句，字難韻險，然誇多鬥靡，或不可解」。[17]唐人樊宗師，只傳世一首詩與一篇文，被人評為完全不可解。好的作品，不一定完全是因為易解，不好不一定完全是因為難解，反過來亦然。是否能解並不是藝術質量的標準。

　　雖然在資訊發出與傳達的過程中，解釋意義必須不在場，以保證資訊傳播流向解釋，但是只要有相應的元語言，就不可能有無意義符號文本。元語言不允許一個文本得不出任何解釋意義。哪怕是確實不可解的文本，也能得出一個「近解」。正解本來就是任何解釋無法達到的理想，任何偏解只是偏的程度問題。因此，元語言集合的任務是推出一個意義，元語言的任務不是取得唯一正確的意義。

　　阿爾都賽派的馬克思主義文論家馬歇雷聲稱：「藝術用使用意識形態來挑戰意識形態」。[18]意識形態，按本章最後一節提出的理解，就是一個文化的評價元語言，即元語言的元語言。為什麼藝術能挑戰它？因為任何真正的藝術品，都包含一些按先前的解釋程式看來不可解，不可評說的成分，藝術在定義上就是強迫文化元語言解釋它原本無法解釋的東西。在對付藝術文本的不可解性時，解釋者被迫不斷調適更新他的元語言集合，以求一解，藝術的「斷無不可解」力量，迫使藝術的元語言發生改變。

---

[17] 謝榛《詩家直說箋注》，濟南：齊魯書社，1987 年。
[18] Pierre Macherey, *A Theory of Literary Production*, London: Henley, 1976, p 60.

4.元語言的構成

　　既然每一次解釋努力，背後都有一個由各種因素組成的釋義元語言集合在支撐，那麼，組成這個元語言集合的因素來自何處？它們怎麼會組成形形色色的，因對文本的態度而異的，變化無窮的元語言集合？實際上，表意過程的各個環節，都參與構築文本解釋需要的元語言集合。可以把這些元語言因素大致上分成三類：（社會文化的）語境元語言、（解釋者的）能力元語言、（文本本身的）自攜元語言。

　　社會文化的**語境元語言**，是元語言組成因素的最主要來源，可以稱之為是符用性元語言，即是文本與社會的諸種關係，引出的文化對資訊的處理方式。例如一個簡單的「走」字，作為軍官對士兵下的命令，作為父母對子女的規勸，作為員警逮捕犯人後的訓詞，哪怕語氣一樣，即文本風格相同，意義可以完全不一樣：語境是意義生成的外部條件。這問題本書在八章五節討論語境時已經詳談。

　　能力元語言來自解釋者的社會性成長經歷：他的記憶積累形成的文化修養，他過去的解釋經驗積累，他解讀過的相關文本的記憶，都參與構成能力元語言：馬克思主義所強調的階級地位和社會實踐，精神分析所強調的幼兒成長經驗，布迪厄所說的進入場域的人所攜帶的習性（habitus）與素質（disposition），都與此有關。

　　也有一些因素與生俱來，例如孟子等說明的人性道德能力（惻隱之心等）、康德強調的人的先驗範疇，以及心理學闡發的人腦先天能力（例如格式塔心理構築能力）：所有這些，都彙集到解釋者的能力儲備中來。面對需要解釋的文本，有關因素會被挑選出來，會聚成適當的元語言組合。

　　解釋者的能力元語言，還包括並非完全由解釋者主體控制的感情和信仰。這些不是一般意義上的「能力」，而是在理性背後，甚至在潛意識層次起作用的因素。他們對解釋的控制，經常會超過理智的分辨能力。而且這些因素解釋能力之強，經常能使解釋者維護他的元語言有效性：例如認為沒有達到某效果，是心不夠誠，信仰不夠堅定。利科說：「為了理解而信仰，為了信仰而理解，這是現象學的箴言……就是就是信仰和理解的解釋學循環」。[19]信仰提供的，實際上是一種能力元語言。

　　應當說明：能力元語言是接收者自己感覺到的能力，並不是可以客觀測定的解釋能力。例如不少人相信自己對彩票、股票、期貨之類的選擇能力，對災難的預感能力等等。只要提供了他做出某解釋的理由，就是他的能力元語言。

　　第三種是符號文本的**自攜元語言**，本書第八章第四節討論符號文本六因素時，已經討論過雅柯布森的意見，這裏再進一步說清：文本固然是解釋的對象，但是文本以及伴隨文本，也參與構築解釋自身所需要的元語言，為此提供的元語言組分數量相當大。例如，文本標明自身所屬體裁，是元語言集合中的一個重大因素。例如故事片中的恐怖場面，與紀錄片或電視「現場直播」中的血腥暴力場面，雖然文本表現類似，體裁的壓力卻推動兩種完全不同的解釋；情歌中的求愛語言，與口頭說出的求愛，詞句可以相同，得出的意義完全不同；道士的符籙，巫師的念咒，體裁決定了它們的無需一一用字句解釋的重要意義。實際上每一種體裁對閱讀方式各有要求，甚至同樣文本，例如《水經注》，當作文學讀，與當作地理讀，體裁導致的解釋完全不同。這點本書在第五章討論體裁時已經談到。

---

[19] Don Idhe, *Hermeneutic Phenomenology: The Philosophy of Paul Ricœur*, Evanston: Northwestern Univ Press, 1971, p 22

　　自攜元語言是普遍的：任何符號活動，處處可見這些元語言標記設定，指導此文本應該如何解釋。就拿比喻來說，上一章已經討論過：比喻的「相似」，經常是自我設定的元語言引導的結果。反喻很難找到像似點，其意義是無可奈何的讓步：承認繫詞的力量，可以克服符義學的困難，在符用層面上得到整合。

　　例如說：「我是一天的煙頭」（我到晚上筋疲力盡只冒餘煙）；「杯子是我心臟的直徑」（貪杯使我心室肥大）；「時間的檸檬吝惜它的淚水」（浪費生命無人同情再說也無用）；「沙發是房間裏的飛行路線」（此人只會躺在那裏無所事事地幻想）。句子是我從隨意找來的現代詩的詩行，括弧裏是我本人猜想，既然有那些「是」，只能做類似解釋。

　　許多論家討論比喻時，實際上犯了艾柯所說的「像似性謬見」：比喻的像似，只是一種文本設立的假定而已，「像似點」無需真的像似。利科在〈為像似性辯護〉一文中指出，像似性「不僅是隱喻陳述所建構的東西，而且是**指導和產生**這種陳述的東西……應當成為**謂詞**的歸屬特徵，而不是名詞的替代特徵」（黑體是我加的）。[20]他說的「謂詞歸屬」，就是「像」或「是」這樣的自攜元語言標記的強制性，而他說的「指導和產生」陳述，就是元語言對解釋的作用：比喻兩造之間的像似性，實際上是文本自攜元語言對解釋的壓力造成的。

　　詩人肯寧漢姆有句曰「兩隻黃蜂冷得像樹皮」，[21]為什麼黃蜂會冷，而且冷得像樹皮？這是因為這個「像」字既然在那裏，就必須起作用：哪怕比喻的兩邊不像，也必須像。理法臺爾在《詩歌符號學》中引用了艾呂雅五〇年代初的兩句詩，更加風趣地說明了這個

---

[20] 保羅・利科《活的隱喻》上海譯文出版社，2004 年，266-267 頁。

[21] V.S. Cunningham, *Some Salt: Poems and Epigrams*, Mount Horeb, WI:Perishable Press, 1967, p 43.

問題:「地球藍得像個橘子。/沒錯。詞兒從不撒謊。」他說這是對空間飛行時代詩性的前瞻,但據說詩人只是「從天堂回到人間時興奮地連聲呼喊」。[22]

因此,支持每一次解釋努力的元語言,構成雖然複雜。但這些元語言因素相當具體,並非不可捉摸。可以看到,**解釋符號文本的元語言集合,是每次解釋時用各種元素因素配製起來的**,有點像調雞尾酒一樣,有配方可參考,但是臨時加以機變。元語言的可調節性,是本章試圖說清的核心問題。這也就是為什麼許多符號文本,第一次看不清,重讀方見妙處。理法臺爾稱之為「追溯閱讀」(retroactive reading),他認為詩不可能一次讀出意義,再讀時有第一次的經驗引路,就很不同,[23]再讀才能找出合適的元語言集合。

5.同層次元語言衝突

語言學與邏輯學中的元語言理論,只談到元語言之間的層控關係。1920 年羅素給維根斯坦《邏輯哲學論》寫的序言,是元語言觀念在現代的第一次明確描述,已經點明層控關係是元語言的根本:「每種語言,對自身的結構不可言說,但是可以有一種語言處理前一種語言的結構,且自身又有一種新的結構」。[24]他的意思是元語言可以分成多層,每一層元語言的結構無法自我說明,只能變成對象語,靠上一層元語言描述;塔斯基認為,上一層元語言,總是比下一層的對象語言「本質上更豐富」。[25]

---

[22] Michael Riffaterre, *Semiotics of Poetry*, Bloomington & London: Indina Univ Press, 1978, p 62.

[23] 同上,p 5。

[24] Bertrant Russell, "Introduction", in Ludwig Wittgenstein, *Tractatus Logico-Philosophicus,* London: Routledge, 1987, p 7.

[25] Alfred Tarski, "The Semantical Concept of Truth and the Foundations of Semantics,

　　擴大言之，任何意義系統之所以是一個系統，就是因為它無法自我解釋。一個意義系統如果是「完整」的，就是不能自我解釋的，如果是能自我解釋的，就不可能是完整的。哥德爾「不完整定律」（Gödel's Theorum）說明「一個描述系統是自洽的，那它就是不完備的；一個描述系統是完備的，那它就是不自洽的」，這是現代「元意識」的最清晰表述。

　　既然沒有一個結構本身能自洽，元語言結構的諸種不完整之處，各種矛盾、模糊、衝突、悖論，只有靠再上一層的元元語言來解決。如此理解元語言，那麼元語言就不會有衝突：它們並不處於同一層次。《傳燈錄》卷二十八說「在迷為識，在悟為智；順理為悟，順事為迷」，清晰地指出「理」與「識」的層次控制關係；董說《西遊補》第四回孫行者入小月王萬鏡樓，鏡中見故人劉伯欽，慌忙長揖，問：「為何同在這裏？」伯欽道：「如何說個『同』字？你在別人世界裏，我在你的世界裏，不同，不同。」

　　在解釋活動中，各人解釋不同，哪怕同一人，前後解釋不同，也是正常的。不同的解釋主體堅持各自的立場，不會發生元語言衝突。元語言不同產生的歧義，是元語言的題中應有之義，本來每次解釋所用的元語言集合構成不同，自然引出不同的意義。

　　而本書要問的是：**在同一個（或同一批）解釋者的同一次解釋努力中**，使用了不同的元語言集合，那時候會出現什麼情況？尤其當這些元語言集合產生完全相反的意義，會不會一個意義取消另一個意義？如果這些元語言集合同樣有效，衝突意義並立，此時符號解釋以什麼形態出現？筆者把這種**同層次元語言衝突，稱為「解釋漩渦」**。

" *Philosophy and Phenomenological Research,* 1944, p 4, p 347.

本書將仔細討論這種元語言衝突的符號學發生機制，探討它在文化運作中起什麼作用，尤其是在意識形態對社會文化的調控中起什麼作用。實際上同層次元語言衝突造成的解釋漩渦，在人類文化中極為普遍，只是學界沒有注意。迄今為止，無論是在文化學語言學實踐中，還是在符號學學理上，還沒有人論及這個問題。其原因是，至今學界認為不同元語言分佈在不同層次上，上一層元語言的產生，目的是為了消除解決下一層語言（該元語言的對象語言）中出現的矛盾衝突。這樣一來，元語言之間，從分佈位置上，從功能定義上，就排除了衝突可能。

而本章至此的討論，主要就是想說明元語言集合可以出現在同層次上：在不同解釋者之間，在同一解釋者的不同解釋之間，甚至在同一個解釋者的同一個解釋中，可以使用不同的，甚至互相衝突的元語言因素，組成他的元語言集合，也就是說，它們之間的關係可以是同層次分佈的。

當兩套意義標準出現在同一個解釋行為之中，上文討論的諸種元語言因素很有可能協同產生一個意義。例如：作為副文本的作者名「杜甫」，讓解釋者將〈秋興八首〉放在杜詩總體風格中來解釋，這是極為重要的元語言標記；此詩收於《唐詩三百首》是文學史承認的經典集合，是型文本標記；而解釋者家學淵源熟讀唐詩，本人文學史知識豐富，崇拜杜甫，構成了恰當的能力元語言；在杜甫崇拜中（由於其儒家思想，或由於其「現實主義」），杜詩又罩上光環。在具體解釋中，這幾種元語言因素相輔相成，合為一套元語言集合，使解釋者把「香稻啄餘鸚鵡粒」讀成意味無窮的絕代妙句。

但是，如果元語言因素不可能配合，也就是說，在同一個解釋努力中，在同一元語言集合中，出現幾種衝突的元語言成分，它們就可能推動不同的意義解讀。例如，假定解釋者找到旁證，開始懷

疑〈秋興八首〉非杜甫所作，而是後人偽託竄入王洙、王琪本《杜工部集》，此時他的唐詩語境元語言因素，就給文本定位造成困難，解釋者的文史修養就無法起作用，讀杜詩的元語言集合被撕開，文本元語言（詩句的文字風格），與語境元語言（文本的文學史地位），主觀元語言（解釋者的修養）直接衝突，使解釋無所適從。

一旦元語言無法協同，對象文本中原先似乎並不存在的混亂，就可能因為解釋元語言的對立，產生出衝突的意義。「香稻啄餘鸚鵡粒」就可能被理解成劣句。

6.解釋漩渦

向解釋敞開的文本，提供文本自攜元語言因素，並且呼喚其他元語言因素。元語言因素的集合和分化，是解釋行為形成的：不同的元語言集合之間的協同或衝突，發生在解釋中，而不是發生在文本中。

理想的情況是，在解釋中各種元語言因素協同，形成一個互相促進的集合，例如電影的音和畫，例如圖像與文字說明，互相配合以催生比較明確的意義。即使它們之間有不一致的地方，甚至表面上看在推動相反的解釋，解釋活動也會達到一個暫時穩定的解讀。例如奈克爾立方體（Necker Cube）的解讀，把平面的立方圖像視作立體，格式塔心理學指出：我們看到突出的方塊，就不可能同時看到凹入的方塊。我們採用一種解釋，就排除了另一種解釋。

不同的元語言集合也可能形成「反諷」式的協同：表面義與意圖義相反，在解釋中相反相成。在這種情況下，衝突的元語言集合也會協同產生意義。例如你的上司說：「放心，我這個人不容易生氣」，這可能是安慰，這也可能是威脅。如果是後一種情況，此話的

文本義與意圖義不合，有效的解釋就應當能夠從各種元語言因素（例如場合、表情，此人一貫的行事風格）中解讀出有效的意義。但是「安慰」與「威脅」兩個解讀不可能並存，解釋者根據他使用元語言的能力，只能採用其中一義，實際上也只有一義具有真值。

但是我們也能觀察到更加複雜的元語言衝突。貢布里希討論過「鴨－兔」圖，他認為：「我們在看到鴨子時，也還會『記得』那個兔子，可是我們對自己觀察得越仔細，就越發現我們不能同時感受兩種更替的讀解」。[26]維根斯坦卻對同樣的圖提出完全不同的看法：並非看到鴨就不可能看到兔，看到兔就不可能看到鴨，他認為鴨兔實際上並存。[27]有時候不可能也不必取消兩種元語言的衝突。

荷蘭木刻家艾歇（M.C. Escher）致力於推翻奈克爾立方體的單解釋，例如題為「相對」、「上下」的那幾幅，也讓解釋者看到平面翻成的兩種立體可以同時並存，艾歇大量背景與前景互換的畫，例如下面這幅磁片畫「天使與魔鬼」（Angels & Devils），讓人同時看見天使與魔鬼，讓兩種元語言（以黑為背景看白，以白為背景看黑）同時起作用，不但可能有雙解，此圖要求必須雙解並存。

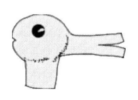

鴨－兔圖

天使與魔鬼

---

[26] 貢布里希《藝術與錯覺》，杭州：浙江攝影出版社，1987 年，4 頁。
[27] Ludwig Wittegenstein, *Philosophical Investigation,* London: Blackwell Publishers, 2001, p 45.

這樣一來，就出現了兩個不同的元語言集合衝突而造成的「解釋漩渦」：兩套元語言互不退讓，同時起作用，兩種意義同樣有效，永遠無法確定：兩種解釋悖論性地共存，但是並不相互取消。而這恰恰是艾歇作品的魅力所在，衝突造成的雙義並存，天使與魔鬼並存，解釋無所適從，正是我們著迷的原因。

闡釋漩渦其實並不神秘，稍注意觀察，我們就會發現闡釋漩渦出現於很多符號解釋之中。最常見的解釋漩渦，出現在戲劇電影等「演示文本」的表現層次與被表現層次之間：歷史人物有一張熟悉的明星臉，慈禧太后長得像斯琴高娃，秦始皇長得陳道明的臉，為什麼並不妨礙我們替古人擔憂？

因為我們解讀演出的元語言漩渦，已經成為我們的文化程式，成為慣例，觀眾對演出的解釋，一直跨越在演出與被演出之間，二者不能互相取消。應當說，觀眾對於名演員的記憶，會影響演出的場景的「真實感」，但是此種意義游移是演出解釋的常規，解釋漩渦不會對解釋起干擾破壞作用：沒有人會覺得一旦歷史人物有一張名演員臉，歷史就失真不可信。表現與被表現的含混，兩種解釋之間的漩渦，正是表演藝術的魅力所在。這個原則可以擴大到所有的藝術：文本形式與內容（演出與被演出），從發出這一端考慮，可能處於兩個不同層次。在接收這一端，卻很難把它們隔為兩個層次分別處理：斯琴高娃與慈禧太后，落到觀眾的同一感知中，也落入同一個解釋行為中。

誠然，能力元語言來自解釋者的經驗，因此，看斯琴高娃演慈禧太后，熟悉這位演員的觀眾傾向於欣賞她的表演，瞭解晚清史的觀眾傾向於看到慈禧太后是如何被演的。但是在製作人的「意圖定點」（參見第八章第六節）中，大部分觀眾具有這兩方面能力，同時能看到斯琴高娃演出慈禧太后，不然不會選此劇本，或者不會選此

演員。藝術家相信他的「闡釋社群」能兼顧這裏的表現層次與被表現層次，也只有二者被兼顧，藝術才算成功。

有社會心理學家發現女性容易看到演員，男性容易看到歷史人物。這看法可能有道理，與「社會性別」造成的文化注視方向有關：女性比較注意演員，比較瞭解演員的演出生涯，生活瑣事；男性比較關心歷史，尤其是政治史。瞭解面的不同，就造成能力元語言的不同。實際這上不是生理性別造成能力元語言差別，而是男人女人的經驗差別。但是除非解釋者有元語言缺陷（例如從來沒有注意過斯琴高娃而認不出她，或是完全不瞭解晚清這段歷史），兩種解釋同時存在於每個人腦子裏。

這很容易驗證：例如著名演員勞倫斯·奧利維（Laurence Olivier）演出的莎劇改編電影《哈姆雷特》（中譯《王子復仇記》），我見到的是哈姆雷特以及奧利維；但是只有對五〇年代黑白電影瞭解較多的觀眾，才認出奧利維，而這樣的人不多了。由於文化變遷，觀眾元語言能力變遷，這個解釋衝突對大多數人幾乎不再存在。

超現實主義畫家勒內·馬格利特（Rene Magritte）的畫《這不是煙斗》（Ceci n'est pas une pipe）引起廣泛注意，因為其圖與文的超常「一致」：

Ceci n'est pas une pipe.

煙斗圖像，當然不是真的煙斗，是像似符號，而不是物。加上這樣一個標題，卻讓人糊塗了：標題攜帶的文本元語言（以強調非此物而否認符號的對象），實際上在取消體裁自攜元語言（這是一幅畫，體裁規定畫上是煙斗的再現），也在推翻能力元語言（觀者開始懷疑自己是否有最起碼的看畫常識）。此時出現的悖論是：這幅畫如此充分地自我說明，就完全不需要元語言來解釋，出現了元語言自我否定。而沒有元語言，意義就沒有來歷，畫的意義就反而落空。

為此，解釋者收到的壓力，反而是設法搜尋一個相反的元語言集合，來證明《這不是煙斗》這樣的標題是假相，這幅畫的實際意義深遠得多。如此形成解釋漩渦，非常特殊：傅柯等後結構主義哲學家見獵心喜，討論得越來越玄。[28]

此種「常識否定」似乎很難解，卻見於許多許多禪宗公案。《五燈會元》卷五：丹霞天然禪師於慧林寺遇天大寒，取木佛燒火向。院主訶曰：「何得燒我木佛？」師以杖子撥灰曰：「吾燒取舍利」。主曰：「木佛何有舍利？」師曰：「既無舍利，更取兩尊燒」。佛像神聖，是因為體現佛性，但是這種體現是在元語言層次上的：佛像只是舍利子的轉喻。院主不小心做了常識否認，給丹霞禪師一個製造元語言自我否定的好機會：禪宗大師提前一千年為超現實主義藝術和後結構主義哲學鋪了路。

7.元元語言衝突，「評價漩渦」

筆者把文化定義成「社會相關表意活動的總集合」，**意識形態就是文化的元語言**，它是文化活動的評價體系。[29]社會性評價活動，

---

[28] Michel Foucault, *This is Not a Pipe,* Berkeley: Univ of California Press, 1973. 其中竟然討論到「煙斗」（pipe）一詞原文中，p樣子像煙斗。

[29] 〈文化的定義是：一個社會中所有與社會生活相關的符號活動的總集合〉。

就是意識形態支持或反對文化中發生的意義解釋。關於意識形態的定義據說幾十種之多，現代批評理論的論家，幾乎都有自己的意識形態定義。齊澤克甚至建議乾脆不談意識形態：「難道其本身全然晦澀難懂、含混不清的特性還不是放棄它的充分理由嗎？」[30]本書對這幾十種定義無法一一作評，「文化的元語言」這定義至少簡明扼要，適合做符號學的分析。

上文分析，認為元語言集合能夠發生衝突，那麼元元語言集合也能發生衝突，這時候就出現更高一層的解釋漩渦，可以稱為評價衝突。即使用同一個意識形態體系，也會出現評價衝突：儒家倫理難以避免「忠孝不能兩全」的評價漩渦，就是顯例。

文化評價的主體，往往是集團。在歷史維度上，集團主體，比個人更為重要，更為常見。如果這些集團分別進行各自解釋活動，就不會產生同層次衝突。例如美國對蓄奴制的不同理解嚴重衝突，集團主體卻被南北地緣分割；對歷史人物（例如李鴻章）或事件（例如法國大革命）的評價，由於歷史元語言一再改變而不得不經常改寫，但是理解主體被代溝分開，此時並不形成評價漩渦。

更經常看到的現象是：集團主體所用元語言，比個人主體更難於一致。集團主體進行評價活動時，元語言衝突就成為一種相當普遍的現象，可以說，評價漩渦，是意識形態在文化中起作用時幾乎難以擺脫的悖論。

這問題聽起來似乎複雜，實際上處處見到。2010 年 8 月，張軼的照片《挾屍要價》引發了巨大爭議。有人認為是標題與事實不符，是造假；有人認為基本相符，情況屬實。事實再複雜也弄得清

趙毅衡《文學符號學》，中國文聯出版公司，1990 年，89 頁。
[30] 斯拉沃熱·齊澤克：《意識形態的幽靈》，斯拉沃熱·齊澤克、泰奧德·阿多爾諾等《圖繪意識形態》，南京：南京大學出版社，2002 年版，4 頁。

楚，重要的是道德評價的衝突：許多人認為是撈屍者冷血；但是也
有人指出打撈屍體是江邊百姓謀生一行，這行業也如殯葬業一樣，
按服務行規行事。本來，這是兩批人不同觀念，但是由中國新聞攝
影學會全票授予《挾屍要價》「金鏡頭獎」，就把評價主體變成了「全
國人民」。這時候就出現了評價漩渦：作為合一的評價主體，我們
就無法調和「尊重人」與「尊重習俗」兩套標準，就只能形成評價
漩渦。本來是各說各理，「此亦一是非，彼亦一是非」，現在成了「彼
此一是非」。

還有更大局面的評價問題：「凡是敵人反對的我們就要擁護，凡
是敵人擁護的我們就要反對」，這條政治原則是典型的評價元語言對
立，但是主體隔開壁壘分明。黃仁宇的一系列著作，從「中國現代
化」角度看問題，就認為「蔣介石與毛澤東具備互補的歷史意義」。
把現代中國作為合一評價主體，就出現評價漩渦。黃仁宇從中有意
引出價值衝突，因為「對明顯價值的崇拜，將使歷史走向目的論的
直線進展」。[31]

現代化進程中的一個重要問題，就是如何處理意識形態衝突。
中世紀社會努力維持統一的評價體系，而現代社會不得不面對評價
體系衝突這個事實。自從政教分離後，社會集團，例如中產階級與
無產階級，例如婦女與少數集團，它們的自我意識都不斷增強，他
們的評價體系往往對立。當他們組成一個社會，一個民族，不同的
意識形態就形成評價衝突，成為影響社會演化的重大力量。這點，
本書上一章討論「反諷社會」時，已經有所觸及。反諷的衝突是在
文本層面上，是意義活動本身具有的，而評價漩渦，則發生在評價
層次上，更加本質化。

---

[31] 黃仁宇《黃河青山：黃仁宇回憶錄》北京：三聯書店，2001 年，505 頁，508 頁。

　　在現代化進程中，社會不得不承認幾套不同的評價體系都具有合理性。雖然在不斷適應變形之後，某種意識形態可以成為社會主導，但是社會演進的基本動力，是綿延不絕的評價漩渦。由此產生了「民主社會主義」，「福利資本主義」這樣看起來自我矛盾的意識形態主張。實際上內部各種因素越是衝突，綜合意識形態行得通的可能越大，因為它們內化了評價漩渦，其運作阻礙反而減少。包涵衝突利益的意識形態體系，最終成為政治實踐的主流，證明評價漩渦是今日世界意識形態運行的常態。

　　而當今的全球化浪潮，使評價漩渦的規模更為增大：當民族利益與跨民族利益不得不同時起作用，出現了「全球本土化」（Glocalization）這樣的悖論。在這種時候，不善於利用評價漩渦，不知如何內化衝突，不知變通的民族，就難以適應多元化的世界大潮。無論哪個國家，都不得不擯棄單一評價體系：誰能適應並充分利用評價漩渦，誰就在世界潮流中走在前面。

　　當今文化的一個特色，是文化表意的各個層面都出現解釋漩渦，想在文化生活中追求解釋元語言的單一化，已經不再可能。本書最後一章，就是以新儒家的「仿韋伯論」來說明中國現代化進程為什麼需要評價漩渦，而不是單一價值。

　　既然已經討論到文化的複雜性，本書關於符號學的原理的討論，就只能暫時告一段落。本書後半部分，將嘗試把這些原理推演到真理、主體、社會、文化、藝術、歷史等困擾人類多少世紀的課題中，看符號學能給我們帶來什麼不一般的看法。

下編

推演

第十一章　理據性及其滑動

1.偶發再度理據性

　　本書第三章詳細討論了理據性問題。各家論者都承認理據性是有限的：許多符號無理據；而在語言這個最大的符號體系中，理據性基本上完全缺失。因此，無理據性是符號常態，理據性是例外。

　　但是這就遇到一個難題：模仿是人最基本的意義方式，尤其是文學藝術，離不開模仿。沒有理據性，就無法作模仿再現，而語言是人類表達意義主要工具。既然語言任意武斷，基本上無理據，用於模仿時，如何能「像似」對象。這個根本性的矛盾，在人類文化中是如何解決的呢？

　　第一種辦法是擴大理據性的範圍：索緒爾僅指出擬聲詞與複合詞具有「相對理據性」。烏爾曼進一步指出有三種根據性：語音理據性（即擬聲理據）；詞形理據性（衍生詞理據）；語義理據性，指的是各種修辭性語言（figurative language），尤其是比喻與轉喻。[1]

　　他實際上比索緒爾多加了一個「語義理據性」，但卻打開了一個巨大的可能。熱奈特《模擬寫作》一書，[2]認為同形詞、同音詞等，都有理據性，他稱這些為為「初度克拉提魯斯現象」（primary

---

[1]　Stephen Ullman, *Semantics*, Oxford: Blackwell, 1972, p 81.
[2]　Gerard Genette, *Mimologics*, Lincoln: Univ of Nebraska Press, 1994, p 157.

cratylism）；然後他討論了詩歌語言的「理據鏈結幻覺」，例如比喻、通感等，他稱作「再度克拉提魯斯現象」（secondary cratylism），這個看法擴展了烏爾曼的「語義理據性」。熱奈特的結論是：詩歌語言的目標，就是創造「儘量多的有理據詞語」。[3]

熱奈特是「就詩論詩」，實際上這是語言藝術的特徵。有論者認為一旦語言「風格化」（stylized），就可能獲得根據性，因此文學性散文，也有不少理據性，因為「文學的」語言，不可避免有許多比喻。[4]瑞恰慈就認為儀式性（ritualistic）的語言是有理據的。[5]如此類推下去，哪怕非藝術語言，也經常有相當數量的理據性。例如西語 revolution，有詞源（拉丁文 volvere 轉動）的比喻理據性；中文譯成「革命」，則是利用了「湯武革命」的典故，有歷史理據性。至於魯迅的諷刺「革命，革革命，革革革命，革革……」[6]從擬聲、擬意，比喻進行詞語搭配，更有多重理據性。

中國語言學界也不斷尋找語義理據性。張永言認為，「除了一些原始名稱外，語言裏的詞大多有其內部形式可尋，或者說有理據可說的」。[7]蔣紹愚提出，所有的派生詞都是有理據的，因為「弄清了詞語的來源，也就弄清了它的得名之由，也就弄清了詞語的意義」。[8]李娟紅用筆記小說具體地來做這個分析，發現所有的所謂「新詞」，都有理據。[9]曾丹分析網路新語，指出網路語彙都生成於類推、隱喻、轉喻，也就是藉理據性生成。[10]

---

[3] Gerard Genette, *Mimologics*, Lincoln: Univ of Nebraska Press, 1994, p 152.

[4] Stephen Merrim, "Cratylus' Kingdom", *Diactritics*, Spring 1981, p 54.

[5] I A Richards, C K Ogden and James Wood, *The Meaning of Meaning*, New York: Harcourt, Brace and World, 1923, pp 24-47.

[6] 《魯迅全集》北京：人民文學出版社，1956 年 1 版，第 3 卷，399 頁。

[7] 張永言，〈關於詞的內部形式〉，《語言研究》1981。

[8] 蔣紹愚《近代漢語研究概況》，北京：北京大學出版社，1994。

[9] 李娟紅，〈從筆記小說釋詞現象看詞語的理據〉，《江西社會科學》2009 年 1

　　論者還在把理據性範圍推得更大：費歇認為語法是一種「圖表像似」，因為語法實際上是意義的同型結構，與意義相應。[11]烏爾曼最後幾乎推進到了所有的「慣用語」：「每一個慣用語，都有任意武斷的詞，也有至少部分有理據，即透明的詞」。[12]但是所有這些中外論者，沒有一個說理據性是確實普遍的，無所不在的，他們的理據性例子再多，也都是部分的，偶發的。

　　那麼文學藝術在進行模仿描寫時，是不是專挑具有這些理據性的詞句呢？顯然不是：任何語言都能進入文學，都可以進行模仿。人類在文化中，實踐了普遍理據，卻無法說明其中的道理，本章試圖回答這個問題。

　　語言可以用來模仿，這是柏拉圖在《理想國》中再三強調的。亞里斯多德在《詩學》中指出文學的最重要機制是模仿，模仿就是利用語言的像似性。他討論的模仿範型是悲劇，悲劇除了使用姿勢表情道具，更多地還使用語言，如果語言對於對象是不透明的，那就無從模仿。歷代都有人感到這裏有個巨大的未決問題：萊辛指出：「詩歌必須追求把符號從任意符號提高到自然符號」。[13]路易士很早就談到了「由片語成的畫面」。[14]維姆薩特給語象下了個定義：「最大程度地實現了其潛力的語言形象」。[15]

期，240-243 頁。

10　曾丹，〈試析漢字元網路語彙的構成及其生成機制〉，《江漢大學學報》2009 年 2 期，60-63 頁。

11　Olgar Fischer, "An Inconic approach to Grammaticalization", in (ed) Jac Conradie at al, *Signergy,* Amsterdam: Benjamins, 2010, pp 279-298.

12　Stephen Ullman, *Semantics*, Oxford: Blackwell, 1962, p 97.

13　Gotthold Ephraim Lessing, "Letter to F Nicolai, 5-26-1769", quoted in Max Nanny & Olga Fischer (eds), *Form Miming Meaning: Iconicity in Language and Literature,* Amsterdam: Benjamins, 1999, xvi.

14　C. Day Lewis, *The Poetic Image*, New York: Oxford Univ Press, 1947, p 13.

15　William K Wimsatt, *Verbal Icon: Studies in the Meaning of Poetry*, Lexington:

最強烈的呼聲來自詩人龐德，他編輯的費諾羅薩論文《作為詩歌手段的中國文字》，被漢學家嘲笑為學理上錯誤百出，但是當代理論家們卻一再回顧龐德此說。看來龐德的詩人式敏感，擊中了意義問題的要害。龐德認為中國文字是理想的，因為：「中國文字不是任意的符號，而是自然行為的生動速記」。最近，「語言相似性討論會」的組織者再度引用龐德此文，指責符號學界至今沒有能好好回答這個問題：即龐德很早就感覺到的「作家對像似的迫切需要」。[16]

2.普遍符用理據性

在近年兩屆阿姆斯特丹大學「語言像似會議」的論文集中，符號學界集中討論了這個問題，諾特提出：語言像似應當分成兩類，語言學家指出的這些語音、詞法、句法、詞源的理據性，都是語言的「內理據」（endophoric），即「模仿形式的形式」（form miming form）。而真正在表意過程中起作用的，是語言的「外理據」（exophoric），外理據是「模仿意義的形式」（form miming meaning）。內理據是個別的，偶發的，而外理據是普遍的，諾特稱之為「普遍語言像似」。[17]

任意性的語言，如何能包含像似性，以能組成「畫面」？這是因為任何符號（包括語言符號）的文本性組合，只要被社群用入符號交流行為，就獲得再度理據化，與意義已經有了超出任意的聯繫。

Univ of Kentucky Press, 1954, p i.

[16] Max Nanny & Olga Fischer (eds), *Form Miming Meaning: Iconicity in Language and Literature,* Amsterdam: Benjamins, 1999, xvii.

[17] Winfred Nöth, "Semiotic Foundations of Iconicity in Language and Literature", in (eds) *The Motivated Sign: Iconicity in Language and Literature 2,* Amsterdam: Benjamins, 2001, p 16.

這種普遍再度理據化，來自符號使用，可以稱作符用理據性。因此，符號學關於理據性，有以下論辯：

（1）　索緒爾把任意性看成是「符號的第一原則」，他只承認擬聲詞的初度理據性，複合詞與片語的構造理據性。

（2）　皮爾斯認為，大量符號是有理據的，但是語言詞彙，是無理據的規約符號。

（3）　語言學家發現語言中理據性範圍大得多，從構詞法，到句法，到比喻通感等各種修辭手法，到語法構造，都出現局部理據性。

（4）　筆者在這裏要提出的，是普遍的「符用理據性」：語言，作為人工製造的符號，必然被社群作集體使用。語言如其他符號一樣，在使用語境中被理據化，在使用者社群中，這種效應是普遍的。維根斯坦對此有個說明：「（同意）不是意見一致，而是生活形式一致」。[18]他說的「生活形式」是指語言在生活中的使用方式。

不是符號給使用以意義，而是使用給符號以意義，使用本身就是意義。索緒爾感覺到這一點，他把象徵列於他說的符號之外，因為象徵與意義「有一種自然聯繫的根基」。[19]象徵也是符號，為什麼索緒爾宣稱象徵不是任意的，而把它排除在符號學之外？因為雖然象徵的源頭也是任意的符號，社會性使用已經給了象徵在「自然聯繫的根基」（見本書第九章第六節關於「象徵化」的討論）。社群使用中的符號，對於參與使用者來說，已經開始透明，獲得了理據性。

使用創造符用理據性的過程，容易理解。一個數字是任意武斷的，一旦在社群中使用，例如作為電梯的層樓按鈕，與其他數位排

---

[18]　Ludwig Wittgenstein, *Philosophical Investigations,* Oxford: Blackwell, 1953, 241.

[19]　索緒爾《普通語言學教程》，北京：商務印書館，1980 年，104 頁。

列在一道，它就獲得理據性：它成了明確標定某個特定樓層的指示符號，產生一個清晰的提醒注意的箭頭。

比較難於說明的是語言中的像似性：但是語言的「像似」，一直是符號學中最大的爭議點。[20]符號學家諾特指出，語言中的普遍像似性，表現在三個方面：第一，接收者的思想與認知中，心像無所不在；第二，在「創造性文本」中必然需要像似符號；第三，傳達中互相理解以語言的像似為先決條件。[21]這三點都落在符用範圍裏，其中「心像原則」是最根本的，語言要能激發心像，語言文本中就必須有語象。洛特曼指出，在模仿中，「語言符號意義化，使符號變成其內容的模型」。[22]

讓我們隨手舉一個例子：「無邊落木蕭蕭下，不盡長江滾滾來」，這兩行詩中可以找到某些「初度理據性」的只有「蕭蕭」與「滾滾」兩個擬聲詞，其餘詞，沒有理據性，也找不到熱奈特說比喻通感等。但是實際上不僅這兩句詩給了我們一幅極其生動的形象，而且其中每個詞，都在我們心裏引發相應的意義與形象：具體詞如「落木」、「下」、「來」，比較抽象的複合詞如「無邊」、「不盡」，甚至專用名稱如「長江」，都攜帶著相當清晰的像似性，效果類似一幅山水長卷。「詩中有畫、畫中有詩」：這些詞語可以「替代」視像，激發心像，因此已經理據化。

---

[20] Michael Shapiro, "Is the Icon Iconic?" *Language*, December 2008, pp 815-819.

[21] Winfred Nöth , "Semiotic Foundations of Iconicity in Language and Literature", in (eds) *The Motivated Sign: Iconicity in Language and Literature 2,* Amsterdam: Benjamins, 2001, p 25；又見 Valerii Lepakhim, "Basic Types of Correlation Between Text and Icon, Between Verbal and Visual Icons", *Literature and Theology*, March 2006, pp 20-30.

[22] Yurij Lotman, *The Structure of the Artistic Text,* Ann Arbor: Univ of Michigan Press, 1970, p 21.

在例如索緒爾用來說明像似性的例子：「樹」這個詞，一張樹的照片，一棵活生生的樹，符號很不相同，給使用者的感覺卻類似，在使用中效果也類似，證明它們有相通之處。西尼則認為這是「現象符號學」的根本問題：「說『house』，寫成斜體，寫成大寫，像孩子一樣畫一所房子：這些聲音、記號、圖畫、意義都是相同的，哪怕說 maison，或是說 casa，都有一個相同的詞或思想的形式，使它們意指房子」。他稱這個「思想」為「形式的內容」（the content of the form）。[23]也就是說，被使用的感知形式，產生了內容。

貢布里希的一篇名文，〈對一座木馬的思考〉，為本書說的「使用使符號理據化」提供了一個非常有說服力的解釋。一根竹竿為什麼能代替馬？它沒有馬的形象，也沒有貼上馬的圖像或標籤，它甚至不如「馬」這個詞那樣，有社會規約決定它意義為馬（讓我們可以指責趙高「指鹿為馬」是欺君）。竹竿之所以稱為馬，是因為對孩子以及周圍其他人而言，它被當做馬使用，由此它獲得了馬的意義。[24]

模態邏輯語義學的創始人克里普克在《命名與必然性》一書中指出：詞「使用」的歷史，造成意義積累。無論是專名（如「邱吉爾」）還是通名（如「黃金」），它們獲得了意義，「並不是這個名稱的含義在起作用，而是這個名稱的起源和歷史，構成了歷史的因果傳遞鏈條⋯⋯而當一個專名一環一環地傳遞下去的時候，確定該名稱的指稱方式對於我們來說就無關緊要，只要不同的說話者給它以相同的指稱對象」。[25]也就是說，原先是有理據還是無理據，

---

[23] Carlo Sini, *Ethics of Writing,* Albany: State Univ of New York Press, 2009, p 3.

[24] Ernst H. Gombrich, *Meditations on a Hobbyhorse and Other Essays on the Theory of Art,* London: Phaidon 1963, pp 12-14.

[25] 索爾・克里普克《命名與必然性》，上海譯文出版社，2005 年，125 頁。

對於在某個語境中符號使用者來說，已經無關緊要：在「形成鏈條」的使用中，名稱獲得了使用理據性。

筆者不是說作為語言符號基礎的任意性原則不成立，而是說，在符形符義層面上，在語言系統「內部」，理據性是特殊關係方式，並非普遍；而在語用層面上，「外部性」理據，是語言有效使用的基礎。因此，語言（以及任何符號系統）處於任意性與理據性的張力性結合之中。兩者的平衡是動態的，因使用語境而變化。

正因為再度理據性，是使用中獲得的，才會出現下面幾節討論的在特殊使用方式中，符號出現「理據性滑動」現象。

3.理據性上升

正因為符號的理據性，是在文本的使用中獲得的，在不同的使用語境中，理據性會有所變異，可以升高，也可以降低。理據性的上下滑動，比較複雜，需要細緻的討論。

理據性上升，類似本書第九章第七節討論的象徵化：社會性地一再重複使用某個符號，會不斷增加該符號的語用理據性，理據性增加到一定程度，我們就稱之為一個象徵。例如人名很少有理據性：父母或作者取名時的理據（例如輩分，例如家族往事）不為社會所知。取名中比較容易認出的背景理據（例如時代用語），不是普遍規律。名字雖然看得出男女、民族等，這些不能使名字「透明」起來，任何名字是一個「新詞」。可是名字一旦進入社會性使用，就能夠變成一個具有普遍意義的詞彙，成為意義富厚的象徵。《金瓶梅》的潘金蓮，《紅樓夢》的賈寶玉，靠「人物形象」之助，獲得強大的理據性：其「透明」（直見其義）到如此程度，任何人不能再用此名字。

　　而歷史性的長期使用，更能把人物的名字（關羽，魏忠賢等）變成某種品質的代表，人名成了典故。典故是一種特殊的理據性，通過文本間性向歷史借來意義。文獻中的不斷引用，（例如「阿 Q 精神」）可以使一個名字成為抽象品格的象徵。大部分專用名詞，如物品名、物種名、地名，在使用中獲得並增加理據性卻是普遍的，[26]「長城」、「黃河」的意義，就是顯例。

　　巴爾特指出：埃菲爾鐵塔作為符號本來是空的，沒有意義，但是因為永遠樹立在每個巴黎人面前，就被多少代的巴黎人加入了「巴黎品質」，[27]從而成為巴黎的象徵。這座電線架似的鐵塔，一開始被幾乎所有的巴黎人罵為醜陋不堪，現在卻被一致認為具有浪漫的魅力。因此，理據性順著文本間性的加強而增加。只要一個符號的社群集體堅持使用，一個沒有理據的符號可以獲得理據性，甚至「高度理據化」的象徵。

　　再度理據性不是任何人的選擇，而是符號文本使用中的必然因素。喬納森‧卡勒在《追尋符號》一書中提出，凡是句子都預先設下了各種邏輯的、修辭的、語用的「預設」。[28]句子把原先無理據的詞語組成了一個關係式：它描繪了一個場景，這個場景有像似性；這個場景落在一個世界的關係式裏面，帶有指示性。符號組合進入使用後，前後文之間就搭建了新的理據。

　　卡勒舉了一個有趣的例子證明這一點：「問一句『你再也不打老婆了嗎？』這句問話背後有很多東西：任何回答都是在回應這句話

---

[26] 參見 Laurie Bauer, *English Word-Formation,* Cambridge: Cambridge Univ Press, 1983, pp 42-61.

[27] Roland Barthes, "The Eiffel Tower", *A Barthes Reader,* New York: Hill & Wang, 1982, p 238.

[28] Jonathan Culler, *In Pursuit of Signs: Semiotics, Literature, Deconstructionism,* Ithaca, New York: Cornell Univ Press, 1981, pp 108-118.

的預設」。[29]不管是肯定還是否定的回答，都是已經承認此語中「你打過老婆」的意義。語句或其他符號文本，都在使用預設理據性，使用本身，就是在創造語用理據性。只有拒絕使用（無表情地說「無可奉告」，或乾脆不說話），才會與頑強的使用理據性切斷關係。很多發言人，先得學會這個「惜言止謗」公關技巧。

理據性上升的過程，是人類每時每刻使用符號的自然結果。而且，隨著文化交流的加速，由於理據性的累積，文化中的總體理據量日益富厚，人類文化也就日漸豐富。

4.理據性滑落

反過來，已經獲得理據性的符號或詞語，可以在使用中磨損，從而「去理據化」（demotivation）[30]，烏爾曼稱為「丟失理據」（loss of motivation）即失去原有的理據性。去理據化（丟失形象）是各種慣用比喻的必然命運。我們說「一路順風」，而不問飛機實際上宜於逆風起飛降落；至於「山腳」、「桌腿」、「玉米」、「花生」、「輪船」，在過多的使用中完全非理據化。沒有會覺得「電氣火車」是個不通的說法。[31]

這種變化是語言的常態：絕大部分詞語原先都是新鮮比喻，失去理據性的詞語，成為語言的主要肌體。非理據化是必要的，它使語言的日常使用提高效率。因此，語言中同時發生兩個過程：每次使用，讓理據性上升，為符號添加再度理據性，同時也磨損舊有的

---

[29] Jonathan Culler, *In Pursuit of Signs: Semiotics, Literature, Deconstructionism*, Ithaca, New York: Cornell Univ Press, 1981, p 111.

[30] Stephen Ullman, *Semantics*, Oxford: Blackwell, 1972, 121.

[31] 參見〈消義化〉，趙毅衡《文學符號學》北京：中國文聯出版公司，1990，176-178 頁。

理據性，例如「火車」丟失了構詞理據性，但是獲得了再度理據性，「火車」有了新的形象。

本節要討論的是一種比較特殊的非理據化，可以稱為「藝術性理據滑落」：它是文學藝術中的一種特殊安排。文本中某些詞符，可以突然從含義深遠變成任意。美國現代詩人威廉斯（William Carlos Williams）的這首詩「巨大的數字」（The Great Figure）是個佳例：

> 在密雨中
> 在燈光裏
> 我看到一個金色的
> 數字 5
> 寫在一輛紅色的
> 救火車上
> 無人注意
> 疾馳
> 駛向鑼聲緊敲
> 警報尖鳴之處
> 輪子隆隆
> 穿過黑暗的城市

這首詩中，每個詞都有符用理據性，描摹的形象栩栩如生：在夜雨中，救火車尖叫著奔馳向某處而去。但是是詩中間出現一行「數位5」，這個數位沒有理據性，滑落到這個符號的任意性中。

要測定「理據性丟失」，筆者建議兩個簡單的方法。第一法是替代：此符號可以被同類另外的符號替代（例如另外一個數位，或一個字母，只要該符號依然無理據，例如不要用1、7、13之類已經被西方社會使用「象徵化」了的數字），而意義沒有變化，它就是任意的；第二個測定法是解釋：如果很難看出「另有深意」，那麼

這個符號就丟失了理據。第一法是形式的,第二法是內容的。顯然,在這首詩所有的詞中,只有這個 5 能通過這兩個測驗,因此 5 是任意的,失去了其他詞都有的符用理據性。威廉斯發起的詩歌運動號稱「客體主義」(Objectivism),客體主義據稱要求「觸及物的堅硬的切實性」。[32] 而這行詩,借助理據性突然滑落,的確成為「不攜帶意義」的「純然之物」。

此種理據性滑落,也可以發生在任何藝術體裁中。電影《建國大業》有一個鏡頭,姜文演的毛人鳳在軍艦上,突然軍帽被風刮掉,毛人鳳只是略一仰頭,眉頭一鎖。測試一:完全可以剪掉此鏡頭而不損害文本意義;測試二:此鏡頭無法解讀出一個意義:不能說這鏡頭有意寫毛人鳳在「逆歷史潮流而動」。這部電影鏡頭由於史料太多,敘述簡省,速度較快。毛人鳳在其中只是非常次要的人物,電影對他的心理沒有也不必做任何描寫。這個鏡頭或許是妙手偶得,讓人懷疑是拍攝場裏鼓風太大出現的意外情況。不過導演保留下來,應當說是妙筆。《滄浪詩話》云「詩有別趣,非關理也」,嚴羽的「理」不是指理據性,用在這裏倒是恰到好處。

電影《手機》中,對爾虞我詐複雜的人際關係十分灰心的費墨教授(在同名電視劇中,換了另一個角色主持人嚴守一),決定離開,到愛沙尼亞去教中文。為什麼偏偏是愛沙尼亞?電視劇中說「是個海邊的國家」。因此,任何海邊的國家都可以替代它(測試一)。這是個隨手挑出的不窮不富、非東非西的「無名小國」,使自我流亡顯示出「無目的性」(測試二)。它的無根據性正是主題所需:主人公找了與一個京都的紅塵萬丈正成對比的寧靜歸宿。

---

[32] Henry M, Sayre, "American Vernacular: Objectivism, Precisionism, and the Aesthetics of the Machine", *Twentieth Century Literature*, vol 35, No 3, William Carlos Williams Issue (Autumn, 1989), p 312.

　　理據性滑落，不是價值判斷，不一定保證其藝術效果：電影《赤壁》，林志玲飾演的小喬為馬接生，給小馬駒取名為「萌萌」，這個名字沒有任何來由，在這個電影中無根據。但是帶了一點當代女孩的取名風格（因此通不過第二測試法），理據性錯置讓觀眾譁然大笑。

　　下面是安徽詩人陳先發的一首詩「秋日會」：

> 她低挽髮髻，綠裙妖嬈，有時從湖水中
> 直接穿行而過，抵達對岸，榛樹叢裏的小石凳。
> 我造景的手段，取自魏晉：濃密要上升為疏朗
> 竹子取代黃楊，但相逢的場面必須是日常的
> 小石凳早就坐了兩人，一個是紅旗砂輪廠的退休職工
> 姓陶，左頰留著刀疤。另一個的臉看不清
> 垂著，一動不動，落葉踢著他的紅色塑膠鞋。
> 你就擠在他們中間吧。我必須走過漫長的湖畔小徑
> 才能到達。你先讀我刻在陰陽界上的留言吧：
> 你不叫虞姬，你是砂輪廠的多病女工。你真的不是
> 虞姬，寢前要牢記服藥，一次三粒。逛街時
> 畫淡妝。一切，要跟生前一模一樣

　　詩原想用「魏晉」之風，為現代「造景」，但是現代場景完全沒有古典中國的風雅。等待虞姬這個傾國傾城歷史美人的，只是退休工人的無聊枯坐。石凳上已經坐著了兩個人：「一個是紅旗砂輪廠的退休職工」。「紅旗砂輪廠」可以用任何工廠名字取代，但畢竟指示了某種過時的名稱和產業，可以說理據性沒有滑到底。

　　但是接著出現的詩句就讓人深思了：「姓陶，左頰留著刀疤」。一個退休職工，臉上有傷疤，或許可以說是工傷所致，但是姓陶卻毫無理由，可以是任何姓。「另一個的臉看不清／垂著，一動不動，

落葉踢著他的紅色塑膠鞋。」塑膠鞋可以是任何顏色，紅色至多是
不講究。兩種測定法，證明在這首詩裏描寫當今的三行詩句，理據
性突然滑落，與這首詩的「新古典主義」色彩形成鮮明對比。

虞姬在濃重的文化氛圍中走來，剛走入場景，卻出現相當大規
模的理據性滑落，像燈光的突然轉暗，突現了全詩主題：這個讓霸
王歎息讓帝國傾覆的美女，竟然任意地可以坐在兩個完全無身份可
言的男人之間，落進當代的庸常之中，她的典故意義，被「無理據
性」剝奪。象徵與反象徵的對比，凸現了這首詩的主題。

另一種經常看到的理據性滑落，是中國詩歷史悠久的「興」。一
部分「興」與詩的「正文」，有語義上的關聯，或是寫景作氛圍，或
是作為比喻（所謂「比興」），或是點出曲調名，這些都是有理據的。
從漢以來，大部分學者主相關論，因為《詩經》被尊崇為典籍，經
學家主張「微言大義」，使關於「興」的討論糾纏不清。

但是有相當大部分的「興」，與正文無任何關聯。[33]許多「興」
只是提供一個語音（音韻與節奏）的呼喚，以求文本應和。古人已
經覺察到這個問題：鄭樵說：「詩之本在聲，聲之本在興。」[34]朱熹
也主張「無關聯興」。五四後，許多現代學者大為讚揚「無關」原則，
古史辯派更主無關論，鍾敬文早年就建議把「興詩」分為兩種，一
是只借物以起興，和後面的歌意不相關的，命之為「純興詩」；二是
借物起興、隱約中兼略暗示其後面歌意的，命之為「興而略帶比意
的詩」。

顧頡剛說，他開頭弄不明白「興」。「數年後，我輯集了些歌謠，
忽然在無意中悟出興詩的意義。」[35]啟發他的是蘇州民間唱本中的兩句

---

[33] 以下關於「興」的討論，見陸正蘭，〈興即呼：對中國傳統詩學一個基本概
念的再認識〉《西南大學學報》，2008 年 4 期，21-26 頁。

[34] 鄭樵《通志·樂略·正聲序》。

[35] 顧頡剛，「起興」，《古詩辯》上海古籍出版社重印本，1982 年，第三冊，677 頁。

詞：「山歌好唱起頭難，起好頭來就不難。」只要起頭，無須關聯。因此，顧頡論《詩經》說，「『關關雎鳩，在河之洲』，它最重要的意義，只在『洲』與下文『逑』的協韻」。朱自清基本同意這個看法，說「起興的句子與下文常是意義上不相續，卻在音韻上相關連著」。[36]

錢鍾書引閻若璩《潛邱答記》解《採芩》，首章以「採芩採芩」起興，下章以「採苦採苦」起興，「乃韻換耳無意義，但取音相諧」。[37]錢鍾書又把這個原則用於後世歌謠中，漢《饒歌》「上邪！我邪與君相知，長命無絕衰……」。一般解首句為指天為誓的「天也」，而錢鍾書認為是「有聲無意」的發端興呼，與現代兒歌的起首「一二一」一樣，只是無意義詞句。[38]

關於「興」是否與後文關聯，同樣可用雙測試法：可以被（同韻的詞）替代，無法解釋出一個「深意」，證明的確出現理據性滑落。一旦滑落，即無關聯。

5.理據性滑落後陡升，禪宗公案

在某些使用語境下，已經失去理據性的符號組合，可以突然獲得理據性。這種情況還是在文學藝術中最為多見。這樣的符號組合，通得過第一測試，可以被任意符號替代；但是用第二測試，卻可以發現它們被賦予「深意」。

錢鍾書提出的「擬聲達意」，是一種非常特殊的詩歌技巧，至今注意此說者極少：[39]索緒爾承認擬聲詞有初度理據性，即語音像

36　朱自清〈關於興詩的意見〉，《古詩辯》，上海古籍出版社，1982 年影印本，第三冊，684 頁。
37　錢鍾書《管錐篇》，第一卷上冊，北京：三聯書店，補定重排版，2002，125 頁。
38　錢鍾書《管錐篇》，第一卷上冊，北京：三聯書店，補定重排版，2002，128 頁。
39　陸正蘭：〈「擬聲達意」與「姿勢語」〉，《中國比較文學》2007 年 1 期，89 頁。

似性，但是他沒有看到，在某些使用方式中，擬聲詞並不擬聲，而是擬「意」。這種詞句沒有初度理據性（因為「意」並沒有聲音，無法「擬」），反而帶上抽象意義的再度理據性。

劉勰《文心雕龍·物色》篇中曾用「屬采附聲」來概括詩經中的擬聲，錢鍾書認為劉勰舉以偏概全了：用語音擬聲，是正常的語言功能；用語音擬意，卻是一種特殊的用法：「聲意相宣（the sound as echo to the sense）[40]，斯始難能見巧。」錢鍾書指的是《詩經》中大量表達狀態或心情的詞：楊柳依依、灼灼其華，擬的不是聲，而是狀態。本書第十章第三節舉的例子「憂心炳炳」、「憂心奕奕」、「憂心殷殷」、「憂心欽欽」等，是對「憂心」的「擬音」。用測定法一：它們幾乎可以用任何疊字（因為在詩中，只須同韻）替代，因此無理據；但是用測定法二，如此使用，它們必定表達「憂心」，就此帶上理據性。果然某些詞句，如「憂心忡忡」，後世使用得多了，就真的成了有理據性的成語。

後世的民間歌曲，又創造許多新的擬聲達意詞。例如元曲大量疊字，至今讀來依然生動：死搭搭、怒吽吽、實辟辟、冷湫湫、黑窣窣、黃晃晃、白灑灑、長梭梭、密拶拶、混薰薰。[41]這些疊字可以用其他詞替代。

布拉克墨爾提出的「姿勢語」（language as gesture），與錢鍾書的「擬聲達意」很相似。他的解說是：「語言由詞語構成，姿勢由動作構成……轉過來也成立：詞語形成動作反應，姿勢可以由語言構成——語言之下的語言，語言之外的語言，與語言並列的語言。詞語的語言達不到目的時，我們就用姿勢語……可以進一步說，詞

---

[40] 「擬聲達意」此語的英文，在〈管錐篇〉1979 年版為「sound an echo to the sense」，1986 版同。在 2002 年三聯版《錢鍾書集·管錐編》中改為「sound as echo to the sense」。2002 版才是正確的。
[41] 殷孟倫《子雲鄉人類稿》，齊魯書社，1985，287-288 頁。

語的語言變成姿勢語時才最成功。」[42]姿勢語是原本有語義的詞句，在某種語境下，成為一種幾乎是純語音的（也就是突然失落理據性的）感情發洩，反過來又獲得了超出詞句的意義。

　　布拉克墨爾舉的例子是莎士比亞《馬克白斯》的著名臺詞：「明天、明天、明天……」，以及李爾王的詞：「決不，決不，決不，決不，決不……」布拉克墨爾說，如果改成「今天，今天，今天……」或「是的，是的，是的，是的，是的……」字面意義完全不同，而「姿勢意義」卻依然相近。因為這裏「文字已擺脫了字面意義而成為姿勢。」這個解釋就是本章說的第一測試。而這種語氣傳達微妙的蘊涵義，超出詞句正常表達的範圍：文字的聲音表面上失去字面意義，正是它們捫及更深一層意義的跳板。

　　姿勢語在他的描述中，聽起來像魔術，例子其實不難見到，只是我們未注意罷了。郭沫若的《鳳凰涅槃》，超越語義直指姿勢的趨向很明顯：「一切的一，和諧。／一的一切，和諧……／火便是你。／火便是我。／火便是他。／火便是火。」這樣的詩句，不需要，也不可能一句句索解，詞語巡徊往復，意思說無似有，實際上也可以替代以其他詞（例如說「完美的美、美的完美」）而不會太多地改變意義：但是這些無意義詞句被迫表達一種詞句意義之外的「宏偉」。田漢作詞的《義勇軍進行曲》也出現了明顯的姿勢：「冒著敵人的炮火，前進！前進！前進進！」最後的「進」字，意義超出了字面以外，而是憑藉「擬聲」表現一種氣勢，行文自然，與主題切協，令人忘記這個詞實際上丟開了理據性，另獲深意。[43]

[42] R, P, Blackmur, *Language as Gesture: Essays in Poetry,* New York: Harcourt, 1952, pp 35-64。此引語以及本章下面各引語，均出自此文。

[43] 陸正蘭：〈「擬聲達意」與「姿勢語」〉，《中國比較文學》2007 年 1 期，104 頁。

　　以失落理據取得特殊意義的現象，可以見於許多禪宗公案。「文偃禪師與僧人問答。僧問『佛是什麼？』師曰『乾屎橛』」。[44]這個「乾屎橛」，幾乎可以用任何詞替代，因此是無理據，但是其意義必是「佛」的真諦。同樣「庭前柏子樹」可以用任何同類片語替代，但是意思必為「祖師西來意」。理據性的脫落陡升，正好印證了王夫子那段名言：「謂之有托佳，謂之無托尤佳。無托者，正可令人有托也」。[45]「無托」的詞，本是不表達任何意義，但是正由於擺脫了理據性，它們就成為語境的工具，被迫表示上下文強加的意義。

　　在西方藝術藝術史上，達達主義－超現實主義發現丟開理據對藝術的重要，創造「自動寫作法」：只需記下隨意產生的各種詞句或幻覺，詩人盡可能使自己處於被動的接收狀態，不考慮主題，不記住前文，不重讀前句。為了躲開任何再度理據性，他們用骰子或《易經》，瞎翻詞典隨意選詞。[46]其結果是寫出隨意搭配的文詞：「我們的嘴巴比乾涸了的河灘還要乾燥」，「懸掛在樹枝上的果實在燃燒」，「單純的雨傾瀉在不動的江河上」。但是超現實主義並非追求無意義，他們希望詞句的隨意性，反而可以揭露精神活動的本來面目，表達潛意識中的神秘意義。

　　理據性的上下滑動，是文學藝術的一個重要手段：理據性不僅可以落在不同的層次上，不僅可以在一定的使用方式中上下滑動，還創造出令人眼花繚亂的表意方式。但是迄今為止，無論在中國還是西方，尚未有學者對此做出令人信服的論辯。

---

[44] 普濟《五燈會元》卷十五，北京：中華書局，1984。

[45] 《明詩評選》卷八。

[46] David Hopkins 介紹了 Hans Arp，Jacob Boehme 等人在 1917-1918 在蘇黎世和柏林等地達達主義寫作集會中用「《易經》中的八卦」作隨機選擇，見 *Dada and Surrealism: A Very Short Introduction*, Oxford & New York: Oxford Univ Press, 2004, 105。

　　對此，西方學界有辯詞說，十九世紀是理性主義時代，只有到二十世紀，在量子力學出現後，有了「測不準原理」，隨意性才能被理解。[47]而在受禪宗深遠影響的中國文化中，早就找到方法，以消除理據讓詞句表達神秘意義。既然在實踐上早已經領先，或許當代中國學界能在理據性的全面討論上，為世界先。

---

[47] Daniel Albright, *Quantum Poetics: Yeats, Pound, Eliot, and the Science of Modernism*, New York: Cambridge Univ Press, 1997, 65

第十二章　謊言與虛構

1.符號、真相、謊言

　　本書討論符號表意，卻一直沒有討論意義的「真實性」問題，這是符號學中最困難的問題之一。首先要說明：符號學討論的主要不是「是否符合實情」的「經驗真實」，那是個證實（verification）或證偽（falsification）的問題：意義是否符合客觀的「真實性」，無法靠文本分析來討論。[1]符號學討論的是意義的「真值」，即符號傳達是否表達發出者心目中的誠信：誠信或非誠信的傳達、扭曲、接受，在符號學中稱為「述真」（veridiction）問題。

　　本書第一章討論了符號意義三環節（意圖意義、文本意義、接收意義），這三者之間的互動，構成誠信、謊言、虛構等問題：符號發出者明知真相而不說真相，或說出真相卻沒有被當做真相，或明知真相說的不是真相也讓接收者不必當做真相。這些聽起來相當複雜，卻都是經常發生的表意畸變。

　　述真問題，在二十世紀後期成為符號學、語言學、文藝學、歷史學、社會學、教育學、法學、哲學、倫理學、翻譯學等眾多學科共同關心的一個核心題目，其中捲入的各種情景貌似簡單，欲分析

---

[1]　Crispin Wright, *Truth and Objectivity*, Cambridge, MA: Harvard Univ Press, 1992, p 124.

底蘊找出規律卻至為繁難。這課題對各學科提出重大挑戰，也吸引了廣泛興趣。

　　與他人交流，看起來是作為文化的人一個自然需要，實際上是痛苦的事。「對話理論」的提出者巴赫汀認為我們只是「忍受」對話：「對話不是我們對他人敞開胸懷，恰恰相反，對話是因為我們不可能把他人關閉在外」。[2]要交流對話，就必須對付各種難局，要弄懂他人之心，是非常困難的事；退求其次，要懂得他人表達的意義中的誠信與謊言，同樣困難。但是我們是文化之人，社群之人，必須對付這些難題。

　　列維納斯有妙語說：「愛轉變我們對他人的恐懼，也就是把他人在我身上引出的恐懼，變成擔心他人的安危，直到把我變成完全對他人負責」。[3]我們可以把列維納斯的「愛」這個詞換成「信任」，然後我們可以發現交流中的「真實性」，最終是一個如何「接受」交流的問題，即如何針對難以確定的真偽意圖，對應地變更自己的接受態度。

　　檢查有關符號交流「真實性」的大量文獻和研究，大致上可以看出研究者的兩種傾向。一種傾向是把真實性歸結為某個基本交流原則。倫理哲學家羅斯（W. D. Ross）在三〇年代就提出人際交流「誠信原則」（principle of fidelity），[4]由於政治哲學家羅爾斯在名著《正義論》中借用此原則，並且擴展成政治倫理學的「公平原則」（principle of fairness），而廣為人知。[5]語言學家格賴斯（H. P. Grice）

2　M. M. Bakhtin, Problems of Dostoevsky's Poetics, in *The Bakhtin Reader,* ed, Pam Morris, London: Edward Arnold, 1994, pp 88-96.

3　轉引自 Susan Petrilli and Augusto Ponzio, *Semiotics Unbounded: Interpretative Routes Through the Open Network of Signs*, Toronto: Univ of Toronto Press, 2005, p 65.

4　W. D. Ross, *The Right and the Good*, Oxford: Clarendon, 1930, p 35.

5　John Rawls, *A Theory of Justice,* Cambridge MA: Harvard Univ Press, 1971,

符號學

提出的「合作原則」（cooperative principle），現在已經成為許多學科的基礎理論。此原則要求對話者「做出符合談話方向的貢獻」，因此必須遵循四個準則：「真實、足夠、相關、清晰」。[6]以上這些理論的共同點，是認為有效的社會交流需基於某種誠信，違反這個原則的傳達則為「違規」。順利的交流，取決於如何排除這些違規。

但是人類文化中，符合這些誠信原則的交流並不多，這些原則只是一種評價要求，可以用在法學、政治學、翻譯學、教育學中。一旦用到複雜的，有許多虛構的傳達場合，例如美學、敘述學、遊戲學，應用「誠信原則」，就很困難。[7]

另一種做法則是反過來討論，以非誠信為正常，以誠信為例外。艾柯多次提出「符號撒謊論」，認為符號的特點就是「可以用來撒謊」，因此，「符號學是研究所有可以用來撒謊的東西的學科」，甚至「撒謊理論的定義應當作為一般符號學的一個相當完備的程式」。[8]因為「不能用來撒謊的東西，也不能用來表達真理，實際上就什麼也不能表達」。「每當存在著說謊可能時，就有一種符號功能」；「說謊可能性就是符號過程的特徵」。[9]他重複此說次數之多，使我們不得不重視。

戈夫曼的「表演論」（dramaturgy）與此類似，認為人的社會行為看成本質上是演戲。戈夫曼提出人在社會上有四種表演方式：自

---

p 312.

[6] H. P. Grice, "Logic and Conversation", In *Syntax and Semantics*, Vol 3, New York: Academic Press, 1975.

[7] Amy McManus and William F, Harrah, "Narratology and Ludology: Competing Paradigms or Complementary Theories in Simulation", *Developments in Business Simulation and Experiential Learning*, vol 33, 2006, p 425.

[8] Umberto Eco, *A Theory of Semiotics*, Bloomington: Indiana Univ Press, 1976, pp 58-59.

[9] 同上，pp 70-74。

332

我理想化表演（把自己表演的比實際的強）；誤解表演（有意錯誤的
表現、欺騙、謊言）；神秘化表演（保持距離，讓對方猜不到自己的
底細）；補救表演（儘快變化以糾正某個印象）。我們在生活中無時
無刻不在展示一個身份，甚至獨處時也向自己展示一個身份，而每次
展示的身份可以完全不同。[10]性別研究理論家巴特勒（Judith Butler）
的「操演論」（perfomativity），把這種表演身份理論推演到性別上：
男女性別不是生理上與生俱來的，而是操演出來的，「我們對某個性
別化的本質的期待，生產了它假定為外在於它自身之物」。[11]

　　謊言是人類一種重要的，甚至必要的，社會交流，而且只有在
符號學中才能討論清楚。維根斯坦早就指出謊言是一種「語言遊
戲」，而且謊言遊戲「與其他語言遊戲一樣，要學習才能會」。[12]實
際上，謊言是二十世紀受「語言轉折」影響的各種學科著迷的課題。
社會語言學家巴恩斯指出：關於謊言的論著奇多，但是沒有人認真
研究「謊言」的類型，沒有人仔細研究兒童如何學會（也就是人類
文明最早如何學會）撒謊，尤其不清楚的是兒童如何弄清「惡意謊
言」與「善意謊言」（所謂「白謊」）之間微妙的區分。[13]

　　在文化的符號表意活動中，意圖完全可以半真半假：醫生給病
人安慰劑，是騙局，但不是欺騙。稍微思考一下各種表意，就可以
明白，在「誠意」與「撒謊」之間，有非常寬的灰色地帶。建立功
能語法的韓禮德（Michael A. K. Halliday）總結了許多種「修正」策

[10] Erving Goffman, *The Presentation of Self in Everyday Life*, 1956.
[11] 裘蒂斯‧巴特勒《性別麻煩：女性主義與身份的顛覆》，上海三聯書店，2009年，8頁。
[12] Dale Jacquette, "Wittgenstein on Lying as a Language Game", in (ed) Daniele Moyal-Sharrock, *The Third Wittgenstein: The Post-Investigations Works*, Aldershot: Ashgate Publishing, 2004, 159.
[13] J A Barnes, *A Pack of Lies: Towards a Sociology of Lying*, London, Cambridge Univ Press, 1994, 21.

略，基本上都是在語句中加不肯定詞，例如「我猜想」、「我懷疑」之類的詞，為了引入「介於是與非的那部分意義」。[14]語用學家里奇（Geoffrey N. Leech）提出「禮貌原則」（politeness principles）從語用上修正格賴斯「合作原則」，他提出六條準則：策略、慷慨、讚譽、謙遜、一致、同情，有了這六種準則，說話就可以不符合「合作原則」，傳達卻更為順暢。[15]他實際上把顯謊（知道對方會明白底細的委婉、誇張、客套等不實語言，例如見人說「久仰」）納入誠信範圍，認為顯謊與知道對方不會明白而有意行騙的「隱謊」完全不同，是促進交流的手段。里奇的理論對於講究人際策略的中國文化特別有用，引起許多中國語言學家關注。[16]不過禮貌原則只是豐富了合作原則，沒有真正處理謊言問題。

要真正理解誠信與謊言，就必須處理符號表意的各種類型，即找出一個簡潔明瞭，卻能總結各種誠信與謊言局面的模式，最困難的，是如何把誠信與謊言之間的各種「必要的變體」包括進來，包括藝術中的虛構、「顯謊」、反諷等難以用真假標準來衡量的複雜局面。可惜，提出符號撒謊論的艾柯，沒有提出一個研究謊言的模式。

格雷馬斯與庫爾泰斯是最早試圖建立「述真」模式的符號學家。他們的把「是」（être）與「似」（paraître）作為「真」的兩個必要條件，與之對立的是「非是」（non-être）與「非似」（non-paraître），

---

[14] Michael A K Halliday, *An Introduction to Functional Grammar,* New York & London: Arnold, 1994, 360.

[15] Geoffrey Leech, "Politeness: Is There an East-West Divide?", *Journal of Foreign Language(*Shanghai), 2005, 6, pp 3-31.

[16] 中國學者討論禮貌原則的論文，最為人所知的可能是顧曰國的〈禮貌語用和文化〉，《外語教學與研究》1992 年第四期，其中提出稍有不同的五條禮貌準則。

這樣就組成了一個符號方陣，這個格局經常被稱為「述真方陣」（carré véridictoire），[17]方陣中出現四種可能性：

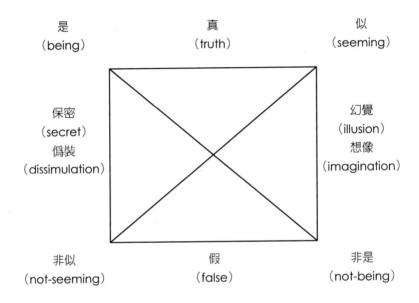

他們的結論是：
（1）真：既「是」又「似」。
（2）假：既「非是」又「非似」。
（3）幻覺、想像：「非是」但「似」。
（4）保密、偽裝：「是」但「非似」。

筆者試圖用本書提出的符號原理構架，來解釋一下格雷馬斯「述真」四分模式：在符號表意的三個階段中，「是」關係到意圖意義，「似」關係到文本意義。「是」可以理解為發送者的誠信意圖，「非

17　A J Greimas and Joseph Coutes, *Semiotics and Language, An Analytical Dictionary*, Bloomington: Univ of Indiana Press, 1982, 312.

是」就是意圖不誠信;「似」可以理解為文本忠實地表達了(無論誠信與否的)意圖,「不似」就是文本不可信。因此:

> 「真」=誠信意圖+可信文本;
> 「假」=不誠信意圖+不可信文本;
> 「幻覺、想像」=不誠信意圖+可信文本;
> 「保密、偽裝」=誠信意圖+不可信文本。

所謂「可信」,即「似真」,是文本符合「常理常情」,而不一定可證明為符合「實情」。如此理解的優點在於:不再把真實性問題看成是發送者單方的意圖,而看作意圖與文本的配合。這樣,誠信與謊言,由兩步構成:明白自己所知,言或不言自己所知。

但是,格雷馬斯述真四分式,忽視符號表意一個重要的環節:接收者的解釋,這環節才讓意義得到實現:幻覺是接收者幻覺,保密是對接收者保密,真實與作偽也是對接收者而言的。接收者如果沒有相應的接受態度,一切都無從談起,上述四種變體,都只是一種待實現的可能性。

2.接受原則

格雷馬斯自己也曾建議:述真的模式化,最後在三個條件上實現,即做(faire)、是(être)、知(savoir),[18]但是他沒有把這三條件落實到具體分析中。有些符號學家試圖推進格雷馬斯的述真理論。拉斯提埃爾認為,對於符號表意來說:

---

[18] Danald Maddox, "Veridiction, Verification, Verifation: Reflections on Methodology", *New Literary History,* Spring 1989(格雷馬斯符號學專號), pp 661-677.

「誠信／作偽」（true/false）的區分是「述真狀態」
（veridictory status）問題；

「實在／非實在（即可能／不可能）」（real/unreal, or possible/
impossible）的區分是「本體狀態」（ontological status）問題；

「正／負（即願／不願）」（positive/negative, or euphoric/
dysphoric）是「心理狀態」（thymic status）。[19]

上一節說過，實在與否的「本體狀態」，在符號學論域之外。但
是「述真」問題，卻必須包括接收者的所謂「心理狀態」，因為接受
是符號傳達的關鍵環節。

還有一些理論家也看到了接收者的重要性。符號學家馬多克斯
（Donald Maddox）指出，艾柯的符號謊言論，沒有能區分兩種根本
不同的局面：符號發送者的「錯誤再現」（misrepresentation），與符
號接收者「弄錯指稱」（mistaking of references）。[20]兩種局面的成因
很不相同。

發送者與接收者的互動，是交流的關鍵。哈貝馬斯在討論交流
時指出：語言遊戲如棋局，交流雙方根據局面作進退處置；[21]而巴
恩斯認為語言遊戲如撲克，雙方不知道對方掩蓋起來的牌。[22]筆者
覺得在討論誠信與謊言時，哈貝馬斯的比喻比較準確：符號表意文
本是攤開的，如接收者能看到的棋局，而不是遮掩的撲克。正因為
接收者依靠的只有文本，文本的祖露代替了發出者的動機，才會出

---

[19] Francois Rastier er al, *Meaning and Textuality,* Toronto: Univ of Toronto Press, 1997, p 86.

[20] Donald Maddox, *Semiotics of Deceit,* Lewisburg: Bucknell Univ Press, 1984.

[21] Jurgen Habermas, *Moral Consciousness and Communicative Action,* Cambridge: Polity Press, 1990, p 91.

[22] J A Barnes, *A Pack of Lies: Towards a Sociology of Lying*, New York: Cambridge Univ Press, 1990.

現接收者不懷疑誠信而受騙的局面。一旦如此理解，述真問題，就貫通了本書第一章說的表意三環節：

發送者的意圖意義→文本（包括伴隨文本）攜帶的文本意義
→接收者的解釋意義

第一個環節意圖意義，無法直接為接收者接觸到，接收者能接觸到的只是文本與伴隨文本（例如發送者的臉部表情，發送者的一貫性格等因素）。發送者意圖可以很複雜，但如果文本與副文本都遮掩了發送意圖，接收者就只能自行判斷如何解釋文本。

很多符號表意的接收者，無法追溯意圖：自然符號（例如日蝕、閃電）、宗教符號（神跡、神授教義），意圖是難以追究之事；古跡符號（古跡與古籍）作者年代遙遠；現代的「集團發送者」，例如電影製作團隊、設計公司，主體組成過於複雜。對於無法追究發送者意圖的符號表意，我們只能假定意圖是誠信的，否則傳達只能中斷。沒有別的文本記載可以參照，我們無法考證《春秋》中魯國歷史記載的真偽，只能認為是信史。

第二個環節文本意義，是潛在意義，它是待實現的意義，對真實性問題不能承擔直接責任。但是文本很明顯有兩個大類：一類「可信」，即在接收者眼中不顯露矛盾，可以相信；另一類「不可信」，內部成分衝突不能一貫，違背常理不能置信。因此，接收者從文本的構成來猜測意圖，從文本中留下的痕跡尋找合適的解釋模式（即文化慣例，例如誇張的客套話不能當真）。儘管如此，一切解釋，只能在文本與伴隨文本中尋找根據。例如《春秋》的各種「微言大義」讀法，無論解釋者如何發揮，必須聲稱是理據《春秋》的文字找出來的理據；裁判是否判罰，靠他看出球員絆倒是真摔還是作假，至少裁判不應該去判斷球員的意圖。

接收者的解釋一旦開始，就難以規定以何種形態結束。這就是第四章討論的「無限衍義」：意義解釋可以因實際原因暫時中止，卻永遠不會結束。[23]本章中所說的「接收意義」，指的是接收者面對符號文本採取的態度：即他是否認為這個文本有意義。接受意識是解釋的保證，而接受意識的第一反應就是是否接受並開始解釋這個文本，然後才出現如何理解此文本的問題。本書第二章第一節說過「任何解釋都是解釋」，上當受騙也是一種解釋：至少應艾柯的要求，成功地實現了符號撒謊。而拒絕接受，就可以把任何符號變成潛在符號：意義沒有得到實現。

3.「同意接受」各類型

本書認為，「誠信／作偽」是發送者態度；「可信／不可信」是文本品質；「願接受／不願接受」是接收者態度。把表意述真，建立在這三個環節的相應配合上，可以得出四個基本格局。

第一格局第一型，是本書整個討論出發點，符合上述各種「誠信原則」的要求：

1a，誠意正解型：誠信意圖→可信文本→願意接受

所謂「誠信意圖」，就是文本發送者「言其所知」（儘管他的「所知」不一定是客觀真實）的意圖；所謂「可信文本」，就是沒有讓接收者發覺有內在矛盾的、對接收者來說合乎常情常理的文本；所謂「願意接受」，就是接收者意識到文本有意義而開始解釋過程。上述

---

[23] Charles Sanders Peirce, *Collected Papers*, Cambridge, Mass: Harvard Univ Press, 1931-1958, vol 5, p 484.

「三正格局」，實際上是所有科學的／實用表意的格局，至少是此類表意期待中的格局。此「正常」格局，尚有第二型：

　　　1b，欺騙成功型：不誠信意圖→可信文本→願意接受

　　可以看到，1a 與 1b 實際的傳達流程相同：就符號表意的進程而言，看不出區別，都是表意成功。騙局與否，只在意圖的區別，即發出者是否「知其非而有意言其是」。為什麼把這似乎是兩個極端的類型放在一道討論？因為在實際的交流中，二者經常難以區分。例如廣告、公關、時尚等符號表意行為，發送者意圖是否誠意很難確定。廣告多多少少虛假，大眾也允許廣告誇張，只要文本合適，達到的效果就會相同，見廣告而產生購貨的念頭；上級對部下的尊敬是真情還是假意，大部分情況下睜眼閉眼，只要恭敬如儀就行了。原因一是無法調查清楚，二是水至清則無魚，在無關緊要的場合，誠意與否，只能暫時擱置不論，心中如果有疑惑，也一笑了之。

　　《易傳》云「修辭立其誠」，加工文本，目的讓意圖顯示「誠」，發送者是否有誠意，就是一個文本外的問題。這就是為什麼說謊行騙者，對文本反而特別小心，盡可能做到滴水不漏。而一旦修辭之「誠」確立，就很難懷疑意圖之誠。董小英強調「修辭立其治」，文本完備就能達到目的。[24] 她的看法是有道理的。在修辭上化功夫，目的經常是掩蓋不誠信意圖。諾曼地登陸前盟軍的假情報戰，讓德軍始終相信主攻方向是加萊，甚至諾曼第已經成功登陸後，希特勒依然誤以為是牽制佯攻，從而貽誤戰機。盟軍的辦法就是完善文本：

---

[24] 董小英〈修辭立其治〉，《跨文化的文學理論研究》第二輯，哈爾濱：黑龍江出版社，2008，45-56 頁。

用雙面間諜洩露「完全真實」的，經得起檢查，但非關全局的機密情報。[25]「修辭」果然達到了「立誠」目的。

《三國演義》騙局最多，雖然是小說，因為眾所周知，本書儘量多用一些該書中例子，以求行文簡潔，不必處處解釋。成功的計謀，都是文本完美化的結果：諸葛亮「草船借箭」，借霧夜才得以成功；蔣幹中計，周瑜借老友之名才得以成功。

正因為意圖意義常被遮蔽，以上兩型形式相當一致，組成了第一格局。諸葛亮哭周瑜，究竟是誠意還是欺騙，東吳將士莫衷一是，我們對他的動機也無法猜測。艾柯說符號學研究一切可以用來撒謊的東西，在這第一格局中已經基本體現。

一旦文本不夠完美，被接收者覺察到矛盾不一致的地方，此時接收者的態度就複雜起來，但是只要能解釋出認知價值，接收者不必一律拒絕接受：

2a，反諷理解型：誠信意圖→不可信文本→願意接受

要理解意義，並不一定需要一個完美的文本，這就是格賴斯「合作原則」的關鍵所在：假定發送者是有誠意的，那麼接收者對文本的要求可以打折扣，他可以超越文本的局限，理據合作的慣例達到理解。丁爾蘇引用過凱勒爾描述的一個例子：

> 假設我和我的同伴正在聽一個報告，如果我想向她暗示這個報告實在太乏味了，我可以朝著她的方向打一個稍帶誇張的哈欠。這個哈欠必須略微不同於真實的哈欠，以保證它不被誤解。假裝的哈欠應該足夠顯著，使得接收者知道這是

---

[25] Jeffrey T. Richelson, *A Century of Spies: Intelligence in the Twentieth Century*, New York: Oxford Univ Press, 1997, 78.

一次思想交流的企圖，從而去尋找合理的解釋。為此，假裝的哈欠必須滿足兩個條件：

（1）它必須能夠被認出是「哈欠」的假裝。

（2）它必須能夠被認出是「假裝」的哈欠。[26]

意圖誠信：它是「假裝」的哈欠，發送者並不想隱瞞他對會議的厭煩態度。文本不可信：它必須誇張到能夠被認出是在假裝打呵欠。其結果：願意接受。接收者理解這是個應當不安文本表面意義理解的符號文本。

「不明說」傳達的模式，都屬於這一型，聽起來複雜，實際上日常生活中很多。例如主人看錶，你知道對方不是查時間，而是暗示一個意圖意義。因此你不會問對方時間，而是知趣地告退。《三國演義》中，聰明過頭的楊修，看到曹操的點心盒上寫「一合酥」，打開就吃；聽曹操以「雞肋」為口令，就讓部隊準備退兵。這都是超越文本的解釋，文本與伴隨文本（曹操性格、軍事僵持局面等）合起來，並不構成可信文本。這樣的傳達最後是成功的，但是需要接收者做出超越文本的努力。敘述學中所謂「不可靠敘述」，例如通過一隻貓的視角講述，或以一個傻瓜的口吻講述，或讓謀殺犯來講破案，能夠更有效地講一個故事，也是此類型的佳例。

格雷馬斯述真方陣所說的「保密、偽裝」，就是這個類型，但是結果不一定是誤解：發送者意圖是誠意的，文本扭曲（例如用密碼，例如反諷）不直接理解原意，但接收者的理解能力，或抓捕伴隨文本的能力，跨越了此障礙，最後依然達到了理解。這種「反諷傳達」，是各種幽默之所以迷人的原因。

---

[26] Rudi Keller, *A Theory of the Linguistic Sign*, New York: Oxford Univ Press, 1995, p p 144-145.

但是，不可信文本很可能有一種更複雜的變體：

2b，表演－幻覺型：作偽意圖→不可信文本→願意接受

　　2b 型與 2a 的區別在於發送者「非誠意」。由於文本遮蔽，發送者的誠意很難判斷，理解與上當之間，在符號表意過程的形式上很難做出區分。2a 與 2b，都是扭曲文本，但是 2b 的發送者帶著非誠意意圖，用了不可靠文本，因此是個如同 1b 的成功騙局，只不過文本有意露出騙局的馬腳，是一種「翻轉」的騙局。

　　《三國演義》空城計是一個絕妙好例：諸葛亮無兵力守城，只能大開城門，如此守城法太蹊蹺，而且與「諸葛一生唯謹慎」的伴隨文本極端衝突。諸葛亮意圖作偽，但是無奈只能用出乎常理的矛盾文本（因此不同於 1b 型之有意行騙），司馬懿明知文本有問題，反而產生疑惑而中計。

　　「華容道」也是個好例子：諸葛亮夜觀天文，知道曹操命不該絕，索性就把最關鍵的隘口讓關羽去把守，他熟知關羽的性格，會因為報恩而放走曹操，他用假文本讓關羽去成全他的「忠義」。諸葛亮下此命令沒有誠意，他也明白告訴關羽不想讓他去華容道設伏捉曹操，因為「有違礙處」。關羽自以為是按職責行事，實際上中了諸葛亮的「留人情」翻騙之計。

　　此格局可以與格雷馬斯述真方陣中的「幻覺」對比：動機「不是」與文本「不似」結合，造成的幻覺遮蔽了作偽意圖，使計謀得手。

　　「翻騙」似乎太少見，不必列為一個類型，實際上 2b「表演－幻覺型」是文學藝術中一種重要格局，即「逼真性」（verisimilitude）普林斯稱為「引發一定程度上符合外在於文本的一套『真實性』標

準的文本品質」。[27]實際上需要接收者配合，才可能使明知為假的文本，產生讓人信以為實的逼真性。

藝術符號的發送者明白說是在作假表演，藝術的文本也明顯地打著虛構的記號（例如螢幕的方塊、電影的片頭、舞臺的三面牆、以唱代言、燈光佈景、明星面孔）。藝術文本有了這麼多的不實記號，還是有觀眾信以為真，不自覺地「懸擱不信」，自願地為虛構的人物與故事情節擔憂，為人物的命運悲傷。觀看《白毛女》的士兵拔槍打黃世仁，讀《少年維特的煩惱》而自殺，讀者寫信給福爾摩斯求救，這些都被認為是藝術創造幻覺的奇跡。

甚至體育，明顯是假裝的戰爭，但是哥倫比亞足球隊打入烏龍球的後衛被國人槍殺，拳王泰森咬傷對手的耳朵，都是「逼真性幻覺」超越了文本的虛假，接收者的幻覺強度，使他們忘記舞臺與拳擊賽場文本是虛假文本。

尼采認為真相本來就是幻覺：「真相就是一些可以運動的隱喻……經過長時期的使用，對於一個民族來說，它就成了固定性，規範性，具有約束性的東西。真相就是讓我們忘了它是幻覺的幻覺」。[28]而托多洛夫說的更確切一些：逼真性「只有在對自身的否定中才能存在，只能在無它的時候才有它」。[29]逼真性是一種真實幻覺，一旦接收者意識到自己是在幻覺中，就不能再接受這個符號文本，幻覺就消失了。

[27] Gerald Prince, *Dictionary of Narratology,* Lincoln: Univ of Nebraska Press, 1987, p 102.

[28] Friedrich Nietzsche, *Philosophy and Truth: Selections of Nietzsche's Notebooks of the Early 1870s,* (ed,) Daniel Breadeale, Atlantic Highlands, NJ: Humanities Press, 1979, p 84.

[29] Tzvetan Todorov, *Introduction to Poetics,* Minniapolis: Univ of Minnesota Press, 1981, p 150.

4.「拒絕接受」各類型

本書第二章第三節說過「任何解釋都是解釋」，因此拒絕接受，也是一種解釋，也是肯定符號文本有意義。但是願意接受是衍義是否能開始的關鍵，不願接受，符號表意就結束在這一點上。一旦接收者因為各種原因，認識到此符號表意文本缺乏必要的認知價值，他就會拒絕接受這個文本，符號表意就只能中止。於是出現第三格局的諸類型：

3a，不得理解型：誠信意圖→可信文本→不願接受

這是 1a 基準型的變體，誠意的傳達，可以因為不被接受而失敗。《三國演義》中張松帶了西川地圖到曹操那裏，準備獻計讓曹操取西川，曹操卻不予理睬。張松對曹操並不存欺騙意圖，表達意義的文本也是準確可信。曹操就是不接受，使張松此舉無法達到交流目的，哪怕誠意也能失敗告終。

3b，表意受阻型：誠信意圖→不可信文本→不願接受

惱怒的張松索性挑釁曹操：「『丞相驅兵到處，戰必勝，攻必取，松亦素知。昔日濮陽攻呂布之時，宛城戰張繡之日；赤壁遇周郎，華容逢關羽；割鬚棄袍於潼關，奪船避箭於渭水：此皆無敵於天下也！』操大怒曰：『豎儒怎敢揭吾短處！』喝令左右推出斬之」。張松雖然留得一命，卻因為用了不可信文本，曹操威脅砍頭，拒絕接受，此種傳達再也無法再達到目的。

　　《三國演義》六十回，關羽荊州失敗，派人叫糜芳傅士仁發兵相救，「使者曰：『關公軍中缺糧，特來南郡、公安二處取白米十萬石，令二將軍星夜解去軍前交割。如遲立斬。』芳大驚，顧謂傅士仁曰：『今荊州已被東吳所取，此糧怎得過去？』士仁厲聲曰：『不必多疑！』遂拔劍斬來使於堂上。芳驚曰：『公如何斬之？』士仁曰：『關公此意，正要斬我二人。我等安可束手受死？』」關羽在生死危急關頭，傲慢如舊。用此種完全不可信文本，表意自然受阻。

3c，謊言失效：作偽意圖→可信文本→不願接受

　　此局面，與謊言騙局的典型局面 1b 只差了一點：文本沒有問題，接收者看穿文本的騙局，拒絕接受，從而拒絕上當受騙。東吳殺了關羽，為防魏、蜀夾擊局面出現，孫權派人把關羽的首級轉送曹操，目的在於使劉備懷疑殺關羽乃曹操指使，從而轉恨曹操。曹操從司馬懿之議，「將關公首級，刻一香木之軀以配之，葬以大臣之禮」，這條移禍於人之計被曹操識破了。

　　第三格局的 abc 三型，一個共同特點是符號文本被拒絕接受，述真與否就都成了不必討論之事。現在讓我們看一種最極端的情況：如果接收者看出意圖作偽，文本不當，但是認為虛假表意中有認知價值，而坦然將計就計接受，以偽為偽，此時就會出現本書討論的最複雜，也最為有趣的第四格局，也是「不願接受」時唯一可能的表意模式：

4，假戲假看型：作偽意圖→不可信文本→不願接受
（鑲嵌 1a，真事真看型：誠信意圖→可信文本→願意接受）

　　不是為了引出這個格局，本來不必討論拒絕接受的任何傳達類型。這個類型非常重要，實際上是文學藝術籍以立足的基本交流模式，再複雜也不得不論。傳達雙方都知道是一場表演，發送者是做戲，文本擺明是假戲，接收者假戲假看，所謂「不願接受」就是假看，就是不接受文本的直接資訊。

　　在這個類型中，發送者也知道對方沒有要求他有「事實性」的誠信，他反而可以自由地作假；發出的符號文本是一種虛構，不必對事實性負責，此時他可以堂堂正正地「美言不信」。[30]接收者看到文本之假，也明白他不必當真，他在文本中欣賞發送者「作假」的技巧（作家的生花妙筆、演員的唱功、畫家的筆法），此時「修辭」不必立其誠，而是以巧悅人。

　　虛與實的第三種配置方式，落實在符號接收者身上：上面說的是虛實配置，在藝術文本的特殊表意方式中，最後卻必須實現於藝術文本的接受之中：藝術是假戲假看，但是藝術的特殊的文化規則，在假戲假看中鑲嵌了一個「真事真看」。這個類型的確比較複雜，下節詳論之。

5.虛構中如何述真

　　錢鍾書〈管錐編〉二卷陳琳《為曹洪與魏太子書》論卷，討論了該信中一個非常奇特的段落，「亦欲令陳琳作報，琳頃多事，不能得為。念欲遠以為懽，故自竭老夫之思」。曹洪明知道太子曹丕不會相信他這個武夫會寫文詞如此漂亮的信，偏偏讓陳琳寫上：「這次不

---

[30]　《道德經》八十一章，「信言不美，美言不信」。

讓陳琳寫，我自己來出醜讓你開心一番吧」。錢鍾書認為這是，「欲蓋彌彰，文之俳也」。[31]

因此，這是一場默契的遊戲：對方（魏太子曹丕）會知道他不是在弄虛作假，而是明白他說話有趣，弄巧而不成拙，曹丕也會覺得自己也夠得上與陳琳比一番聰明。所以這是雙方的共謀，是假話假聽（曹丕不會笨到去戳穿他的「謊言」）中的真話真聽（曹丕理解到他這位族叔，還有此人的書記官，真能逗人）。

有今日論者認為錢鍾書的意思是：「既然是先人未言之而著作者『代為之詞』，當然也就無『誠』可言」。[32]顯然這裏不涉及說修辭誠信問題，錢鍾書對這種表意方式的分析，遠遠超出修辭之外。文本自身攜帶了特殊元語言：及虛構的意圖，以及文本要求應該採取的解讀方式。

這一層虛實關係，已經夠複雜了。錢鍾書進一步指出：這是講述虛構故事的必然框架：「告人以不可信之事，而先關其口：『說來恐君不信』」。而且這個構造有更普遍的意義：「此復後世小說家伎倆」。[33]在討論《太平廣記》時，錢鍾書引羅馬修辭家昆提蘭（Quintillan）之言：「只須作者自示為明知故作，而非不知亂道（non falli iudicium），則無不理順言宜（nihil non tuto dici potest）」。[34]

陳琳此信，不是虛構的小說戲劇，但是這個表意方式，實際上是文學藝術籍以立足的基本模式：藝術符號表意的各方都知道是一場表演，發送者是做戲，文本擺明是戲，接收者假戲假看：發送者

[31] 錢鍾書〈管錐編〉，《全後漢文卷九二》，北京：三聯書店，2007年，第三卷，1650頁。
[32] 高萬雲《錢鍾書修辭學思想演繹》，濟南：山東文藝出版社2006年7月。
[33] 錢鍾書〈管錐編〉，《全後漢文卷九二》，北京：三聯書店，2007年，第三卷，1651頁。
[34] 錢鍾書〈管錐編〉，《太平廣記卷二四五》，北京：三聯書店，2007年，第二卷，1167-1168頁。

也知道對方沒有要求他有表現「事實性」的誠信，他反而可以自由地作假；發出的符號文本是一種虛構，不必對事實性負責；接收者看到文本之假，也明白他不必當真。

　　就拿戲劇來說，舞臺與表演（服裝、唱腔等），擺明是假戲假演，虛晃一槍：一方面承認為假，一方面假戲還望觀眾真看。錢鍾書引莎士比亞《第十二夜》：「如果這是舞臺演出，我就指責假的絕無可能」。[35]這是戲中人站到觀眾（接收者）的立場：「一若場外旁觀之論短長」，即以接收者可能的立場，先行說明戲為假，舞臺上本來是虛構假戲，這樣一說觀眾反而不能假看，不能以「假戲」為拒絕的托詞，而必須真戲真看：雖然框架是一個虛構的世界，這個世界裏卻鑲嵌著一個可信任的正解表意模式，迫使觀眾做一個真戲真看。

　　如果做不到這一點，所有這些虛而非偽的表意，就沒有達到以虛引實的目的，如錢鍾書引李贄評《琵琶記》：「太戲！不像！……戲則戲矣，倒須似真，若真者反不妨似戲也」。[36]真者不妨似戲，是因為接收者會採取 2a 反諷讀法，戲者必須如真，才能引出 4（1a）讀法。各種虛構文本假中含真，但是讀者要意識到他必須採用文化形成的解讀規範。

　　把這種解讀規範應用的最徹底的是小說：小說乾脆另外設立一個敘述者，讓這個虛擬人格對講的故事負責，讓敘述接收者認同敘述者的故事，這樣作者和讀者都可以抽身退出，站到假戲假看的外框架上，故事再假都可以袖手旁觀。

　　例如，納博科夫虛構了《洛麗塔》，但是在這個虛構世界裏的敘述者是亨伯特教授，此角色按他主觀瞭解的事實寫出一本懺悔，給

---

[35] "If this were play'd upon a stage, I could condemn it as an impossible fiction"。同上，1345 頁。

[36] 錢鍾書先生引自《游居柿錄》卷六，他認為是葉文通託名李贄評點《琵琶記》。同上，1345 頁。

監獄長雷博士看。書中說的事實是不是「真實的」？不是，原因倒不是因為亨伯特教授的懺悔只是主觀真相（例如亨伯特教授聲稱是小女孩洛麗塔勾引了他），此處說的「非事實性」是因為它只存在於這個虛構的世界中，在這本小說包含的世界裏，亨伯特教授的懺悔不是騙局，所以雷博士給亨伯特懺悔一個道德評語：「有養育下一代責任者讀之有益」。[37]因此，這是一個虛構所包裹的正解傳達。

可以說，所有的藝術都是這種 4（1a）型。哪怕是荒唐無稽的虛構，例如《格列佛遊記》，都是這樣一種雙層「假戲假看－誠意正解」格局，大人國小人國的故事，斯威夫特是說假，格列佛是說真。讀斯威夫特小說的讀者不會當真，但聽格列佛講故事的「敘述接收者」，必須相信格列佛的誠信。

這也適用於非藝術的虛構，或者用其他虛構框架標記（例如畫廊、舞臺、打扮、電影的螢幕片頭），甚至不明言地設置必要語境。張愛玲說，「我有時候告訴別人一個故事的輪廓，人家聽不出好處來，我總是辯護似地加上一句：『這是真事。』」[38]張愛玲說這話帶著歉意，她的確是在虛構，但是她可以自辯說：在她的虛構世界裏，故事是真事。

同樣局面，甚至不逼到虛構藝術中去找，我們百姓，在酒後茶餘，說者可以聲明（或是語氣上表明）：「我來講一段故事」，「我來吹一段牛」，聽者如果願意聽下去，就必須擱置對虛假的挑戰，因為說者已經「獻疑於先」，預先說好下面說的非真實，你愛聽不聽：所有的藝術都必須明白或隱含地設置這個「自首」框架：

---

[37] Vladimir Nabokov, *Lolita,* New York: Putnam's Sons, 1955, p 8.
[38] 張愛玲，《赤地之戀・序》，轉引自周建漳〈虛實與真假〉，《學術研究》2009年 3 期。

戲劇是讓觀眾看到演出為虛，而後相信劇情之真；

影視是讓觀眾看到方框平面印象為虛，而後相信劇情之真；

評書是讓聽眾看到演唱為虛，而後相信故事之真；

舞蹈是讓聽眾看到以舞代步為虛，而後相信情事之真；

詩歌是讓讀者看到以誇大語言為虛，而後相信情感與意義之真；

電子遊戲是讓玩者看到以遊戲角色為虛，而後相信投入的場景之真；

體育比賽如摔跤拳擊，讓觀眾知道格鬥非真，從而認真地投入輸贏。

此時發送者的意思就是：我來假扮一個人格，你聽著不必當真，因為你也可以分裂出一個人格。然後他怎麼說都無不誠信之嫌，因為用一個虛設人格，與對方的虛設人格進行意義傳達。

虛與實之間糾纏最為複雜，人格分裂最為倒錯的，恐怕是所謂踢假球：一般觀眾看到的足球，是一場虛而非偽的搶鬥爭奪。因為這場搶鬥是按大家同意的一套規則進行的，包括足球比賽規則，聯賽的地位升降規則，甚至賭球的規則。既然大家接受這一套假中之真，讓他們全身心地投入輸贏，為之悲傷或歡慶。但是參與賭假球者（不是一般賭球者），買通了後衛與守門員的人，他們要看的是：這些球員能否在適當的時候巧妙地放水。[39]

如果放水做得太笨，大家都看出來是個不可信文本，大家都會很憤怒。但是憤怒原因不同：一般觀眾憤怒，是因為踢球這爭鬥假戲應當真做，他們就是來看真做的：虛必須非偽，必須順條有理，

---

[39] 這個例子是四川大學符號學 2009 班魏偉博士在作業中提供的，特此致謝。

才能接受。一旦虛而又偽，就讓大家覺得受騙。而參與製造假球的人也會憤怒，因為真戲應當真做：他們看的不是假中之真，他們取消了體育比賽的虛擬框架，把假中之真變成了真中之真：此時體育不再是藝術，而是一張賭桌，實賭就必須實做。

以上案例似乎非常特殊，此表意格局卻極其常見，各種把藝術看做「現實的反映」的立場，把藝術的實用意義部分（參見第一章第七節）上升為主要成分的觀念，各種把藝術的「興觀群怨」看做主要功能的學說，要求演員「化身成角色」的斯坦尼斯拉夫斯基體系，實際上都是取消了藝術的虛擬框架前提，回到了 2b 表演－幻覺格局。

這不是指責哪個學派：任何人都可能忘掉藝術的虛構框架而不小心跌進「逼真性」裏面：福樓拜寫《包法利夫人》，寫到艾瑪之死而大哭。有人勸他不如讓艾瑪活下去，福樓拜說：「不，她不得不死，她必須死」。這算是暫時當真一會，又回到虛構語境之中，他作為作者重新站在故事之外。正如我們任何人看書看戲，也會一時忘記自己在看假戲而為戲中人垂淚。

美國一首童歌 Frosty the Snowman 唱道：「雪人真是雪做的，孩子們卻都知道，他有一天復活過」。[40]的確兒童從小就學習如何接受虛構，欣賞虛構中的真實，這是他們成長過程中「文化化」的重要一步。

在藝術欣賞中跟著「逼真性」走，藝術就不再是一種遊戲，不再能取得陳琳信件式的迷人效果：「明知人識己語之不誠，而仍陽示以修辭立誠；己雖弄巧而人不以為愚，則適成己之拙而與形人之智」。 在一個「虛」的框架內，默契的雙方之間，依然可以玩實的交流遊戲，就像曹丕讀陳琳信。此時的關鍵點已經不在文本的虛實

---

[40] "He was made of snow, but the children know he came to life one day".

配置，而在接受態度的「虛實默契」。曹丕真看出陳琳的把戲，而依然能欣賞這個悖論，可以稱為假戲假看中的真戲真看者。我們夠不上曹丕的聰明，因為今日此文作者寫明是陳琳，我們面對的只是一個 2a 格局，知道陳琳在虛構，幫曹洪討好太子。

作者與讀者之間的默契，達到錢鍾書描述的「莫逆相視，同聲一笑」，[41]才是真正的藝術境界。陳琳此信作為信箚藝術後世廣為流傳，有文學史家指責為「詞浮於意」。[42]陳琳如果寫此信有實際目的，詞必須達意。陳琳在玩藝術，那就必然「「詞浮於意」：從藝術遊戲的要求來看，陳琳作為作者，曹洪作為演員，曹丕作為觀眾，都領會了藝術符號表意複雜層次上的「虛而非偽」，相當合格。

我們可以說藝術不是一個真實的符號表意，而是一個「大家均知其假而一同暫且當真」的作偽表演。但是，悖論的是：雖然框架是一個虛構的世界，這個世界裏卻不僅可以，而且必須鑲嵌著一個可信任的正解表意模式，即「誠信意圖→可信文本→願意接受」。

與上述 4 型對比，2b 表演－幻覺型（作偽意圖→不可信文本→願意接受），是接收者忘記了框架，拒絕分裂出一個人格，而是「全心全意」進入了虛構世界，在幻覺中忘記了他並不屬於那個世界，他們不能接受虛構的不可信框架文本。

---

[41] 〈管錐編〉三卷，《全後漢文卷九二》，北京：三聯書店，2007 年，1650 頁。
[42] 郭英德、過常寶等著《中國古代文學史》，四川人民出版社，2003 年 1 版，上冊，89 頁。

6.真假與計謀的文化道德

在八種可能的模式中，三種因為不接受而無法完成符號表意：

3a，不得理解型：誠信意圖→可信文本→不願接受
3b，表意受阻型：誠信意圖→不可信文本→不願接受
3c，謊言失效型：作偽意圖→可信文本→不願接受

另外五種是可能的表意模式。

1a，誠意正解型：誠信意圖→可信文本→願意接受
1b，欺騙成功型：作偽意圖→可信文本→願意接受
2a，反諷超越型：誠信意圖→不可信文本→願意接受
2b，表演幻覺型：作偽意圖→不可信文本→願意接受
4，假戲假看型：作偽意圖→不可信文本→不願接受
（內含誠意正解型）

總結一句，要完成表意，必須要接收者願意接受。一旦接收者拒絕接受，符號表意就只能中斷。最後一種格局之所以可能，是因為三個環節均為負，反而無混亂表意之可能，每個環節均為謊言，反而成全了「真實性」的可能。這樣的框架中就反而能包含一個「誠意正解型」表意：所以藝術是謊言中的真實，是在虛構框架中鑲嵌了誠信原則。

那麼接收者用什麼來判斷是應當接受還是不接受？要接受一個表意，首先就是從符號表意中有所得，對「真實性」有所瞭解。接收者不可能跳過文本，不可能直接與發送者交流。因此，接收者認為符號文本具有認知價值，就會接受（1a）；哪怕上當受騙不能怪他，

可信的文本具有欺騙性的真實假像（1b）；哪怕文本本身是扭曲的，接收者也或許有能力解讀反諷文本後的「真實意義」（2a）；而幻覺之所以起作用，是因為幻覺給人真實感（2b）；最後，全虛構表意會有認知價值，因為可以內含假中之真。（4）。

因此，「接受原則」，就是滿足接收者的認知要求，接收者努力從符號表意中獲得所謂的「真實性」，為達到這目的，就只能按文本情況作解釋的策略安排。最早討論述真問題的格雷馬斯，因為忽視接受環節，未能釐清此中種種複雜關係，但是他意識到這不僅是一個符號形式問題，而是捲入文化價值觀念。他曾經提出：「在幾個同質的文化中，有可能建構一個以述真模式為基礎的分類」。[43]

拒絕接受，還是變通接受，實際上是個文化價值問題。而且，筆者認為：「不同質」的文化，甚至同一文化中的不同群體，對於作偽、反諷、幻覺、虛構的態度不一樣。文本「可信」與否，也就是是否符合常情，而常情因文化而異：在不同文化中，誠信的標準有巨大差別。

儘管標準不同，述真的符號方式卻是相通的。筆者相信，本章討論的模式分型普遍有效。一個社會能靠巨量的意義交流向前發展，條件就是能對表意進行有效而順暢的處理。兒童之所以漸漸心智成熟，人類之所以形成繁複多變的符號文化，就是因為學會使用這五種接受方式促進交流。

都說中國文化的精髓在很大程度上其實就是謀略，[44]我們把這些謀略稱為智慧，《三十六計》、《孫子兵法》、《六韜三略》被我們視為驕傲。但是這種讚美是有特定語境的，即它們得到稱頌，通常是在「目的高尚」，符合「道」的宏大前提下，比如國家與

---

[43] 轉引自：Danald Maddox, "Veridiction, Verification, Verifaction: Reflections on Methodology", *New Literary History,* Spring 1989, pp 661-677.

[44] 以下看法得益於 2010 屆博顏青士在《符號學論壇》上的帖子，特此感謝。

民族利益等。在日常語境中，統領中國的依然是儒家思想，比如日常生活中一個人很有謀略，我們評價是「這個人很有心計」或者「這個人城府很深」，都是貶義的，至少是傾向於貶義：「巧言令色鮮矣仁」。傳統文化的元語言設定並控制了人們的判斷標準和價值取向。

這就出現了一個奇特的悖論：多計謀的中國人，藝術想像卻並不比別的民族高明，因為藝術過於小道，不值得顯示智力。[1]中國文學藝術，一直缺少智力美的盛宴：偵探小說，「理趣」詩歌，科幻電影，都是鳳毛麟角。如果中國的編導拍了一部情節複雜撲朔迷離的電影，會拍成鬧劇。對比一下《三槍拍案驚奇》與科恩兄弟的原作《血迷宮》（Simple Blood），就可以看出這點。

第十三章　標出性

1.語言學中的標出性

　　標出這個概念，是上世紀三〇年代，布拉格學派的俄國學者特魯別茨柯伊（Nikolai Trubetzkoy）在給他的朋友雅柯布森的信中提出的。[1]特魯別茨柯伊是音位學的創始人，而雅柯布森是現代符號學發展史上的關鍵人物，他們的討論受到語言學界高度重視。但是至今這個問題的討論，局限於語言學界，符號學界基本上沒有觸及。一般來說，語言學都討論不清的問題，在符號學中更難處理。本書嘗試將這個語言學觀念，推演為一個文化符號學普遍現象，是一種嘗試。

　　標出性這個術語，中國語言學界一直稱作「標記性」。此譯名很不方便，「標記」的漢語詞意義過於寬泛，容易出現誤解誤用（例如：風格標記、文體標記、標記性建築、帶標記的樣本）。西語中也有這問題 marking/marked，都是常用詞，一樣容易誤會。喬姆斯基 1968 年建議一個特殊術語 markedness。[2]此術語應當譯為「被標記性」，譯詞過於累贅。筆者建議：這一系列術語的漢語對應詞，都改用「標

---

[1]　這封信最早是俄語寫的，英譯文見 Roman Jakobson (ed), *Nikolai Trubetzkoy Letters and Notes*, The Hague: Mouton, 1975, p 162.

[2]　Noam Chomsky and Morris Halle, *The Sound of Pattern in English*, New York: Harper & Row, 1968.

出」與「標出性」:「標出」此漢語詞簡潔而少歧義,而且有 markedness 的被動意義。

當對立的兩項之間不對稱,出現次數較少的一項,就是「標出項」(the marked),而對立的使用較多的那一項,就是「非標出項」(the unmarked)。因此,非標出項,就是正常項。關於標出性的研究,就是找出對立二項何者少用的規律。

特魯別茨柯伊發現,在對立的清濁輔音,如 p-b、t-d、s-z、f-v 等,數量不對稱:濁輔音因為發音器官多一項運動,從而「被積極地標出」(actively marked),結果是濁輔音使用次數較少。因此,他把標出性定義為「兩個對立項中比較不常用的一項具有的特別品質」。檢查一下就可以發現:濁輔音的確使用頻率相對較少,在全世界各種語言中,這個現象非常恒定。[3]

此後許多語言學家在各種語言中,在語言學各個領域中,考察研究標出性已經有大半個世紀之久。他們發現標出性可以解釋許多語言現象,規律相當穩定,並不局限於印歐語言,在各種語言中都存在,成為語言學家所謂「統計共項」(statistical universals)。對立的兩個語言現象,出現頻率普遍不對稱。

語言學家約瑟夫・格林伯格(Joseph Greenberg)於 1963 年總結了多達 13 條標出性的特徵之後,提出一個總結性定義:「當語言中有 x 特徵,也有 y 特徵時,非標出組分即不包含 x 的組分」。[4]這

---

[3] 特魯別茨柯伊討論的是輔音,清濁輔音與其字母在許多語言中並不對應,因此不容易統計精確,但是大致上可以從字母出現頻率看出一個端倪。用 Google 搜索漢語,可以看到:s 字母出現 5.8 億次,z 出現 1.4 億次;p 字母 3.0 億次,b 字母 2.7 億次;t 字母 6.3 億次,d 字母 4.8 億次。如果用 Google 搜索「所有語言」,這個區分就更有說服力:s 字母出現 68 億次,z 出現 20 億次;p 字母 38 億次,b 字母 30 億次;t 字母 64 億次,d 字母 50 億次。特魯別茨柯伊提出的「清濁音標出性不對稱」,應當說是一個全球性普遍現象。

[4] Joseph Greenberg, "Some universals of grammar with particular reference to the

是說：在對峙的兩項中，組成元素較多的（既有 x 也有 y）的一方為標出項。1994 年語言教學專家艾利斯（Rod Ellis）討論標出性：「某些語言特徵，相對於其他更『基本』的特徵而言，以某種方式顯得比較『特別』」。[5]也就是說：如果相關兩項之一具有 x 特徵，另一者具有 x＋y 特徵，那麼 x 就是「基本特徵」，x＋y 項就具有「以 y 方式顯得比較『特別』」的標出性。

格林伯格定義標出項，艾利斯定義標出特徵，說的是同一回事：他們的定義都是落在在形態上。功能主義語言學家吉馮（Talmy Givon）仔細總結了語言學中的標出性，認為標出項出現在三個層次上：在結構複雜性上，標出項結構較長；在分佈頻率上，標出項出現次數較少；在認知複雜程度上，標出項更為明顯。[6]吉馮解釋說：相比於非標出項，要理解標出項的人，需要更多注意力，需要作出更多努力，標出項需要更多「加工時間」。

在吉馮說的三條定義中，形式上「標出項結構較長」可以明確驗證並統計，例如在清濁音不平衡對峙中，濁輔音「標出項結構較長」：在發聲上多一個聲帶振動要素。由此，非標出項（清輔音）之所以使用頻率較多，原因可以歸結為「使用經濟原則」（least effort principle）。此原則更精確的表述是所謂齊普夫定律（Zipf's Law）。[7]美國語言學家齊普夫在 1931 年發現的這條數理語言學定律，在今日

order of meaningful elements," in *Universals of Language*, p 73–113, Cambridge: MIT Press.

5　Rod Ellis, *The Study of Second Language Acquisition* [M]. Oxford: Oxford Univ Press, 1994.

6　Talmy Givon, "Isomorphism and Grammatical Code: Cognitive and Biological Considerations", in R Simone ed, *Iconicity in Language*, Amsterdam: Benjamins, 1995, 47-76.

7　George Kingsley Zipf, *Selected Studies of the Principle of Relative Frequency in Language*, 1932.

用電腦驗證發現極其精確，已經應用在資訊理論，城市規劃等語言之外的領域。此定律一般用統計數學的公式說明，非常通俗簡單的說法是：「較短的用的較多」。但是齊普夫定律如何適用於漢語這樣詞長短不明顯的語言，不是很清楚。漢語既不是拼音，又非曲折語，漢語中標出性，情況就很不相同。語言學家都同意，在典型的分析語如漢語中，同樣有對立詞項之間的不對稱，因此也有標出性。只是漢語的標出性不表現在形態上。

沈家煊認為：漢語的標出性有六個層面：組合、聚合、分佈、頻率、意義、歷時。他認為六者是統一的：「如果在詞法上是無標記項，那麼在句法上語義上也是無標記項……如果在語義上是無標記項，那麼在句法和語用上也是無標記項」，他把這個規律稱之為標出性的「一致性」。[8]但是他在後文中，卻從「一致論」後退了：「大多數情況下這些標準作出的判斷是一致的，即使有不一致，把這些標準綜合起來考慮，判定……不會有多大困難」。[9]所謂「綜合判定」，就是標出項不一定都有這六個特徵。

總結關於長達八十年的熱烈討論，很多語言學家指出，語言的標出性問題，至今理論上難以說清。[10]詞項形態，不一定導致句法，語用等語言其他層次的標出性。巴斯提臺拉（Edwin L. Battistella）仔細檢查各家理論後，得出的結論是：「恐怕真是沒有合一的標出性理論，相反，我們看到的，是由一系列不同的標出性領域，不同的標出性方案，不同的分析目標匯合成的圖景」。[11]有語言學家建議乾

---

[8] 沈家煊《不對稱和標記論》，南昌：江西教育出版社，1999 年，35 頁。

[9] 同上，35 頁。

[10] David Lightfoot, *How to Set Parameters: Arguments from Language Change,* Cambridge, MA: MIT Press, 1991, p 186.

[11] Edwin L, Battistella, *The Logic of Markedness,* New York: Oxford Univ Press, 1996, p 34.

脆放棄這個研究課題，因為對立項不對稱的情況太複雜，原因太多，說不清楚。[12]

　　儘管如此，語言標出性至少文獻已經極為豐富，甚至困難重重的漢語的標出性問題，也已經有不少研究。雅柯布森已經意識到標出性並不局限於語音、語法、語義等，應當進入「美學與社會研究領域」，[13]但是在文化標出性問題上，研究者不能說少，大部分討論在描述對立面的「不平等」現象，沒有看到比較完整的基礎原理或社會機制研究。[14]這不奇怪：語言學難以弄清的問題，在以邊界模糊不清為特徵的文化研究中，討論必然更困難。由於文獻缺乏，本章嘗試對文化標出性做一個符號學研究，不得不重頭做起，因此本章的大部分討論，不得不是探索性的。

2.文化研究中的標出性

　　對立二項的不對稱，應為一個普遍規律。錢鍾書在《老子王弼注》論卷中有長文，引魏源《古微堂集》：「天下物無獨必有對，而又謂兩高不可重，兩大不可容，兩貴不可雙，兩勢不可同，重容雙同，必爭其功。何耶？有對之中，必一正一副」。錢鍾書評說魏源這段話這是「三綱之成見，舉例不中，然頗識正反相對者未必勢力相

---

[12] Martin Haspelmath, "Against markedness", *Journal of Linguistics*, 2006, 42,1: pp 25-70.

[13] Roman Jakobson and Morris Halle, *Fundamentals of Language,* The Hague: Mouton, 1956, ix.

[14] 例如音樂研究中有 Robert Hatten, *Musical Meaning in Beethoven: Markedness, Correlation, and Interpretation*, Indiana University Press, 1994；人類學研究中有 James J Liszka, *The Semiotic of Myth*. Indiana University Press, 1989；社會學中有 Linda Waugh, "Marked and Unmarked: A Choice Between Unequals in Semiotic Structure", *Semiotica* 38: 1982, pp 299-318.

等，分『主』與『輔』。」[15]他認為魏源的普遍對立不對稱之說，很有識見。

標出性在文化中普遍存在，只是原因不在形態上，而在符用上，如果有形態不平衡，也是符用反過來影響形態。我們從語言學討論標出性最常用的例子說起：英語中 man 與 woman 的對峙中，man 為非標出項，第二詞 woman 派生自 man（來自古英語 wifman，即 wife＋man），比較長，因而比較少用，因而是標出項。由此，既此亦彼兼指男女的「人」，就用非標出項 man，例如「人類」作 mankind。這是典型的形態解釋。

但是詞項形態因語言而不同，法語中 homme（男人）與 femme（女人）沒有派生關係，長度或形式複雜性也沒有明顯不同，但是 homme 依然有攜帶「非男非女，亦男亦女」的能力，因此 femme 依然是標出項；再例如漢語中「男人」「女人」長度相同，男女二元對立之不對稱依然存在，在代詞中：不知性別時用「他」，性別混雜時用「他們」。

從文化符號學角度看，「人類」一詞用 mankind 而不用 womankind，原因不在詞長或認知，其根本原因是現代女性抗議最激烈的文化權力問題，即男性的社會宰製。是男性社會權力，使男性為佔據中項的「正常」性別，在不知性別或不分性別情況下，用男性裏挾全部人。這樣，標出性與詞項形態就拉開了距離：

既然在各種文化中，不管詞項形態如何，女性大多為標出項，那麼女性標出的原因就不在詞法中，而在文化中。文化符號研究中，標出項的特點，是符用性的，也就是本書第八章所說的「使用原則」：兩項對立中，導致不平衡的，是第三項，即「非此非彼，亦此亦彼」

---

15 錢鍾書〈管錐編〉,《老子王弼注》二，北京：三聯書店，2007 年，第一卷，648 頁。

的表意，筆者稱之為「中項」；為了簡便，我們把攜帶中項的非標出項稱為「正項」；把中項排斥的稱為異項，即標出項。

中項的特點是無法自我界定，必須靠非標出項來表達自身。筆者建議稱這種現象為中項偏邊。《老子》中說：「天下皆知美之為美，斯惡已；皆知善之為善，斯不善已」。「天下」就是大多數人形成的中項，標出項（惡，不善）之所以成為標出項，就是因為被中項與正項聯合排拒。

那麼文化中的標出項，難道不像語言學中，有風格特徵？下文會說到：在文化中，風格是一種感覺，無法以形態為絕對標準。中項偏向的一邊，就是正常的、中性的；中項離棄的「異項」，認知上是異常的、邊緣化的。中項無法自我表達，甚至意義不獨立，只能被二元對立範疇之一裹卷攜帶，即是只能靠向正項才能獲得文化意義。但是這個被動表現的中項，對決定哪一項標出，有決定性意義：它與正項聯合起來，標出異項，排除異項。

中項偏邊是文化標出性所共有的特徵：語言的兩元對立之間不一定有中項（例如清濁音之間無中項），而文化對立範疇之間必然有中項。錢鍾書引神會《語錄》：「今言中道者，要因邊義；若不因邊義，中道亦不立」。[16]「中道」是佛教哲學，神會的理解與符號學的標出性極為契合。

語言學家石毓智認為：哪怕研究語言標出性，也應當用「模糊邏輯」：「傳統的剛性的二值邏輯變成了有彈性的多值邏輯。對於中間狀態的處理，不再是非此即彼了，而是利用隸屬度的概念，看起在多大程度上屬於某一類」。但是他並沒有說語言的標出性必然取決於「中間狀態」的「隸屬度」。[17]

---

[16] 錢鍾書〈管錐編〉，《老子王弼注》一九，北京：三聯書店，2007 年，第二卷，718 頁。

[17] 石毓智《肯定與否定的對稱與不對稱》，北京語言文化大學出版社，2001 年，

本章所說的三項關係，圖例如下：

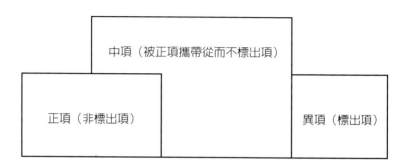

為什麼只有文化的標出性，取決於「中項偏邊」這個關鍵問題，而其他討論標出性問題的學者從來沒有處理這個問題呢？筆者認為，其中很大的原因，是本書第二章第一節討論的不同類型符號對意義三環節倚重不同。語言學中「非此非彼－亦此亦彼」的情況不多（例如清濁輔音之間），而在文化中，則是普遍規律。語言學的基本範疇經常是「科學式」的，倚重的是「客觀的文本」，而文化符號學倚重的是解釋意義，其意義經常是「主觀的」。語言的標出性往往在形態上首先表現出來，風格特徵往往很明顯，而文化符號的風格特徵常常是一種感覺，形態因素不是主要的，這點下一節將仔細討論。本書此章關於標出性的討論，只求適用於文化符號學，不想強加於語言學。

本書的討論，從對立概念中的不對稱，回過頭來看這種標出性在符號形式（例如服飾、化妝、儀禮、姿態等等）上的表現。為了不糾纏於語言學至今沒有弄清楚的標出性問題，本章有意不考察語言，而集中考察非語言符號。筆者的路線是從「概念／意義層次」

21 頁。

出發進行分析，然後追回到初級符號表達的形式層次，並且上升到更高層次，即意識形態或文化政治層次。

3.風格作為標出特徵

首先，「文化」本身，就已經捲入了強烈的標出性：文化只是相對於「非文化」而存在，而文化強烈地定義本身為正項。從表面看來，在文化與非文化的兩元對立中，文化有比較多的風格性元素（儀禮、建築、服飾等等），我們也經常把這些風格元素等同於「文化」。而作為正項，文化必須是非標出的，也就是非風格化的。這如何理解？

《後漢書》記載光武帝收復失地：「老吏或垂涕曰：『不意今日復睹漢官威儀』」。漢朝老吏看到的是峨冠博帶之類中原文化的風格符號，此人對「漢官威儀」感動到垂涕，是因為長久生活在「化外」，見慣了胡服胡裝。這是文化標出性的悖論：生活在某個文化中的人，並不覺得自己的文化元素風格特別：每個文化中人經常在異族人身上發現大量奇異的風格性元素，而自己的儀禮服飾是正常的。

這與風格元素的數量，或怪誕離奇程度，沒有絕對的關係，與「認知困難程度」也沒有關係：身在一個文化之中的人，難以覺察自己具有有高度風格性的特徵。不少符號學家認為風格就是「對正常的偏離」（deviation from the norm），絕對無標出性的風格，所謂「零度風格」，也就是風格被程式化後變得習以為常。[18]文化標出性只是主觀感覺到的符號偏離，無法像語言學的標出性（所謂「結構複雜」）那樣客觀度量。

例如七〇年代中國人的衣著過於統一，被稱為「藍螞蟻」，當年我們自己不覺得，直到當今中國文化已經劇變，回頭從照片上看到

---

[18] Nils Erik Enkvist et al, *Linguistics and Style*, The Hague: Mouton, 1973, p 15.

當年自己的衣著風格，才覺察出奇異：一個文化中之人，只能在異項中覺察出更多的風格元素。法國著名作家馬爾羅曾有妙言云「中產階級社會有風格，但是沒有中產階級風格」。[19]可以推而廣之說，任何一個文化有風格，但是沒有文化的風格。我們看時裝表演，因為我們的裝束太一般，無表演價值。

文化具有標出性的「非文化」對立面，可以是前文化、異文化、次文化。在一個文化內部，常常有次文化群體（例如異教徒眾、移民社群、同性戀群體、「流氓」幫派等等），他們也經常以特別的風格（例如所謂奇妝異服）區別於主流文化。

一般情況下，標出性會導致很強烈的自我感覺：在一個語音，或膚色，或風俗完全迥異的環境中，被標出會讓人很不自在，例如宋代犯人的「金面刺字」，使這群人自然而然走上梁山。異項組成一個集體（次文化社群）時，很可能自覺地維持標出性形式特徵，避免被主流吸納。英國伯明罕學派的文化學者希布里奇，認為青少年次文化「流氓」（delinquent）集團對社會的「威脅性」，在「能指形式」上，而不是在所指（意識形態）層次上。[20]在文化符號學看來，異樣形式提供的風格偏離，就已經是標出性的實質意義。

反過來，有意把異項標出，是每個文化的主流必有的結構性排他要求：一個文化的大多數人認可的符號形態，就是非標出，就是正常。文化這個範疇（以及任何要成為正項的範疇）要想自我正常化，就必須存在於非標出性中，為此，就必須用標出性劃出邊界外的異項。

在語言學中，往往是標出特徵導致不對稱；在文化活動中，社會主流為了把異項邊緣化，讓自己成為穩固的主流，從而標出「異

[19] 轉引自 Renato Poggioli, *The Theory of the Avant-Garde*, Cambridge MA: Harvard Univ Press, 1968, p 65.
[20] Dick Hebridge, *Subculture, The Meaning of Style*, London: Methuen, 1979, p 98.

項風格」。風格本身看起來似乎有個「量」，實際上風格是相對的感覺：經常穿戴飾物數量多，是標出；但有時正相反，穿戴得少是標出（例如「超級迷你裙」）。因此，文化的標出特徵，很不穩定。

4.標出性的歷史翻轉

對立文化範疇之間不對稱帶來的標出性，會隨著文化發展而變化：文化的發展，就是標出性變化的歷史。

男女性別對立，是語言學常舉的例子，在文化史上，性別對立中的標出性是不斷變化的：在前文明社會中，男性是標出的。與大部分高等動物（鳥類、哺乳類）一樣，多半是雄性標出。只是史前人類男性除了鬍鬚毛髮體味等生物性符號，已經加上紋身羽飾等人工裝飾：雄性／男性的標出，有助於吸引女性／雌性，而女性／雌性作為正常的主項，無須標出，自然界的這種標出性安排，有利於種族繁衍這個最重要的生存目的。

人類「高級文明」最明顯的特徵，是女性開始用各種妝飾給自己身上加風格標記，而男性成為以本色示人的非標出主項。文明就意味著打鬥、掠奪、戰爭代替生殖率，讓部族存活。狩獵退居次要後，種植與畜養（男性活動）代替採集（女性活動），提高了生產率，物質生產代替後代生產，使女性更加邊緣化。

到現代社會，女性自覺妝扮，巨大的百貨公司大部分是女人用品，時裝業靠在女性妝飾上不斷花樣翻新而變成龐大產業。列維－斯特勞斯解釋說：女性的化妝是「難以辨認的象形文字，講述的是一個我們無法知曉的黃金時代，他們只能用裝飾圖案來頌揚這個年代，因為她們還沒有其他文字來表述它」。[21]這位偉大的人類學家

---

[21] 轉引自麥克尼爾《面孔》，中國友誼出版公司，316-317 頁。

可能忘了，在那個尚無文字的女權黃金時代，女性根本不在臉上畫圖案。

波伏娃有名言：「女人不是天生的，女人是變成的。不是生物的、心理的、經濟的原因定義了人類女性在社會中心（au sein de la societé）的面貌，而是整個文明仔細加工（élaboré）了這個產品」。[22]性別研究界至今在反覆討論這個「社會性別構成」觀點，但是文明究竟如何「加工」女人的？是文明把女性變成了標出符號，「加工」成具有標出性的異項。文明當然也「加工」男人，即是並不給予那麼多風格性標出符號，於是男人成為「社會中心」的正項。

而文化把這種標出性自然化了，女性作為「文化的人」就不能不化妝。女性主義理論家聲稱，女性不得不在男人的注視中端詳自己：化妝是滿足男人的性需要，是男權社會「對婦女漂亮的預設」，因此是一種「美麗神話」。[23]我同意這個見解，我想指出的只是：需要女性標出的，不僅是男人，而是整個文化，包括女性自己。有的女性主義者經過調查，驚奇地發現，大部分「性別歧視」化妝品廣告的設計者是女性。[24]

不在裝扮上下功夫的女人，被認為是「不像女人」。女人的「自覺自願」的標出，是女性在文化中邊緣化最明確的證據。拉岡認為，「女性通過化妝，成為把『無』的真實裝飾在身上的存在」。這話聽來很玄，對於化妝的標出作用倒是絕妙的理論化。[25]拉岡的原意是另一回事，我的引申是：在化妝的後面，不存在「女性本質」：風格符號呈現的只是女性在文化中獲得的標出性。

[22] Simone de Beauvoir, *Le Deuxieme Sexe*, Paris Gallimard, 1949, Vol 2, p 13.

[23] Naomi Wolf, *The Beauty Myth: How Images of Beauty are Used Against Women*, New York: Anchor Books, 1992, p 12

[24] 見陳順馨《中國當代文學的敘述與性別》北京大學出版社，2007 年，戴錦華序二，5 頁。

[25] 見福原太平《拉康：鏡像階段》，河北教育出版社，2002 年，232 頁。

正項異項翻轉後，被顛覆的正項會以邊緣化異項方式部分持久地保留下來：在今日次文化中（同性戀界、男妓、戲曲）中，依然有不打扮的女人和刻意打扮的男人。因此，前文化的男性標出性，可以以另一種方式保留在文明社會中：次文化依然是文化的異項，只是把與文化的歷時對立，變成共時對立。

從文化演變上來看，前文化－文化－次文化「標出項翻轉」，可以在文化的許多符號範疇對立中觀察到。例如裸身與服飾：在前文化中，裸身為正常；在文化中，衣裝為正常，裸身為標出。直到二十世紀初，某些非洲大洋洲民族依然裸身，馬來民族女子上身也是裸露的，一旦「暴露在文明眼光下」，第一樁事情就是穿上衣服，不管現在對殖民主義有多少指責，對蓋上裸體幾乎無人抗議，而今日西方「天體主義」是在封閉環境中，或「藝術」狀態下，被有限允許的次文化。在裸露／衣著的對峙中，裸露的標出性過於明顯，不得不從文化中自我取消。

這種情況有點類似二十世紀初之前中國女人的裹小腳陋習：一個民族現代化進程一旦開始，哪怕是效率極端低下的民國初年政府，都能讓小腳這種過於明顯的「非現代」符號很快消失。不同的只是小腳看起來是符號載體累加過度，而裸身看起來是符號載體缺失。[26] 類似的意義地位變遷，在文化演變中處處可見到。例如血親婚－亂倫禁忌－隱蔽血親婚，紋身－不紋身－次文化紋身，生食－熟食－生食作為美味。

隨著當代文化超熟發展進入所謂「後現代」，長期處於邊緣地位的標出項，有可能再度翻轉，造成文化的再次變遷：例如在前文化中身體表達（歌舞、競技）為主流，文字表達（甲骨文、金文、楔

---

[26] 甚至在語言學中，缺失也可能成為標出性。沈家煊認為用沉默來回答「你好」，用遲疑來回答邀請，都是標出的。見沈家煊《不對稱與標出性》，江西教育出版社，1999，24 頁。

形文）困難稀少而標出；在成熟文化中，書寫、印刷等文字公眾性表達為主流，身體表達（例如善歌舞的異族）為標出；而當代文化中身體的公眾性表達重新興盛，體育與娛樂等成為文化生活中心，文字表達開始邊緣化因而又開始帶上標出性。

現代之前，人類以適應自然為主流，隨草而遊牧，改造自然（例如發明某些工具）為標出性活動；現代時期人全力改造自然，順應自然反而成為標出性活動；而在當代生態主義逐漸成為共識，順應自然再度成為主流，保護自然漸漸變得重要，而改造自然漸漸開始帶上「過度開發」的標出性。

在性關係上，史前人亂交混居為正項，性關係固定是標出的，偶然的；此後文化採用各種婚姻改造性關係；從走婚，對峙婚，最後變成一夫一妻家庭制度，而婚外婚前或同性性關係則帶上強烈的道德標出性，成為次文化；而到性關係容忍度越來越高的當代，婚前婚外性活動標出性在漸漸降低，似乎在進入半正常。

甚至，符號活動本身也會地位翻轉。博多利亞認為：符號雖然一直存在於人類文化中，在傳統社會中，符號是禁忌之物、象徵之物，數量稀少而穩定，總是與權力結合在一起，神聖而不能隨便使用。而在工業革命之後，隨著專制社會的崩塌，符號也被大量使用而機械複製，形成現在符號與物的新關係：符號幾乎要把物淹沒，或者把物世界變成符號世界。把物資源投入非生產性使用，在古代是儀式性的，在當今是心理性的，為了滿足自我對符號意義的渴求。[27]符號原來是標出的，現在無符號的「裸物」成為標出。

---

27 喬治・巴塔耶，〈競爭性炫財冬宴中的禮物〉，《物質文化讀本》，孟悅、羅鋼主編，北京大學出版社，2008 年，2 頁。

5.中項問題

非標出項因為被文化視為「正常」，才獲得為中項代言的意義權力；反過來說也是對的：正是因為非標出項能為中項代言，才被認為是「正常」：中項是各種文化標出關係的最緊要問題。

例如，善與惡之間總有大片的中項區（人、行為、或概念）既非善又非惡：一個文化中至善與至惡，全善與全惡終究是少數。當中項認同善，以惡為恥而不為，這個社會就趨向穩定，所謂「穩定」，就是中項認同正項；反之，社會趨向動亂。

這裏討論的不是道德問題，善與惡的定義從來變動不居，社會動盪可能把正項與異項位置翻轉，一旦翻轉，新的正項完全有資格稱自己為「善」，道德只是與人類歷史的某個階段相關。這裏討論的只是中項的認同取向問題：要維持一個文化中的意義秩序，消滅「惡」，在定義上就不可能，要的只是把「惡」明確標出為異項，以標出來控制其發生頻率，也就是阻遏中項認同「惡」：社會大多數因為恐懼被標出而趨向「善」。錢鍾書引《朱子語錄》：「善、惡雖相對，當分賓主；天理、人慾雖分派，必省宗孽」。[28]因此，「惡」絕對是「惡」，而且必為「賓」，變化的只是何者為「惡」：朱熹認為「人慾」為「孽」；而當代社會消費社會，一旦「無慾」，就會停轉，「惡」的標準不能不與朱熹不同。

對立的概念中的一項爭奪到攜帶中項的意義權力，就確立了正項地位，這是文化時時在進行的符號意義權力鬥爭。**任何兩元對立文化範疇，都落在正項／異項／中項三個範疇之間的動力性關係**

---

28 錢鍾書〈管錐編〉，《老子王弼注》二，北京：三聯書店，2007 年，第一卷，648 頁。

中。如正常／異常、智／愚、賢／不肖、健康／病態、清醒／瘋狂、主流／邊緣、開化／化外等等，由於中項的介入和易邊，都處於動態變化之中。

中項趨向善，不是倫理價值觀，而是文化符號的意義解釋：關鍵問題並不在於一個人做了什麼行為，而在於文化如何解釋並命名這個行為，從而使中項惡其名而避之。《水經注・誅水》：「孔子至於暮而不宿，於盜泉渴矣而不飲，惡其名也。」為了能包容中項，非標出項不得不降低標準：把大善留給聖人，把大惡留給魔鬼，而把一般人的道德標準則降到較低水平，這才能讓中項覺得自己是正常的：自己的小善即善，自己的小惡也不至於落入惡。

同樣，衡量病態與瘋狂的標準，必須維持在一定的水準，不然社會大多數人，或大多數行為，都表現為病態或瘋狂。此時文化就很難「自覺」為正常，病態與瘋狂反而無法標出成異項。因此，病態與瘋狂是被打上標出性烙印的範疇，因時因地因不同文化而異，而不是絕對的科學判斷。傅柯說：「人們在監禁他們鄰人的至高理性的活動中，通過非瘋狂的無情的語言相互交流、相互確認」。[29]

傅柯的用詞非常切合本章的討論：排除異類的同時，我們用「非瘋狂」的一套正項標準，來相互確認我們是非瘋狂的正常人。這個問題，自從傅柯對現代「科學觀」的批判之後，已經廣為人知。但是用標出性學說來看：一個文明社會固然必須標出病態與瘋狂，但是也必須把標準降到一定程度，這才能讓中項，即不免略有點瘋傻的你我絕大多數人，偏向非標出主流。

傅柯還說：歷史上有一個時期是「瘋狂零度」，「從這個起點開始，理性和瘋狂被確定為彼此外在，互不交流，莫不相干的東西」。[30]前文

---

[29] 《瘋狂與非理性：古典時代的瘋狂史・前言》，《傅柯集》，杜小真編，上海：遠東出版社，1998 年，1 頁。

[30] 同上，1 頁。

明中的人類沒有瘋狂這個概念，但是前文明也沒有符號，人類的符號活動一開始，就用來標出異端。

對於政治家來說，所謂「團結大多數，孤立一小撮」的策略，似乎是本能。1957 年規定各單位右派分子的比例是百分之五，「積極分子」也是少數，大部分人是「革命群眾」。而文革中的不少運動，例如 1966 至 1967 年的「打倒走資本主義道路的當權派」，1969 至 1970 年的「揪 516 分子運動」，之所以進行不下去，除了文革的根本原則錯誤，策略上是標出性標準過低。一旦「反動」異項過大，中項對主項的認同感就減弱到危機程度。

雅柯布森回答特魯別茨柯伊的信時，已經敏感地觀察到政治中有標出性：「如今蘇聯報刊常出現的一條口號：『所有不與我們站在一起的人都是反對我們的』，而過去他們經常說『所有不反對我們的人都是與我們站在一起的』」。雅柯布森看到：三〇年代初史達林對政治中立者策略的變化，是改變了標出方式。史達林把中項推到對面，實際上在降低標出性的標準，也就是擴大異項範圍。[31]這種符號方式變易，不久就引向災難性的肅反擴大化。

中項站位的決定意義，可以從最不穩定的富／窮二元對立看出來。富裕與貧窮的界定永遠是相對的，但是極富或極貧總是少數，兩極之間永遠存在大片不窮不富的中項。「為中項代言」（不管是「替天行道」，還是「為多數人利益服務」）則是權力行為的關鍵。政府的財政行為，很大程度上是調節中項範疇的意義行為。當中項認同貧窮時，富人被標出，權力從富裕一端收取財富（「劫富濟貧」），以平衡中項的仇富心理；當中項認同富裕時，（例如「共同奔小康」時），窮人被標出，權力的功能主要在救窮濟貧。

---

[31] Roman Jakobson (ed) *N, S, Trubetzkoy's Letters and Notes,* The Hague: Mouton, 1975, p 132.

　　穩固中項對正項的認同，對文化研究極其有用，一個例子是電視傳播研究的所謂伯格納涵化理論（Cultivation Theory，又譯成「培養理論」或「教養理論」）。1967 年，伯格納開始電視內容的「文化取向」研究：由於電視圖像的現場性，受眾對媒體的依賴性越來越強。電視成為現代社會的「文化指標」（cultural indicators），大眾傳播實際上在於文化自身溝通，以維繫文化內一致的價值觀。[32]

　　儘管每個人的審美，信念，價值觀都不盡相同，但是常看電視，就漸漸與電視上呈現的「主流意見」相認同，伯格納稱之為「主流效果」，涵化效果就越來越大。因此，媒介最主要的效果並非在改變受眾，而是使觀眾認同既有的價值規範：電視的秘密，不是使受眾觀點變化，而是讓受眾不發生變化：中項價值觀穩定，社會就穩定。

　　以上討論的問題，一向被認為屬於經濟或政治領域。本書試圖把它們當作文化符號學的意義問題：政治標出異項，把排除標出性的意義社群組織成「社會主流」。文化的非標出項其意義不能自我維持，需要依靠中項的支持，本質上很不穩定：中項一旦易邊，標出性就翻轉到二元對立範疇的另一邊。

　　《戰國策・趙策二》：「昔舜舞有苗，而禹袒入裸國」，有苗之舞，裸國之裸，都是與當時已經成為主流的華夏文明對峙的異項，而聖人對標出的異項表示尊重。從中可以看出中華文明剛開始不久，古人對標出性已經有非常成熟的政治理解。**必須劃出少數異類、必須邊緣化異類、必須容忍異類——這是文化對標出性的「三個必須」**，三個必須都是廣義的政治行為。由此，人類文化從一開始起，就充滿了關於標出性的意義政治。博多利亞認為：所有的真理都可以按照它們所由產生的模型在普遍循環中進行交換。「不外乎用想像證明

---

32 George Gerbner, "Toward 'Cultural Indicators': The Analysis of Mass Mediated Public Message Systems", *Communication Review,* Summer 1969, pp 137-48.

真實，用醜聞證明真理，用僭越證明法律，用罷工證明工作，用危機證明系統，用革命證明資本。」因此「水門事件首先成功地讓人們認識到這個事件是一個醜聞。「對醜聞的批評總是能夠形成對法律的致敬」。[33]

但是社會中項，對跟隨正項來排斥異項，有一種愧疚，這表現在一系列社會符號行為上。例如儀禮上的「女士優先」；例如節日安排：有婦女節而沒有男人節，有護士節而沒有醫生節，有勞動節而沒有經理節，有教師節而沒有公務員節，有情人節而無已婚者節，有母親節父親節兒童節卻沒有成年人節。許多民族不約而同作如此安排，可見各種文化對標出項共同的心態。

可以看出，文化與語言相比，語言的標出性往往比較穩定，在歷史上很少變動，而文化的標出性變化較多。文化範疇的符號學特點，本來就相當不穩定，原因是中項的站位會變動。伊格爾頓曾經注意到：「在轉換（transformation）這個觀念中存在一個悖論：如果一個轉換足夠深刻，它就可能把轉換的標準一起轉換掉，因此使轉換看起來不可理解。」[34]標出項的翻轉，來自中項標準的翻轉，也就是社會文化元語言的變遷。這就是為什麼我們現在怎麼也無法理解，我們的祖先竟然長達一千年之久認為女人裹小腳才是正常。中項的站位一旦變動，原先非標出性的標準，就不再是理所當然，甚至變得不可理解。

[33] Jean Baudrillard, *Selected Writings,* Palo Alto: Stanford University Press, 1998, pp 176-180.
[34] Terry Eagleton, *Figures of Dissent*, London: Verso, 2003, p 246.

第十四章　藝術符號學

1.藝術難以定義

　　藝術是人類創造的最不可思議的一類符號。人類的技術和物質進步，有目共睹。但是藝術符號（包括建築的藝術性成分）的巨大累積，才是最驚人的，這是人類文化的一大特徵，藝術是「為符號而符號」的無用之物，卻是最「人性」的符號，成為人類文化最引人注目的活動。

　　但是，至今學界對什麼是藝術，莫衷一是。不是說藝術無定義，恰恰相反，藝術的定義太多。但是所有這些定義，都會對已經公認的藝術現象無法解釋，落入以偏概全，定義失效。為藝術找定義，似乎是一件徒勞無益的工作。美學在當代哲學中的地位下降（在中國是個例外，美學一枝獨秀），很大程度上是由於藝術成了難以定義之物。維根斯坦的名言：「對於不可言說之物，應保持沉默」，[1] 他指的不可言說之物，至少其中之一是藝術。

　　悖論的是，在實際生活中，什麼是藝術卻「一目了然」，無需定義：我們看到一幅畫，或看到一臺表演，參觀一個展覽，馬上認出是藝術，也能討論面對的文本「是否有藝術性」。可是一旦被問：這

---

[1]　Ludwig Wittgenstein, *Tractus Logico-Philosophicus*, London: Routledge, 2001, p 89.

些被稱為藝術的事物，有什麼共同點？究竟為什麼它們被稱為藝術？大多數人肯定語塞，連藝術專家也莫衷一是。

尤其是二十世紀以來，先鋒藝術衝破了各種關於藝術的範疇規定，藝術的範圍本身在不斷擴展，出現了許多從傳統觀念肯定被認為不是藝術的藝術種類。馬塞爾・杜尚（Marcel Duchamps）把小便池送進展覽館，從而有「實物藝術」（objet trouvé）；約翰・凱奇（John Cage）演出《4 分 33 秒》，而有行為藝術（雖然凱奇本人認為這是音樂）；羅伯特・巴里（Robert Barry）在牆上塗鴉，而有裝置藝術。[2]新的藝術體裁一波比一波更令人瞠目結舌。此後各種藝術實驗一再創造新樣式，對藝術作定義，看來徒勞無益。

但是，二十世紀末的重大文化演變，即社會生活「泛藝術化」，迫使我們再也無法躲開藝術的定義問題。欲面對文化現狀，檢討當前文化局面，預測文化的發展，定義藝術就成了必須處理的事，哪怕不可為，也不得不為。

符號學不是解決所有意義難題的萬靈藥方，但是符號學的簡約化本質，或許能把複雜的問題理出一個頭緒。尤其是，我們現在不得不重新理解藝術，主要是由於當代文化發展的壓力，而不一定是滿足理論要求。符號學是文化研究的專用武器，從符號學角度定義藝術，是值得一做的事。

本章將簡單回顧歷代思想家所做的努力，從「美學」這個詞遠遠尚未創立之前，一直到當代哲學家的複雜討論。總結了前人努力，筆者才能提出自己的看法。

歷代學者對藝術的定義，可以歸為四類：功能論、表現論、形式論、體制－歷史論。第一種**功能論**（functionalism）是最明白的，

2　這幅作品就是在牆上塗的詞句：*All Things I Know But of Which I Am Not at the Moment Thinking, 1:36, June 15, 1969*，「我全明白但這刻兒全不想的一切，1969 年 6 月 15 日下午 1 點 36 分」。

這一派有時被稱為實用論，或工具論：藝術在我們的文化中執行某種功能，最簡單的功能，是說藝術提供「教益與愉悅」的工具；最抽象的說法，是說藝術提供「美學價值」（aesthetic value）。藝術品就是「美的事物」或「引發美感之物」，美是相當主觀的，每個人的「美感」完全可以不一樣，藝術卻應當是一個文化中的人大致上同意的範疇。況且，一件藝術品有可能不產生美感，甚至相反，產生醜的感覺。正因為這個抵牾，某些學者提出藝術可以「審醜」：醜即是產生不愉快反應的文本的品質。[3]

功能論派在二十世紀代表之一，是藝術哲學家孟羅・比爾茲萊，他與著名的新批評理論家維姆薩特合作，在四〇年代末五〇年代初把新批評推上最鼎盛時期，五〇年代成為美國美學學會會長。一直到八〇年代他始終堅持美學的「工具主義」立場。上文說過，比爾茲萊為了把他的立場說通，甘願冒被嘲笑為「落伍」的危險，否認杜尚的小便池（以及「現成品」藝術）是藝術品。[4]

在二十世紀依然流行的功能論，是「愉悅說」。[5]實際上藝術經常不給人快樂：畢卡索《格爾尼卡》讓人恐懼，蒙克的《尖叫》讓人悚然，摩爾的電影《天魔》（The Omen）讓人恐怖，塔倫提諾的電影《霸道橫行》（Reservoir Dog）讓人噁心。但我們不能否認它們是藝術品，而且還是相當傑出的藝術品。從藝術應當產生的功能效果來定義藝術，是不容易的事。

---

[3] Lucius Garvin, "The Problem of Ugliness in Art", *Philosophical Review*, 1948, p 404.

[4] Monroe Beardsley, *The Aesthetic Point of View*, Ithaca: Cornell Univ Press, 1982, p 34.

[5] 艾布拉姆斯〈批評理論的類型與取向〉一文，指出開始詩歌實用說應當是賀拉斯的《詩藝》，賀拉斯把「教益」與「愉悅」列為詩歌的兩大目的。見艾布拉姆斯《以文行事》南京大學出版社，2010 年，7 頁。

　　莫里斯的行為主義符號學，與功能論頗為相近。他認為藝術品的最大特點是像似性與價值的結合，因此他把藝術符號定義為「對象是價值的像似符號」。[6]應當說，符號都有認知價值：一個交通標記（例如標牌上畫了曲線，「前面有急彎」）絕對有認知價值，但顯然不是藝術。如果這個交通標記，因為某個特殊原因（例如曾是某名勝地的路標），其意指不再有認知價值（不再作為路標），此時反而可能成為可供收藏的藝術品。無用才成為藝術，這點下文會討論。

　　第二種藝術的傳統定義是**表現論**（expressivism）。「情感說」是表現論中最古老的：《荀子》中說「夫樂者，樂也，人情之所必不免也」；《尚書》說的「詩言志」一直被解釋為「情動為志」（孔穎達《春秋左傳正義》）；《禮記‧樂記》強調音樂是「由人心生也」，「人情之所不能免也」；一直到清代袁枚，依然強調「詩者，認知情性也」。

　　柏拉圖《理想國》雖然認為情感是人心「知，情，意」中較低的一級，但是他把詩歌定義為「詩人表達自己的情感」；[7]到現代，康德認為藝術的基本特徵就是表達感情，托爾斯泰也作如是觀。這種說法一直延續到二十世紀：瑞恰慈認為詩歌語言不同於科學語言，是因為「情感地使用語言」；[8]朗格的藝術符號美學，把藝術定義為情感的表現，她只是強調「藝術家表現的不是他自己的真實感情，而是他認識到的人類情感」，不管表現的是誰的感情，依然是「情感說」。[9]

---

[6]　Charles Morris, "Esthetics and Theory of Signs", *Writings on General Theory of Signs,* The Hague: Mouton, 1971, p 412.

[7]　柏拉圖《理想國》吳獻書譯，北京：商務印書館，1957 年，第三卷，56 頁。

[8]　I, A, Richards, *Principles of Literary Criticism*, London：Routledge, 2001, p 267.

[9]　M, H, 艾布拉姆斯，〈批評理論的類型與取向〉一文，指出詩歌「表現說」的肇始者應當是朗基努斯的《論崇高》，他認為詩歌是表現「強烈而充滿靈感的激情」。後世堅持詩歌激情說的人，比其他學說的人都多，從卡萊爾、華茲華斯、密爾，一直到現代。見 M, H, 艾布拉姆斯《以文行事》，趙毅衡，

經過二十世紀學界的論辯，現在已經不必再對情感說詳加反駁了。情感在許多符號表意（例如吵架）中出現，遠遠不是藝術的排他性特徵，相反，藝術並不一定表現感情。蘭色姆批評瑞恰慈立場時指出，表達感情無法作為藝術定義：「沒有任何講述可以毫無興趣或感情」。[10]瑞恰慈自己也說「言說者不想獲得感情反應的情況，是很少見的」。[11]自從艾略特提出「詩是逃避感情」[12]之說，藝術不能定義為感情的表露，已經得到公認。其實不只是感情，藝術遠遠不是表現任何東西的有效形式，美學家弗萊一針見血地指出：「到畫展尋找表現純是徒勞」。[13]

第三種觀點，比較「現代」，是**形式論（formalism）**。形式論最早的提法，是認為藝術的形式特徵是「形象思維」，這早在浪漫主義時期就很盛行。形象思維這個詞，在西語中為 imagination，與「想像」為同一詞，因此在西語中問題更為複雜一些。文學的形象思維－想像論，在俄國的別林斯基，英國的柯勒律治那裏得到了最熱烈的擁護。二十世紀藝術理論，首先挑戰這個觀念。俄國形式主義學派的領袖什克洛夫斯基認為形象是不同時代詩歌中最少變化的部分。[14]莫斯科語言學小組中傾向於現象學的施佩特（Gustav Shpet）認為讀詩時，「努力去感受形象會導致錯誤理解」。[15]符號學創始者

周勁松譯，南京大學出版社，2010 年，10-16 頁。
[10] Morton Dauwen Zabel (ed) *Literary Opinion in America,* New York: Harper and Brothers, 1951, p 641.
[11] I,A, Richards, *Principles of Literary Criticism*, London & New York:Routledge, 2001, p 269.
[12] T,S, Eliot, "Tradition and Individual Talent", *Selected Essays,* London: Faber and Faber, 1932, p 8.
[13] Roger Eliot Fry, *Vision and Design*, New York: Dover Publications, 1998, p 294.
[14] 什克洛夫斯基，〈作為手法的藝術〉，《俄國形式主義文論選》北京：三聯書店，1989 年，3 頁。
[15] Galin Tihanov, *Gustav Shpet's Contribution to Philosophy and Cultural Theory*,

皮爾斯看來，形象（image）是符號的一大類別，因此不是藝術的定義性特徵。符號美學家班森認為藝術品的定義是：「指示性現實之像似或然性」（iconic probability of the indexical reality）。[16]這個拗口的定義過於賣弄術語，是說藝術形象並不表達意義的全部，而只是對世界作一種可能的提示。

經過十九世紀下半旗的唯美主義藝術潮流，服膺藝術自足論的理論家多了起來，而只有歸結為形式，藝術才能自足。二十世紀的美學家很多人提出各種形式論，其中最為人所知的是克萊夫·貝爾與羅傑·弗萊的「有意味的形式」（significant form）之論：「藝術品中必定存在著某種特性：離開它，藝術品就不能作為藝術品而存在；有了它，任何作品至少不會一點價值也沒有。」[17]但是這個觀點只是指出為藝術下定義的方向，卻沒有真正指出藝術的標準。

瑞恰慈從另外一個方向尋找美的形式：1922 年他的《美學原理》一書，卷首題解用朱熹語：「不偏之謂中，不易之謂庸，庸者天下之定理」。他依此為立論理據，分析了十多家關於美的定義，認為都不能滿意，他認為美的確切定義，應當是符合中庸之道的「綜感」（synaesthesis）：對抗的衝動所維持的不是兩種思維狀態，而是一種」。[18]這個說法讓中國人非常高興，但作為藝術的共同定義，可能太寬鬆了：衝突的融合是許多符號文本的特徵，不一定都是藝術。

West Lafayette: Purdue Univ Press, 2009, p, 64.

[16] 轉引自 Winfred Nöth, *Handbook of Semiotics,* Bloomington: Indiana Univ Press, 1990, p 424.

[17] 克萊夫·貝爾：《藝術》，北京：中國文藝聯合出版公司，1984 年，第 4 頁。

[18] I A Richards et al, *The Foundations of Aesthetics*, London: Allen & Unwin, 1922, p 3.

2.體制－歷史論，開放概念

第四種觀點為體制論（institutionalism），把藝術看成一種文化體制。藝術哲學家丹圖與 1964 年提出「藝術世界」（artworld）理論：藝術世界是社會的「文化－經濟網路」，是社會的「職業體系」（system of professions）。屬於藝術世界的人提供「可操作的藝術理論，讓參與者可以用來區分藝術與非藝術」。[19]「藝術世界」公認一件作品是藝術，它就是藝術。

這種見解過分精英主義，布迪厄就是指責「場地上的玩家」擁有符號資本。因此，美學家迪基修整這個觀念：「每個自認為是藝術世界成員的人就是藝術世界成員」。[20]事實上，每個人都有發言權，卻遠非同等發言權。在當代藝術生活中真正實行的體制論，是「藝術行家」確定某個東西是藝術，我們也就同意它就是藝術。但是藝術行家經常意見不一致，就只有等藝術權威能壓服大多數不同意見者時，藝術的標準就出現了。例如上世紀五〇年代克萊門特·格林伯格（Clement Greenberg）努力說服藝術界「抽象表現主義」是偉大的藝術，果然他勝利了：波洛克等人成為美國美術主流。[21]而在學界四分五裂的後現代，這個「藝術界共識」，已經變成掌握藝術話語權的人說了算。奧斯伯恩主張：「藝術是適宜維繫經過適當訓練和準備的觀察者之審美沉思的客體」，[22]轉了幾個彎，說的還是這意思。

---

[19] Arthur Danto, "The Artworld", *The Journal of Philosophy*, No 19, 1964, pp 571-584.

[20] George Dickie, *Art and Value*, Oxford: Blackwell, 2001, p 45.

[21] Clement Greenberg, "After Abstract Expressionism", *Collected Essays and Criticism*, Chicago: Univ of Chicago Press, 1986, Vol IV, p 124.

[22] Harold Osborne, *Asthetics and Art Theory: A Historical Introduction,* London: Longmans, 1968, pp 10-11.

　　與之相類似的定義是，「藝術是藝術家的創作」。換了措辭，問題相同：誰權分封藝術家桂冠。顯然，這是違反了文化民主潮流，是「舊式觀念」，很少有人願意接受。當代美術評獎委員都是權威，決議卻經常招人嘲笑。朱青生有妙語云「沒有人是藝術家，沒有人不是藝術家」。[23] 符號發出者的人格身份，不可能定位藝術。連被藝術體制捧紅的人，也知道這一點：畢卡索說，「博物館只是一堆謊言」。[24]

　　與體制論進路相類似的，是歷史論（historicism），從這個方向定義藝術的學者，近年增多。丹圖在八〇年代提出藝術四條定義，比「藝術世界」論全面多了，其中第四條對體制論作出一個重要的推進：「藝術品的解釋要求一個藝術史語境」：文化傳統決定的體裁歸屬，是藝術的最主要的條件。[25] 本書第五、第六章已經討論過，體裁對符號意義有決定性作用：任何體裁都需要該體裁的文化歷史傳統支持，藝術作品更是如此。

　　說藝術是具有某種品格的文本，最終要靠是社會接受。而社會接受靠歷史。哪怕權威們說話，也需要根據。由此，丹圖把體制論與歷史論合成一個理論，即**歷史－體制論**。這個定義依然有幾個困難：一是無法對付藝術的一個關鍵性品質，即創新；二是其文化背景依賴：它可能在同一文化中有效。異文化的藝術，無法靠「藝術史語境」來判別。

　　上述四種方向，都無法圓滿定義藝術，關於藝術定義的討論實際上陷於僵局。因此有不少人認為藝術根本不可定義，從而提出**開**

23　朱青生，《沒有人是藝術家，也沒有人不是藝術家》，北京：商務印書館，2000 年。

24　轉引自約翰・凱里《藝術有什麼用？》譯林出版社，2007 年，6 頁。

25　Arthur Danto, *The Transfiguration of the Commonplace*, Cambridge Mass: Harvard Univ Press, 1981, p 67.

放概念（open concept）說。最早明確提出藝術開放概念的是韋茨，他應用維根斯坦的「家族相似理論」來打開封閉定義，這一派被稱為「分析美學」。[26]布洛克等人在七〇年代末進一步提出：藝術的定義只能是一個「開放概念」。[27]因為藝術的本質就是挑戰程式，就是顛覆現有規範。一旦藝術有定義，這個定義就在邀請藝術家來衝破自己：藝術的定義就是反對定義，藝術本質上反定義。

藝術哲學家萊文森，提出藝術作品應當分成兩種，一種屬於藝術的體制化體裁，例如歌劇、美術，哪怕是劣作，是否屬於藝術卻無可爭議。另一類是「邊緣例子」（borderline case），它們被看成藝術，是由於它們「鄭重地要求用先有藝術品被看待的相同方式來看待它」，[28]也就是說它與已經被認定的藝術品有一定的關聯。「邊緣開放」論，是機動的「體制－歷史論」，允許藝術既在傳統與體制之中，又有發展出邊界的可能，它實際上是承認意圖意義、文本意義、解釋意義都應當考慮：體制範疇，歸因於文本品質，它們屬於「藝術體裁」；「邊緣例子」是否為藝術，歸於解釋：接收者用藝術方式解釋之，才成為藝術。

開放概念論，的確擊中藝術的本質要害，而且與體制－歷史論並不互相取消：藝術史延續到當今時代，必須打開自身才能進行下去。開放概念，是在藝術的體制－歷史基礎上開放，是承認藝術衝破自身藩籬的傾向本身就是藝術性的。

開放概念原就是符號學對任何概念範疇的態度，它讓體裁在文化規定性的約束力，與衝破規定性的開創性之間取得一個協調，也

---

[26] Morris Weitz, "The Role of Theory in Aesthetics", *Journal of Aesthetics and Art Criticism,* No 15, 1956, pp 27-35.

[27] 見 H, Gene Blocker, *Contemporary Philosophy of Art: Readings in Analytical Aesthetics,* New York: Charles Scribner's Sons, 1979.

[28] Jorrold Levinson, *Music, Art, and Metaphysics*, Ithaca: Cornell Univ Press, 1990, p 8.

就是讓型文本與文本之間得到一個動態平衡。**所有體裁都需要把自己的邊界打開，以打開定義作為定義的一部分**。例如檔案（什麼樣的記錄是應該保存的），例如歷史（什麼樣的時間間隔可以成為歷史），再例如文學、遊戲、廣告，甚至信仰等等：任何範疇都不得不在開放中保持體裁本身的有效性，體裁本是文化對文本方式的契約，在文化劇變的時代，只能是動態的。

　　開放概念，也是符號學自身的思維方式：皮爾斯認為符號的認識，是一個不斷「試推」的過程，是以否定為基礎的推演。[29]循開放概念的方向，來定義不可定義之物，只能用否定方式，也就是討論「藝術不是什麼」。本章看看能不能從符號學原理出發，用試推法，弄清藝術究竟不是什麼，然後看看藝術是什麼。

3.藝術作為非自然符號

　　藝術品不是自然之物，而是本書第一章第三節討論「物－符號」時所說的人工製造的純符號。藝術有一種人工性，西語 art 的定義就是「與天然相對的人工技巧或技藝」[30]。漢語的「藝術」本意也是如此：「藝」字原意為種植，甲骨文字形左上是「木」，表植物；右邊是人用雙手操作；而「術」字，《說文解字》釋為「邑中道也」，指的是「路徑」或「手段」，引申為技能，技藝，技術。中西文原義相同，都是人工製造。只是西語此詞至今有「人工」之義，而中文

---

[29] Thomas A Sebeok and Jean Umiker-Sebeok, You Know My Method': A Juxtaposition of Charles S Peirce and Sherlock Holmes, In *Dupin, Holmes, Peirce, The Sign of Three*, (eds) Umberto Eco and Thomes A Sebeok, Bloomington: Univ of Indiana Press, 1983, p 19.

[30] Concise Oxford Dictionary 對 art 的定義：Human skill or workmanship as opposed to nature.

「藝術」此義從字面上消失，所以西文著作不必強調藝術的「人造性」，而在漢語中討論藝術，不得不化筆墨強調。

這說法馬上會面臨挑戰：自然物經常被看成藝術，自然物或自然事件經常被解釋成有藝術意義，峻險的山嶺，晚霞的雲彩，美的人體，我們往往稱之為「造化的神工鬼斧」。這是一種比喻：把創造自然的神，把地質或生物演變史，比喻為有意圖的藝術家。

但是純粹的天然物，不是藝術，只有一個辦法能把自然物變成藝術品，那就是**藝術展示**：一個樹根、一塊奇石不是藝術，展示者加上了意圖意義，就成了人工製造的藝術品；人體絕大部分情況下不是藝術，只有「當作藝術品」展示，才成為藝術；張家界的山嶺，在觀景展示中，成了藝術。一旦展示，這些物品已經不是一件純然天然物，而是一件加入了藝術意圖的物品。

作為人工製造的符號文本，藝術必定要攜帶一定的藝術意圖意義。猩猩或大象的塗抹，哪怕文本與某些藝術家創作一樣，他們並沒有藝術創作的意圖，很多人也拒絕承認他們的「作品」是藝術。[31]它們靠「作為藝術品展示」帶上藝術意圖，而一旦如此展示，果然獲得了足夠的元語言壓力，讓它們被當做藝術品看待。而一旦被當做藝術文本，用萊文森的話，它們就「鄭重地要求用先有藝術品被看待的相同方式來看待它」， 接收者就會用對藝術的期待來解讀它們。這就是本書第六章第二節說的「型文本」壓力。

丹圖認為意圖非常重要，因為一件藝術品「必須理據其預期意義是否被體現，來考慮它成功還是失敗」。[32]但是必須看到，藝術展示，而不是創作，才是決定藝術意圖的定位：藝術家的意圖，不能

---

31 據 BBC News，2005 年 6 月 20 日在倫敦的美術拍賣會上，猩猩「剛果」的三幅畫賣出 12000 英鎊。

32 Arthur Danto, *After the End of Art: Contemporary Art and the Pale of History*, Princeton, NJ: Princeton Univ Press, 1997, 90.

保證藝術品的出現。[33]藝術展示是一個社會性符號行為：畫廊、經紀人、藝術節組織者等，都參加構建這個意圖，他們邀請觀者把展品當做藝術品來觀看。展示才能把「藝術意圖」強加在符號的發送與接收之間，面對這個展示，接收就不是純粹關照，借用阿爾都塞的觀念：觀者被文化體制「詢喚」（interpellated）到藝術接收者地位上來。藝術展示是一種伴隨文本，它啟動了社會文化的體制，把作品置於藝術世界的意義網路之中。

展示「定位」，就是與文化的藝術體制相接。展示，也就是用一整套伴隨文本，迫使接收者朝藝術的方向解釋它，把它成為藝術品，藝術家是其作品被展現為藝術品的人。一旦意圖意義與解釋意義統一，藝術品就無疑是藝術品，文本是否足夠「藝術」，倒是比較次要的事，伴隨文本迫使藝術性進入解釋，比文本還重要。

4.藝術符號的非實用意義

藝術無用途，這個問題康德早就闡明，至今沒有受到足以推翻此說的挑戰。但是藝術品是一個符號文本，本書第一章已經仔細討論過，在任何符號中，物的使用功能，符號的實用表意功能，二者混雜，構成一個二聯體。如果它獲得了符號的藝術表意功能，就構成一個**「物－實用表意符號－藝術表意符號」**三聯體。本書第一章第三節已提及，卻沒有來得及仔細討論「藝術表意」究竟是什麼。

二聯體「物－符號」，有使用功能部分和表意部分。一雙筷子可以有使用功能，用來取食，也可以是實用表意符號，例如表示「中國風格」、「中國習俗」，甚至「中國性」。這個「物－符號」傾向哪一邊，要看接收語境而定。在紐約巴黎，西方人拿起筷子，

---

[33] 布洛克，《現代藝術哲學》，成都，四川人民出版社，1998 年。

很可能有欣賞中國文化的意義；在中國用筷子，可能只剩物的使用性。

三聯體「物－符號－藝術」，由三個部分構成：使用功能部分，實用表意部分，藝術表意部分。藝術表意的部分，離使用功能更遠：一雙筷子，可以製作精美，依然能夠用來取食。但是一雙精美的筷子鑲在鏡框裏，掛在牆上「展示」，此時藝術品格成為主要成分，筷子就成為藝術品。

對同一件「物－符號－藝術」三聯體（例如這雙筷子），其蘊涵的物使用功能、實用表意功能、藝術表意功能，三者成反比例：前項大，後項就小。作為表意符號，使用功能趨小，當筷子成為純藝術，前面兩項都趨於消失。藝術價值，必須是超出使用性與實用意義價值的部分。古物和古建築，原先作為實用物而生產出來，隨著年代久遠，使用性越來越小。越古老就越不可能作為器皿來使用，但是越古老越貴重，「實用表意性」的增長很明顯，而藝術性不一定隨著年代而增長。古董經常讓人覺得很「藝術」，哪怕是一個製造粗糙的陶碗，其實這是「無用性」增大到一定程度後，給人的幻覺。

藝術品，是人工生產的「純符號」，例如紋章、偶像，例如文學藝術，它們不太可能（但是並非絕對不可能，如第一章第四節關於「物化」的討論）當做「物品」來使用，而只能作為表意符號，但是它們表達的意義中，只有一部分是藝術意義。一首詩、一首歌、一幅畫，都屬於文化體制規定的藝術核心體裁，但是它們也可以有「實用表意價值」。《論語・陽貨》：「子曰：『小子，何莫學夫《詩》？《詩》可以興，可以觀，可以群，可以怨；邇之事父，遠之事君；多識於鳥獸草木之名。』」《集解》引鄭玄注：「觀風俗之盛衰。」朱熹注：「考見得失。」《詩經》的確有民俗或教育意義。所有這些意義，哪怕是感情意義（「可以怨」），都是「實用符號表意」。這不是藝術意義，《詩經》的藝術意義，在「興觀群怨」之外。

　　音樂常用來表達實用符號意義。《論語・陽貨》:「禮云禮云，玉帛云乎哉？樂云樂云，鐘鼓云乎哉？」孔子認為音樂的藝術形式只是細枝末節，政治教化功能才是它的大端。音樂的「實用表意」處處可見：得金牌時奏國歌，歐盟開會演奏貝多芬《第九交響樂》，此時音樂起儀式性符號表意作用。音樂的純藝術作用，卻在這些符號功能場合之外，在「非功能」語境中才能出現，例如獨處靜心時聽音樂。

　　我們可以以商品為例看到這三層關係：一件衣服，其使用性與其物質組成有關，例如面料質量與加工精緻程度；其符號的實用表意功能，如品牌、格調、時尚、風味、價值；三是藝術表意功能，如美觀、色彩、與體態的配合。這三種功能結合在一件衣服中，要定義藝術，必須分清三者。

　　由此可以得出一些看來奇怪的結論：一件衣服是真名牌還是假名牌，在藝術上是一樣的。價格差別來自物的使用性（質料），更來自實用符號表意（品牌與時尚），而藝術意義部分，則超越價格之上。古董的市場價值，是它的實用表意功能，而不是藝術表意功能。藝術性本身無法標價，因此**藝術無真偽**，也沒有原作與贗品之分。

　　藝術符號文本作為「三聯體」，圖式已經列在第一章第三節。這個三聯關係也可以用以下等式來說明，加括弧表示有此潛在可能，只是暫時被遮蔽：

（1）　物＝使用性（＋實用表意功能＋藝術表意功能）
（2）　實用符號＝（使用性＋）實用表意功能（＋藝術表意功能）
（3）　藝術符號＝（使用性＋實用表意功能＋）藝術表意功能

5.藝術意指的非外延性

　　本書第四章第四節，對符號「跳過對象」直接導致解釋項的
現象，已作詳論，這種情況，以藝術符號最為明顯。各種藝術符
號多多少少避開了直指表現對象，例如藝術電影（非紀錄片）中
的災難、颶風、地震、火山爆發、外星人入侵，因為是藝術，無
外延無所指而「不真實」，觀眾早就學會如何保持「意義距離」。
一旦放在新聞聯播中，就有具體所指，就會引發大規模恐慌。故
事片中的血腥場面，格鬥殘殺場面，色情場面，性偏離場面，顯
然都不能出現於新聞轉播，其原因是體裁的接收程式：藝術符號
把指稱對象推開，與實用意義保持距離，也就獲得了一定的表現
自由度。

　　對藝術符號的「跳過對象」機制，錢鍾書在《管錐編‧毛詩正
義二六》論卷中做了一個精彩的解說。錢鍾書借《史記‧商君列傳》，
建議稱藝術文本為「貌言」，「華言」。[34]藝術符號的指稱只是一個虛
假姿勢，一個存而不論的功能。由此，藝術顛覆了符號表意的三元
關係：表意過程越過了「所指之事物」，直接指向「思想或提示」，
這才使藝術特別自由，意義也特別豐富。

　　瑞恰慈稱這樣「無指稱的詩歌語言」為「non-referential
pseudo-statement」，錢鍾書譯此語為「羌無實指之假充陳述」；茵伽
頓（Roman Ingarten）稱為「Quasi-Urteile」，奧赫曼（Richard Ohmann）
稱之為「quasi-speechact」，錢鍾書譯為「貌似斷語」。[35]但是錢鍾書
認為《關尹子》中的說法，更生動地說明了這種藝術表意特徵：「比

---

[34] 錢鍾書〈管錐編〉，《毛詩正義》，北京：三聯書店，2007 年，第一卷，166 頁。
[35] 同上，168 頁。

如見土牛木馬，雖情存牛馬之名，而心忘牛馬之實」。[36]土牛木馬，是雕塑，一旦觀者「心忘牛馬之實」，就成為藝術。

錢鍾書認為劉勰等人不明白藝術「虛言」，是沒有看懂《孟子》關於「志」和「辭」的討論。錢鍾書沒有明說是《孟子》哪一段，筆者認為是指《孟子‧萬章》篇：「故說詩者，不以文害辭，不以辭害志。以意逆志，是謂得之」。[37]筆者認為孟子說的「文」可以理解為文采，包括「誇飾」，「華言」；而孟子的「辭」是意指實在的語言文字（即我們說的「科學／實用」用語）。[38]孟子說的「文—辭—志」的關係，就是本書第四章第六節所列出的中西論者「三方聯繫」（tri-relative）。也只有如此理解，錢鍾書收結這一討論的話，才讓人明白：「孟子含而未申之意，遂而昭然」。[39]《孟子》是在說「文—辭—志」三者不稱。「文」是文本，「辭」則是指稱，而「志」是解釋意義。藝術跳過了「辭」，解釋者必須「以意逆志」，而不是回到可能不對應的「文」與「辭」。

藝術的這個「跳過指稱」本質，沒有人解釋得如錢鍾書先生那麼清楚。不少符號學家認為藝術意義的本質是沒有所指的能指：巴爾特說，文學是「在比賽中擊敗所指，擊敗規律，擊敗父親」；科爾迪說：藝術是「有預謀地殺害所指」。這些話很痛快，但是難道藝術的意義完全被取消了，就只剩下孤零零的形式？

---

[36] 同上，167 頁。

[37] 對這一段，現在一般的解釋是：「不要拘於文字而誤解詞句，也不要拘於詞句而誤解原意」。如此解，「文」與「辭」同義，意思就很淺。另一種說法是「文」指書面文本；「辭」，「辭」從舌，指口頭言語。這樣聽起來，《孟子》是在討論德里達關於書寫與口語斷裂的討論。見景德祥，「德國近代史中的斷裂與延續」，《中國社會科學院院報》2004 年 2 月 17 日。

[38] 「辭」的意義，《荀子‧正名》有解釋：「辭也者，兼異實之名，以論一意也」。注：「說事之言辭。」

[39] 錢鍾書〈管錐編〉，《毛詩正義》，北京：三聯書店，2007 年，第一卷，168 頁。

這些「取消所指」論者沒有看到，藝術是有意義的，只是多少「跳過了」意義的實指部分，直接進入錢鍾書說的「提示」。錢鍾書指出：藝術意義比較特殊，不能「盡信之」，又不能「盡不信之」。[40]不能把「華詞」當做「質言」，但是「知物之偽者，不必去物」。

索緒爾的符號二分法，在這裏極不適用，必須用皮爾斯的三分式。一旦三分，我們就可以看到，藝術表意的特點是對象指稱儘量少，專注於解釋項；外延儘量少，才能讓內涵豐富。用艾略特的名言來說，「詩的『意義』的主要用途……可能是滿足讀者的一種習慣，把他的注意力引開去，使他安靜，這時詩就可以對他發生作用，就像故事中的竊賊總是背著一片好肉對付看家狗」。[41]蘭色姆的比喻可能更合適：詩的「邏輯上連貫的意義」，能起的作用，只是擋路。詩之美就在於「跳過」邏輯意義進行障礙賽跑。[42]

中國古代美術理論，就很關注形似（看得出指稱）與神似（指稱外意義）之間的區別。南朝宋宗炳主張「萬趣融其神思」；東晉顧愷之要求「以形寫神」；這個想法極妙，可惜不為所有的人理解。清代鄒一桂就反駁說：「未有形不似反得其神者。」不能說所有的藝術符號都沒有指稱，畫馬畫牡丹，肯定這幅畫指稱了馬這種動物，牡丹這種植物。但是可以說：藝術符號儘量甩開外延，盡可能與外延保持距離。用常用說法，就是追求神似，不追求形似，甚至形似可以少到消失，藝術符號可以完全沒有對象。

不能把藝術擺脫外延的程度，作為藝術優劣的判斷標準。但是藝術必須有脫離外延的姿態。這就是為什麼藝術學院的寫生，不能

[40] 同上，167 頁。
[41] T,S, Eliot, *Selected Essays 1917-1935,* London: Faber & Baber, 1932, p 125.
[42] John Crowe Ransom, "Criticism as Pure Speculation", (ed) Morton D Zabel: *Literary Opinions in America*, New York: Harper, 1951, p 194.

成為真正的藝術品，而稚拙（不管是民間藝術的無意稚拙，還是大師的有意稚拙）反而成為藝術。

在第八章第四節雅柯布森的符號六因素之中，「自指性」（self-reflectivity），即讓人注意符號自身的形式，被認為是「詩性」（poeticalness），也就是藝術性的標準。[43]但是詩性與指稱性並不是成反比關係，並不是越是無所指，詩性就越強，雅柯布森的看法是：「詩性與元語言性成反比」，他沒有說「詩性與指稱性成反比」，的確是想的很周到。元語言性是意義的解讀，而詩性文本卻正是難以解釋的，不點明意義的。

藝術的特點正是它並不直指對象，它只是提出一種意義的逗弄，一種似乎有意義的姿態，從而大考解釋項的無限衍義之可能。司空圖說：「詩家之景，如藍田日暖，良玉生煙，可望而不可置於眉睫之前」，[44]可望而不可及的原因，正是由於推開符號的直接對象。用朗格比較玄虛的話來說就是「每一件藝術作品，都有脫離塵寰的傾向，他所創造的最直接的效果，是一種離開現實的他性」。[45]

6.當代藝術的標出傾斜

美和藝術，與標出性的關係比較複雜，需要仔細說明。從文化標出性的組成來看，美的感覺有兩種：正項美感、異項美感；藝術也有兩種：正項藝術、異項藝術，這四者之間並不等同。其中關係雖然錯綜複雜，卻有一種大致的對應。

[43] 羅曼・雅克布森〈語言學與詩學〉，趙毅衡編《符號學文學論文集》，天津：百花文藝出版社，2004 年，181 頁。
[44] 司空圖〈與極浦書〉，于民，孫海通編《中國古典美學舉要》，合肥：安徽教育出版社，2000 年，481-482 頁。
[45] 蘇珊・朗格《情感與形式》，中國社會科學出版社，1986 年，58 頁。

　　主項美感，是在人們位於文化正常狀態中所感到的愉悅：大多數文化局面中，非標出性是文化穩定性的一部分。非標出性的主項美感，與「真」、「善」等概念相聯繫，這就是為什麼歷代絕大部分美學家關於美的種種定義，千變萬化，實際上都是在說美是對善的感性經驗，也就是說美是對非標出性的感性體驗。許萊格爾的定義：「美就是對於善的令人愉悅的表現」，後來被引申得很抽象，但是大抵意義沒有變。[46]《辭海》定義美為「味、色、聲、態的好」和「才德或品質的好」，用模糊而普遍的「好」代替「善」，作為主項的非標出性的描述，實際上比美學家們的複雜定義更為精確。

　　正項美感，與語言學家的所謂表意「樂觀假定」（即「波麗安娜假定」Pollyanna Hypothesis）有類似機制：語言學家發現人傾向於「說好話，用好詞」。人們趨向於把愉悅的符號，作為為普遍使用的非標出項。[47]「人類集體擁有別的一個傾向，及頭腦加工資訊時，比起令人不愉快的資訊，人對愉快的資訊認知更快，識別更多，更願意接受，加工更快，也更容易回憶起來」。[48]例如在任何語言中，詢問詞都是：「這孩子有多高？」（而不問「多低」）；「這包有多重？」（而不問「多輕」）呂叔湘指出，漢語中「大」與「小」兩詞不對稱：「大自然」、「大海」，可以用「大」卻很難用「小」，與實際的大小

---

[46] 只舉出一些主要美學家的定義。黑格爾：「美是絕對理念的感性顯現」；普列漢諾夫：「使用價值先於審美價值」；李澤厚：「美是感性與理性，形式與內容，真與善，合規律性與合目的性的統一」；孫潛：「美就是客觀事物或社會生活能符合於人的生活理想的某些性質的綜合的反映」；王朝聞：「美是人們創造生活改造世界的能動活動及其在現實中的實現或對象化」。

[47] Edna Andrews, *Markedness Theory: The Union of Asymmetry and Semiosis in Language,* Durham and London: Duke Univ Press, 1990, pp 67-69.

[48] M, Matlin and D, Stang, *The Pollyanna Principle: Selectivity in Language, Memory, and Thought,* Cambridge MA,: Schenkman Publishing Company, 1978, p 2.

無關。[49]石毓智對漢語中的「積極形容詞」與「消極形容詞」使用的「詢問域」之不對稱有詳細的統計。[50]沈家煊推引此論，認為在漢語中「消極詞」是標出的。[51]

「樂觀傾向」造成符號美感中項偏邊：被文化視為正常的，人就覺得愉悅。既然能給人愉悅與快感的，就是美的，而非標出就是正常，因此，正項美感可以定義為「在非標出性中感到的愉悅」。

這就解釋了為什麼所有的民族都認為首都（或「首善之區」）的語音是美的？法語的巴黎口音，俄語的莫斯科音，英式英語的牛橋（牛津－劍橋）口音，美語的「新英格蘭」口音，漢語的北京口音。於此成對比的是，「方言」可笑，因為是被標出的：北京人取笑天津口音，上海人取笑浦東口音，倫敦人取笑「（倫敦本地的）東區口音」，紐約人取笑新澤西口音，儘管這些方言的細微特徵，非本地人幾乎聽不出來。

錢鍾書解《詩經》「洵美且都」，認為「都」即是「京城樣式」，他引楊慎「山姬野婦，美而不都」，又引《敦煌掇瑣》「及時衣著，梳頭京樣」。[52]「首善之區」的各種符號表意方式，被政治或經濟力量強加於全民：接觸多，敬重多，就變成正常。其美感，來自其「正常」地位。而地方方式則成為文化生活中的標出項，就被認為是醜。這顯然詩歌符用意義問題，從符形與符義上，完全無法解釋其中美醜之別。

正項美感也能激發藝術，如此產生的藝術，是正項藝術。正項美感不需要靠藝術來創造，相反，正項美感為此類藝術提供了美的

---

[49] 呂叔湘《語文雜記》，上海教育出版社，1984，73 頁。

[50] 石毓智《肯定與否定的對稱與不對稱》，北京語言文化大學出版社，2001 年，226-259 頁。

[51] 沈家煊《不對稱與標出性》，江西教育出版社，1999，25 頁。

[52] 錢鍾書〈管錐編〉，《毛詩正義》，北京：三聯書店，2007 年，第一卷，184 頁。

標準，此時，藝術之美與社會公認之美取向一致。本節上面引用的大部分美學著作和辭書，給美和藝術下的定義，都只顧上正項這一頭，應當說這是美學與藝術理論的一個重大缺陷，至今為止似乎不見糾正的努力。

大部分美和藝術，尤其在現代之後，卻集中於標出的異項，在現代，藝術成為一種標出機制。關注異項的藝術，過去只是偶然出現，在正項藝術時代，只能算例外。但自現代藝術開始後，「正項藝術」漸漸退居次要地位，這與藝術本身的標出性傾向有關，因此本書不得不細論。

異項藝術關注的主要是文化中的標出性。正項美感以溫淑良善的女性為美，小說卻以多病善愁的林黛玉，或性情難測的「野蠻女友」為美；正項美感以民族文化核心禮儀為美，藝術以「蠻夷」民族裝飾、風尚、儀式、「原始藝術」為美；正項美感以語言流暢表達清晰（例如播音員主持人）為美，異項藝術（例如現代詩）卻以變形難懂「朦朧」的語言為美。[53]

必須承認，這兩種美感與藝術經常是混合的，正項美有可能與異項文本形式混合，例如在許多文學作品中，描寫正項美，用的文本卻可能是異項的（例如艾略特《荒原》，畢卡索《阿維農少女》）；或是描寫異項美，用的文本卻是正項的（例如波德賴爾《惡之花》）。但是，越到當代，越看到更多的用異項文本形式，描寫異項美（例如金斯堡《嚎叫》）。

現當代藝術，內容與形式都越來越朝異項偏轉。上面說過，正項的美感先於正項藝術而存在，等著讓藝術表現；而異項本來並無

美感，其美感要靠異項藝術來「發現」。一個文化中正項藝術居多，還是異項藝術居多，難以統計，但是大致上可以看出：前現代正項藝術居多；在現代，異項藝術比例漸漸上升，以至於後現代文化中，異項藝術占了多數，藝術越來越傾向於異項。

例如美國流行音樂背後的文本身份總是黑人式的：「無論你在聽什麼，你聽到的音樂都是黑人音樂。」[54]這是西方當代流行音樂的「異項」風格特色。相反，中國流行藝術，一直是社會主流人眾的歌，是非標出性的中項藝術。直到近年，中國的流行歌曲（城市民謠、搖滾）才漸漸非主流化，開始「異項偏轉」。

異項藝術，可以被理解為對非標出性主流的不安和抵制。社會中項即大多數人對正項的偏邊認同，造成社會平和穩定，但也造成文化的凡俗平庸。藝術衝動就是對凡俗符號優勢的反抗：在前現代，這種反抗是無意識的，到現代，藝術界越來越有意顛覆主流價值。潘公凱認為「生活中的非常態因為不能被我們在經驗中習得的常理常情所認同，而引起我們的注意，令我們新奇或困惑」。因此現代藝術最明顯特徵，是顛覆常態的　「錯置」、「錯構」、「錯序」。[55]

異項藝術美就是標出性之美，此種美感大體只存在於藝術之中，因為這些帶標出性的表意（例如「快意恩仇」）並沒有得到文化中項認同。文化中項欣賞的只是其藝術表現，一旦在現實中見到這種異項，就會覺得過分，轉而尋求正項的社會秩序。所以行俠義的超人或蜘蛛俠，在沒有緊急情況時，還是要變成平常人。由此可見，藝術平衡中項偏邊造成的意義不平等，化解了標出項顛覆文化常規的威脅。例如裸身、野合、自行執法、胡言亂語，在社會實踐中是禁忌，藝術卻能把它們納入社會主流大致能接受的範圍。

---

[54] David Meltzer, *Reading Jazz*, San Francisco: Mercury House, 1993, pp 60-61.
[55] 〈論西方現代藝術的邊界〉，潘公凱《限制與開拓》，浙江人民出版社，2005年2版，78頁。

當代藝術，已經發展到了這個地步：似乎任何符號，只要有標出性，就具有藝術價值。現代裝置藝術，行為藝術，有意以標出性反抗當代文化生活之平俗。藝術家的主要工作成了「概念創意」，即是把所有的標出性可能，把所有的社會排斥之物，都挖掘出來變成藝術。此時藝術所表達的，實際上就是異項之所以標出的文化原因，藝術成為不斷走偏鋒的賽跑。中國藝術可能尚未站在世界前列，但是中國行為藝術的出格程度，已經不遜於世界上任何國家。文化主流把異項控制在標出範圍內，異項藝術卻為標出性添加了魅力，文化正項不願意看到，卻難以處理，這是「實踐的」文化符號學的永恆難題。

社會中項，即大多數人，認同非標出性以維護正常秩序，但是內心的不安，轉化成對被排斥因素隱秘的慾望。中項對於邊緣化的標出項被壓制的慾望，促使他們通過藝術，與標出的異項「曲線認同」。異項藝術中樂此不疲地誇張表現充滿性誘惑的女子，殺人如麻的武士，作惡為樂的魔鬼，是人們對被禁忌之物的慾望。不是中項對標出性的認同，而是中項對自己參與邊緣化異項的歉疚。

7.標出優勢

這種歉疚引向好奇和興趣，在社會事件中，小概率事件總是新聞報導關注的對象，稀罕的事件才有可能成為新聞報紙的頭版頭條。藝術就利用受眾的這種心理，關注社會認為極端，甚至變態的題材。從二十世紀初起，現代文藝題材上風格上唯恐不夠驚人。從1912年馬雅可夫斯基等人的宣言「給公眾趣味臉上一個耳光」，[56]到

---

[56] "A Slap in the Face of Public Taste", in (eds) Ann Lawton & Herbert Eagle, *Words in ReVolution*, Ithaca: Cornell Univ Press, 1988, p 51.

1986 年中國新冒出的幾十個詩派，如「極端主義」、「撒嬌派」。[57]到如今，不玩語言異項遊戲，就很難叫做詩人。

在電影中，「冒犯主流」（挑釁大部分觀眾），已經是屢試不爽的成功處方：美國的塔倫提諾（Quentin Tarantino），加拿大的柯能堡（David Cronenberg），韓國的金基德，一大批導演都靠走極端成名，形成所謂「殘酷電影」（film of cruelty）潮流。金基德聲明：「可能 90%的人都在過一樣的生活，但是還有 10%的人過著比較特別的生活。一般韓國電影表現的都是這 90%，我的電影表現的卻是這很特別的 10%。如果我的電影不能給觀眾表現這特別的 10%，那我就沒有什麼可說的」。[58]

作為藝術家，金基德走這個路線並不奇怪，需要解釋的是為什麼各國觀眾狂熱歡迎「殘酷電影」。只有一個答案：金基德電影的題材，不能是社會能接受容忍的事物，愛看金基德電影的觀眾，不見得歡迎這種事發生在生活中。反過來，一旦社會對某種標出意義行為，例如對性表現寬容度增加，公眾就對色情的「藝術」表現（圖書、影片、表演等）興趣相應地陡降。

電影分級這個頭疼難題，實際上也是一個標出問題。分級標準必須不斷調整，「成人級」電影必須在特定電影院或特定時間段中放映，所有這些都在「保護兒童」名下進行，實際上是藉口。分級的真正目的是讓社會大多數人「惡其名而避之」，如果達不到此目的分級，分級反而為異項電影做廣告。1979 年美國把「羅馬帝國歷史片」《卡利古拉》（Caligula）分入限制級。但是該電影投資極大，場面豪華，演員陣容優秀，弄到人人想看，有些城市甚至建造「卡里古

---

[57] 徐敬亞編《中國現代詩群大觀 1986-1988》，上海：同濟大學出版社，1988，152 頁，175 頁。

[58] 轉引自畢志飛〈金吉德影片〈弓〉的劇作賞析〉，《北京電影學院學報》，2006 年 2 期。

拉電影院」，專門放這部電影，這是分級嚴重失敗，適得其反的例子之一。中國文化部門，至今對電影分級舉棋不定，進退為難，就是看到標出性可能的藝術吸引力。

異項藝術本身就是一種符號標出行為，許多藝術派別對此非常自覺。浪漫主義在藝術中尋找「怪、險、奇、詭、異」（the Odd, the Queer, the Strange, the Exotic, the Monstrous），[59]現代主義強調非常規非理性（荒誕派戲劇、黑色幽默、語言「陌生化」），新現實主義強調「反映社會真相」，實際上是集中反映「被遮蔽的真相」（社會底層、小人物、邊緣人）。

形式風格上明顯標出的藝術，莫過於現代先鋒藝術。最早提出系統的先鋒理論的波喬裏，列出先鋒藝術的四大特點——對抗性（antagonism）、積極性（activism）、激奮性（agonism）、虛無性（nihilism）——這幾乎是文化標出性的完整描述。[60]其中「積極性」這個詞可能不太容易理解，如果我們記得本書第十三章第一節中引用過的特魯別茨柯伊關於標出性的最早說法，濁輔音是「被積極地標出」（actively marked），就會明白：這是一種推翻正常表意秩序的躁動。

藝術的所謂「非功利性」，也表現在藝術對標出性的熱衷：異項藝術為標出項（文化上受壓制的一方，社會被邊緣化的一方）代言，意義上是非功利的，在文化上使「異項」更加明顯地異常。異項藝術並不是為異項爭奪社會地位，並不致力於把異常變成正常。

我們常看到藝術在主持社會正義，為被侮辱被壓迫者代言（例如《悲慘世界》，或《祝福》），這是因為異項沒有變成正項。一旦社

---

[59] 愛爾蘭－美國浪漫主義文學家 Lafcadio Hearn（小泉八雲）語。見 Lawrence W Chisolm, *Fenollasa: The East and American Culture,* 1963, p 141.

[60] Renato Poggioli, *The Theory of the Avant-Garde,* Cambridge MA: Harvard Univ Press, 1968, passim

會異項摒棄標出性，努力使自身「正常化」，參與爭奪中項，情況就會發生變化。俄國未來主義熱烈擁抱革命，革命成功才發現不符合他們的想像。詩人葉賽甯自殺，魯迅評論說：「對於革命抱著浪漫諦克的幻想的人，一和革命接近，一到革命進行，便容易失望」。[61]其根本原因是：革命成功後，標出項翻轉成正項，奪過了中項。扔掉了標出性，也就失去對異項藝術家的吸引力：先鋒藝術革命的目標，與實際革命的最終目標往往相反。

這讓我們想起克萊門特·格林伯格對先鋒藝術的看法。格林伯格曾經是激進的社會主義者，他說「馬克思主義與歐洲先鋒藝術同時同地出現」，都是因為革命需要。他宣佈：「今天，我們不必等待必然來到的社會主義創造新的文化，我們期待社會主義勝利，是為了保存我們已有的真正的文化」。[62]他的意思是：先鋒藝術雖然產生在資本主義社會，所代表的卻不是資本主義文化：資本主義社會的異項藝術，也就是未來社會主義勝利後的文化。

標出性的藝術，並不是藝術的標出性。先鋒藝術的這種烏托邦自信，只是一種幻覺。然而歷史的幻覺，最後變成了幻覺的歷史：社會主義勝利後，新的社會正項與中項依然不喜歡先鋒藝術。反而是在資本主義文化中，先鋒藝術漸漸成為富人收藏中的必備品，高檔賓館的仿製品。格林伯格鼓吹的「抽象表現主義繪畫」，在藝術品市場上取得驚人的成功後，成為資本主義社會的「體制藝術」，[63]認

---

[61] 〈對於左翼作家聯盟的意見〉，《魯迅全集》人民文學出版社，1981 年，第 4 卷，237 頁。

[62] Clement Greenberg, *Collected Essays and Criticism*, Chicago: Univ of Chicago Press, 1986, vol 1, p 22.

[63] 關於先鋒藝術如何會成為體制藝術，法蘭克福學派的比爾格論之甚詳。見 Peter Burger, *Theory of the Avant-Garde,* Minniapolis: Univ of Minnesota Press, 1989, p 52-56.

同秩序的中產階級及其趣味,開始欣賞先鋒藝術,購買先鋒藝術,先鋒藝術在資本主義社會「中項化」。

藝術描寫異項,為「邊緣群體」說話,其社會效用是讓異項脫離邊緣地位,還是讓異項更「邊緣」?一方面,藝術對異項的表現,會讓人們更加強調異項的「異」,從而讓異項更「異」;另一方面,大眾傳播創造的「象徵性現實」,會影響人們對世界的認知。電影中的暴力過多,人們對現實中的暴力也就「見怪不怪」,使異項變得正常。藝術符號在標出性問題上的這兩個趨勢,似乎截然相反,但的確都存在:這是當代藝術特有的道德兩難之境。

8.泛藝術化

本章上面三節,分別說明了藝術的「非自然、非實用、非指稱、非正常」。任何文化,不可能以這樣「四個非」的符號為常規。文化不可能以標出為常規,因為這違反標出性的定義。本書第七章第四節討論過「展面與刺點」的關係:藝術的非正常性,是以社會常態為必要背景,是與正常秩序正成對比的。有文化主流的「正常表意」為背景,藝術才能作為一種特殊表意方式出現,這是現代藝術「標出性傾斜」的先決條件。

正是文化常態「非藝術」,才保證藝術作為藝術存在,不然這個文化自身就不能存在。一件造型奇特的雕塑放在廣場上時,正與周圍的樓臺庭樹花草,來往購物的市民正常生活形成對比,而凸顯其藝術性:如果周圍全是奇特形態物品堆集,這件怪雕塑就是瘋人院垃圾堆的一部分。

由此,我們可以對當代社會的「泛審美化」現象略作討論,這個問題已經吸引了中外許多學者的大量研究,本書不應當再多花筆

墨。但是沒有人從標出性角度討論過這問題，也沒有論者討論過這問題與文化符號學的關聯。本章只就這個方面做一些補充。

首先，應當說「泛審美化」這個術語不太合適：審美是主觀的，而本章討論至此，無非是說明藝術有一定的「體制－歷史」規律，藝術符號有上面列舉的四個「非」的客觀特點。當今社會經歷的變化，不是每個平民都開始以審美態度看待文化，而是當代文化中藝術符號氾濫，強加於每個人。也就是說：這種局面不是主觀「審」出來的，而是在社會文化體制中產生的。而且，「美學」（aesthetics）原是「討論美（尤其是藝術）的哲學」，並不僅僅是討論「對美的審視」問題，因此，pan-aestheticization，譯成「泛藝術化」可能比較合適，與本章的討論聯繫較緊。[64]

下文會說到加爾佈雷斯「aesthetic reality」概念，譯成「藝術現實」比譯成「審美現實」為宜；同樣，博得利亞 hyperaesthetic，譯成「超藝術」也比譯成「超審美」為妥：博得利亞說這是「威脅生存的現實」，既是如此嚴重的社會現實，就不能說是個「審美」問題吧。

西方作者，喜歡把 aesthetic 與 artistic 作為同義詞近義詞換著用，正如他們喜歡把 symbolic 與 semiotic 換著用。他們的行文變通靈動了，翻譯就添了不少苦惱，中國學界更是被拖進無妄之災。本書第九章第五節討論符號與象徵時，建議中文不跟著西文走，此處關於「審美」和「藝術」，尊重同一個原則。

這不是過分講究一個詞的翻譯，用「泛藝術化」來稱呼當今這個文化演變，才能看出問題之所在：如果問題出在日常生活「泛審美化」，全體人民都來關心美欣賞美，有什麼害處？比全民麻將至少

---

[64] 關於「審美」與「藝術」這兩個術語糾纏的詳細討論，請參見趙毅衡，〈都是「審美」惹的禍：說泛藝術化〉，《文藝爭鳴》2011 年 7 月號，15-18 頁。

多一點情操。但是日常生活「泛藝術化」就不同了：一切社會活動都成為藝術，所有符號表意都突出藝術功能，會造成許多意想不到的後果。本章上文討論過：在物－符號－藝術符號三聯體中，藝術功能，與使用功能，實用表意功能反比例增長。如果整個社會泛藝術化，就會出現文化意義功能的大變化。

先前也有人想像過全社會藝術化：1958年中國大躍進時代的「全民寫詩」，似乎成了「革命浪漫主義」的美談；[65]同一年，大洋對岸加爾布雷斯《富裕社會》一書興奮地預言，未來的社會藝術的比重越來越大，「這意味著將出現一個藝術現實（aesthetic reality），即社會成為一件藝術品」。[66]藝術向來是各種烏托邦幻想的重要部分，一個社會浸透在藝術中，還有什麼理想比這更美好？

半個世紀不到，當代文化真出現了一個鋪天蓋地的文化演變：「泛藝術化」。韋爾施的描繪如下：「藝術化運動過程最明顯地出現於都市空間中，過去幾年內，城市空間中的一切都在整容翻新，購物場所被裝點得格調不凡，時髦又充滿生氣……差不多每一塊鋪路石，所有的門把手，和所有的公共場所，都沒有逃過這場藝術化的大勃興。『讓生活更美好』是昨天的格言，今天它變成了『讓生活、購物、交流、還有睡眠，都更加美好』」。[67]

泛藝術化讓藝術超出文化和日常生活的範疇，滲透到經濟，政治中去，使所有的表意都變成了藝術符號，都具有藝術符號的各種特點。博多利亞稱之為「超藝術」（hyperaesthetic）。超藝術的危險尚未完全顯現，但已經看出端倪。

---

[65] 趙毅衡，〈重讀《紅旗歌謠》：試看全民合一文化〉，《意不盡言：文學的形式——文化論》南京大學出版社，2009年，159-168頁。

[66] John Kenneth Gailbraith, *The Affluent Society,* New York: Houghton Mifflin, 1958, p 162.

[67] Wulfgang Welsh, *Undoing Aesthetics*, London: Sage Publication Ltd, 1997, p 5.

　　經濟的「藝術化」，尤其表現於過分依賴旅遊來「拉動內需」，各地競相出花招來吸引遊客。自然風光與歷史勝跡，正在消耗完畢，資源的開掘，就只有朝「藝術」方向走，人工造景成為旅遊的自救方式，爭搶二喬，虞姬之類「美人」家鄉，甚至孫悟空，西門慶之類虛構人物家鄉的奇怪局面，已屢見不鮮。

　　更醒目的是政治的藝術化：藝術的本質是非功能、非實指、脫離外延意義；而政治卻是應當追求務實，解決實際問題，兩種意義行為，目標完全不同。當今各國政治越來越成為作秀場所，許多國家有明星政治家，意思是政治家有明星風度（例如歐巴馬），甚至政治家原來就是演劇明星，他們都是靠「藝術化」積聚人氣。

　　不是說他們不是優秀人物，不是說他們不可能代表民眾利益，而是說藝術與政治是兩回事。這些人應當證明自己的政治品格和才能，不能說藝術就是他們的政治表現。同樣，讓藝術明星到學術界來當教授，是學術藝術化。學術應當批判社會文化（例如泛藝術化），一旦學術成為藝術，如何保持學術的獨立立場？

　　泛藝術化正在嚴重加劇這個文化的符號危機。悖論的是，受泛藝術化危害最大的，正是藝術。上一節討論過：當代藝術主要是一種反正常的標出行為：一旦正常生活藝術化了，藝術就不得不增加標出性，來證明自己存在的必要。隨著泛藝術化的加速發展，這個壓力只會越來越大。

　　這就是當今藝術面臨的困境：傳統的藝術形式已經被消化為日常生活方式，變成賓館、酒吧、家居的裝飾，變成實用意義符號。藝術家只有頻出奇招，才能使自己的作品重新帶上標出性。為出奇而出奇，出奇制勝本身成為藝術。其結果是，不僅行為藝術大行其道，而且所有的藝術都帶上行為藝術的味道，越來越走偏鋒，行險路，直到成為玩命表演。藝術被泛藝術化淹沒，只有靠出奇制勝勉強在越來越高的水位上探出頭來，藝術界終究會疲憊地放棄這種努

力，讓藝術消失於實用符號之中。從歷史的維度來看，泛藝術化潮流已經讓藝術走向衰亡。

　　如果今天還有藝術家，他們的任務只能是不跟著泛藝術化大潮走，而是返回藝術本身，把藝術「重新藝術化」。這不是一條容易走的路，這樣做的藝術家，會從熱鬧的名利場消失。但是藝術這種符號表意方式，原應是「非常規」的。一旦這個文明只剩下藝術，藝術就會在這個瘋人院中迷路，連帶把人類文明拉進去。

第十五章　符號敘述學，廣義敘述學

1.敘述轉向與符號敘述

　　一旦符號文本描寫人物和變化（即「情節」），就是敘述；不捲入人物與變化，就是描述。敘述文本在符號文本中占的比例極大，因此符號學不得不在這本符號學書中討論，卡勒認為：「敘述分析是符號學的一個重要分支」；[1]恰特曼認為，「只有符號學才能解決小說與電影的溝通問題」。[2]

　　但是符號敘述學研究的對象，是「敘述性」（narrativity），正如詩學（poetics）研究的主要對象不是文學，而是「文學性」（literariness）。與現有的敘述學之不同，符號敘述學研究超出小說（以及電影）範圍，研究各種符號文本中的敘述性。符號敘述學，必然是廣義敘述學。

　　敘述學從二十世紀初發端，近八十年之久一直沒有超出小說範圍，此後電影成為文化中最重要的敘述，但是電影敘述學，基本上只是小說敘述學的變體。當然人們都意識到許多其他文本體裁，尤其是歷史和新聞，都是敘述，但是它們的敘述方式似乎「自然」得不必進行專項研究。

---

[1]　Jonathan Culler, *In Pursuit of Signs: Semiotics, Literature, Deconstruction*, Ithaca: University of Cornell Press, 1981, p 186.

[2]　Seymour *Chatman*, Story and Discourse: Narrative Structure in Fiction and Film, Ithaca, N,Y,: Cornell University Press, 1978, p 2.

　　泛敘述，是利奧塔首先在那本轟動性的《後現代知識狀況》中提出的，他認為人類知識分成「科學知識」與「敘述知識」兩大類。[3]也就是說，只有科學問題才能不包含敘述。在利奧塔之前，薩特已經強調生存等同於敘述：「人永遠是講故事者：人的生活包圍在他自己的故事和別人的故事中，他通過故事看待周圍發生的一切，他自己過日子像是在講故事」。[4]但這些都是個別批評家的見解，泛敘述始終只是一個沒有探索的領域。而當代文化出現「敘述轉向」（Narrative Turn）：文化的各種體裁，被發現具有敘述性；人文社科的所有領域，都發現敘述是一種強有力的研究方式。

　　敘述轉向的大潮，始自七、八〇年代的歷史學。海頓‧懷特出版於 1973 年的《元史學》，[5]推動用敘述研究改造歷史學的「新歷史主義」運動。此後，閔克、格林布拉特、丹圖等人進一步加以哲理化。閔克 1987 年的著作《歷史理解》[6]清晰地總結了新歷史主義的敘述觀，使這個運動的影響溢出歷史學，衝擊了整個人文學科。

　　敘述轉向發生的第二個重要領域是心理學。1987 年布魯納發表兩篇重要論文〈生命與敘述〉，[7]〈現實的敘述構建〉[8]提出「沒有敘述就沒有自我」這個重要命題。[9]

3　Jean-Francois Lyotard, *La Condition postmoderne: Rapport sure le savoir,* Paris: Minuit, 1979, p 78.

4　"A man is always a teller of tales; he lives surrounded by his stories and the stories of others; he sees everything that happens to him through them, and he tries to live his life as if he were recounting it", Jean-Paul Sartre, *Nausea,* New York: Penguin Modern Classics, p 12.

5　Hayden White, *Metahistory: The Historical Imagination in Nineteenth-Century Europe,* Baltimore: Johns Jopkins Univ Press, 1973.

6　Louis O Minke, *Historical Understanding*, Ithaca: Cornell Univ Press, 1987.

7　Jerome Bruner, "Life and Narrative", *Social Research*, Spring 1987, pp 11-32.

8　Jerome Bruner, "The Narrative Contruction of Reality", *Critical Enquiry,* Fall 1991, pp 1-21.

9　2007 年奧爾森的著作《布魯納：教育理論中的認知革命》對布魯納的貢獻做

　　教育學大規模的敘述轉向出現在九〇年代中期，恐怕教育學是至今為止中國學界認真考慮敘述轉向的唯一學科。[10]泰勒《跨文化研究中的自然探索》[11]一書，發現「敘述法」甚至在科學教學中都非常有用。

　　社會學家普倫默 1983 年的書《生活文件》[12]開創了記錄敘述方式的社會學新研究法。敘述轉向對社會調查和救助領域衝擊極大，尤其是關於苦難病痛的講述，敘述建構自我成為心理救助的關鍵一環。

　　敘述轉向在法學中的發生，應當說是最令人吃驚，因為法律一向以「依據事實量刑」為己任。布魯克的著作《惱人的供認》[13]把法庭上各方論辯，看做一場敘述競爭。敘述轉向在政治學中的發生，使政治策略從由政治天才掌握的複雜韜略，變成具有操作性的方法。霍頓 1996 編輯出版的論文集《文學與政治想像》，[14]展示了敘述作為政治行為的基本方式。[15]

了出色的總結。David Olson, *Jerome Bruner: The Cognitive ReVo ution in Education Theory,* London: Continuum, 2007.

[10] 侯懷銀、王霞，〈論教育研究的敘述學轉向〉，《教育理論與實踐》2006 年第 6 期。

[11] Peter Tayler, *Naturalistic Inquiry in Cross-Cultural Research: A Narrative Turn,* Springer Netherlands, 2007.

[12] Ken Plummer, *Documents of Life: An Introduction to the Problems and Literature of a Humanistic Method,* 1983，London: George Allen and Unwin。至今普倫默依然堅持敘述法，例如 1995 年《講性故事》一書對同性戀的研究，突破了實證方式社會學。敘述把「生活經驗」（lived experience）轉化為建構自我的有效手段。一些社會工作者開始盛讚敘述轉向，認為敘述不僅是意識形態的權利表現，也是一種解放力量，可以讓先前被迫沉默的階層「獲得聲音」。

[13] Peter Brooks, *Troubling Confessions: Speaking Guilt in Law and Literature,* 2000。此類書籍絕大部分只是只是把法律敘述與文學敘述對比，這也許是因為文學熱衷於描寫法庭場景，但是法學本身的敘述轉向的確還有待深入。

[14] John Horton (ed), *Literature and The Political Imagination,* London: Routledge, 1996

[15] Geoffrey Roberts, "History, Theory and the Narrative Turn in International Relations",

敘述轉向最終在醫學中發生：講故事被證明有治療作用。[16]敘述進入「自然科學」，應當說是敘述轉向成功的最終證明：科學開始人文化。哈特曼特地為《文學與醫學》刊物撰寫了論文〈敘述及其後果〉。[17]近十年敘述轉向最具有本質意義的發展，是在人工智慧方面：電腦開始模仿人的頭腦講故事的能力，大量文獻與多次國際會議，使敘述學與人工智慧融合成一個特殊學科「敘述智慧」（narrative intelligence）。[18]

敘述轉向在九〇年代終於形成普遍性理論：最近開始出現從哲學方面綜合研究各種敘述的著作，例如心理學家布魯納 2002 年的《編故事：法律，文學，生活》[19]，2008 年雷斯曼的《人類科學中的敘述方法》[20]都試圖跨越學科尋找敘述化的規律。

有人提出小說中也出現「敘述轉向」，這個說法似乎有點奇怪：小說本是最典型的敘述。這個觀點指的是近三十年小說藝術「回歸

Review of International Studies, 2006, Vol 32, pp 703-714。總結了這方面近年的發展。美國民主黨競選戰略顧問卡維爾甚至提出「敘述是競選的鑰匙」，認為 2004 年克里敗於布希，是因為「沒有能（把政策）形成敘述」（Rory O'Connor, "Shoot the Messenger", *Mediachannel,* New York, November 11, 2004）。

[16] 有的醫學家甚至為敘述轉向找到了科學根據：芝加哥的心理醫生麥克亞當斯認為故事構築的「個人神話」，是最有效的自我治療，為此寫了一系列的用敘述進行心理自療的普及讀物《我們藉以生活的故事》、《贖罪的自我》、《路途的轉折》。Dan McAdams, *The redemptive self: Stories Americans live by*, New York: Oxford Univ Press，2006；*The person: A new introduction to personality psychology,* New York: Wiley, 2006; *Identity and story: Creating self in narrative*, New York: APA Books, 2006.

[17] Geoffrey Hartman, "Narrative and Beyond", *Literature and Medicine*, Fall 2004, pp 334-345.

[18] Michael Mateas and Pjoebe Sengers (eds), *Narrative Intelligence,* New York: John Jameson, 2003.

[19] Jerome Bruner, *Making Stories: Law, Literature, Life*，New York：Farrar Straus Giroux, 2002.

[20] Catherine Reissman, *Narrative Method in Human Sciences*, London：Sage, 2008.

故事」的潮流：以法國「新小說」為代表的先鋒小說，強調對「物自身」的描寫，嚴重忽視情節。而七〇年代之後，小說開始「回到敘述」，重新注重情節。在法國，小說「敘述轉向」的標誌是圖尼埃作品的風行：圖尼埃特別擅長重寫舊有傳說故事，獨創一番局面。在英語世界中，講故事的好手如美國的羅斯、德里羅，英國的麥克尤恩等人，群星耀眼。小說研究者的眼光，也開始從不注重情節的先鋒作家，轉向故事構築。

　　許多學者認為近年批評界的重要趨勢是「倫理轉向」（Ethical Turn）。[21]敘述轉向似乎是個形式問題，倫理轉向強調內容或意識形態。實際上，它們是一個問題的兩個方面：正是因為敘述化，才彰顯了倫理問題。敘述化不僅是情節構築，更是籍敘述給予經驗一個倫理目的：只有用敘述，才能在人類經驗中貫穿必要的倫理衝動，情節表達的首先是道德意義。1995 年文學批評家牛頓的名著《敘述倫理》[22]已經提出兩者的合一。費倫與唐偉勝的對話「倫理轉向與修辭敘述倫理」，[23]也提出讀者的倫理判斷，是閱讀（即讀者的「敘述化」）過程中不可或缺的部分。

　　敘述不可能「原樣」呈現經驗事實。在敘述化過程中，不得不對情節進行挑選和重組。經驗的細節充滿大量無法理解的關係，所謂「敘述化」，就是把凌亂的細節整理出意義，把它們「情節化」

---

[21] 近年除了倫理轉向，尚有其他各種「轉向」：後皮亞傑（Post-Piaget）心理學，自稱經歷了語用轉向（Pragmatic Turn），講述轉向（Discursive Turn），法學上有過「解釋轉向」（Interpretative Turn）。可以看出，這些都是敘述轉向的另樣說法。

[22] Adam Zachary Newton: *Narrative Ethics,* Harvard Univ Press, 1995。神經心理學家加繁尼加 2005 年的著作《倫理頭腦》Michael Gazzaniga, *The Ethical Brain*（Dana Press, 200）一書中總結得更為清楚。這本書跨越了科學，哲學，人文學的界限，引起廣泛的轟動。

[23] Tang Weisheng, "The Ethical Turn and Rhetorical Narrative Ethics",《外國文學研究》2007 年 3 期。

（emplotment），事件就有了一個時間／因果序列。「情節將特定行動的諸種要素連為一體，構成道德意義。敘述性並不提取抽象原則，不可能把意義從時空背景中抽離出來，因為人與世界的特殊聯繫植根於個別故事的體驗之中」。[24] 由此，敘述文本構造了人的「時間性／目的性存在」。

後現代主義理論摧毀了主體，敘述轉向至少找到了一個主體的替代品：敘述構築了一個從自身通向世界的經驗形式，給了自我暫時立足的一個支撐點。這個「從後門進來」的自我，讓主體有了一個倫理意義依持。

2.「最簡敘述」定義

敘述學歷史與符號學一樣悠久，聲勢浩大的敘述轉向，應當是敘述學發生革命性變化的契機，從目前局面看來，反而給敘述學帶來難題。

自八〇年代起，學界產生了所謂「新敘述學」，（又名「後經典敘述學」post-classical narratology），「新敘述學」有沒有試圖為涵蓋各個學科的敘述，提供一套有效通用的理論基礎、一套方法論，以及一套通用的術語呢？既然敘述轉向已經發生，敘述學家有沒有接受這個挑戰的願望呢？

對此，赫爾曼在為《新敘述學》一書寫的引言中回應說：「走出文學敘述⋯⋯不是尋找關於基本概念的新的思維方式，也不是挖掘新的思想基礎，而是顯示後經典敘述學如何從周邊的其他研究領域

---

[24] D.E. Polkinghorne, "Narrative Configuration in Qualitative Analysis", in (eds) J. A. Hatch and R. Wisniewski, *Life History and Narrative*, London: Falmer, 1995, p, 5-13.

汲取養分」。[25]他認為新敘述學依然以小說敘述學為核心,只是可以在其他敘述的研究中「吸取養分」。弗盧德尼克也是無可奈何地容忍敘述轉向。她說「非文學學科對敘述學框架的佔用往往會削弱敘述學的基礎,失去精確性,它們只是在比喻意義上使用敘述學的術語」。[26]而本書的看法正與他們相反:敘述轉向,使我們終於能把敘述放在符號學大背景上考察,應當是小說敘述學「比喻地使用術語」。

要做到讓敘述學「擴容」以涵蓋所有的敘述,就遇到一個關鍵障礙,即西方學界傳統的敘述「過去時」要求。新敘述學的領袖之一費倫斬釘截鐵地表示:「敘述學與未來學是截然對立的兩門學科。敘述的默認時態是過去時,敘述學像偵探一樣,是在做回溯性的工作,也就是說,實在已經發生了什麼故事之後,他們才進行讀聽看。」[27]另一位新敘述學家阿博特也強調:「事件的先存感(無論事件真實與否,虛構與否)都是敘述的限定性條件……只要有敘述,就會有這一條限定性條件」。[28]

過去性,是小說敘述學的邊界,而要建立廣義的符號敘述學,就必須打破這條邊界。遠自亞里斯多德起,都頑強地堅持「過去性」立足點,他們為此不得不排除一種重要的敘述類型——戲劇。柏拉圖和亞里斯多德都認為模仿(mimesis)與敘述(diegesis)對立,戲劇是模仿,不是敘述。二千三百年後,1988 年,普林斯在《敘述學辭典》中提出過一個最簡敘述(minimal narrative)定義:「由一個或

---

[25] 戴衛・赫爾曼,〈引言〉《新敘述學》,北京大學出版社,2002,18 頁。

[26] 莫妮卡・弗盧德尼克,〈敘述理論的歷史(下):從結構主義到現在〉,《當代敘述理論指南》,James Phelan 等主編,北京大學出版社,2007 年,40-41 頁。

[27] 詹姆斯・費倫〈文學敘述研究的修辭美學與其他論題〉,《江西社會科學》2007 年第 7 期。

[28] H. 波特・阿博特,〈敘述的所有未來之未來〉,《當代敘述理論指南》James Phelan 等主編,北京大學出版社,2007 年,623 頁

數個敘述人，對一個或數個敘述接收者，重述（recounting）一個或數個真實或虛構的事件」。普林斯說明道，正因為敘述要求「重述」，而戲劇表現是「臺上正在發生的」，因此不是敘述。[29]既然排除「正在發生的」戲劇，也就必須排除影視、電視新聞、電子遊戲等當代最重要的敘述樣式。

所謂事件，就是在時間變遷中，狀態有變化。歷史哲學家丹圖認為敘述事件必然包含變化。他沒有說明變化發生在何處：在自然狀態中，在經驗中，在文本中，還是在接收中？時間變化及其意義，究竟是客觀存在的，還是解釋出來的？

這個問題，牽涉到敘述的本質，利科在三卷本巨作《時間與敘述》臨近結束時聲明：關於時間的意識（consciousness of time），與關於意識的時間（time of consciousness），實際上不可分：「時間變成『人的時間』，取決於時間通過敘述形式表達的程度，而敘述形式變成時間經驗時，才取得其全部意義」。[30]時間在敘述中，才獲得意義。

既然敘述轉向已經在那麼多符號表意方式中出現，敘述學就不得不面對既成事實，敘述學必須自我改造：不僅要有各種體裁的門類敘述學，也必須有一門能總其成的廣義符號敘述學。門類敘述學，很多人已經在做，應當說至今已經有很多成果。而要建立廣義符號敘述學，就必須從出發點開始：必須重新定義敘述。

[29] Gerald Prince, *A Dictionary of Narratology*, Aldershot: Scolar Press, 1988, p 58；普林斯在此書的新版本，即 2003 年版，把敘述定義改成：「由一個、兩個或數個（或多或少顯性的）敘述者，向一個、兩個或數個（或多或少顯性的）受敘者，傳達一個或更多真實或虛構事件（作為產品和過程、對象和行為、結構和結構化）的表述」。把原先的「重述」（recount），改成「傳達」（communicate），也就脫離了「過去時」陷阱。

[30] Paul Ricoeur, *Time and Narrative*, Chicago: Univ of Chicago Press, 1984, Vol 1, p 52.

　　敘述的最基本定義，應當既考慮敘述的文本特點，也考慮敘述的接受理解方式。本書建議：只要滿足以下兩個條件的符號文本，就是敘述，它包含兩個主體進行的兩個「敘述化」過程：

（1）　有人物參與的變化，形成情節，被組織進一個符號組合。

（2）　此符號組合可以被接收者理解為具有時間和意義向度。

　　可以發現，這與本書第一章第七節符號文本的定義非常相似。兩者唯一的區別是：**敘述的對象是有人物參與的變化**。否則，即是「陳述」而不是「敘述」：所有的符號文本，不是陳述，就是敘述。

　　所謂「人物」（character）不一定是人格，而可以是一個「角色」。這一定義邊界有點模糊：既然擬人的動物，甚至物（例如在科普童話中、在廣告中）都是人物，那麼並不擬人的動物是否算「人物」。本書在第一章第四節討論「信號」時就堅持：動物一般不具有人類的主體意志特徵，動物哪怕經歷了事件（例如在描述生物習性的科學報導中）也不能算敘述，而是陳述。「人物」必須是「有靈之物」，也就是說，他們對經歷變化，具有一定的倫理解釋。如果廣告中描述的熊貓，為某種倫理目的（例如保護人類的環境），對某種變化（例如山上不長竹子了）感到痛苦，這熊貓就是「人物」，這廣告就有敘述。

　　應當說明，有不少論者的「最簡敘述」定義，沒有涉及人物這個必要元素，上引普林斯的定義即一例，語言學家萊博夫的定義（「最簡敘述是兩個短語的有時間關係的序列」[31]）是另一例。但是筆者認為必須有人物，不然敘述與陳述無從區分，如果呈現」無人物事件變化」的機械功能、化學公式、星球演變、生物演化、生理反應等也能視為敘述，敘述研究就無從立足。

---

[31] William Labov, *Language in the Inner City*, Philadelphia: Univ of Pensilavania Press, 1972, p 360

　　本書提出的這條最簡敘述定義中，被敘述的人物和事件不一定要落在過去。這樣就解除了對敘述的最主要限定，只有這樣，敘述轉向後出現的各種敘述類型，就都能包括進來。就廣義符號敘述學要處理的課題來說。甩開「過去時」，是根本出發點。

　　在這個定義基礎上，我們可以對我們各種體裁的敘述，做一個基本的分類。

3.敘述分類之一：事實性／虛構性

　　虛構性／事實性，是敘述最重要的分類標準。「事實性」（factuality）敘述，說的不一定是「事實」（facts）：「事實」指的是內容的品格，而所謂**「事實性」指的是接收者與敘述文本的「契約」，即把文本看作在陳述事實。**這也就是本書第十二章所說的「接受原則」。虛構性／事實性的區別至關重要：內容是否為「事實」，不受文本程序控制，要走出文本才能驗證；而理解方式，卻是文本表意所依靠的最基本的文化條件。

　　有一度時期，「泛虛構論」（panfictionality）盛行。提出這個看法的學者，根據的是後現代主義的語言觀：「所有的感知都是被語言編碼的，而語言從來總是比喻性的（figuratively），引起感知永遠是歪曲的，不可能確切（accurate）」[32]也就是說，語言本身的「不透明本質」使文本不可能有「事實性」。這個說法過於籠統，在歷史學引發太多爭議。例如很多歷史學家尖銳地指出，納粹大屠殺無論不可能只是一個歷史學構築，[33]南京大屠殺也不可能是，歷史敘述文本卻必須

---

[32] Marie-Laure Ryan, "Postmodernism and the Doctrine of Panfictionality", *Narrative*, 5:2, 1997, pp 165-187.

[33] Jeremy Hawthorn, *Cunning Passages: New Historicism, Cultural Materialism and Marxism in the Contemporary Literary Debate,* London: Arnold, 1996, p 16.

是「事實性」的。各種後現代歷史學理論，如何處理「基本事實」，是一個難關，多勒采爾稱之為對敘述理論的「大屠殺檢驗」。[34]

文本的事實性，不是文本品質，而是文本體裁要求的理解方式。法律文本、政治文本、歷史文本，無論有多少不確切性，發出者是按照事實性的要求編制文本，接收者也按照事實性的要求構築文本意義。既然是事實性的：文本主體必須面對文本接收者的「問責」。在法庭上，原告方、被告方、證人，他們有關事件的敘述，雖然很不相同（因此不會都是「事實」），都必須是「事實性」的，因此都要受到質疑。若是「虛構性」的，就根本不能到法庭上說。

例如希拉蕊‧柯林頓在競選中說，她在波黑訪問時受到槍手狙擊。如果真有此事，那麼民眾或許可以從希拉蕊的文本中讀出倫理意義：「此人有外交經驗和勇氣，堪當總統」。但是希拉蕊把文本體裁弄錯了，就不得不承受其倫理後果：哪怕不是有意撒謊，至少她容易誇大其詞，因此缺少總統品格。

關於未來的敘述，其事實性則有所不同：《中國日報》環球線上消息 2008 年 2 月 5 日報導，希拉蕊做了個關於未來的敘述：「如果美國國會無法在 2009 年 1 月（下任美國總統上任）之前結束伊拉克戰爭，我作為總統也將會讓它結束。」這話是否虛構？如果從問責角度，可以說既是又不是虛構：因為希拉蕊是否能成為總統尚懸而未決。

同樣，所有的廣告、宣傳、預言、承諾，都超越了虛構性／事實性的分野：作為解釋前提的語境尚未出現，本質上是虛構；但是這些敘述要接收者相信，就不可能是個虛構性文本。關於未來的文本，是一種超越虛構／非虛構分野之上的「擬非虛構性」文本。之

---

[34] Lubomir Dolezel, "Possible Worlds of Fiction and History", *New Liteary History*, No 4, 1998, pp 785-803.

所以不稱為「擬虛構性」，是因為發送主體意圖接收者把它們當作事實，不然它們就達不到目的。

因此，按虛構性／事實性，敘述文本可以分成以下四種：

（1） **事實性文本：新聞、歷史、檔案、檢舉告發、法庭辯詞等。**

（2） **虛構性文本：文學、藝術、戲劇、電影、笑話、電子遊戲等。**

（3） **擬事實性文本；廣告、宣傳、預言等。**

（4） **擬虛構性文本：夢境、白日夢、幻想等。**

此分類中有一個更加根本性的問題：虛構性文本，其題材規定性質就是不實之詞，因而不能以真假論之。但是符號文本傳送的底線是「事實性」，不然接收者沒有接收的理由。本書第十二章第五節討論述真問題時，仔細解說過這種表意方式的機制：虛構文本必須在文本主體之外，構築另一對文本主體，它們之間能做一個「事實性」文本的傳達：講話者（作者）只是引錄一個特殊發送者（例如小說的敘述者）對另一個特殊人物（聽他講故事的人物，所謂「受述者」）所講的「代理事實性」故事。例如斯威夫特的《格利佛遊記》是虛構的小說：斯威夫特本人對「事實性」不問責，由代理發送人格利佛對小人國等敘述的「事實性」負責。顯然，一個事實性敘述（如檢舉告發），或擬事實性敘述（例如預言）作者不能躲在敘述者背後。

反過來說，如果敘述主體不分化，這個文本就不可能虛構的，而必然是「事實性」的。發送主體可能撒謊，或由於其他原因有意說錯，但說此敘述「撒謊」或「不真」，就是把這文本作為「事實性」的來判斷：對虛構文本，我們不做如此判語。

麥克尤恩的小說《贖罪》以及由此改編的電影，其魅力正在混淆二者，後又在道義良心壓力下被迫區分二者：敘述者（一位女作

家）小時候因為嫉妒，冤枉姐姐的戀人強姦她，害得對方入獄並發配到前線，她一生無法擺脫「沒有贖罪」的苦惱。她敘述了與姐姐和姐夫重新見面，已經贖罪。但是到小說最後，又說這一段是她腦中的虛構，姐姐和姐夫都已經死於戰爭。她在作那一段敘述時，讓自己的人格分裂出一個「自己」作敘述者，因此那一段是假的，編出來安慰自己的良心的，但是最後她不得不對虛構編造懺悔。這裏的悖論是：無論事實還是虛構，都是這本小說中的虛構，但這個虛構世界中的敘述，依然是事實性的：不能用虛構來贖罪。

本節說的「擬虛構性文本」（白日夢、笑話等）之所以能成立，也正是因為它們在虛構體裁的框架裏，內核依然是「事實性」的。而一個人做夢時，絕大部分情況下覺得正在經歷真實的事件，這才能讓夢做下去。[35] 心理醫生聽取病人講述的夢境或幻想，在接收預期中，這是事實性的敘述，能夠暴露他的潛意識心理，不然醫生沒有必要聽下去。

4.敘述分類之二：記錄性／演示性

文本的媒介，可以成為文本分類的原則。本書第五章已經詳細討論過媒介的特點。本節要說的是：媒介會嚴重影響敘述的內在品質：表面上一個敘述可以從一個媒介轉換到另一個媒介，文字與圖像可以敘述同一個故事，巴爾特甚至認為敘述是翻譯時保留的東西（而詩歌恰恰是翻譯中丟掉的東西），但實際上媒介會嚴重改變敘述的內在品格，尤其是第二章第八節討論的符號距離。

---

[35] 偶爾人會意識到自己在做夢（所謂透明的夢 lucid dream），參見 Celia Green, *Lucid Dreams*, London: Hamish Hamilton, 1968, p 56.

按媒介性質，敘述可以分成以下幾種：

　（1）　**文字媒介：歷史、小說、日記等。**

　（2）　**語言媒介：講故事、口頭敘述。**

　（3）　**以身體為主的多媒介：舞蹈、默劇、戲劇等。**

　（4）　**以心像為主的潛敘述：夢、白日夢、若有所思等。**

　（5）　**以圖像為主的多媒介：連環畫、電視、電影等。**

敘述文本最常用的媒介是語言，但口頭話語是人類最基本的文本方式，而文字文本記錄了大量的文本，這兩種媒介有根本性的區別。

文字敘述是記錄性的，而記錄文本是固定的文本，歷史上抄寫－印刷技術的巨變，沒有改變其記錄本質：一旦書面文本形成，它不再變化，如琥珀中的蟲子一般歷時地固定了講述。只有近年出現的數位化書寫與互動文本，才發生了文本即時流變的可能，這是「書面」二字近年的變化。

口頭敘述卻是近距的，不僅其語言文本難以固定，口頭講述常常不是單媒介文本：不管是收音機新聞廣播，還是電視新聞，都可以附有許多「類語言因素」，例如語氣、場外音、伴奏、姿勢等等。每一次文本表演，文本變動不居，伴隨文本（姿勢、語氣、伴奏等）變化更大。

上列媒介類型中最引起爭議的可能是「潛敘述」，即未完成傳達的心理敘述：心理圖像——例如白日夢中的形象——其媒介是「心像」。我們的思索雖然不可能脫離語言，但是日有所思或夜有所夢，常常由形象構成。[36]頓奈特提出：人的神經活動實際上是在不斷地做「草稿」，而「心靈」實為此種打草稿的能力。[37]布魯納則聲稱「思

---

[36] 參見龍迪勇〈夢：時間與文本〉《江西社會科學》2002 年 8 月。

[37] Daniel Dunnett, *Kinds of Minds: Understanding Consciousness,* Basic Books, 1996.

想不是理性的推論，思想是講故事」。[38]心思或夢境，哪怕沒有形諸語言，也已經是敘述。

　　夢、白日夢、錯覺等心理敘述，沒有自己之外的接收者。但是它們與日記不同：日記是有意給自己看的，明確地以自己為接收者。夢與白日夢也充滿了意義，但是由於其載體（心像）的非傳達性，它們沒有完成表意過程。關於「夢無媒介」，見本書第五章第一節的討論。

　　這種敘述的接收者，是夢者本人，敘述者也是本人，但是需要醫生幫助才能找出。所以本章提出的最簡文本定義第二條，寫成「此符號組合可以可以被接收者理解為為具有時間和意義向度」，沒有說「另一接受主體」，因為接收者可以是符號發出者自己。此種心理敘述，可稱為「潛敘述」（sub-narrative）。潛敘述是任何敘述構築的基礎：我們心裏想的，比講的寫的多了很多。

5.敘述分類之三：「時間向度」

　　第三種分類方式，恐怕是最複雜的，那就是語態，在本書中稱為「內在時間」，從第一章第八節提出的符號文本定義，到本章第一節提出的敘述文本定義，都說了「被接收者理解為具有時間和意義向度」。本書已經一再解釋了各種「意義向度」，但是「時間向度」始終沒有解釋。所謂時間向度，就是本節要談的語態，雖然此處只談敘述文本，實際上所有的符號文本，在接收者那裏都會引發「時間向度」問題。

　　班維尼斯特在《一般語言學諸問題》中提出，語態（mood）的三種基本方式是普遍的：「任何地方都承認有陳述、疑問，和祈使這

---

[38] Jerome Bruner, "Life as Narrative", *Social Research*, Fall 2004, p 691.

三種說法⋯⋯這三種句型只不過是反映了人們通過話語向對話者說話與行動的三種基本行為：或是希望把所知之事告訴對話者，或是想從對話者那裏獲得某種資訊，或是打算給對方一個命令」。[39]

他的看法暗合了現象學的看法：敘述文本背後的主體關注，是一種「主體間」關聯方式。胡塞爾對「交互主體性」：「我們可以利用那些在本己意識中被認識到的東西來解釋陌生意識，利用那些在陌生意識中借助交往而被認識到的東西來為我們自己解釋本己意識⋯⋯我們可以研究意識用什麼方式借助交往關係而對他人意識發揮『影響』，精神是以什麼方式進行純粹意識的相互『作用』」。[40]語態，就是對他人意識發揮影響的方式，而這種影響對方的意圖，有時間方向。

班維尼斯特說的三種「講述」，討論的不只是講述行為，還是講述人希望講述接收者回應的方式，是貫穿說話人－話語－接收者的一種態度，這三種句式隱含著敘述主體的三種「意圖性中的時間向度」。有的學者已經注意到這三種語態模式在敘述學上的意義。[41]本書第一章給符號文本下定義時，就已經提出，所有的文本都會被接收者理解為攜帶著「內在的時間向度與意義向度」。這「內在的時間向度」，就是文本與接受中無法擺脫的意圖方向性。所有的符號文本，都貫穿了這個意義向度問題：例如一幅桂林山水的圖片，放在不同的符號文本中，似乎是同樣的內容，我們卻明白其中的語態：是經歷的記錄（過去向度），現場報導（現在向度），或是旅行社的

---

[39] Emile Benvesniste, *Problems in General Linguistics*, Coral Gable: Univ of Miami Press, 1971, p 10.

[40] 《胡塞爾文集》，倪梁康選編，上海三聯書店，1997 年，858-859 頁。

[41] 胡亞敏在她的《敘述學》一書中引用了班維尼斯特這段話，但是沒有擴展應用。烏里·瑪戈琳上引文，也提到「未來時文本」與「條件式，祈願式，義務式」等句型有關，但是她與「現在時」「進行時」等時態混合在一道討論（大衛·赫爾曼主編《新敘述學》，91 頁）。

敦請（未來向度）。含有時間方向意識的語態，是所有符號文本的普遍問題，只是在各種敘述文本中，這種分野更加重要，更加明顯。

本書仔細檢查各種符號敘述類型，以及它們的表意方式，發現敘述主體總是在把他的意圖性時間向度，用各種方式標記在敘述形式中，從而讓敘述接收者回應他的時間關注。三種時間向度，在敘述中不僅是可能的，而且是必須的。沒有這樣的三種時間向度關注，敘述就無法為接收者提供基本的接收模式。

按內在時間向度，可以對敘述文本作出以下的劃分：

（1）　陳述式（過去向度敘述）：歷史、小說、照片、文字新聞、檔案等。

（2）　疑問式（現在向度敘述）：戲劇、電影、電視新聞、行為藝術、互動遊戲、超文本小說、夢、白日夢等。

（3）　祈使式（未來向度敘述）：廣告、宣傳、預測、諾言、未來學等。

這三種敘述文本，主體意圖關注的時間方向不同：過去向度著重記錄，因此是陳述；現在向度著重演示，意義懸而未定，因此是疑問；未來向度著重規勸，因此是祈使。它們的區別，不在於被講述事件（內容）發生的時間：就被講述事件的發生時間而言，各種敘述甚至可以講同一個故事，用在不同的敘述之中，意義不同。

例如，所謂「未來小說」不是未來型敘述，未來小說發生在未來的過去，實際上是過去型敘述。其內容的未來性質，無法改變敘述體裁（小說）的過去性。傑克倫敦作於 1907 年的未來小說《鐵蹄》，敘述者艾薇絲在 1932 年美國工人階級「二次革命」時，回憶 1917 年「一次革命」時開始的美國工人階級與法西斯的內戰：「未來小說」依然是過去向度敘述。

真正的未來敘述，是承諾某事件會發生（或是恐嚇警告等否定性承諾），其眼光在將來。哪怕講的故事發生在過去，也是為了「吸

取過去的教訓對未來未雨綢繆」；廣告則以「可能發生過的故事」誘勸可能的購買者。研究者發現：廣告無法灌輸意義，而是靠觀眾的意識構築。觀眾想用幻想中的未來，實現自我的轉換，[42]因此是一種預言。

6.「現在向度」與意圖循環

現在向度敘述，問題最為複雜。有人認為小說與戲劇或電影敘述方式相似，有人認為完全不同。它們相似之處在於內容，在於敘述的事件，不同之處的內在時間向度：過去敘述給接收者「歷史印象」，對已經成為往事進行回顧（典型的體裁是歷史等「文字記錄式敘述」），因此是陳述式的；未來向度敘述目的是讓接收者採取某種行動，因此是「意動的」（借用第八章第四節所用雅克布森的術語），內在時間向度是未來的；而現在時敘述給接收者「即時印象」，時間的發展尚無定定局（典型的體裁是戲劇等「演示性敘述」），因此是疑問式的。

夢與白日夢等「演示性」敘述，是現在時的，其展開的基本形態是疑問，情節懸而未決。《紅樓夢》作為小說，一場夢必須醒後才能被敘述：「花柳繁華地，溫柔富貴鄉」之夢，必須在夢過之後，才由青埂峰下的石頭敘述出來。與此正成對比的是賈寶玉「夢遊太虛幻境」，對於睡在秦可卿床上的賈寶玉自己，是同時進行的，演示性的，現在時的。所以電影《全面啟動》（Inception）中複雜的六層夢套夢可以「同時」進行敘述，因為不是在說已成過去的事，敘述不需要滯後。

由於電視電影已經成為當代文化中最重要的敘述體裁，我們不得不詳為討論影視的所謂「現在向度」。電影學家拉菲提出：「電影

---

42 Judith Williamson, *Decoding Advertisements*, London: Marion Boyars, 1978, p 56

中的一切都處於現在時」；[43]電影符號學先驅者麥茨，也進一步指出這種現在時的原因是：「觀眾總是將運動作為『現時的』來感知」。[44]畫面的連續動作，給接收者的印象是「過程正在進行」；巴爾特認為，電影的「拍攝對象在漸變著，他不強調自己的真實性，不申明自己過去存在……電影是『正常的』，就像生活一樣」；[45]羅伯－格里耶也強調說：電影的「畫面是現在時。即使我們看到的是『閃回』，即使涉及的是回憶，任何畫面特性也顯示不出現在，過去和將來的差別，畫面永遠是現在時狀態的畫面」。[46]

　　如此多的理論家和電影學家把他們的立場說的很清楚，但是電影的「現在時」依然讓不少人困惑。電影似乎是製成品，是記錄。戈德羅與若斯特就認為電影是預先製作好的（已製成膠捲或DVD），因此「電影再現一個完結的行動，是現在向觀眾表現以前發生的事」。所以電影不是典型的現在敘述。他們認為「（只有）戲劇，與觀眾的接受活動始終處於**現象學的同時性**中」。[47]戲劇是「現在時」，因為一切都未定，讓接收者有一種干預衝動，這點本書在第九章第八節討論戲劇反諷時談到過。觀眾看電影時，由於目擊故事發生，一般沒有意識到他們之所見，來自記錄性載體。

　　電影與小說的時間有沒有本質區別，是學界至今爭論未休大難題。本書的觀點是：第一，戲劇與電影，因為它們都是演示性敘述，在意圖性的時間方向上接近，而與小說等過去敘述有本質的不同。

[43] Albert Laffay, *Logique du Cinéma: Création, et Spectacle*, Paris: Masson, 1964, 18.

[44] 麥茨，《電影語言：電影符號學導論》，劉堯森，遠流，臺北，1996，20 頁（Christian Metz, *Essais sur la signification au cinéma*, Paris: Klincksieck, 1972）。

[45] 羅蘭‧巴特（Roland Barthes），《明室》北京：文化藝術出版社，2003 年，141‧142 頁。

[46] 羅伯－格里耶：〈我的電影觀念和我的創作〉，《出版商務週報》2008 年 5 月 11 日，24 頁。

從敘述被接受的方式上看，電影與戲劇，都具有「現象學的同時性」。
堅持認為兩者不同的學者，認為戲劇的敘述（演出）類似口述故事，
演員至少感覺上有臨場發揮的可能，情節就有不確定性；而電影是
製成品，缺少這種不確定性。[48]

　　實際上，敘述的品質不取決於文本的發出，而取決於接收：接收
者直覺印象的共時性，決定了「意識中的時間」。在現象學看來，內
在時間（internal time）不是客體的品質，而是意識中的時間性。舞臺
或銀幕上進行的敘述行為，與觀眾的即時接受之間，存在「未決」張
力。小說和歷史固然有懸疑，但敘述是回溯的（這點在西文中非常明
顯）：一切都已經寫定，已成事實，已經結束。讀者會急於知道結果，
會對結局掩卷長歎，卻不會有可以參與改變敘述進程的衝動。

　　今日的網上互動遊戲與鏈文本（情節可由讀者選擇的動畫或小
說），更擴大了「現在敘述」這種進程「待決」張力，接收者似乎靠
此時此刻按鍵盤控制著敘述的發展，在虛擬空間中，「正在進行」已
經不再只是感覺。這種現象，可以稱為「現在在場」（the present
presence），海德格稱為「此刻場」（the moment-site）。[49]這不是敘述
內容的固有品格，而是某些敘述體裁接受的特定程式，是構建文本
中的時間意圖的綜合方式。

　　這種理解，也符合社會學家對影視接受的調查。瑪格麗特・莫
爾斯在傳媒研究一篇具有開拓性的論文中指出：電視新聞或「現場

---

[48] 戈德羅與若斯特認為戲劇電影都是「重述」過去的事，它們與小說不同之處
　　只在於「戲劇和電影不是一個故事的表現而是再現，這個故事作為手稿、腳
　　本、小說、歷史、神話或一個想法而現存於人們的頭腦之中」。戈德羅和若
　　斯特《什麼是電影敘述學》北京：商務印書館，2005 年，135 頁。
[49] 此術語德文 Augenblicksstatte，見 Martin Heidegger, *Contributions to Philosophy*,
　　Bloomington: Indiana Univ Press, 1999, p 235。海德格對康德思想的闡述，見
　　Martin Heidegger, *Kant and the Problem of Metaphysics*, Bloomington: Indiana
　　Univ Press, 1997, p 83.

報導」中「新聞播音員似乎自然而然地與觀眾對話」。播音員好像不是在讀新聞稿，而是在做實在的口頭講述。「這種做法有意混淆作為新聞從業人員的播音員，與作為發表意見的個人之間的區別」。電視觀眾會覺得播音員在直接對他說話，因為觀眾看到敘述行為本身：播音員啟合的嘴唇「發出」新聞消息：「我們看到的講述說出的時間，與（被講述）資訊本身的時間同步」。[50]

　　這種「同步」，大部分情況下只是假相。但是對於絕大部分觀眾，預錄與真正的直播效果相同。社會學調查證明：絕大部分觀眾認為新聞是現時直播的。[51]新聞實際上是「舊聞」，是報導已經發生了的事件，這一點在文字新聞中很明顯，而電視播音的方式，過去的事就有了一種即時感，甚至如真的現場直播一樣，給人「正在進行因而結果不可預測」的感覺。電視新聞衝擊世界的能力，就在於這種「現在時間」。

　　電視新聞的這種「現在在場」品格，會造成集體自我誘導，是許多群體政治事件背後的導火線：電視攝影機的意圖方向如此清晰，以至於被報導敘述的事件發展，會循文本意圖發生。此時，敘述發送主體（全球影視網的製作者）、敘述（被訪者所言所行）、敘述接收者（所有的觀眾，包括上述製作者與被訪者），全部被懸掛在一個不確定的意義空白之中，朝下一刻的不明方向發展。而這個方向，是意識形態與社會主流價值預設的：採訪者知道要拍到什麼故事，被採訪者也知道電視臺要聽到什麼故事（也就是宣講何種倫理價值），因為他們自己就是觀眾。

---

[50] Margaret Morse, "The Television News: Personality and Credibility", (ed) Tania Modleski, *Studies in Entertainment,* Bloomington: Indiana Univ Press, 1986, pp 55-79.

[51] Fanie Feure, "The Concept of Live Television: Ontology as Ideology", in (ed) E, Ann Kaplan, *Regarding Television*, Frederick MD: Univ Publication of America, pp 12-22.

　　事件的在場性就把預設意義，以我們的內心敘述方式，強加給當今，「新聞事件」變成一場我們大家參與的演出。預設意義本來只是各種可能發展的一種，在電視攝影機前，卻在場實現於此刻：其結果是被敘述加入敘述，而敘述主體講述自己。敘述的意義擴散本來應當不受控制，結果加強了原有「共識」。「現在向度敘述」持續疑問的結果，出現的是自我回答，意圖意義實現自身。

　　這就讓我們又回到本書第二章第七節討論的「自我符號表意」問題。一個集團主體在發表意見，但是沒有足夠的時間和意義距離（雖然在空間上轉了一大圈，到衛星上轉播回來），最後符號敘述表現出來的，依然是敘述自身攜帶的元語言。

第十六章　身份與文本身份，
　　　　　自我與隱含自我

1.術語群辨析

　　很多人試圖建立一門「主體符號學」，但是至今這個工作至今還是處於創立階段，無法找到比較清晰的論辯基礎，甚至未能確定一個大家能同意的問題範圍。自從五〇年代梅洛－龐蒂試圖融合存在主義與符號學，[1] 在這方面有所努力的學者很多，可能以格雷馬斯用力最多。自格雷馬斯去世，此學派似乎後繼無人。

　　格雷馬斯不像其他符號學家，有明顯的結構主義階段，然後突破進入後結構主義。可以說他堅持了結構主義，也可以說他的結構主義本來就是後結構主義，這中間的混雜，讓後來者感到難以為繼。高凱（J.C. Coquet）的「主體符號學」理論一度相當盛行，[2] 但是今日似乎應者不多。本書第一句話就說「人的精神」浸泡在符號中，精神應當是符號學研究的重點，雖然已經出現「存在符號學」專著，但至今，精神符號學（Semiotics of Mind）依然是大半空白。

---

[1]　參見 Richard L Lanigan, *Speaking and Semiology: Maurice Merleau-Ponty's Phenomenological Theory of Existential Communication,* The Hague: Mouton, 1991, p 18.

[2]　參見王倫躍《主體符義學》，王銘玉、宋堯編《符號語言學》，上海外語出版社，2005 年，170-181 頁。

　　符號學討論主體問題的難點是：主體這個課題，在西方哲學中已經演變得非常複雜。從笛卡爾之後，西方思想基本上圍繞著主體問題展開；十八世紀康德與黑格爾的哲學對主體的建構，形成幾種不同的體系；二十世紀則是拆解主體的時代：馬克思主義文化哲學認為主體受文化霸權與意識形態的宰製；胡塞爾把主體置入意識中的自我和他者的複雜關係之中；佛洛伊德把主體分裂成衝突的若干部分，摧毀了主體獨立的幻覺。二十世紀七〇年代之後，「主體性」更受到後結構主義與解構主義的毀滅性打擊：完整的主體，在學理上已經無法辯護。

　　上世紀六七〇年代，當搭建符號學原理基礎的工作暫時告一段落，格雷馬斯等人騰出手來處理符號與主體、身份、情感、經驗這樣複雜的主觀問題時，就面臨困局：哲學有關主體的論辯已經過於成熟。此時，符號學的長處——即把問題分解成形式元素，然後找出它們的關聯與互動規律——就顯得緩不應急。論者不得不略過步步為營的論證，一蹴而就地跳到「主體性解構」這樣的哲學前沿問題。

　　這就是「主體符號學」面臨的困難：這些著作讓人覺得原理尚未講清，討論卻不如文藝學和哲學激進。任何問題，趕時髦抓術語是最容易的，但在符號學這樣從基本單元做起的學科中，這樣做構不成論證。本書還是回到符號這最基礎的單元，從最基本的形式要素談起，看最後能否循序漸進，深入主體的討論，為此，本書並不準備與其他學科關於主體問題討論保持一致。

　　與先前各章一樣，本章必須清理幾個糾纏在一起的概念：主體（subject）、自我（self 或 ego）、自我意識（self-consciousness）、人格（personality）、身份（identity）、認同（identification）等等，都是「個人」一詞的所謂「同義詞群」，這些詞都在廣泛使用。「個人」（individual）的詞根意義，原是「不可分」，（non-dividable），[3]到

3　Susan Petrilli and Augusto Ponzio, *Semiotics Unbounded:Interpretative Routes*

如今，個人就是分成了許多概念。況且，以上的中譯，只是許多譯法中舉一而已。本章略加辨義，然後進入本書自己的討論，不再糾纏於西語本身的混亂，以及翻譯造成的困難。

這個詞群中最使人困惑的，是「主體」。西文 subject 一詞，並沒有像中文那樣強烈的作「主」色彩。語法上的 subject 譯成「主語」，就已經不盡合適。從米德（George Herbert Mead）1934 年的著名遺作《心靈，自我，社會》提出主體互動論開始，[4]西方學者不斷討論「主我」（I）與「客我」（me）之間的複雜關係，me 依然是「自我」，卻不是主語，客我從主我分裂出來，是一個不完整的主體。[5]

班維尼斯特否定 subject（主語）有穩定的 subjectivity（「主語性」），他認為每次說話都有不同的 subject，離開具體的話語，具體的符號表意行為，就沒有 subject。格雷馬斯則在元講述層次上討論這個問題：他指出所有的「陳述」都是 subject 的「知識」以及「意願」，所有的話語，都是「我說」的產物，都隱含著「我說」。例如「我走了」，實際上是「我說『我走了』」。因此「我走了」這句子裏的「我」，實際上「主語性」不足，因為「我」是「我說」的客我。他們這些論辯，在中國人看來，同詞反覆地糾纏，實際上都是在說 subject 作為主語很不穩定：中文幾乎無法傳達代詞格變格給這些西方論者的焦慮。

更重要的是，在西文中，subject 的另一個意義是「臣民」（君主之外所有其他人），作為動詞，是「臣服」、「順從」。中文中「主體」意思卻是「帝王的統治地位」（「上以安主體，下以便萬民」《漢書·東方朔傳》）：這樣意思只有中文才可能有。[6]

Through the Open Network of Signs, Toronto: Univ of Toronto Press, 2005, p 45.

[4] George Herbert Mead, *Mind, Self, Society,* Chicago: Univ of Chicago Press, 1934.

[5] 參見 Robert G, Dunn "Self, Identity, and Difference: Mead and the Poststructuralists", *The Sociological Quarterly*, Autumn, 1997, pp 687-705.

[6] 朝鮮的用語「主體思想」，朝鮮的英文出版物上作 Juche Ideology；「主體電

　　因此西方學者在討論主體性時，可以討論「主體的順從性」這樣從中文看來不成立的命題。傅柯提出「屈從知識」（subjugated knowledge）這一概念，指「一套」屈從的知識」是「一套被視為無用或未充分闡明的知識；天真的知識，位階極低，遠在認知和科學性門檻之下的知識。」（a whole set of knowledges that have been disqualified as inadequate to their task or insufficiently elaborated: naive knowledges, located low down on the hierarchy, beneath the required level of cognition or scientificity.）（Foucault 1980: 82）這些「屈從的知識」通常是種在地的「人民的知識」（popular knowledge; le savoir des gens）。「被視為無用或未充分闡明的知識，天真的知識，位階遠在認知和科學性門檻之下的知識。」[7]拉達克里希南（R. Radhakrishnan）指出：「站在『屈從主體』（subjugated subject）立場的現代理論家們（女性主義者、種族理論家、後殖民主義批評家等）均抗議將他們看作處於主流結構中『缺失』和『不在場』的位置」。[8]

　　而下面這段話，是著名性別理論家巴特勒寫的：「權力強加於臣民（subject）身上，迫使他們服從，從而採取了一種心理特徵構成主體（subject）的自我身份，權力話語的內化創造了主語（subject），而服從（subjection）包含了這種對話語根本性的依賴」。[9]原文在一詞三義中打轉，目的是說明主體來源於服從。英文原文讀起來簡直

影」，Juche Cinema；「主體足球」，Juche Football。他們避免用 subject，倒是避免了意義混淆。

[7]　Michel Foucault, *Power/Knowledge: Selected Interviews and Other Writings*, 1972-1977, Ed, Colin Gordon, Trans, Gordon et al, New York: Pantheon, 1980, p 82.

[8]　R, Radhakrishnan, "Toward an Effective Intellectual: Foucault or Gramsci?" *Intellectuals: Aesthetics Politics Academics*, Ed, Bruce Robbins, Minneapolis: Univ of Minnesota Press, 1990, p 64.

[9]　Judith Butler, *The Psychic Life of Power, Theories in Subjection*, Palo Alto: Stanford Univ Press, 1997, pp 2-3.

像繞口令。這段中譯是我做的，我再三思考挑選不同的對應詞並且括弧加注，中文讀者依然不會明白巴特勒在說什麼。維根斯坦說，詞語決定了我們理解的世界，這是一個很讓人悲觀的例子：西語的 subject 與我們心目中的「主體」的確很不相同。

還有更重要的一層區別：中文「主體」一詞，現在詞典上的正式解釋是「在認識和實踐中的人」。[10] 而西語的 subject 是在詞典上的解釋是「思想、感情的實體」（a thinking or feeling entity），屬於「意識或自我意識的領域」（realm of [self-]consciousness），也就是說，subject 只與心靈相關聯；而「行動主體」（agent）是有「按選擇行動能力」（capacity of acting on one』s choices）的人，實際上 subject 常被比喻地定義為「thinking agent」（思索行動者）。[11]

因此，中文的主體包括心靈與實踐，而西文的 subjectivity 只是心靈的，不是行動的：行動的「主體性」在西語中應當是 agency。這個差別引出中西方「主體性」觀念的巨大差別：中國哲人不斷在討論的「知與行」關係問題，在西方哲學中幾乎不存在主體如何實踐這題目。有美國漢學家寫了整整一本厚書，討論中國現代文學中「缺乏 agency（行動主體）的道德責任感」，[12] 中國人不太明白此書在討論什麼。

我們從中文中研究主體問題，會覺得西方論者討論不著邊際。學術上的確需要一點跨文化理解，但是也必須看到語言造成的障礙。與其在中文中強為體會「主體」的層層意味，本章不如換個角度，從符號學角度分析「自我」（self）與「身份」（identity），然後看如何理解主體性，以及它們與符號表意的種種關聯。

---

[10] 《古今漢語詞典》，商務印書館，2001 年。

[11] T, F, Hoad (ed), *The Concise Oxford Dictionary of Word Origins*, London: Guild Publishing, 1986, p 469.

[12] Sabina Knight, *The Heart of Time: Moral Agency in Twentieth-Century Chinese Fiction*, Cambridge Mass: Harvard Univ Press, 2006.

2.從主體到自我

本書一開頭就已經討論過：一個理想的符號表意行為，必須發生在兩個充分的主體之間：一個發送主體，發出一個符號文本，給一個接收主體。發出主體在符號文本上附送了它的意圖意義，符號文本攜帶著意義，接收者在則推演出他的解釋意義。這三種意義常常不對應，但是傳達過程首尾兩個主體的「充分性」，使表意過程中可以發生各種調適應變。這表現在第五章「述真」討論的種種變體中。

在實際符號傳達過程中，「充分性」並不是自我資格能力的考量，而是自我有處理意義問題的足夠的自覺性。自我並不是意義對錯或有效性的標準，只有承認對方是符號「遊戲」的參加者，表意與解釋才得以進行。德里達在《聲音與現象》中說：「表述是一個志願的、堅定的，完整地意識到意向的外化。如果沒有使符號活躍起來的主體意向，如果主體沒有能賦予符號一種精神性，那就不會有表述」。[13] 解釋也一樣如此，沒有意向，無法解釋。

符號文本，落在發出與接收兩方之間的互動之中，其中的主體性，只能在主體之間的關係中解決。符號傳達是一個互動過程，主體只能理解為「交互主體」，或者說，主體性就是交互主體性（intersubjectivity）。而在一個文化中，符號文本進入傳播流程，最後演化成「共同主體性」（com-subjectivity）的一個部分。這是本章的主要論述路線。

人類文化中的大部分符號接收，必須從對方的立場調節接受方式，交流才能在無窮的變化中進行下去。而符號過程，正是對這種

---

[13] 德里達《聲音與現象：胡塞爾現象學中的符號問題導論》北京：商務印書館，1999 年，3 頁。

「獨立主體」神話的挑戰，迫使接收者考慮對方的立場。這樣理解的主體，是相互的、是應答式的，是以他者的存在作為自己存在的前提。

　　胡塞爾是現代最後一個主體哲學論者。他思考的主體性依然是「絕對而純粹的同一性」，但他已經看到：主體與他者必須結合成一個主體之間的「移入」與「共現」關係。在這種關係中，他者實際上是「另一個自我」，或稱「他我」。胡塞爾在他晚年最後的思索中，從認識論角度考慮主體間性，主體間性是從自明的主體性中派生出來。他提出：「每一個自我主體和我們所有的人都相互一起地生活在一個共同的世上，這個世界是我們的世界，它對我們的意識來說是有效存在的，並且是通過這種『共同生活』而明晰地給定著。」[14]個體之主體性，只有在共體主體性裏才得以實現；共體主體性也只有在眾多的個體發揮主體性時，才得以實現。這點構成了我們討論的基礎：在符號傳達中，只能依靠主體間性，即與他人的關係，來理解自我。

　　任何符號表意和解釋活動，都需要從一個意識源頭出發：無論表意和解釋，沒有「自我」的意圖，就不可能進行。因此，我們稱為「主體」的概念，在符號學的具體分析層面上，與「自我」大致可以互換。

　　自我必須在符號交流中形成，拉岡對「交流構成自我」說得相當清楚：「當發出者從接收者那裏接到反方向傳來的自己的資訊……語言的功用正是讓他人回應。正是我的問題把我構成為主體」，因此「構成自我的是我的問題」。[15]我對我在符號交流中採取的各種身份有所感覺、有所反思、有所覺悟，自我就在這些自我感覺中產生。

---

[14] 弗萊德・R・多爾邁，《主體性的黃昏》，上海：上海人民出版社，1992 年，第 63 頁。

[15] Jacques Lacan, *The Language of the Self*, Baltimore: Johns Hopkins Univ Press,

　　為了避免上一節討論的術語糾纏，我們先論證，在什麼情況下可以把「自我」當作「主體」的同義詞來使用，用「自我符號學」（semiotics of self），代替至今難以釐清的「主體符號學」（subjective semiotics）；下面幾節，將討論「自我」與「身份」在符號學中的關係，討論自我如何在各種身份中運動；然後進一步討論「文本身份」與「符號自我」的關係。經過這樣一步步解析，或許我們能憑藉符號學，把主體問題整理得明白一些。

3.從自我到身份

　　「身份」一詞捲入的問題相當複雜，但是比「主體」容易整理清楚。此詞源自拉丁語 idem（相同），演化出二義：「身份」（identity）與「認同」（identification）。當兩個意義都有時，中文不得不一詞雙譯，疊成「身份認同」。例如經常出現的說法「the subject's identity」，中文表述就出現了麻煩，有時候是「主體的身份」，有時候是「主體的認同」，有時候則是「主體的身份認同」，一個短語三個不同的譯法，而且意義的確不同，弄得中文論文中也經常三種說法互換。[16]筆者覺得中文區分「身份」與「認同」是有必要的，雖然此時西文是一個詞，但是西文的不便並不必成為中文的混淆。

　　自我必須在與他人，與社會的符號交流中確定自身，它是一個社會構成，人際構成，在表意活動中確定自身。而確定自我的途徑，是通過身份。在具體表意中，自我只能以表意身份或解釋身份出現，因此，在符號活動中，身份暫時替代了自我。實際上這些身份，有真誠有假扮（對於無聊節目，我習慣性地鼓掌）、有長久有暫時（此

　　1968, pp 62-63.
[16]　房芳：〈知識男性的主體身份認同探析〉，《中國學術研究》，2007 年第 5 期。

刻我是教師，一旦離開課堂，這個身份就消失）、有深思有本能（我為惡夢而感到恐怖，沒有去想何必如此）。如此多靈活易變的身份，暫時遮蔽了，替代了自我。但是最後能集合的自我，只能是自我採用的所有身份的總集合：自我還是比較穩定的。

明白了這一點，我們就可以區分自我與身份：身份是與符號文本相關的一個人際角色或社會角色。對於任何符號表意，都有一個身份相應的問題。身份不是孤立存在的，它必須得到交流對方的認可，如果無法做到這一點，表意活動就會失敗。我以一個軍官身份發佈的命令，如果對方不承認我的命令背後的軍官身份，也就是不採取相應的士兵身份來接收，那麼這個符號意義就落空，我就成了空頭司令。

人一旦面對他人表達意義，或對他人表達的符號進行解釋，就不得不把自己演展為某一種相對應的身份。人有可能，有能力展示或假扮許多身份，但是一個特定的人，很難展示某些身份：老人因為性情不喜歡「裝嫩」，知識太少的人很難展示學者身份，男子因為生理原因很難裝女子身份。特別有能力喬裝身份的人，是演員，或是騙子：要偽裝身份，他們必須有意願，也有對自己發出的符號文本（例如言語、姿態）進行「修辭」的能力。

哪怕在第二章中討論到的「自我符號」場合，自己的冥思苦索，也是把自己當作表意對象，是在自己內心經驗中努力將自我對象化，因此也需要身份。當我面對自己思索或夢想，我必須用同等的身份表意，也以同等身份接收。不然我很可能患有多重人格症（Multiple-personality Disorders）。此類患者的行為，無法以常人在不同場合用不同身份來解釋。他調換用的是人格而不是身份，每個人格有其姓名，記憶，特質及行為方式，通常原來的人格並不暸解另一個人格的存在。[17]

---

[17] 《精神疾病診斷和統計手冊》第三版，1980。

　　人格分裂就是是正常還是病態，現在成了一個可爭論的問題。斯蒂文森的著名中篇小說《化身博士》（Dr Jekyll and Mr Hyde），把主體分裂歸罪於藥物，但是小說的確反映了現代世界壓迫自我分裂的壓力。[18]丹尼爾‧貝爾在《資本主義文化矛盾》一書，就指出成熟的資本主義文化中道德無法合一，資產階級必須「白天正人君子，晚上花花公子」；[19]詹姆遜把精神分裂看成是資本主義社會的人格病，因為他們無法讓個人與世界合一，無法再時間中把握延續；[20]但是德勒茲則聲稱精神分裂者才能對抗資本主義的合一化勻質化壓力，才能把人格從社會壓力中解放出來。[21]他的意思是真實的自我應當是分裂的。

　　如果自我是靠各種符號身份集合而成，那麼一定說自我是完整的，就是要求過高了。**自我是身份結合形成的，因此「身份的真假」，實際上是此身份與同一自我的其他身份之間的關係。**身份的獲取可以到非常「認真」的程度，所謂「認真」，是與「自我」的其他身份距離相當近：寫作時的性角色（例如女作家喬治‧艾略特用男人身份寫作），可以說有真有假，但是同性戀中的性角色，就不能說是假的。沒有身份是絕對「本真」或絕對「偽造」的，連騙子也會考慮，自己裝某種人物是否合適，是否蒙混得過去。

　　社會文化中的人變換身份的能力，遠遠超過我們自己意識到的程度：身份不僅是表達任何符號意義所必須，也是接收符號文本的

---

[18] 趙毅衡，〈斯蒂文森《化身博士》譯序〉，《化身博士》，雲南人民出版社，1979年，4頁。

[19] 丹尼爾‧貝爾《資本主義文化矛盾》，北京：三聯書店，1989年，6頁。

[20] Fredric Jameson, "Postmodernism and Consumer Society" 1983, p 118.

[21] Gilles Deleuze and Felix Guattari, *Anti-Oedipus: Capitalism and Schizophrenia*, Minniapolis: Univ of Minnesota Press, 1983 Gilles Deleuze (Author)› Visit Amazon's Gilles Deleuze PageFind all the books, read about the author, and more. See search results for this author "Are you an author? Learn about Author Central".

基本條件，而接收身份幾乎是強加給我們的。例如：面對發出符號文本的父親、長官、法庭、教師、導演、歌手、廣告商，我們不得不選擇是否採用兒子、下屬、犯人、學生、觀眾、歌眾、潛在購買者的身份來接收，我們對符號文本的接收和解釋，必須在這個選擇上建立。

我們可以拒絕採用採取發出者料想中的身份，採取非發出者意圖中的身份。例如採取逆子身份，父親的話就失去權威性；採取觀眾身份，教師的話就失去認知價值；採取批判者身份，導演的文本就失去催人淚下的逼真性。因此，同樣的符號文本，意義因接收身份而異，這點我們在第七章討論「意圖定點」時已經說過。反過來說，意義的實現，是雙方身份應和（對應或對抗）的結果，應和得出迎合的意義，對抗得出反諷的意義；完全沒有身份應和，就沒有意義可言。

因此，在哪怕同一社會交流場合，一個人的身份可以有很多重，取決於參與表意的各種解釋需要，永遠變動不居。例如舞臺或電影演出：說演員即「能指」，角色即「所指」，[22]這種戲劇符號學是過於簡單了：演出中的身份方式異常複雜。巴爾特的《明室》一書中討論攝影，說面對鏡頭的人同時有四個身份：「我以為我是的那個人，我希望人家以為我是的那個人，攝影師以為我是的那個人，攝影師要用以展示其藝術的那個人」。把巴爾特的分析再推進一步，我們可以看到，在舞臺上，就至少有六種身份。為了方便討論，括弧裏列出解釋，以及筆者建議的英文對應詞：

　　我認為我是的那個人（可以稱為「自我」self）；
　　我希望人家以為我是的那個人（可以稱為面具 persona）；

---

[22] Sam B Girgus, *America on Film: Modernism, Documentary, and a Changing America,* New York & London: Cambridge Univ Press, 2002, p 238.

導演以為我是的那個人（可以稱為演員 actor）；

導演要用以展示符號文本的那個人（可以稱為角色 character）；

觀眾明明知道我是某個人（我的名字代表的人 person）；

但是被我的表演所催動相信我是的人（進入角色的人格 personality）。

上面六種身份，分成三對。自我處於三個平面上：前演出、演出、被演出；接收者也有三個平面：自己、戲劇的敘述框架（演出的安排）、觀眾。如果我們同意本書第十二章中提到的戈夫曼關於人生「演劇化」的觀念，那麼這六層身份實際上普遍存在於每個人的生活中。作為一位教師，我一樣要面對自己、領導、學生，一樣有演出與被演出的六層身份。

據說「好的演員表演的是角色，低能的演員表演的是自己」。實際上六種身份隱與露非常多變，而觀眾的期盼各不相同。「演技派」演一人像一人，「本色派」演的都是自己。我們去看名演員表演，很想看到「他自己」，但是我們無法清楚李小龍的「人格」，只能滿足於欣賞他的面具。

因此，表演，或人生，是一個異常複雜的符號行為，只是我們做慣了，對此並不自覺。我們每個人要應付各種社會場合，所謂人生如戲，就是在各種符號行為中，不得不用太多的身份，同時還要讓「自我」延續下去。這樣的自我很難整齊，只是嚴重人格分裂，只出現於特殊人物的特殊場合。例如潛伏間諜，他每次「演出」的文本身份不同。身份五花八門，要間諜的自我不四分五裂，需要特殊人才。

符號交流身份，分作很多類別範疇：有性別身份、性傾向身份、社群身份、民族身份、種族身份、語言身份、心理身份、宗教身份、職業身份、交友身份。隨著文化局面的變化，還會有新的身份範疇

出現，例如最近出現的網路身份（online identity）。人在符號交流中，不可能以純粹抽象的自我出現，他只能隨時採取一種身份，甚至採取多種身份，進入符號意義遊戲。

　　反過來說，就是憑藉這些意義身份的集合，自我才得以形成。心理學家威廉・詹姆士說的極為通俗：「自我」就是「我所擁有的一切」：身體、能力、房子、家庭、祖先、朋友、榮譽、工作、地產、銀行帳戶。[23]的確在每一個「擁有」中，都出現一個身份。當代政治哲學家查理斯・泰勒，也認為我們的「存在性困境」，來自「對無意義的恐懼」，因此，「我們是靠表達而發現生活的意義的」。[24]羅素也從像似方向認為確認自我是可能的：「當我們試圖向內心深處看，我們總是面對某種具體的想法或感覺，而沒有看到擁有這些思想或感覺的『自我』，儘管如此，有理由認為我們能認識『我』，只是這種認識難以與其他事物區分」。[25]

　　身份似乎是每次表達意義的臨時性安排，但是有自我作為身份的出發點，人的各種身份之間就有了三種特徵，即是「獨一性」（uniqueness），身份是自我自覺的選擇；「延續性」（continuity），符合自我的一貫性；以及「歸屬性」（affiliation），即參與一定的社會組合。三種特徵實為三種「自我認知」（self-knowledge），自我是這些身份認知集合的地方：一旦自我消失（例如死亡、昏迷、「混世」），這些身份認知就無以存身。身份能夠被偷竊借用（冒名頂替，例如假結婚取綠卡之類），自我卻不可能被借用：自我有能力明白所採用的各種身份之「真假」程度。

[23] William James, *The Principle of Psychology*, New York: Dover Publications, 1959, Vol 2, p 291.
[24] 查理斯・泰勒《自我的根源：現代認同的形成》，南京：鳳凰出版集團，2008，22-23 頁。
[25] Bertrand Russell, *The Problems of Philosophy*, London: Williams and Norgate, 1912, p 50.

身份是一種「面具」，榮格認為，「面具」（persona）是內部世界和外部世界的分界點。榮格說：「人格（personality）最外層的面具掩蓋了真我，使人格成為一種假像，按著別人的期望行事，故同他的真正人格並不一致。人靠面具協調人與社會之間的關係，決定一個人以什麼形象在社會上露面。」

的確，我們戴著面具表現著我們自己以及我們在社會中的角色。我們以此告訴外部世界我是誰，用面具去表現我們理想化的我。但在另一方面，面具的作用在於它維護了人的虛偽與怯懦，掩蓋了對未知事物的恐懼，啟動心理防衛機制，使人比較有自信地步入不同的環境。

而在我們用各種身份進行人際符號交流時，我們逐漸獲得每個場合所需要的人際認同（interpersonal identity）。這過程有三個步驟：第一步是「範疇化」，即是把相對於自我的他人貼上標籤。例如，要把自我定位為中產階級，第一步要把自我之外的他人，貼標籤為打工族等身份；第二步是把自己所屬的集團，與社會其他集團進行比較，例如把商界、官場、學界進行比較；第三步是認同，即在比較後把自己的身份歸於某個集團，例如歸屬於學界集團。這三步（範疇化、比較、歸屬），是排除過程：我認為我是什麼身份，取決於我認為我自認為不是什麼身份。

身份本身是多重的，哪怕在同一次意義行為中，自我也不得不採取多重身份：例如在同事聚會時，自我的身份是一個教師、一個思想傾向上的新左派、一個男人、一個丈夫、一個父親、一個喜歡說某種方言的人、一個某足球俱樂部的球迷、一個好喝藍劍啤酒的人，等等。這些身份可能同時起作用。但是可以看到：只有在作有關的符號意義交流時，才需要某種身份：不談足球時，不需要球迷身份；不談全球化進程，不需要新左派身份：身份必然只是符號活動的需要。

　　由此出現兩種身份傾向：本質主義（essentialism）、反本質主義（anti-essentialism）。本質主義認為自我有確定的本質，例如男女、種族，因此身份有恆常性，不會因不同場合的需要而隨時變化；反本質主義認為身份必然因時因地而異，隨時可以採取一個新的身份，沒有本質可言，例如女性自我不一定說「女人話」。

　　如果從身份的複雜性來說，的確有非常難以變動的部分（例如生理性別、膚色），以及可以變化的部分（例如性傾向、族群認同），甚至臨時採用的身份。本質主義在某些身份中佔優勢。例如我們提醒自己：永遠不要忘了我是黃皮膚的中國人，說明某些身份不是任人挑選的，而是不可更改地佔領著自我。但是在人的具體文化生活中，卻沒有一個身份是貫穿一切活動的，而且相當多的身份是臨時採用的。堅持一種身份，「三句不離本行」，讓人覺得偏執不正常。

　　我們看待他人，往往陷於本質主義：總認為某某性別、某某年齡、某某民族，不應當會做某某事，但是對自己卻往往以反本質主義之名，給自己機動的理由。由此，反本質主義往往出現於意圖意義，本質主義往往出現於解釋意義。本書第一章舉的例子（例如電影《刮痧》）就說明了這種不平衡。

　　因此，身份上的本質主義與反本質主義，都有一定道理，成為符號表意中的「身份政治」。正因為身份可以有非本質的部分，身份整合而成的自我，就是一個變動不居的整體。

　　自我不僅是各種身份的集合，自我用一個比較抽象的能力或向度，一種關於自身的思考，一種解釋元語言，來統領各種身份。[26]因此，此種「身份之和」的整體品格，可以稱為「意識」，或「自覺」，甚至「自覺意識」（the conscious mind）：各種身份及其文化解釋，

---

[26] Fernando Andacht, "A Semiotic Reflection on Self Interpretation and Identity", *Theory and Psychology,* no 1, 2005, pp 51-75.

只是構成了自我的不自覺的，雜亂的「表面層次」。只有自覺意識才能反思，才能給予表面層次以確定意義。[27]

因此，所謂自我，是隱身在身份的背後的意識，對他人來說不可捉摸，對自己來說也不一定很自覺。只有一部分身份，傾向於加強自覺意識，對保持自我有利；不少是無可奈何採取的，例如「雌伏做小」、「裝瘋賣傻」，它們如果延續太久，最後可能破壞自我的穩定。因此，自我與身份，構成複雜的互動關係，柏格森提出「深度自我」與「表演的角色」之間，總是存在張力。[28]深度自我是反思的自我，各種身份是自我對自己的文化說明，反過來，身份也能與自我構成衝突，形成競爭。[29]一個人的社會責任（例如父親身份），能使一個沉溺的沒有反思的自我，略為清醒一些。

如果一個人的自我具有反思能力，他的各種社會文化身份，就是自我的自覺延伸，自我就能控制身份的需要與壓力。自我的這種自覺反思品格，在現代凸現其重要性，原因是傳統社會結構的消失，使身份越來越變動不居。在傳統社會中，人的諸種身份相對穩定，自我不太需要反思；而在現代，身份過於複雜，自我的穩定性受到威脅。此時只有充分自覺的反思，才能把握自我。吉登斯認為，「反思性已延伸到自我的核心部位。或者說，在後傳統的場景中，自我成為反思性投射」。[30]

在佛教哲理中，很早就對自我有所論述。原始佛教說「無我」（Anatman），主張人無我，法亦無我。人無我指的是不存在常恒自

[27] Harold Garfinkel et al, "On Formal Structures of Practical Actions", in J, C, McKinney & E, A, Tiryakin, (eds), *Theoretical Sociology*, New York: Appleton-Century-Crofts, pp 338-366.

[28] 轉引自 William Ralph Shroeder, *Continental Philosophy: A Critical Approach*, Oxford: Blackwell, 2004, p 456.

[29] Norbert Wiley, *The Semiotic Self*, Chicago: Univ of Chicago Press, 1995, p 26.

[30] 安東尼・吉登斯《現代性與自我認同》，北京：三聯書店，1998 年，35 頁。

在的自我，法無我指一切由種種因緣和合生成，不斷變遷。「無我」解為「無主宰」，我非我身之主宰，世界萬物也沒有造物主。這兩種無我，實際上不可能共存。因為人法均無我，業報輪迴就落了空，沒有相續承繼者。為此，小乘大乘佛教諸派，提出種種複雜理論。大乘的般若實相宗，提出「如來藏」，即佛性我（Buddhato），乃實踐種種假相後面的「實相」。實際上已經同意有本體佛性。漢傳佛教從天臺宗到華嚴宗，已經開始含混本心究竟是「真心」還是「人心」。

禪宗對這個問題的回答就毫不含糊了：如果沒有萬有之主宰，佛性就只能存於人心。眾生皆有佛性，佛性能否取得，就是自我的一種選擇，慧能《壇經》裏說：「一切萬法，盡在自身之中」。能否見心成佛，只在乎一念之間。在禪宗看來，自我雖是流變無常，卻是定慧的轉紐之綱。「有我」成為以我為主，佛性佛法，反而是自我可以獲得的。

4.當代文化的身份──自我危機

我們大部分人，所謂芸芸眾生，還是期望自己的自我相對穩定地存在，至少在一定時期一定文化環境內，可以作為各種表意身份的依託。我們也意識到，自我會在它採取的身份壓力之下變化。一旦自我不能相對穩定，人就會很痛苦。我們經常看到一夜成名或一夜暴富（例如贏了彩票大獎）者再三強調：「我還是我自己」，就是這種自我穩定期望。

「存在性安全感」是精神分析家萊恩提出的概念，萊恩認為：「一個基本上有著存在性安全感的人，他對自己和他人的現實性與統一性具有根本上是穩固的感覺。」萊恩對這樣的自我非常樂觀：「在通常的環境中，他與周圍世界有著明顯的區別，因而他的身份和意志自由也都毫無問題；他具有內在的一致性、實在性、真實性，以及

內在的價值；他具有空間上的擴張性；最後，他具有時間上的連續性；他既然降生於世，就決定要走向死亡。要是這樣，個體就獲得了存在性安全感堅固的核心。」[31]

這倒是一個很理想的境界：一個擁有存在性安全感的人，能夠依賴自身與環境之間穩固的聯繫，得到對自我的確認，也就能實現自我的生存價值。但是這樣的理想狀態在哪裏呢？依然要靠身份。

馬克思說，在未來社會，「工業的這種發展將給社會提供足夠的產品，以滿足全體成員的需要」，在這個基礎上，「社會調節著整個生產，因而使我有可能隨我的心願今天幹這事，明天幹那事，上午打獵，下午捕魚，傍晚從事畜牧，晚飯後從事批判，但並不因此就使我成為獵人、漁夫、牧人或批判者」。[32]的確，理想的自我選擇指揮身份的充分能力，只有在理想社會才能實現；反過來說，只有在自我享有充分自由的身份選擇權的社會，才能實現自我的充足性。

而當代文化的劇變，當代社會符號表意的過分複雜，過分氾濫，不是讓人身份自由，而是要求人採用的身份過多，過於異己，從而形成了自我的危機。

早在上世紀三〇年代，卡爾·雅斯貝爾斯看到二十世紀人類的精神狀況的變化，以及由這一變化所引發的精神問題的緊迫性：「同這些時代（已逝的黃金時代，那時候，人類生活在一個精神穩固的環境下，他們有能力掌控自我以及能夠很好地建立自我與生活世界之關係）的人相比，今天的人們失去了家園，因為他們已經知道，他們生存在一個只不過是由歷史決定的，變化著的狀況之中。存在的

---

[31] R·D·萊恩《分裂的自我——對健全與瘋狂的生存論研究》貴陽：貴州人民出版社，1994，28 頁，30-31 頁。

[32] 馬克思與恩格斯《德意志意識形態》，《馬克思恩格斯全集》人民出版社，1979年，第三卷，37 頁。

基礎彷彿已被打碎。」[33]現代文化的各種表意活動，要求的身份變化，過多也過於複雜。由此，身份非但不能幫助構建穩定的自我，相反，把自我拋入焦慮之中。

經過大半個世紀，世界進入後現代文化，當代文化身份的劇烈變動，使穩定自我成了奢想。各種表意方式過分戲劇化，拿 MTV 舉例：歌手本來只是唱歌，在 MTV 中卻不得不表演成各種身份，於是出現自我的恍惚：「音樂電影體現，附和和鼓勵了多變『自我』的持續地重塑，從機械複製及技術生成角度來看，所有的突變的多樣性都是有可能的，不存在穩定自我，取而代之是多樣的身份」。[34]於是人們看到卡夫卡式惡夢成為現實：自我無法找到自身精神穩固的核心，內心永遠處於失望，焦慮之中，我無法知道我的身份是否還由我控制。

5.自我的縱橫移動

一個自覺的自我，只有通過符號意義，才能尋找自己在世界上的定位。本書第一章就引用過皮爾斯關於人的本質是符號的看法：自我意識，就是理解自我在符號過程中起的作用。這個過程並不是勻一的，而是由一系列關於自我形象（self-image），自我評價（self-esteem），自我瞭解（self-knowledge）等等直接與自我相關的符號行為身份組成。

關於自我，據說定義有十二種之多。有傾向於個人潛意識的，有傾向於社會決定的，各家觀點不一，每一種定義都有一定道理，但都不全面：從到笛卡爾式的絕對中心自我，胡塞爾的「責任自我」，

---

[33] 卡爾・雅斯貝斯《時代的精神狀況》，上海譯文出版社，2005 年，1-2 頁。

[34] Steven Conner, *Postmodernist Culture : An Introduction to Theories of the Contemporary*, Oxford: Blackwell, 1997, p 185.

到佛洛伊德的本我理論，到米德的人類社會學自我，到泰勒的社群主義自我：這個光譜的一端，是人內心隱藏的本能，非理性的，自由無忌的「無擔待自我」（unencumbered self），克里斯臺娃稱之為「零邏輯主體」（zerologic subject）。[35]而另一端可以是「高度理性」的由社會和文化定位的個人（socially-situated self）。

這些定義都有道理，其實它們並不如哲學家們辯論地那樣互不相容：可以經驗到的自我，實際上是順這個尺度上下變動的。[36]自我的上下位移是正常的，甚至經常的行為，從社會的、精神的、責任的、道德的、到本能的、「自由」的：自我之所以無法確定，正是因為在當代社會，自我採取的身份實在過多，**身份迫使自我上下移動**。

佛洛伊德與拉岡都討論過自我的上下層次移動。佛洛伊德的女兒安娜・佛洛伊德在其父親理論的基礎上，提出了著名的「防禦機制論」。[37]防禦機制是自我的一種防衛功能：在「超我」與「本我」之間，經常會有矛盾和衝突，人會感到痛苦和焦慮。此時自我以某種方式調整衝突的關係，使「超我」的監察可以接受，同時「本我」的慾望又可以得到某種形式的滿足。而自我防禦機制，往往都表現在意義解釋中：包括壓抑、否認、投射、退化、隔離、抵消、合理化、補償、昇華、幽默等各種形式。運用得當，可減輕痛苦，緩和焦慮，消除痛苦，幫助度過心理難關，防止精神崩潰。但是對自我壓制過度，就會表現出焦慮抑鬱等病態。

因此，自我實際上不斷地在位移。社會學家盧曼提出：社會，以及社會中的個人，都分成六個層次：一個「心理的」個人，向上成為「（人際）互動的」，「組織的」，甚至「社會的」自我，向下可

---

[35] Julia Kristeva, *Stranger to Ourselves*, New York: Columbia Univ Press, 1994, p 98.

[36] Gordon Wheeler, *Beyond Individualism: Toward a New Understanding of Self, Relationship, and Experience,* Hillsdale, NJ: Analytic Press, 2000, p 67.

[37] Anna Freud, *The Ego and the Mechanisms of Defence*, London: Hogarth, 1937.

以成為「有機生物的」，最後成為「機械的」自我。[38]這上下各層，都可以是不同情況下自我的站位。

　　深受符號學影響的哲學家讓・瓦爾（Jean Wahl），最早把超越（transcendence）分解成兩種：向上超越（trans-ascendance），與向下超越（trans-descendence）；符號學家塔拉斯蒂則把瓦爾的向上超越解釋為「外符號」方式（exosemiotic），向下超越解釋為「內符號」方式（endosemiotic）。而另一位符號學家威利則把前者稱為「向上還原」，把後者成為「向下還原」，所謂還原，指的是用一種普遍性的理論來解釋：「向上還原」，就是對自我作社會學的解釋，「向下還原」，就是對自我作生理學的解釋。[39]不管哪一種「還原」都是符號意義解釋。本書第二章討論過，意義之解釋，就是轉換成另一種符號。

　　無論是向上還是向下的運動，都是自我本身的位移，都沒有脫離自我的符號行為範圍，但是位移都有破壞自我控制的危險。佛洛伊德的名言「人不是自己家裏的主人」，[40]就是看到自我難以安排自己的站位。面對現代社會的壓迫性，佛洛伊德、拉岡、克里斯臺娃等心理分析學者，對向下位移討論較多。他們看到自我可以落進非理性的範圍，在他們看來，這種運動可以擺脫社會桎梏，恢復人的本性。拉岡堅持無意識是「按語言方式組成的」（structured like language）[41]筆者認為，可以說無意識是「按符號學方式格式化的」（semiotically formatted），向下移動，是人尋找自我意義之立足點之必須。

[38] Niklas Luhmann, *The Differentiation of Society,* New York: Columbia Univ Press, 1982, p 72.

[39] Norbert Wiley, *The Semiotic Self,* Chicago: Univ of Chicago Press, 1994, p 78.

[40] "Man is not the master of his own house", quoted in Arnold H, Modell, *The Private Self*, Cambridge, Mass: Harvard Univ Press, 1993, p 98.

[41] Jacques Lacan, *Ecrits, A Selection,* London: Tavistock, 1966, Vol 1, p 166.

　　但是如果自我繼續下行，向生物和「物理－化學」方向（也就是向「信號－反應」的本能方向）過分位移，自我會漸漸失去控制能力。《中庸》提出「君子慎獨」，就是明白，一旦語境撤除，身份失落，會使自我不再對文化負責，很可能「自由落體」到本能之中。

　　另一方面，向上的位移，使自我變成「他人的自我」、「主體間性的自我」、「文化符號學的自我」，可以使自我豐富化，理想化，充滿了社會意義。有時候這不是壞事：布朗肖在分析卡夫卡時認為：「卡夫卡在他自身的這種可怕的崩潰狀態中──對他人，對自己都已經完蛋──認識到了寫作要求的重心所在。凡在他覺得自己徹底垮臺之處，就產生這樣的深度，它以那種偉大的創造的可能性取代了毀滅」。[42] 卡夫卡寫作時不得不採取的身份，挽救了他，不至於陷入自我崩潰。

　　但是向上位移，也有可能使自我變成純理性的自我，讓自我喪失獨立性，被吸納進社會意識形態。這正是傅柯與阿爾都塞所批判的：在資本主義社會，不允許存在個體的自我，只有資本主義社會建構的自我。《禮記·大學》要求君子的自我不斷上移：「物格而後知至，知至而後意誠，意誠而後心正，心正而後身修，身修而後家齊，家齊而後國治，國治而後天下平」。對當代人來說，這樣過分的擔當，不僅是不太可能做到，而且會因裝模作樣而虛偽，或因不自量力而狂躁。

　　當符號自我圍繞心理自我中間位置作上下位移，自我就必須負責控制意義的變動。它能不能對各種身份活動承擔全部責任，是不是「充分主體」，就會出現疑問。所謂當代的主體危機，就是這種分裂產生的。

　　既然無論向上，向下位移都有風險。讓人不由想到古代賢哲的智慧：《易經》要求君子「守持正固」；孔子講君子要行「中庸之道」，

----

[42] 莫里斯·布朗肖《文學空間》北京：商務印書館，2003，46-47 頁。

要「持中守正」，也許「中正」才是「自我」最安全的位置，「中庸」的境界很難達到，所以君子要修身。老子也具有同樣的智慧，「道沖而用之或不盈，淵兮似萬物之宗。挫其銳，解其紛，和其光，同其塵。」如此才能「沒身不殆」，不會有過分劇烈的上下位移。

自我位移，還有一個循時間分解的向度。自我真正存在，只有在此刻；我在回憶過去的經驗時，思考的是對象自我；我在考慮到未來時，面對的是尚未形成的自我。這樣就出現了自我的水平組合。用皮爾斯的絕妙說法，自我是「對未來事件的非固定性原因」，自我是一個延展於時間中的符號過程。本書第四章第五節已經引用過皮爾斯絕妙的看法：無限衍義在自我身上一樣起作用。人在思考自身時構成符號自我，過去的我可以說是這個符號的對象，未來的我可以說是這個符號的解釋項。

沿著皮爾斯指出的方向，其他符號學者也討論自我在時間軸上的展開。卡普蘭總結說：「經驗主義著重回顧，從源頭分析一個觀念；實用主義展望前景，注意的不是源頭而是結果，不是經驗，而是尚待形成的經驗」。米德認為自我的思索是逆向的，自我的內心對話是現在的我朝向過去的我；柯拉皮艾特羅則把皮爾斯與米德兩人的觀念結合起來，組成三個三聯式，即當下－過去－未來，與主我－客我－你（I-me-you）相應，也與符號－對象－解釋項相應，成為符號表意「主體化」的基本格局。[43]

的確，自我思考的過程往往是審視過去的經驗，期望未來會有某種結果：對自我這個符號的解釋，總是有待未來決定是否有效。塔拉斯蒂引用克爾凱郭爾，「對於一個主體，沒有比存在著（existing）更難的事了，他不可能完全存在，他只能以存在為目標」。[44]這樣，

---

[43] Vincent Colapietro, *Peirce's Approach to the Self: A Semiotic Perspective on Human Subjectivity*, Albany: SUNY Press, 1989.

[44] Eero Tarasti, *Existential Semiotics,* Berlin & New York: Mouton de Gruyter, 2000, p 7.

此刻的自我就是符號，而未來－他我－解釋項，才是自我的意義所在。

這樣，皮爾斯提出的「人是符號」，就得到了當代符號學界的支持。參照第七章雙軸問題的討論，我們可以把上面描述的這兩種維度（從上至下，從過去至未來）的展開，看成是自我這個符號文本的聚合軸與組合軸。

6.反思自我的悖論，試推自我

說主體有，起始於十七世紀起的歐陸哲學，那是理性主義的天下，笛卡爾首先提出了主體中心論的唯心主義，康德與黑格爾的思想方法很不相同，但是都強調了主體的重要性，以及完善的可能。這種對主體的樂觀一直延續下來，變成胡塞爾的意圖性自我，以及符號學的意義自我。

說主體無，也幾乎同時發生，於今為烈：十七世紀英國思想者開始對主體持懷疑論立場。從經驗主義者洛克，到現代懷疑主義的創始人休謨，一直延續到邏輯實證論的羅素，維根斯坦，都對自我持懷疑態度。尼采作為後現代的主體解體輪的先行者，把主體看成是個「語法虛構」；到二十世紀，佛洛伊德認為主體只可能是分裂的，阿爾都塞，傅柯，布迪厄等人紛紛把主體的構築歸結為外因：社會，或意識形態。德里達則堅持認為自我只是形而上學的幻想。

面對這個局面，當代的主體符號學不得不回答最困難的問題：如何能控制自我的形成？自我靠各種符號表意身份集合而成，而身份是自我的選擇，那麼是否只要控制自己的身份選擇，自我就可以選擇自我。

如本章第三節所說，自我意識的對象，只能是自我之外之物，自我無法思考此時此刻的自我，因為此時此刻的我是思考主體。我

能思考一切，就是不可能思考我的思考，我能思考的只可能是我的思想留下的痕跡，即經驗和意向。而經驗存在於過去，意向對象尚未出現，兩者都非此時此刻的我，自我能思考的自我，只是自我曾經或將要進入的狀態（客我）。

因此，自我是一個悖論：自我似乎是理解一切的起源，但是理解行為正是在自我試圖理解他人發出的符號資訊時出現的：自我外在於對自我的理解。

很多思想者看到了這裏面有個悖論：梅洛－龐蒂說：「全世界都在我之中，而我則完全在我之外」；[45]薩特認為自我「不是自我的是，而是自我的不是」（It is not what it is. It is what is not）；拉岡的名言更加悖論：「當我思『我思故我在』正是我不在之時」（Where I think "I think therefore I am not", that is where I am not.）；[46]他們都明白「自我本身」是一個不可能成立的概念，自我中心之不可能，正是因為它的中心地位靠自我的各種表意身份構建，而這些身份又必須靠自我。因此，自我必須靠自我構建：這不是循環論證，這是符號自我概念的悖論性存在。

自我必然是個悖論，因為它是個意義系統，而且是個感覺上「完整」的意義系統，本書第十章的討論過：任何意義系統，要求完備，就不能自洽；要求自洽，就不可能完備。從懷疑主義到後現代主義的各論家，說主體不可能成立，自我無法看到自我。但正由於自我是個悖論性存在，自我意識在符號學中是可能建立的，悖論之所以是悖論，就是可以從解釋漩渦方向給予探索。

---

[45] "The world is wholly inside and I am wholly outside myself", Maurice Merleau-Ponty, *Phenomenology of Perception*, London: Routledge and Kegan Paul, 1962, p 407.

[46] 轉引自 Malcolm Bowie, *Lacan,* Cambridge: Harvard Univ Press, 1993, p 67

　　維根斯坦認為不可能確認這樣一個自我，他說自我的感覺，例如例如「痛」這個體驗，「若果沒有公共語言，我們無法描述這個體驗」，[47]他認為「自我」是外人完全不能理解的，因為自我的「私人語言」不可能有固定意義，我自己的「痛」無法為外人所理解：既然無法說個人的「我痛」，就無法說「我」；而我如果用公共詞彙「我痛」，我的自我性就成了問題。

　　皮爾斯思考自我的角度，幾乎是與維根斯坦完全相同，即符號表意能力，但是結論正好相反。他說大人教孩子不要碰火爐，但是孩子不會因為大人說了，就不去碰：火爐很溫暖令人感到親切。只有當孩子摸了一下，燙的痛苦迫使他反思，這才明白自己的無知。然後他會意識到：由於他的無知之錯，自我出現了：一個空的自我，被認錯注入了個體意義。[48]

　　皮爾斯也認識到維根斯坦說的表意公共性問題：「如果我僅僅是符號表意的內容，就不存在自我，因為沒有一個可以產生符號傳播的實體」。[49]但是一旦進行自我糾錯，就出現了本書第二章討論過的「自我符號」：「我錯，故我在」，通過試錯，一旦認錯，看到自己主觀意識的局限，符號意義的自我就在解釋中出現了。

　　此種符號自我的認識方法，與笛卡爾正好相反：符號自我是在社會中不斷學習，矯正符號意義解讀，才出現的；反過來說，自我就是符號過程得以進行的依託。這樣的自我，就是符號自我：對自己進行意義矯正解釋，才形成自我。因此，我們可以稱之為試推自我（建議英譯 abductionist self）。於是，有主體說、無主體說，這兩種對立觀念，在符號自我的形成中達到一種妥協，符號學在有無兩

[47] Norbert Wiley, *The Semiotic Self*, Chicago: Univ of Chicago Press, 1994, p 121.

[48] 轉引自 Vincent Colapietro, *Peirce's Approach to the Self: A Semiotic Perspective on Human Subjectivity*, Albany: SUNY Press, 1989, pp 99-118.

[49] Norbert Wiley, *The Semiotic Self*, Chicago: Univ of Chicago Press, 1994, p 24.

派之中走出一個中間路線：試推證明了自我意識的可能，只是比笛卡爾的理性自我是傲慢的，自我中心的，而皮爾斯的試推自我謙卑得多：自我，是矯正自己錯誤的反思意識。

因此，試推自我，就是「反思自我」，也就是在自我這個符號系統中，進行元語言運作。當自我只是在考慮自我之外對象（即處理符號表意時），自我只是處於符號活動的第一層次，這個層次上自我的運作是盲目的；當自我對自身進行的意義活動進行反思，也就是對自己如何處理符號的元語言方式進行反思，自我就進入了第二層次，即「元自我」層次。[50]

從皮爾斯的「試推自我」，可以推論到自我的一種特殊能力，即可以看到符號意義活動中自我的錯誤。由此，第十二章討論的「述真」問題，變成反思問題：我作為文本的解釋者，可以發現我發出的符號中，意圖意義與文本意義的錯位，從而進行具有自我意識的矯正。這說起來似乎抽象，實際上在人的日常活動中時時發生，例如修改一個說法，例如「打腹稿」想好再說，例如此刻我在電腦前修改眼前這句句子。

一旦我們獲得了對自我的符號處理方式的反思能力，即能夠反思自我的元自我意識，我們才開始接近真正的自我。這是相當多的學者的共識，例如主持哥本哈根大學「主體研究所」的紮哈威，就竭力主張只有靠反思才能夠及自我。[51]

布斯是「反思自我論」的辯護者。有一次他應邀到某大學演講，上臺後聲稱自己是韋恩・布斯的兄弟，此人因病不能來，他來說一番不同意見，把學生和教師都聽懵了，好一陣才回味過來：布斯在模仿蘇格拉底，只是他玩的是自我反諷，讓自己駁斥自己，最後證

[50]　同上，p 36。
[51]　Dan Zahavi, "How to investigate subjectivity: Natorp and Heidegger on reflection", *Continental Philosophy Review,* 36/2, 2003, pp 155-176.

實自己。布斯去世後出版的《我的許多自我》(My Many Selves)，再次討論了反思作為複合自我的根本建構原則：反思不僅是文本間性，而且是一種「主體間性」操作：此刻的自我，反思彼刻的自我。

討論自我意識的學者，常引用薩特的一個有名的比喻：自我意識就像冰箱裏的燈，燈一直裝在那裏，冰箱關起來工作時，不需要亮燈，只有當我們從外面打開冰箱查看時，才需要有燈照亮冰箱內部。[52]那就是自我意識：只有從外面打開，才能發現它的存在：如果不打開檢查自我，自我內部不需要自我意識才能工作：因此，在自我內部，不可能提供關於自身的證明，只有站到自我之外，才可能發現自我的意義。

問題是：哪個他人能替我站到我之外，來打開自我這個冰箱，看到我的自我意識這盞燈？須知他人看我之心，正如我看他人之心，永遠無法瞭解，而只有我最渴望理解我。因此，打開自我，反思自我的這個人格，不可能是他人，只可能是「元自我」，即在更高層次上反思自我的自我意識。

不是每個人都具有打開自己的「元自我」意識。納博科夫說，人的特點是「意識到我在意識自我意識」，他解釋說：「換言之：我不僅知道我存在，而且我知道我知道這點，我這才屬於人類」。[53]這是對「元自我」的有趣表述。顯然，對「人類」的每個成員，納博科夫的要求太高了。而「我知道我知道我存在」的，是很少數人，哪怕我們對自己好奇，並不一定是在對自己進行元意識的反思。

但是，納博科夫的要求（「意識到我在意識自我意識」），至少對某些人是應該可以做到的，例如對符號學研習者：自我問題，正是

---

[52] Quoted in Norbert Wiley, *The Semiotic Self*, Chicago: Univ of Chicago Press, 1994, p 91.

[53] "Being aware of being aware of being", Vladimir Nabokov, *Interview with BBC2*, London: BBC Listner, 1969, p 5.

符號學應當解決的問題：從自我意識開始，學會試推，恐怕是我們都應當嘗試的事。

7.文本身份

符號文本必須有社會性的身份作為支持，我們可以稱之為文本身份（textual identity）。符號文本，是發出者自我意圖的拋出物。本書第二章討論了符號表意的一個基本原理：表意本身把被表述世界（不管是虛構性的，還是事實性的）「推出在場」，表意本身是主體的一種帶有意圖的「拋出」，而符號文本則是拋出後的意義形態。

符號文本的「文本身份」，是一種重要的「型文本」（而作者名字是指明這個型文本的「副文本」），本書第六章第二節「伴隨文本」討論過，這些伴隨文本嚴重地影響意義解釋。文本身份有關，卻不等同發出者的身份：文本身份是相對獨立的，是文本與伴隨文本背後的「文化身份」，社會地位，或體裁範疇。

沒有文本身份，任何文本無法表意。不同的文本身份，要求對文本作完全不同的解釋：沒有交警身份的手勢無法要人服從；沒有學校權威的鈴聲無法讓學生回到課堂上去；沒有帝王墓碑身份的「無字碑」，只是因為某種原因沒有刻上字的碑石，並不藏有說不盡的秘密；沒有廣告身份的形象，只是一堆無聊照片；沒有虛構身份的電視廣播，有可能被當做現場真事直播；沒有五經身份的《禮記》是一批雜亂的文字集合；沒有四書身份的《春秋》，只是魯國宮廷的一些記事，王安石稱為「斷爛朝報」，不可能微言大義。[54]

---

[54] 《宋史·王安石傳》：「先儒傳注，一切廢不用。黜《春秋》之書，不使列於學官，至戲目為斷爛朝報」。

　　文本身份不同於發出者的人格身份，經常文本身份比發出者身份更為重要：符號文本很可能發出者闕如（例如自然符號），或身份不明（例如民間故事），或是一個製作集團（平話小說、今日的廣告），此時發出者的身份無法確認，只剩文本身份。例如一首歌的詞作者，曲作者、策劃人、出品人、錄音師、演唱者等身份，最後結合成歌曲的文本身份（例如「現代城市情歌」），能直接影響聽眾接收的，也只是文本身份。

　　那麼，文本身份究竟從何而來？是發出者賦予的，還是符號文本的社會屬性加上的？應當說，文本本身是文化直接作用於符號表意的結果：一旦符號文本形成，文本身份就可以獨立地起作用。對此，發出者的意圖會有相當的作用。一幅畫，不同意圖的發出者，可以把它變成不同身份的文本，例如對地方旅遊業的宣傳，例如某某別墅區的推銷廣告。文本身份，有超出發出者個人身份的維度，它用在廣告裏，就是廣告身份；用在旅遊宣傳，就是宣傳身份，更換設計者身份對文本的影響有限。

　　歌的文本性別，通常並不是歌詞作者的生理性別，這與小說，彈詞等敘述文體有很大不同，那裏的敘述者「我」經常與作者在性別上同一，至少讀者的壓倒性印象如此。敘述學家蘇珊‧蘭瑟指出，「小說中的『我』與作者『我』有某種聯繫……讀者把簡愛這人物當作夏洛特‧勃朗特作者自己的聲音的形象。」[55]而歌曲中的性別身份很不一樣，蘭瑟稱歌曲為「疏離式」（detached）文本，其作者與文本中的「抒情我」，性別都可以完全不同。

　　因此，文本身份是符號表意的社會維度：一種化妝品廣告，產品市場目標是女性，第四章討論的「意圖定點」，落在白領女性消費

55　蘇珊‧蘭瑟〈觀察者眼中的我：模棱兩可的依附現象與結構主義敘述學的局限〉一文，《當代敘述理論指南》，北京大學出版社，2007 年，225 頁。

者。這就規定了它的文本身份是女性廣告。發送者（廣告設計者、廣告公司與電視臺工作人員），與他們的性別或意圖，都與文本沒有太多關係：商品的文本身份取決於文化的「預設」機制：消費主義、階層分野、符號價值、性別偏見，等等。

敘述學家費倫舉的一個例子很說明問題：「在一位大學教務主任寫給全體教師的一封信中規定了呈交成績單的特定日期，人們禁不住會說這番話語中沒有聲音，說話者是一臺官僚機器……我們識別出那種聲音，不是因為我們識別出那份信的作者，而是因為社會存在，我們在其他場合聽到了那個聲音對我們說話。」[56]費倫說這是與「個人聲音」相對的「社會聲音」，也就是文本身份，在這個例子中，就是「上級公文」。

版本學家認為不同版本有完全不同的文本身份，手抄本、初版本、簽字本、盜版本，雖是同一「文本」，卻有完全不同的意義價值。同樣一篇文本，基於不同的教學目標，被賦予了不同身份。特定系統中的文本，有完全不同的身份，例如「必讀」、「樣本」、「例文」、「延伸閱讀」、「參考書」、「課外自由閱讀」等，它們的地位完全不同。

文本身份，很可能反過來影響接收者身份，即所謂「人以群分」（togetherness）：人以文本身份方式歸類。崇拜某種經典或某種信仰的人、喜愛某種電影的人、喜歡某種網上交際的人、喜歡某種麻將牌戲的人、相信某種觀念（如 UFO）的人、喜歡「閃遊」的人，他們走到一起來的原因，是對某一類符號文本身份的認同。因此符號文本的身份，與接收者身份趨同效果，比發出者身份更明顯。因此，文本身份，與人的身份類似，有人際、種族、社會、階級、性別等範疇。

---

[56] 詹姆斯・費倫《作為修辭的敘述：技巧、讀者、倫理、意識形態》，北京大學出版社，2002 年，19 頁。

　　性別理論專家里弗在研究兒童遊戲後得出結論：人類文明往往讓「男孩子培養了扮演廣義他者角色的行為能力，女孩子發展了扮演具體他者的移情能力」。[57]這不僅表現在男孩與女孩身上，更表現在他們熱衷的遊戲的「身份」上：用本書第十三章中講述的「標出性」理論來說，「女孩」遊戲身份往往是具有陰柔標出特徵，而「男孩」遊戲身份卻往往不具有明確的性別特徵，是「非標出」的正項。

　　因為符號發送有時空跨度，符號文本的身份，相對獨立於原先的發出者。把文本身份分類，就會發現文本身份，與發出者的身份有聯繫，但非常不同：文本身份可以有許多種類：文化身份如體裁，風格身份如文體，社會身份如性別，歷史身份如時期，工藝身份如版本與製作。文本身份是符號文本在文化中的定位，也是它對文化的依託。而文本發出者與之可能有聯繫：俗文學的作者很可能是俗人，民歌的唱者很可能是鄉野男女，但是文學史讓我們看到：文不必如其人，解不必如其文。

　　文本身份可以比發出者身份更加複雜：我們不知道蘭陵笑笑生的身份，哪怕真是徐渭所作，徐渭也只是「扮演」了蘭陵笑笑生。但是《金瓶梅》的文本身份比這些文學史猜謎更複雜：此書《詞話本》，《全本》都有多種手抄流傳；唱詞與平話風格混雜，市井生活與隱晦描寫相間，甚至方言都有多處地域，詩詞有多處來源，用詞有雅俗之分。文本身份之複雜，使作者身份追溯幾乎不可能。蘇軾說：「賦詩必此詩，定知非詩人」：詩的身份，不等於寫詩者的身份。

　　甚至，文本身份與作者身份會完全衝突，例如歌曲、電影、遊戲等，都有相當明顯的「性別身份」。[58]「男歌」是男對女唱的歌；

---

[57] Janet Lever, "Sex Difference in the Games Children Play", *Social Problems*, April 1976, p 481

[58] 以下關於歌曲文本性別的討論，參見陸正蘭，〈論歌詞的文本性別性〉，《貴州社會科學》2010 年 10 期。

「女歌」是女對男唱的歌;「男女間歌」是男女互唱的歌;「既男又女歌」即男女通用的歌;「非男非女歌」是沒有明顯性別身份的歌。可以看出這些歌的性別身份,與發出者的主體意圖有一定關係,因為人的性別傾向就有這五種(male, female, both, intersex, non-sex)。[59]但是文本性別與創作者的性別身份,沒有相應的關係:男性詞作者、譜曲者、出品人,完全能寫出「女歌」,許多宋詞作者就是「男子作閨音」,而歌曲演唱者(歌曲文本發出的最後環節),往往給予歌曲文本賦形性別身份:歌曲文本性別身份之複雜,可見一斑。

文本性別身份常常攜帶著社會對性別身份的期盼意義方式,這些方式常常是人們覺得自然而然理應如此,遠非「創作主體」所能控制。還是從歌曲的例子來看:「女歌」往往包含著社會對女性的各種期盼、想法、偏見(例如女性必須溫柔體貼、善解人意、女性必須美麗、女性最好年輕等等)。這些並不一定是歌曲製作集團(符號的發出者)有意為之,不一定完全是他們有意識的安排。文本身份,往往是在文本產生之前就已經決定。

文本性別,往往比符號發出者的主體性別更具有「流動性」,更明顯地形成一個從極端男性到極端女性的多樣變體連續帶,而不至於如發出者那樣過分固定於「自然規定」與社會認同。例如,對既男又女(androgyny)的生理身份,社會容忍度很低,在符號文本身份中,卻相當常見而自然:在歌曲中如此,各類廣告中,各類衣裝中,甚至各種社會角色中,都很常見。人的生理強行決定性別身份,而文本身份卻更依靠社會文化,更加多變。

那麼,作者身份與文本身份,到底哪個創造了哪個?斯圖亞特·霍爾在《文化身份與族裔散居》中談到文化身份既「存在」(being)

---

[59] Anne Fausto-Sterling, *Sexing the Body: Gender Politics and the Construction of Sexuality*, New York: Basic Books, 2000.

461

又「變化」（becoming）的特徵。雖然每個人都與一群人共用著源自祖先文化的集體自我，但文化身份「決不是永遠固定在某種本質化的過去，它們要屈從於歷史，文化和權力的無休止『遊戲』。」因此霍爾將主體建構看作一種變動的過程：「我們先不要把身份看作已經完成的，然後由新的文化實踐加以再現的事實，而應該把身份視作一種『生產』，它永不完結，永遠處於過程之中，而且總是在內而非在外部構成的再現。」[60]自我不可能完成，因為人需要不斷與世界與他人建立意義聯繫，而這種意義表現的文本身份，會對自我進行不斷地重新塑造。因此，因此，如果把作者看成是「社會人」，那樣就**不是作者身份派生出文本身份，而是文本身份「生產出」作者身份。**

新歷史主義者格林布拉特詳細討論過文本身份的「自我塑形」（the forming of self）作用。他研究了英國文藝復興時期的六位作家，從莫爾到莎士比亞，他指出這些人的自我塑形是通過他們在各種文本中採取的身份。這些作家不斷回到特殊的個體生活場景中去，「回到男男女女每天都得面對的物質需求和社會壓力上去」。[61]他把自我的這種文本身份化方式稱作「即興運作」（improvisation），即是把自我融入到周圍文化限制中的一種方式，「能夠讓大多數人適應一種既定的文化，同時也讓自己參與其中」。

格林布拉特寫了英國伊莉莎白時期著名人物羅雷爵士（Sir Walter Raleigh）的傳記：羅雷不斷用文本身份進行「自我戲劇化」，[62]在詩歌、書信、遊記中，扮演出一個個角色。其文字中有大量「戲劇性」

---

[60] 斯圖亞特・霍爾：《文化身份與族裔散居》，載《文化研究讀本》，羅鋼、劉象愚編，北京：中國社會科學出版社，2000 年，211 頁，208 頁。

[61] Stephen Greenblatt, *Renaissance Self-Fashioning:From More to Shakespeare,* Chicago: The Univ of Chicago Press, 1980, pp 5-6.

[62] Stephen Greenblatt, *Sir Walter Raleigh: The Renaissance Man and His Roles,* New Haven and London: Yale Univ Press, 1973.

成分，而正是這些文本身份，構成了羅雷的「自我形塑與再現」。[63]
這不僅是因為我們現在只有從這些文本窺見羅雷，而是羅雷本人當
時就靠這些文本塑造自己：對社會，對歷史，這些文本身份及合成
的「符號自我」，比他的真實自我更為重要，況且我們無法瞭解他的
真實自我。

　　文本身份比個體自我其他活動所採取的身份更為長久，對自我
的「塑形」意義更為深長。這就是為什麼對文本身份的研究具有特
殊意義，構成一個重要的符號學課題。廣告設計者，就經常遇到文
本身份與代言人的人格身份，與商品品格的配合難題。

　　在社會動盪時期，個人身份出現了問題，失去選擇的自由度，
此時就出現文本身份的集體追求。中國的第一首搖滾〈一無所有〉，
就是想通過文本身份重建來尋找個人身份。文革的狂熱，接著是經
濟的大轉型：時代迅速變化中的一代人，身份落入空無。「於是，崔
健就這樣展開了自己與時代的對話。這裏說的不是『我與你』的愛
情問題，而是一種存在身份定位意義的追問。」[64]

　　另一個比較生動的例子是義大利電影《海上鋼琴師》：主人公生
在船上，從不上岸。輪船從一港口到另一港口無休止的穿梭，他的
演奏輝煌燦爛，給予這個自我充分的支撐。音樂生命隨著輪船的旅
行延續。甚至在暴風雨搖撼輪船時，這個人也依然在船上彈琴。音
樂文本身份對別人是短暫的，對他是切實的：他的自我，是靠藝術
文本身份合成的。[65]這種自我可能是幻覺，卻是一個穩定的自我。

[63] Stephen Greenblatt, *Renaissance Self-Fashioning:From More to Shakespeare,* Chicago: The Univ of Chicago Press, 1980, p 2.

[64] 王嶽川《中國鏡像：90 年代文化研究》北京：中央編譯出版社，2001 年，320 頁。

[65] Rosa Stella Cassotti, "La leggenda del pianiste sull'oceano: Narration, Music and Cinema", *Music, Meaning & Media,* (eds) Erkki Pekkila et al, Helsinki: International Semiotics Institute, 2006, pp 38-44

電影結尾時，這位鋼琴師決心與舊船一同沉入海底，因為除了這個藝術文本身份集合以外，他別無自我。

8.普遍隱含作者

本章第三節討論過，身份的集合如何構成自我，而文本身份的集合，也可以構成一種擬主體：虛構作品、歷史描述、檔案積累，都能給我們足夠身份材料，或是提喻性符號，來構建一個複雜人物，哪怕從歷史書《三國志》加以集合的一個「曹操」，也有別於真正存在過的曹操；文本主體福爾摩斯、林黛玉，也是擬主體。我們對這些「主體」的瞭解甚至多於瞭解一個真正存在的主體。電視劇《紅樓夢》林黛玉「裸死」，瞭解林黛玉的觀眾認為「絕對不像」林黛玉。

這很有點類似歌迷、影迷、球迷等崇拜者，從大量零星材料八卦「星聞」，建構被崇拜對象。我們可以把這種身份集合成的主體，稱為「擬主體」（建議英譯 pseudo-subject）。擬主體並非真的主體，因為他沒有意指能力，也沒有責任能力，只是一個意義解釋的構築。但是對這些「粉絲」來說，擬主體比真實主體更重要。

布斯提出的「隱含作者」（implied author）理論，實際上就是從小說文本中尋找作者身份，從而構築一個與作者的自我相仿的擬主體，一個假定能夠集合各種文本身份的出發點。布斯是在《小說修辭》這本名著中提出這個概念，至今敘述學界無法擺脫此概念，卻一直沒有討論清楚。集法國敘述學之大成的熱奈特堅決抵制此概念，[66]甚至布斯在提出這個概念 40 年之後，在 85 歲高齡去世前最後一文中，依然要為此概念的必要性作自辯。[67]

---

[66] Tom Kindt and Hans-Harald Mueller, *The Implied Author: Concept and Controversy*, Berlin: Gruyter, 2006, p 119

[67] 韋恩・布斯，〈隱含作者的復活：為何要操心？〉《當代敘述理論指南》，北

　　隱含主體到底是否是一個真正存在過的人格？布斯，以及至今
討論小說隱含作者問題的人，至今沒有論辯清楚。布斯一直堅持隱
含作者，與生產文本時的作者主體（可以稱為執行作者）重合。也
就是說，隱含作者具有在文本生成時，哪怕是暫時的，特定時空中
的主體性。布斯認為這個人格是存在的。這個擬主體可以是作者的
「第二自我」，也就是說，在寫作這本小說時，與文本中各種身份的
集合是一致的。這樣一說，隱含作者就有了真實的自我作為源頭。

　　這個假設，即真實自我（哪怕是發出文本時的暫態自我），與
隱含自我（文本身份引申所得的類自我）應當重合，卻沒有可能證
明，實際批評操作中也無助於事。應當說，執行作者與作者自我有
關，是作者在寫作時用的一個身份；而隱含作者取決於文本品格，
是各種文本身份的集合。因此有論者認為這樣找出的擬主體，不是
「存在」，而是「文在」（texistence）。[68]

　　至今，隱含作者只是（小說或電影的）敘述學研究中一個課題，
從符號學來說，這個概念不限於敘述，任何文本中，各種文本身份
能夠集合而成一個「擬主體」。只要表意文本捲入身份問題，而文本
身份需要一個擬主體集合，就必須構築出一個作為價值集合的「隱
含發出者擬主體」，即「隱含作者」。我認為這個概念可以擴大到**所
有的符號文本**，這時候可以稱作**普遍隱含作者**。

　　錢鍾書指出：「以文觀人，自古所難：嵇叔夜之《家誡》，何嘗
不挫銳和光，直與《絕交》二書，如出二手」。[69]「人之言行不符，
未必即為『心聲失真』」。常有言出於至誠，而行牽於流俗。蓬隨風轉，

京大學出版社，2007 年。原書（*A Companion to Narrative Theory,* Oxford:
Blackwell）出版於 2005 年，布斯與該年十月去世，因此看來這是布斯一生
最後一文。

[68] William Lowell Randall & A Elizabeth McKim, *Reading Our Lives: The Poetics
of Growing Old*, New York: Oxford Univ Press, 2008, p 95.

[69] 錢鍾書《談藝錄》之四八《文如其人》，北京：三聯書店，2007 年，426 頁。

沙與泥黑；執筆尚有夜氣，臨事遂失初心。不言衷者，且唯言哉，行亦有之」。[70]真實的作者，我們無法瞭解，也不必瞭解。因為「以文觀人」實在太難；「如出二手」是正常的事。文本身份是文本的「社會資格」，而符號主體，則是這些文本身份集合起來形成的一個擬主體，我們不一定必須討論「作者意圖」，我們完全滿足於討論「擬主體」身上的社會文化價值集合。

而且，這個符號自我，是普遍的，是任何符號表意活動後面，都存在的：走進一座豪華百貨大樓，或是一所草根農貿市場，我們都能感到這樣一個隱含主體迎面而來對我們說話。例如樓盤的設計，作為符號文本，同樣會有體現其價值集合的樓盤「隱含作者」價值，是「當代社會的精英分子」的貼心人：因此樓盤高檔但不豪華奢侈，設施現代但不炫富，有游泳池和健身房講究生活質量，關懷家庭關心生態環境：這個特殊符號自我，在向適合的男人女人說話。

這些文本身份集合構成的擬主體，與房產開發商這真正的主體，或許有關係，更可能毫無關係，不管如何，與這個樓盤的隱指作者擬主體沒有必要建立某種聯繫——只有給房產商寫傳記的人，才會關注這種聯繫可能。

---

[70] 同上，429 頁。

第十七章　當代社會的符號危機

1.後期現代的意義方式

　　當代社會的符號氾濫，已造成一個迫在眉睫的危機。本書討論的不是可有可無的理論遊戲，而是人類面臨的重大文化問題。本章要避免被看成故作危言，就必須從符號活動的原理說起。當我們用這些原理來觀察當代社會文化生活時，我們就不得不面對一些無法規避的重大矛盾。如果看不到緩解這些矛盾的辦法，我們面臨的將是符號危機越演越烈，發展下去，將威脅到人類文化本身的生存。

　　很多文化學者從八〇年代就開始使用「後期現代」（Late Modernity）這個術語，描述當今社會。例如哈貝馬斯、吉登斯、吉恩等。「後期現代」與「後現代」，不只是兩個術語的區分，而是對當代文化的兩種不同看法。

　　進入二十一世紀後，不少學者用一些其他術語來代替「後現代」這個爭論太多的概念：德國社會學家貝克（Ulrich Beck）稱當代為相對於「初始現代性」的「初始現代性」；[1] 波蘭社會學家鮑曼（Zygmunt Bauman）稱之為是相對於「固態現代性」的「液態現代性」，或是相對於「沉重現代性」的「輕巧現代性」。[2] 英國「人類地

---

[1]　Ulrich Beck, *Risk Society: Towards a New Modernity*, London: Sage, 1992.
[2]　Zygmunt Bauman, *Liquid Modernity*, Cambridge: Polity, 2000.

理學家」瑟理弗特（Nigel Thrift）稱之為相對於「硬體現代性」的「軟體現代性」。[3]如此等等，不一而足。這些術語大部分是描述性的，強調變化而不強調斷裂，接近「後期現代」之說。

筆者認為，至少對本書討論的課題而言，「後期現代性 vs 前期現代性」的對比展開，比「後現代 vs 現代」更能清楚地說明問題。尤其是，中國社會目前的轉型，雖然有大量後期現代性成份，也保留著大量前期現代性。雖然本書並不把中國當代文化作為特定分析對象，但筆者也希望本書的討論，適用於當今中國。

本章的目的，是發展其他文化學者可能沒有充分討論的一個問題，即符號氾濫引發的意義危機。這個危機，出現在現代社會進入後期時：它在現代已有端倪，只是當今達到危機程度。

前期現代，人們有對理性和知識，有對人類主體的信心，認為理性與自我認識，將使人類不斷趨向完美。前期現代盛行的是各種」解放哲學」──旨在把人類從各種不自由的索縛中解放出來的哲學。後期現代則是符號氾濫時代，人們雖然並不完全明白自己生活在符號的洪水之中，他們也感覺到壓迫的源頭不明。哪怕他們弄清自己是符號的奴隸，牢房卻是天鵝絨的，屈從也是享受型的，人很難從自己選擇使用的符號中解放自己。

前期現代的社會控制方式，傾向於傅柯所說的強制性「全景控制」，意識形態，是強制性的；而後期現代社會，趨向於在元語言上控制解釋方式，文化機制調節的是符號意義，人只是在在符號消費的伴隨文本網路中「自願」地站位，道德敘述是補充性的「軟方式」。

前期現代的生產象徵是大體積重型工業生產物質，大量雇員，以及與之配套的巨無霸管理機構；後期現代性則以符號方式管理慾望符號生產，具體操作受控於資訊，電子化與數位化。

---

[3]　Nigel Thrift, *Knowing Capitalism (Theory, Culture and Society)*, London: Sage, 2005.

因此，無論從生產、消費、控制、調節，無論從哪個方面來說，後期現代，主要表現為一系列符號學上的特徵。

2.當代符號危機的四個特徵

本書第二章第一節，列出符號表意的第一條規律，就是「解釋意義不在場是符號過程的前提」。需要符號，就證明符號的解釋意義沒有出現。那麼當代的符號氾濫，說明什麼意義不在場呢？

改革開放前，氾濫的是生產符號：鋼爐前火花飛濺，鐮刀下麥浪金黃，肌肉發達的工人，紅光滿面的農婦。從東柏林一直到平壤，同樣的「生產」圖案雕像填滿每個角落：從票據到電影片頭，全是工農兵。這是對工農階級作為生產者的讚頌，實際上正因為工農在生產中得不到應有報酬，缺乏勞動的動力，必須用符號提供榮耀來推動物質生產。倫敦白金漢宮前的維多利亞女王紀念碑雕塑群，也有類似的工人和農婦雕像，護佑著大英帝國之獅。那正是馬克思描述的工人階級「絕對貧困化」的時期。有了這樣的符號，工農業產品就不再是商品物質，而是「勞動神聖的結晶」。

「符號補缺」，在過去年代就已經很明顯，現在局面更甚多倍。只不過所缺之物倒了過來：現在是消費主義時代，供給能力遠遠大於需求。但是現在競爭的輸贏，企業的生死，起決定作用的卻不是質量，而是在商品或服務上添加的符號價值。

符號添加值分成兩個部分，一是藝術添加值，主要是設計、包裝、出售方式的美觀、讓人感到賞心悅目；另一部分是虛榮添加值，即品牌、潮流、時尚、「格調」等，給人的社會地位感覺。

符號添加值並不進入使用，只是使商品增加了原來沒有的價值，從而可以「增加消費」。只要社會有超出溫飽需要的冗餘購買力，就會給各種品牌商創造添加值的機會。雖然說消費者是上帝，市場

最忌諱讓消費者做主人。要控制消費的走向，不僅要煽動物質消費的慾望，而要勾起對本品牌特殊的添加值的嚮往，這就是廣告帝國興起的原因。廣告很少說產品的質量。廣告真正化大力氣做的是虛榮添加值的連接。廣告用之不疲的公式是：開此車就能如明星般吸引美女；用此剃鬚刀就沾上了名家仙氣；喝彼啤酒也能得到贏家福氣。用某某名人「在電視上用過」的產品，就與此名人處於同一格調，享受同一品味。

因此，廣告氾濫、廣告競爭，此時符號指向的缺場的意義，是消費慾望，廣告的存在和繁榮，是消費意願不夠的有力證明。在當今，「大眾購物意向」成為經濟健康的主要指標，「消費潛力」成為市場的救星。廣告展現的不是慾望，而是被誘惑之美，是購買後的幸福。廣告背後不在場的意義，是社會不嫌多的慾望，當代符號危機的**第一個特徵，是對慾望的慾望**，這是一種偉哥文化體制。

這個結論或許是我們始料所不及的，我們總認為這個時代，是個「人慾橫流」的時代，這個社會最不缺的似乎就是慾望：人人都在追逐利益最大化，追逐享受和奢華。應當說，如此估計「人心不古」，絕對正確。但對於急於出售商品與服務的資本而言，顧客的慾望卻是始終不夠多不夠強。購買慾了更多，才是財富中的財富，才是市場經濟最終的救星。

從最近的這次金融危機就可以看到，能夠把世界經濟從危機中拯救出來的，不是生產，而是消費，更是符號消費。我們每個人作為生產者，只能給國家，給全人類增添麻煩：我勤勤懇懇做一個提包給自己挎，提包廠就不得不少生產一個提包，提包工人就多一份失業的危險，經濟危機就更深一層。但是我如果多買一個提包，我就是在為恢復經濟做一點貢獻。如果我像當年的菲律賓總統馬科斯夫人那樣有一千雙鞋，只要錢不是像她那樣貪污來的，我就應當得到各國首腦共同頒發的一枚勳章。歸根到底，鋪

天蓋地的廣告，規勸我們趕快去做的，不就是買了一個提包，再買一個提包嗎？

如果我決定再買一個提包，我周圍不斷閃亮的文本在一再提醒我，人們正在等看我挎這個提包，因此我買的提包必須有炫耀的價值，不在於美觀好看，而在於昂貴的牌子：滿街的人，全辦公室的人，正等著我露出提包的牌子。實用或美觀，使用性或藝術添加值，救不了這世界，「品牌價值」才能：「品牌」不是料布，不是皮革，不是做工，甚至不是標牌。總之，不是投入的勞動，而是一個沒有形體，但是完全能度量其價值的「符號感知」。

要決定品牌符號的價值，測試很容易做：我拿一真一假兩個提包，把牌子換過：一個成了真貨假牌子，另一個成了假貨真牌子，兩個提包我開出同樣價錢，而且我把的作假手腳全部告訴顧客，讓他們挑選。絕大部分人會選擇「假貨提包真牌子」。消費者都知道牌子比貨值錢，貨可以是假的，提供感知的符號必須是真的。

我的這個實驗，正是西方跨國公司多少年來的策略：它們關掉在西方的工廠，以避免給職工高工資高福利，轉到其他國家生產，賣給全世界。也就是說，我們高價買來的名牌商品，哪怕是從西歐商場買來的，也都是上面說的「假貨真牌子」。只是從這個公司集裝箱裏拿出來的，就可以說成是「真貨真牌子」，理直氣壯賣高價，讓全世界的時髦人群瘋狂搶買。

西方左翼理論家攻擊跨國資本主義的，正是在這一點上：加拿大學者奈奧米・克蘭轟動性的名著《反商標，瞄準「品牌惡霸」開火》，[4] 不是在為東西方顧客爭取公平，而是為受到失業威脅的西方工人說話：他們爭取更多福利，現在難多了。

---

[4]　Naomi Klein, *No Logo, Taking Aim at the Brand Bullies*, Toronto: Random House Canada, 1999.

　　經濟增值的壓力，必須靠加大消費量才能緩解。物質消費總是有限的：在衣食無憂之後，吃得更多更好，只能增加肥胖症危機；穿得筆挺整齊，只能顯得「無風度，無品位」。這不是說現在已經沒有挨餓的人，挨餓的民族，也不是說沒有超時工作的勞工，而是說這些不是對人類未來的主要威脅：越是「社會下層」，肥胖症越嚴重，就是一個說明。

　　中國人，任何人，作為生產者招人恨，受到每個國家的貿易保護傾向排擠，作為「名牌奢侈品消費者」，才讓全世界感激。我們作為人的生存價值，在於符號消費。二十年前，人們把「奢侈浪費」稱為「物質主義」（Materialism）。1985年歌手瑪丹娜有一張有意拿標題唬人的單曲，叫做「拜金女孩」（Material Girl），當時被稱作「美國文化墮落的象徵」。相比於當今中國「不買最好只買最貴」的「名牌女郎」（Brand Girl），25年前的瑪丹娜，真是「純真年代」的象徵。

　　當代符號危機的第二個特徵，是娛樂迫使意義在場結束。近年來各種莫名其妙的「金氏世界紀錄」層出不窮：印度歌手連續唱歌80小時、尼泊爾兄弟連續握手19小時、六個荷蘭人玩同一電子遊戲50小時、西班牙番茄大戰、敘利亞做出135平方米的甜糕，等等。這種無害的玩笑，人類一直有此類衝動，但只是在所謂「狂歡」場合，增添幽默情趣。現在娛樂卻成了社會發展的必須，拉動內需的最好招數。

　　現在多少機構在挖空心思想出娛樂新花招：重慶市舉辦「萬人火鍋宴」，揚州「千人麻將賽」，馬鞍山「中國浴城」。電視臺上的娛樂節目，選秀節目，多少人一日不能拉下。都說現代社會「時間就是金錢」，顯然只是對計程車司機，霜淇淋店主而言的。對絕大部分人，不嫌多的是空閒。全人類娛樂，就是用各種名堂製造時間消費。

　　或云：身處這種娛樂社會，高興的是百姓大眾，何妨一笑置之？旅遊投入的資金畢竟還是有限，讓人民高興也是應當的，作為符號

學課題，也很有趣。美國社會學家波茲曼 1985 年的名著《娛樂至死》，[5]近年中譯後給中國學界很大震動。此書主要是指責電視文化代替了文字文化，而電視過於娛樂化，一切都以有趣為標準，世界上任何嚴肅問題，都無法再讓人們嚴肅地討論。波茲曼的這本書已經無法處理當今的問題：現在我們面臨的，不是嚴肅問題娛樂化，而是娛樂成了最嚴肅的問題；不是電視文化愚蠢，百姓不再關心重大問題，而是整個人類經濟不得不靠娛樂來拯救。

　　哈貝馬斯認為：「永恆的美只能反映在時代的偽裝之中，這一點被本雅明說成是辯證法圖景。現代的藝術作品，其特徵在於本質性和暫時性的統一。這種當下特性在藝術和時尚，新穎以及遊手好閒者、天才、兒童的外表之間建立起了親密的關係。」[6]給當代文化一個全景掃描，就讓我們看到當代文化的「時代的偽裝」：暫時性取代了本質性，「時尚、新穎」，讓所有的人都獲得「遊手好閒者、天才、兒童」的玩耍身份，也就是取得必要的人格分裂。然後，一個總體性的「虛構」格局，即是本書第十二章第四節說的「假戲假看」，成為當代文化的主要符號表意格局。

　　社會把娛樂當做認真的事業在做，全世界都認真地從事遊戲符號活動，那麼究竟是什麼意義不在場，使大家都來玩娛樂符號呢？娛樂的特點，是除了當下的快樂，表面上沒有其他意義：它並不指向一個意義的缺場，他的目的只是愉悅的當場實現，過後即忘，不再作無限衍義。娛樂是為娛樂而娛樂，除了娛樂本身無他物。它甚至不像藝術那樣，反過來指向文本自身：娛樂文本本身沒有價值：娛樂是藝術符號的崩解融化，是意義的在場接受與即時結束。

5　Neil Postman, *Amusing Ourselves to Death*, 1985。中譯本波茲曼《娛樂至死》，桂林：廣西師大出版社，2009 年

6　哈貝馬斯《現代性的哲學話語》南京：譯林出版社，2004 年，67 頁。

後現代符號危機的**第三個特徵，是表意時空距離的消失**。本書第二章第七節討論過「符號傳送時空距離」，我們對事件的理解，無法脫離我們自己身處的語境，以及事件發生的時空語境。一個解釋者，不得不努力去回溯源頭時空對事件的限定。但是後期現代的傳媒，有一個極大的特點，就是吉登斯曾經詳細論述的當代傳播的「時空脫節」：[7]在前期現代世界，資訊的時間與空間以實在方式出現，例如郵班船到港時間，或是記者趕到現場並趕發電文的時間。

到了後期現代社會，電子傳媒同時夠及幾乎每一個人，但是電子傳媒時間被一統化，空間與本地性被嚴重忽視。在後期現代社會的傳媒中，所有到來的消息，都以並置方式出現，像一堆資訊的拼圖。在統一化的世界時間中，事件失去了表意的時空距離，也就失去了原有的本地文化條件，語境沖淡到幾乎消失。來自阿富汗的消息，與來自巴黎郊區的消息，讀來就像來自同一個地方：它們發生在同一個虛擬空間之中，塌縮成第六章第四節說的「鏈文本」。

時間是現代性概念的一歌重要部分，現代化是時間的不斷加速，現代性就是時間的歷史。一旦時間本身同一，空間向「非地點」消失，「共時並置」就成為事件的呈現方式。在這個空間扭曲的虛擬時空中，距離實際上是反置的：我們對遠方的各種名流的興趣，遠遠超出我們對隔壁鄰居的興趣。傳統意義上的在場／缺場，被顛倒過來。

後期現代符號危機的**第四個特徵，是「反彈單軸化」**。用本書第七章討論雙軸關係時舉的例子：我要裝修房子，就面對用什麼風格的意義問題。除了考慮我的財力、工匠的能力，最重要的是我想取得的效果。在傳統社會，這不是問題，組合規定非常強勢，士大夫家、鄉紳家、百姓家，內外如何裝修已經分別作好規定，聚合操作

7　安東尼・吉登斯《現代性的後果》，南京：譯林出版社，2000 年，14 頁。

極其窄幅，裝修者沒有多少可挑選的餘地。《禮記‧坊記》說：「夫禮者，所以章疑別微以為民仿者也。故貴賤有等，衣服有別，朝廷有位，則民有所讓。」哪怕一個堂階，《禮記》規定「天子之堂九尺，諸侯七尺，大夫五尺，士三尺」；一直到清代，《朝廟宮室考》中還特別強調此中的符號意義：「學禮而不知古人宮室之制，則其位次與夫升降出入，皆不可得而明，故宮室不可不考。」

在前期現代社會，裝修項目的可選性多了一些，但依然相當有限，各個社會階層，社會集團，都有約定俗成的「語法」，不會讓「暴發戶」、「附庸風雅」、「小布爾喬亞」等太多地壞了規矩；而在後期現代，這些「非貴族」範疇已經不存在，每個人自由選擇：不僅選擇軸寬，而且寬度不斷瘋長。對於大部分人，選擇自由到無法自己找到一個「自己的風格」。在眼花繚亂的選擇可能中，只能取用社會一致公認的標準。例如大部分人都選擇掛頂，吊燈之類的「賓館式」裝修，要考慮的只是幾星的豪華差別。

整個社會已變成一個開放的大商場，擠滿了無限的選擇。不是說所有的選擇對每個人同樣開放，很多人依然以價廉為第一考慮。有測試證明：面對幾種品牌，消費者對自己的挑選有信心；一旦面對幾十種品牌（五十種牙膏、五十種汽車），消費者對挑選本身感到畏懼。他沒有自己的標準，只能跟著廣告走，或者跟著輿論走，挑選聽說過的牌子：從毛巾到汽車，無不如此。而這個社會為了讓生產不斷膨脹，盡可能推薦人們符號價值多的品種。[8]

既然我們作為社會人，主要作為符號消費者存在，我們就更為依賴文化中現成的組合關係。**符號體系的構成，不是社會組織的抽象，而是其具體化**：符號創造再現模式，社會就會緊跟，就如賓館裝修與住宅的聯繫。後期現代社會的選擇中，我們看起來自由的，

---

[8]　Barry Schwartz, *The Paradox of Choice*, New York: Ecco Books, 2005, p 8.

表面上沒有任何權威能把意義標準強加於我們身上。但是我們沒有在聚合軸上選擇的意志或能力，就只有採用社會提供的現成的符號表意方式，如果我們不想被人視為「落伍」的話，只有接受文化安排好的文本組成方式和解釋元語言。

人生不是獨立存在的組合段，而是許多「意義」互相牽制，構成一個看來似乎有意義的「人生敘述」。在傳統社會，組合的文化規約（例如八字相配）剝奪了個人自由，也省卻了選擇與後悔的煩惱；在前期現代社會中，社會集團的內部利益聯姻，也簡省了選擇過程；到了後期現代社會，似乎擇偶是絕對自由。尤其生育意願降低，男女分工不明顯，選擇可能幾乎無限。實際上選擇一開始，自我意志就被推上審判臺，各種隱蔽的「討價還價」，讓我們無所適從：任何選擇都是一種後果慘痛的考驗，讓我們意識到命運能讓我們掌控的範圍之窄小。

在這個圍繞單軸旋轉的社會中，沒有家族或社區聯繫，沒有對第三方的義務，人與人只是陌生人，互相之間只有所謂「公民冷淡」。一旦面臨的選擇段寬得無法掌握，選擇就只能是機遇選擇，即沒有預設意義的純然選擇，作為選擇主體的自我，只是自由狀態的飄浮。越是封閉的系統，由於元語言單一，越能「解決」如何生活的問題；越是開放的體系，元語言組成複雜化，越是無法提供答案。符號氾濫的結果是形成「選擇悖論」（paradox of choice），即「開放後的自動封閉」。

當代人的選擇悖論，證明克爾凱郭爾所說「焦慮是自由造成的暈眩」此言極為真切。[9]在無序中，偶然的選擇組成的並置組合段，只能靠個體加上一個至少暫時具有說服力的解釋。這樣，後期現代

---

9 "Anxiety is dizziness of freedom", Soren Kierkegaard, *The Concept of Anxiety,* Princeton: Princeton Univ Press, 1980, p 43.

的人生，只是一系列勉強相容的片斷，最大的可能也只是暫時的可信度。很像延續許多集的肥皂劇，興趣散亂而片斷，遠非現代時期浸透因果延續的「大河小說」（roman de fleuve）格局。[10]

3.從異化勞動、異化消費，到異化符號消費

馬克思在《1844 年經濟學哲學手稿》中，借用德國哲學的觀念，提出「異化勞動」（alienated labour）觀念：「工人把自己的生命投入對象，但現在這個生命已經不在屬於他，而屬於對象了。因此，這種活動越多，工人就越喪失對象。凡是成為勞動產品的東西，就不再是他自身的東西。因此，這個產品越多，他自身的東西就越少。」[11]工人在勞動中不是肯定自己，而是否定自己。勞動強加於工人，使他們喪失自我，這是勞動的異化。

本書第七章討論了選擇是一種意義行為，而且選擇牽涉到符號的雙軸關係。我們從符號學角度觀察當代人的生活，可以發現，這雙軸關係在當代發生了畸變。應當說當代社會與傳統社會相比，最大的特點是寬軸，給個人性的選擇和解釋更大的餘地，但是由於符號氾濫危機，當代社會的人受制於「選擇悖論」，越來越傾向於單軸行為，即是放棄選擇，放棄聚合操作。這樣，消費也在無選擇中成為異化的意義活動。

六〇年代一些論者（例如貝爾，例如弗洛姆）已經提出「異化消費」（alienated consumption）的觀念，即永不滿足，永無止境的「慾

---

[10] 「大河小說」，是現代小說的一個典型種類，往往是一個家族世代的描寫，用多部長篇延續寫成，例如左拉 20 部長篇小說集合《盧貢－馬卡爾家族系列小說：第二帝國時期一個家族的自然史和社會史》；高爾斯華綏的《福賽思史家》。

[11] 中共中央馬恩列斯著作編譯局譯《1844 年經濟學哲學手稿》，人民出版社 2000 年 3 版，52 頁。

望消費」。[12]「慾望」是相對於「需要」而言的,「需要」的是人應有的東西,「慾求」則代表著個人趣味和喜好,是一種無限的需求。異化消費意味為「消費而消費」,以消耗、拋棄、更新為消費的實現。「異化消費」追求的是心理滿足,因此是消費商品作為一種符號意義活動。葛列格・甘迺迪在《垃圾本體論》一書中甚至認為「比起異化消費,異化勞動似乎尚可接受」,他認為,「異化消費」造成的物質浪費,會導致人類絕滅。[13]

當代社會的消費已經更進一步:消費慾望已經成為解救經濟的萬靈藥丹,更重要的是,當今消費的不再僅僅是商品與服務,而是商品於服務上的添加符號。僅僅消費商品,已經不足以使經濟加速發展,也不能使人群拉開等級差距。貝爾等論者,沒有看到當代社會已經不能滿足於「異化消費」,而必須進入「**異化符號消費**」。異化,就是人不得不採用的身份(生產者、消費者、符號消費者)把他的自我壓迫得變形,使他失去了主體的意志能力。我們可以套用葛列格・甘迺迪的話,「比起異化符號消費,異化消費似乎尚可接受」。

前期現代以自由資本主義為主導的生產方式,必然引發嚴重的貧富不均、階級分化、社會關係緊張;後期現代主導的符號生產方式,是知識經濟、服務經濟、福利資本主義,據稱貧困已經被局限於「結構邊緣」,只要給予足夠注意(例如醫療改革、低收入補貼),就可以緩解甚至消除。

應當說,後期現代糾正了前期現代社會的某些社會不公,例如福利社會阻擋了工人階級的「絕對貧困化」,這不是壞事。但是後期現代並沒有「解放」工人階級。階級鬥爭換了一種形式:在符號消

---

[12] 丹尼爾・貝爾《資本主義文化矛盾》北京:三聯書店,1989 年,22 頁。
[13] Greg Kennedy, *An Ontology of Trash: The Disposable and Its Problematic Nature*, Albaby: New York Univ Press, 2007, p 103.

費面前，階級分野更為明顯：富人虛榮地炫耀消費符號，窮人屈辱地消費底線物質商品。階級與階層衝突，在傳統資本主義社會是物質分配，所有權之爭奪；在現代社會更表現為文化宰製權，表現為意識形態與價值控制；在當代更外觀地表現為意義方式，意義權力的元語言控制。

符號危機的原因，是當代生產與消費對符號的依賴。這個社會要的不是速度，而是加速度：不能提高增長率，就是巨大災難。生產效率不斷提高，生產同樣價值的產品，需要的人力越來越少，因此必須增加消費，才能保持人人有工作。而物的消費量，再提高也有限，只能在附加值上下功夫：上面已經說過，這種附加值，只有符號才能製造，因為它純是一種意義。

符號的價值漸漸變得比商品本身多，而且隨著歷史推進，商品的符號價值部分越來越大。這就是當今社會符號氾濫，淹沒我們的生活的根本原因。商品的物使用性越來越小。博多利亞分析「物體系」時，討論了這個變化過程：他認為當代社會中物的變化經過三個相位：功能性體系、非功能性體系、偽功能性體系。傳統傢俱的功能是確定的，其質感與存在，使用方式，決定了它們在存在狀態中也是確定的；現代的傢俱，例如宜家家居（IKEA）的拼搭傢俱，使傳統意義上武斷固定分類，已經不再適用；而到了非功能體系階段，技術的進步已經成為一種無目的慾望，功能的錯亂。「在我們所生活的『新技術』環境之中，充滿了修辭和寓意的氛圍」，[14]物淹沒在符號意義之中。

我們不禁要問：這個不斷增加符號價值的過程，是不是總會有一個限度？是不是到某一天，人們會拒絕再買一個符號價值更高的名牌提包？會厭倦了假旅遊點的人造景色？會厭倦了超出所需物質

---

[14] 布希亞《物體系》，上海：世紀出版集團，2001 年，94 頁。

生活資料之外的花樣？博多利亞甚至聲稱，在當代，任何物」要成為消費的對象，物品必須成為符號」。[15]一旦回到物質消費，整個世界經濟會停擺，引發地球停轉一般的災難：大量靠設計符號生產符號謀生的人（就是大多數廣告、公關、旅遊、資訊人員、工人和技術人員）會失業。

但是，這場災難總會到來，早晚要來到，因為對符號意義的慾望，總有任何廣告也也喚不起來的時候，那時對慾望的慾望就會落空，不再有「環比增長」的日子會總到來。而且從企業花力氣做廣告的熱情來看，離今日不會太遠。或許，在這場符號災難之後，人類會認清符號經濟的本質，漸漸擺脫對符號的過度依賴，回到一種比較接近本真的生活。但是，從現在人類的生活方式來看，人不像能適應那樣的「回到物」的生活。與其到那個時候再來讀符號學，再來研究符號的本質，不如現在就開始認真討論這些問題。

前期現代社會特徵的嚴重人性異化現象，勞動者的個人本質，被他的社會分工所代替；後期現代社會，人的全面異化加劇，但是採取的形態不同。後期現代性削弱了勞動分工的重要性，符號消費無需分工。在消費中，個人被「原子化」，從集團、階級、社群聯繫上被剝離下來，表面上個人的自主權增大，人的社會聯繫卻被架空，產生嚴重的無助感，缺乏特定對象的「彌散性焦慮」。[16]

這不是一個只有學界關心的抽象問題，而是每個人的工作和生活的具體問題。美國最近在鄭重反省，要求「再產業化」（re-industrialization），[17]即增加實體經濟。過度符號化的經濟體系，反過來羨慕進行實體生產的國家。但這是就國家之間的競爭策略而

---

[15] 同上，223 頁。
[16] 安東尼・吉登斯《現代性與自我認同》，北京：三聯書店，1998 年，49 頁。
[17] 〈「再工業化」拯救美國？〉，《時代週刊》2010 年 7 月 19 日，C07 版。

言的，就全球經濟的總體而言，要刺激經濟繼續加快發展，只有朝增加符號價值消費一條路上走。

4.替代選擇

從十九世紀後期，出現了「為藝術而藝術」潮流，王爾德的名言「生活模仿藝術」，已經啟符號倒置之端。但是要到後期現代，才出現了符號氾濫淹沒一切的時代。我們面對的，不是選擇過多（這應當說基本上不是壞事），而是無法把所選置於一個意義之中，也就是說找不到元語言來進行有效的選擇。

為了逃脫符號氾濫中的彌散性焦慮，使自我不至於過分失落，人們不得不尋找「替代選擇」。之所以稱為替代，不僅是因為它們替代「真實」的選擇，而且它們相互之間可以互相替代，因為都是權宜性的。對於一個思索的主體，它們是虛幻的，但是替代選擇提供的滿足，卻是即刻而有效：「此刻如何生活」的選擇，代替了制度問題、思想問題、哲學問題，甚至終極價值問題。

第一類替代性符號選擇，可以命名為「自戀性」選擇。傳媒本是提供資訊的，但是傳媒上充滿了有意種植的伴隨文本，讓人就覺得只要接受這些鏈結的價值，自己有價值。廣告說的是商品的「鄰接性」：成功者之所以成功，是因為選擇該產品。名流是與我們不同的另一種人類，他們成為名流的原因是一個謎，我們永遠不可能成為名流，但是他們與這些商品的連接容易模仿，我們在商品選擇上與名流沾邊，也就能給自己一個新的身份。[18]

---

[18] Jessica Evans and David Hesmondhalgh (eds), *Understanding Media: Inside Celebrity,* Maidenhead: Open Univ Press, 2005, p 56

　　名流之所以知名，就是因為「知名度」，因為有了名，所以更有名；牌子之所以好，就是因為有錢做廣告；反過來，因為做廣告，必是好牌子。這兩種方式互連在一道，所謂強強聯手，就更讓人覺得必有道理：購買這種商品的人，就是要與這種「大手筆」沾上邊，代替自己的選擇。

　　在「名人連接」方面，廣告沒有故意撒謊讓人上當。本書第十二章討論過，撒謊要對文本進行修辭，偽裝誠懇，而廣告公開明說此種替代選擇，「代言人」沒有參加設計與生產過程，只是受邀請領導消費。對此，知識份子會覺得可笑，大部分消費者也不一定相信，但只要有機會就會購買，因為他們沒有能力提出一套自己的選擇標準。

　　第二類替代性符號選擇，可以稱之為「懷疑性選擇」。比較「有想法」的人們，喜歡採用這一類意義授權方式。後期現代社會的一個重大特點是知識專門化。傳統社會的巫師、先知，或牧師，能解決一切疑難；前期現代社會，有「文藝復興式巨人」，有從黑格爾到杜威那樣能對任何問題說出一套理論的大師。但是後期現代社會分工極端細密，凡是能分的科目，必然再分。每一門學科都有一批專家，他們的權威在狹窄的領域，說一套外人不明白的行話（例如，符號學）。

　　面臨選擇難題的人們，應當相信專家的意見，專家如果有錯（例如究竟什麼商品最好），也是專業知識進步過程中的錯誤。問題只是在於個別專家的選擇不算數，要能於其他選擇相配合，才能形成有意義的組合段，這樣就需要一系列的專家，他們之間能否一致，就大成問題。如果普通人都心存猶疑，一門專家可能更懷疑另一門專家，難以形成具有同樣權威的連貫選擇。

　　可以說，自戀性選擇是組合性的，是連接名人；懷疑性選擇是聚合性的，是聽從專家。兩者交替出現，最後出現兩者結合的「明星專家」。「替代選擇」，是後期現代社會的特有異化形式：它起作用

的方式是軟性的、誘導的，不作強行規定，但是明星專家使人們自願放棄選擇，這一點是共同的。替代選擇的結合，可能讓大眾上癮：沒有附上專家意見（例如食品包裝上的成份表），或沒有電視上出現過的品牌，就是可疑的等外品。這時，後期現代性就回到傳統社會的巫師時代，聽憑某個權威之源提供生活的全部意義。

現代性的批判者，曾經要求「一個全新的能指系統」。[19]這樣的系統看來已經出現，符號大氾濫已經到了一個相當大的規模。但是氾濫的符號洪流帶來的問題，超出任何人預料：它的無深度運作，反而使人失去選擇自由，只有靠現成的組合方式度過人生。

六〇年代，馬爾庫塞的《單面人》，成為法蘭克福學派影響最大的書。[20]他指出現代「先進工業社會」對人的重大異化作用，使人失去存在的自由。那麼今天，這種異化更加加劇，我們自動放棄的，是選擇意義的自由，我們從單面人，變成單軸人（建議英譯 one axial man），甘願放棄作為人的本質的符號意義能力。

生活在這樣的單軸時代，個人會失去動力，歷史會失去目標，人類會失落前行的方向。一旦放棄選擇，我們就失去存在的意義，成為渾渾噩噩活下去的迷途靈魂。這是後期現代社會的一個重大危機：符號氾濫使我們失去尋找意義的能力與願望。[21]

5.經典重估與「文學場」破潰

後期現代的選擇困境，最典型地表現在所謂「經典重估」上面。

---

[19]　詹姆遜：序利奧塔《後現代狀況》，「這是一個全新社會經濟時代，甚至我們可以宣告，一個全新的能指系統，已經出現」。讓－弗朗索瓦・利奧塔《後現代狀況：關於知識的報告》，長沙：湖南美術出版社，1996，2 頁。

[20]　Herbert Marcuse, *One-Dimentional Man: Studies in the Ideology of Advanced Industrial Society*, NewYork: Routledge, 1964.

　　漢語「經典」一詞，與西語對譯 Canon 相仿，原指宗教教義典籍：「經」必有不可質疑的權威光環，有不能替代的永恆價值，一旦取消文本的神聖性，整個宗教或意識形態的基礎就會被剷除。經典很像先民的圖騰：某種動物被選中，由精英（巫師）加以神秘化，掌權者（酋長）認可，部族大眾從中找到凝聚力，取得歸屬感。

　　而文化經典，是一個成熟文化從歷代積累的大量文本中，選出一小部分公認的精品。文化經典已經世俗化了，但是既然背後有浩如煙海的非經典，經典被歷史選中總有原因，因此文化經典頭上似乎也頂著光環餘痕，甚至也能從中找到民族凝聚力。本書第十五章討論了文本身份，經典就是文化給予特殊文本身份的文本：經典的要義，不在文本之內，而在文本之外，經典是文化的提喻。這就是為什麼經典重估與更新，不同於一般文化符號學的辯論，而是當今文化的一個緊迫問題。

　　經典更新是常態的、持續的，緩慢到不為時人所覺察，所以人們覺得經典永恆不變。但是在文化劇變時，經典更新會引發巨大爭論，引起舊有經典維護者的抗議，他們會高喊「經典不朽」。現代理論用更複雜的語言重申經典意義恒久性，[22]韋勒克聲稱：「文學研究不同於歷史研究，它必須研究的不是文獻，而是具有永久價值的文學作品」。[23]意義永恆，就意味著經典集合不變。

　　經典的重估，更新一直是由知識界來進行的。權力機構為了意識形態原因，也會發動經典重估更新，例如漢代的獨尊儒術，例如南宋的確立四書，但這種更新，還是要得到知識界同意才能成功。沒有知

---

[22] 伽達默提出經典「沒有時間性」這個命題，張龍溪解釋說：「這種無時間性正是歷史存在的一種模式」。見張龍溪「經典在解釋學上的意義」，《中國文史哲研究通訊》，九卷三期。

[23] 雷奈‧威勒克，〈文學理論，文學批評與文學史」，趙毅衡編《新批評文集》，北京：中國社會科學出版社，1988 年第一版，512 頁。

識界的合作，例如文革時推行樣板戲，哪怕社會接受了，也會迅速地退出經典集合。即使在西方八九〇年代，在後殖民主義，女性主義等旗幟下進行的激烈經典重估，依然是知識份子之間的鬥爭。布魯姆強調：「經典，以及今日時髦的『反經典』，都是精英的。」[24]

但是近年來，在西方，在中國，在世界上許多國家幾乎同步地出現一種全新的經典重估方式，有人稱之為「去經典化運動」，[25]甚至「反經典化運動」。[26]新舊經典的替換本屬常見，重要的是經典更新的基本方式，出現了重大的變化。因此這實際上是一次「另樣經典化運動」。

至今對經典重估的辯論，常依據布迪厄的理論。1993年約翰・基洛里的《文化資本：文學經典形成問題》一書，是去經典化運動的重要理論著作，標題就是借用布迪厄最重要的概念。此書言鋒直擊辯論的最要害點：學校教科書問題。基洛里認為經典問題的關鍵，是學校課程設置中「文化資本」的分配：學校控制了社會應當如何讀寫，學校才是「主要遊戲場」。[27]

此處出現了布迪厄的另一個廣為人應用的概念，「場」。[28]筆者研讀布迪厄時，一直想弄清的問題是：各種「場」邊界究竟在何處？

---

[24] 哈樂德・布魯姆《西方正典》譯林出版社，2005年，30頁。參見 Harold Bloom, *The Western Canon: The Books and School of the Ages*, London: Papermac, 1994, p 37.

[25] 1997年1月荷蘭萊頓大學進行大規模國際會議，會議論文集合成一巨冊《經典化與去經典化》(*Canonization and Decanonization*, Leiden: Brill Academic Press, 1998)，是這個問題最早的文獻之一。

[26] Stefan Nowotny, *Anti-Canonization: The Differential Knowledge of Institutional Critique,* Transversal Webjournal, 2006.

[27] John Guillory, *Cultural Capital: The Problem of Literary Canon Formation*, Chicago, Univ of Chicago Press, 1993, p ix.

[28] 布迪厄的原文 champ，就是競賽運動場。很多人中譯為「場域」，未免太雅，而且丟失布迪厄的比喻原意，所以我改成「場地」。

例如「文學場」,一個社會中哪些人落在文學場外沒有資格入場?布
迪厄自己對場邊界的定義相當抽象:「場的邊界位於場的效應中止的
地方」。[29]這話承認每個場地有邊界,卻不說邊界何在。究竟是誰處
於文學場的邊緣之外,不加入這個遊戲?是沒有資本攜帶入場比賽
的大眾。本書第十四章第二節談到迪基的說法」每個自認為是藝術
世界成員的人就是藝術世界成員」。實際上「藝術世界」概念與「文
學場」類似。

布迪厄說,參加場內遊戲的「玩家」,[30]各帶著賭注,有的還有
「王牌」,例如「古希臘知識,或微積分知識」。[31]在場地中,「玩家
彼此對立,有時很兇惡,至少他們對遊戲及其賭注達成某種一致的
信任,他們賦予遊戲與賭注一種可以逃避質詢的認識。」[32]所謂「逃
避質詢」的賭注,就是對抗者默認對方賭注的文本身份,不予挑戰,
讓各方靠這些賭注展開競爭。顯然布迪厄並不認為文學場是全民的
遊戲,不然他不會一再強調玩家各方對賭注價值的默認。[33]

但是,我們現在正目睹的情景,是大眾大規模地參與經典重估。
固然大眾對文學作品一向有自己的好惡挑選,但是在電子媒體(電
視、互聯網、DVD、手機)時代來臨之前,大眾的文化選擇,與進
行經典重估的文學場無涉。現代之前大眾喜好平話、唱本;二十世
紀上半期大眾愛讀鴛鴦蝴蝶小說;九〇年代之前武俠與言情小說也
一直有為數驚人的讀者,他們屬於另外次文化「次場」。電子媒體革

---

29 《文化資本與社會煉金術:布林迪厄訪談錄》上海人民出版社,1997 年,
146 頁
30 同上書的譯者,把 joueur 譯為「玩耍者」,這個詞原義雙關,不好翻譯。但
是布迪厄「場」的原意,實為競賽場地。譯為「運動員」可能太嚴肅;譯成
「玩耍者」可能太輕。「玩家」或能兼顧雙義。
31 同上,114 頁。
32 同上,113 頁。
33 同上,113 頁。

命之後，不僅一些「俗經典」進入了經典集合（這種事情以前多次發生過），更重要的是，經典化的方式，發生了歷史上前所未有的變化：原先無資格的大眾進入了場地，完全改變了比賽格局。玩家手中的經典王牌的資本價值，現在受到嚴重「質詢」挑戰，大眾，這寫衝破邊界進場的主要玩家，沒有攜帶傳統「賭注」。由此，我們也只能走出布迪厄式文化符號學理論的邊界。

6.兩種經典化，兩種替代自我

本書第七章詳細討論了符號雙軸關係，以及不同風格的符號文本的傾斜方式。我們也可以看到當今文化中，有兩種經典重估，分別沿這兩軸展開。

知識份子更多地擔當並且傳承歷史，經典重估是他們的擔當與傳承壓力的一種方式。進行經典重估的批評家，與先前經典比較，才能判斷面前的作品能否夠得上經典，必須對作品作質的衡量。六朝時鍾嶸寫《詩品》已經必須在 122 名詩人中挑出上品 12 人；到清代袁枚寫《續詩品》只能感歎「古人詩易，門戶獨開；今人詩難，群題紛來」；錢鍾書自譬自己的工作也如鍾嶸 「九品論人，七略裁詩」。[34]布魯姆則幽默地說，要判斷審美價值，「必須回答三重問題：優於、劣於、等於」。[35]它們的工作，實是比較，比較，再比較。

因此，批評性經典重估，是在符號聚合軸上的比較選擇。

大眾的「群選經典化」，是用投票、點擊、購買、閱讀觀看等形式，累積數量作挑選，這種遴選主要靠的是連接：靠媒體反覆介紹，靠親

---

[34] 錢鍾書《寫在人生邊上》，遼寧人民出版社，2000 年，74 頁。

[35] 哈樂德・布魯姆《西方正典》譯林出版社，2005 年，17 頁。譯文經過本人修改，參照 Harold Bloom, *The Western Canon, The Books and School of the Ages*, 1994, New York: Riverhead Books, p 18。下同。

友口口相傳，靠軼事報導。群選經典化有個特點：往往從人到作品，而不是從作品到人，被經典化的是集合在一個名字下的所有「型文本」。

大眾當然也比較，他們基本上不與歷史經典比，而是比當代同行之間的連接率，即所謂「人氣」。為什麼是瓊瑤成為言情小說首選，而不是其他人？瓊瑤寫的如何暫且不論，她的確寫得很多，而她自己主辦皇冠雜誌與皇冠出版社，保持這種至關重要的讀者接觸。社會性連接一旦開始，就以平方速度增加，這就是為什麼競爭者必須首先追求「出鏡率」。寧缺勿濫追求質量，是迂腐的「名聲自殺」：總體連接達到一定的數量級，就成為「家喻戶曉」式的熟悉，累積連接而成的親切，就會把偏愛變成美感。金庸與瓊瑤作品幾乎每部都拍成影視，天文數的連接，就使經典地位不可動搖。

群選經典的方式，實是連接，連接，再連接。是組合軸上的連接操作。

既然群選經典化，不是一個歷史行為，新經典在歷史上存留的能力，也就陷入了可疑境地。下一代的經典群選，自然偏向於易於連接的同代人，例如陶喆碟片上有他的宣言：「以經典化的搖滾樂為攻擊對象」。布魯姆幸災樂禍地說：群選經典的下場是，「被哪怕最極端的多元文化論者，在兩三代以後拋棄，給新作騰出地盤。」[36]

這兩種經典化方式的不同，使經典的接受，也具有一系列的重大差別。

首先不同的是批評的地位：經典更新是對批評元語言的一個重大挑戰。每個時代總是會有一批學者擁典自重，學閥及其經典維護者地位，是有壓迫性的，尤其在學院裏更是如此。但是青年學者要成長，最終要挑戰權威。經典文本的守護者，就不得不面對挑戰作出辯護，這種反覆論辯，見證的是一種批判性文化方式。

---

[36] 哈樂德・布魯姆《西方正典》譯林出版社，2005 年，56 頁。

　　群選經典是無須批評的：與金庸小說迷辯論金庸小說的質量，與瓊瑤三毛小說迷辯論瓊瑤三毛小說的質量，幾乎不可能。不是說偶像碰不得，而是這種選擇，本來就不是供批評討論的，而是供追隨的。在群選經典操作中，經典與「劣作」之間沒有中間地帶。其他人可以選擇不追隨，但是很難作分析性的辯論。

　　群選經典靠的是連接，不少論者認為電子媒體造成」速食文化」，求短求快。實際上並非如此，當代人有的是閒暇時間，各種藝術門類的命運並不取決於長短（網路小說可以長達幾百萬字，電視劇可以有上百集），而取決於它們是否能提供娛樂性快感，提供本章第四節討論的慾望意義在場實現。

　　在這個意義漂浮的後現代社會，經典是自我認同的需要。作為社會人意義缺失，我們被原子化為孤獨的人，就更依賴文化給我們提供符號組合關係。上文說過：符號文本的組織，不是具體社會組織的抽象化表徵，相反，是抽象社會關係的具體化。我們不知道如何找到自我，但是要逃脫意義失落的空虛，就不得不尋找替代選擇。經典不僅是結構化了的結構（structured structure），而且是能結構化的結構（structuring structure），經典由於其文本身份，成為重要的替代價值來源。

　　兩種不同的經典化，雖然都能為接收者的自我提供虛幻的價值，提供的方式卻是不一樣。批評式經典的閱讀本質是比較性的，而這種從經典中得到的文本自我，是讀者個人本有的「思想行為的模仿性重複」，[37]從而「使作品暫時性地成為充填自我的唯一實體」。[38]如此得到的自我意識，難以疏解孤獨，提供社會結合愉悅。閱讀經典讓我們得到一點虛榮：我為我自己崇拜《紅樓夢》而驕傲，我從崇

---

[37] 同上，262 頁。

[38] 喬治・布萊《批評意識》，廣西師大出版社，2002 年，245 頁。

拜中得到的價值，攀附在民族文化的歷史中，經常是一種自戀：我的引用，是我的文化身份證明。

而群選經典，本來就是群體連接的產物，閱讀和引用這些經典，能加強社會歸屬感覺，社會關係中分散的節點被共同愛好串結起來。在與經典作者的抽象聯繫中，同崇拜者組成的社會具體接觸中，個人不再是孤獨的個體。看起來讀者給出的是全奉獻式的，不帶任何功利心的追隨，但是他們得到的是安頓自我的迷醉，是身份意義充實的歡欣。

不管用文本身份充填人格自我，還是在群體連接中安放符號自我，都不是真正的存在意義。經典文本上附加的符號意義，替代了真實社會關係，人們得到的依然是虛幻滿足。

我們正目睹一個巨大的全球性文化演變：娛樂消費代替了生產，成為社會主要職能，而電子媒體的普及，使從來沒有參與主流文化的社會群體，現在能參與文學場。場地的」動態邊界」[39]就出乎意料地膨脹，出現了史無前例的文化民粹主義浪潮。

五四時期經常被指責為經典重估過於激進，但是五四在重估經典時，有極為認真的論辯。現在翻閱 1923 年開始出版的刊物《古史辯》，雖然其中大膽推翻經典陳說之論，現在看多半不可靠，但是其細剔微抉反覆論辯的精神，令人感動。梁啟超，胡適等人出於文化政治考慮的全盤吹捧，有周作人，錢玄同等幾乎無一是處的評價，也有魯迅不憚直言褒貶的比較研究，由此，五四成功地把一批古代白話小說經典化。

八〇年代後期中國文壇，曾經出現重大的經典更新，以「重寫文學史」為標記，審美判斷價值變化了：張愛玲、沈從文、錢鍾書

---

[39] 布迪厄：「每個場都構成一個潛在的、敞開的遊戲空間，其界線是一個動態的邊界，與場的內部鬥爭的厲害密切相關」《文化資本與社會煉金術：布林迪厄訪談錄》，上海人民出版社，1997 年，150 頁。

的經典化，茅盾等人地位下降。其激烈程度堪與五四比美，卻依然是批評式經典更新。

　　但是，九〇年代後期開始出現的經典更新，就不再有如此的批評精神，經典化操作從聚合軸擺向組合軸。說這是「向俗文學靠攏」，是把問題簡單化了。我並不是在此反對嚴家炎，王一川等學者把金庸經典化，經典從來都在更新。我感到焦慮的是今日經典更新中看到的雙軸位移。雖然依舊是批評家在做最後判斷，但是他們的判斷方式，已經從比較轉向粘連。例如：雖然金庸已經被不少學院人士列入經典，至今沒有對金庸小說的真正的質量分析。布魯姆堅持認為莎士比亞是「經典的核心」，但是他至少做了分析式判斷：「莎士比亞寫了三十八部戲，其中只有二十四部是傑作」。[40]至今我沒有讀到對金庸小說作這種分析判斷。

　　所以，新的情況不是經典集合更新，而是批評界開始採用群選經典「全跟或全不跟」原則，也就是說，學院經典更新開始組合化。大眾，這個來到文學場的這個新玩家，有巨大的經濟資本（票房），有重要的社會資本（票選），而且願意把這兩者轉換成符號資本（群選經典）。文學場向組合軸傾斜趨勢，如果沒有遇到阻抗，最終會導致聚合倒塌消失，於是整個文化成為單軸運動：經典無須深度，潮流缺乏寬度，剩下的只有橫向的線性粘連，只有粉絲式的群體優勢。

　　當代文化的劇變已經顯出後果：某些需要深度閱讀的體裁，已經瀕臨滅種命運：需要沉思潛想像外之意的詩歌，已經被宣佈死亡；需要對言外之意的做一番思索的短篇小說，已經臨危。這樣，經典之爭，漸漸變為體裁之爭，競爭者靠大眾體裁（例如影視改編、詩配歌曲）最後勝出。

---

[40] 哈樂德・布魯姆《西方正典》譯林出版社，2005 年，26 頁。

　　一個無須批評的文本，不是正常的文本；一個無須批判的文化，不是正常的文化。當我們完全接受一人一點擊的純數量經典化，文化民粹主義就會全盤勝利：幾十億找不到意義的人，手伸向自己的點擊製造的文本身份。經典更新似乎無關家國大事世界大局，可以把它說成只是文論界派別之爭，最多只是一個教科書課文的取捨問題。在大歷史維度上，雙軸位移卻關係到整個文化的前途：今天已經見到端倪的符號災變，將讓文化丟失歷史，留下滿世界只有虛幻文本身份可粘連的空洞人格。

第十八章　現代性的評價漩渦

1.歷史與符號力量

　　本書第十章第六節第七節，討論了同層次元語言衝突引出的「闡釋漩渦」，以及元元語言衝突引出意識形態的「評價漩渦」。本書第九章第十節，則討論了反諷作為文化的成熟形態，持續存在的可能。用這些符號原理，來觀察關於中國現代歷史性的一些長期爭論未決的問題，或許能給我們一個新的觀察角度。

　　為此，我們就必須探討符號在歷史中的作用。既然人類文化是符號文化，歷史的演進，背後就應當有持久的符號動力：意義追求方式，與經濟力量科技力量，重要性往往可以相比，有時甚至更加重要。對歷史的符號動力研究，很值得一做，也有許多人做過，例如黃仁宇把現代化看成是一個元語言方式，即「用數位管理社會的方式」。雖然此說引發爭議頗多，但給人良多啟示。

　　「歷史符號學」與「主體符號學」一樣，是符號學界試圖建立，但是一直沒有找到比較確定模式的學科。李幼蒸的文集《歷史符號學》，對這個學科可能發展的前程，作了詳盡的描述。其中〈對後現代歷史哲學的分析批評〉一文，[1]對當今歷史哲學的偏向作了批判，值得重視。

---

[1]　李幼蒸《歷史符號學》桂林：廣西師範大學出版社，2003 年。

　　符號學作為對人類意義活動的研究，順理成章地改造了修辭學
風格學等語言學舊有學科，順流而下向文學藝術的各門類延展，重
新審視了倫理學、美學等哲學學科。[2]於是，符號學不可避免地進入
社會生活：社會的意義活動集合，是符號學必然的專注領域；尤其
是伯明罕學派在當代社會研究中注入了「符號再現」「符號抵抗」等
論辯之後，[3]社會符號學也有相當成功的嘗試；[4]人類學則幾乎是符
號學取得最令人信服成果的學科，如今對神話、宗教、儀式的研究，
已經離不開符號學。[5]

　　符號學已經覆蓋了所有的人文社會科學，但是歷史似乎是個例
外。其原因倒不是很多人想當然地認為的符號學的「共時偏向」，而
是歷史的進程超出任何單一原因的解釋。歷史似乎不是一種符號行
為，而是人類實踐的軌跡，只有歷史學才是符號文本的領域。洛特
曼指出：「歷史家要處理的是文本，這個局面對於歷史事實的結構
與其解釋，是關鍵性的……歷史家無法看到事件，只有從書面材料
中取得敘述。哪怕親歷的歷史，也必須轉成文本」。[6]歷史學既然已
文本為對象，就能夠充分地形式化，歷史學也成為書寫形式變遷的
軌跡。

　　但是，換一個角度，我們可以看到符號學能處理的問題，不只
是歷史學問題，更是歷史中的文化行為。也就是說，歷史符號學，

---

[2]　例如 John Deely, *The Impact on Philosophy of Semiotics*, South Bend: St Augustine's Press, 2003.

[3]　例如 John Fiske, *Reading the Popular,* Boston: Unwin Hyman, 1989.

[4]　例如 Robert Hodges & Gunter Kress, *Social Semiotics*, Ithaca: Cornell Univ Press, 1988.

[5]　例如 James A. Boon, *Other Tribes, Other Scribes: Symbolic Anthropology in the Comparative Study of Cultures, Histories, Religions, and Texts*, New York: Cambridge Univ Press, 1982.

[6]　Juri Lotman, *The Universe of Mind: A Semiotic Theory of Culture*, Bloomington: Indiana Univ Press, 1990, p 221.

不是符號化的歷史（semiotized history），⁷而是歷史上表意方式的演進（historical representations）。⁸

歷史符號學可以提出新意的地方：不是改進歷史學家對過去事件的解釋方式（如新歷史主義那樣革新歷史書寫方式），而是研究歷史進程中的人如何解釋自己行為的意義。換句話說，筆者更加關注的，不是「歷史的符號」（signs of history），而是「歷史中的符號」（signs in history）；不是當今歷史學的元語言，而是找到歷史演進的元語言：歷史中的人如何用意義活動推動歷史。

對歷史進程的意義解釋，可以成為歷史發展的動因。作為例子，本章仔細剖析一個百年爭論不斷的解釋元語言問題，即關於現代性發生的「韋伯理論」。在本章的討論中，經常把評價文化的「元元語言」稱為「元語言」，不僅是為了行文方便：「元語言」本來就是相對的：如果把文化的意義解釋活動作為對象，那麼意識形態評價標準就是它的元語言。

2.現代性的動力與制動

韋伯1905年的著作《新教倫理與資本主義精神》，討論十八世紀，即一個半世紀前，英美資本主義興起背後的文化元語言。「資本主義」一詞，窄義是「市場經濟」；詞義放寬，即如今說的「現代化」。本書中儘量用韋伯的「資本主義」一詞，有時候使用「現代化」一詞，也是在接近韋伯「資本主義」一詞的意義上使用。

韋伯提出：新教倫理為資本主義提供了文化動力。韋伯描述的「新教倫理」，是一種評價經濟活動意義的「讀法」。因此新教倫理

---

⁷ J. L. Gomez Mompart, "Semiotics and the History of Social Communication", *Semiotica*, Vol 81, pp 221-226.

⁸ Richard Parmentier, *The Sacred Remains,* Chicago: Univ of Chicago Press, 1987.

實際上是一種符碼集合，一種元語言，韋伯討論的是資本主義產生背後的元語言支持。

此後許多論者，仿照韋伯模式，討論其他地區資本主義發展的文化基礎。他們都面臨一個難題：韋伯的討論是追溯性的，他在已經成功地實現了現代化轉型的英美，尋找兩個世紀前轉型的文化動因，不管他如何解釋，他的結論卻事先正確。而現代的「仿韋伯論」者，卻試圖在現代化轉型尚未實現，或有待於證明最後能成功實現的社會，尋找類似的思想：設法把這些國家舊有的文化傳統，解釋成現代化所需的元語言。韋伯分析的是資本主義最早自發的原因，此後資本主義在全球其他國家發展，都不再是自發的，而是輸入了資本主義價值後才發生的。韋伯討論的是現代性如何發生，仿韋伯論者討論的是其他國家如何接受現代性。

韋伯解決資本主義「原發問題」的鑰匙，是他在加爾文教的某些教派（如衛理公會）找到的「天職」觀念，這個觀念包含兩種相反的價值判斷元語言。

第一是資本主義的動力因素，即把斂財致富作為人生目的，此動力之大，能夠克服資本主義「必須反對的最大敵對力量」，即「傳統主義」（traditionalism）。[9]

韋伯再三強調：「天職」觀念的第二方面更重要：斂財致富是為了增加上帝的榮耀。貪婪是人的本性，「獲取本能」在人類社會普遍存在。韋伯特地指出「中國封建顯宦（Mandarin），古羅馬貴族，或現代農民，與誰比，貪婪都不遜色。」甚至，「恰恰在中產階級－資本主義按西方標準很落後的國家，一個鮮明的特徵，就是盛行不擇手段賺錢謀私」[10]所以他強調：資本主義的動力並不是貪婪，而是

---

[9] Max Weber, *The Protestant Ethics and the Spirit of Capitalism*, London: Routledge 1992, p 23.

[10] 同上，p 21。

把貪婪崇高化。在傳統主義佔優勢的社會，任何賺錢，都是「為富不仁」，「被看成最卑劣的貪欲，毫無自尊」。[11]

因此，資本主義發生的意義支持，是一種特殊的元語言評價：鼓勵斂財，但是把它理解成崇高的意義。韋伯在 1920 年加的序言中解釋說：「貪得無厭……與資本主義精神無關。資本主義甚至**可以**等同於對這種不合理衝動進行制約，至少是對之進行理性地沖淡」。[12]用皮爾斯的符號三分法來說明：斂財是符號文本，對象是財富積累，其「崇高意義」是解釋項。

韋伯認為德國路德教對「天職」的理解有缺點，對南歐天主教更有微詞，他認為，資本主義沒有在德國法國首先發生，原因在於缺乏適當的宗教觀念支持。但是 1905 年他的書出版時，德國與法國的資本主義已經充分發展。該年德國製造品出口總額，已經超過美國，韋伯生前已經看到日本資本主義興起。面對這種發展，韋伯並不覺得應當重新評價路德教，他也沒有重新評價天主教、神道教，用來給德國法國日本的現代化找宗教倫理辯護。原因是：英美十八世紀資本主義是原發的，需要一個合一的意義解讀，其他國家現代化的起飛，都是「受激型」的，動力價值來自國外，本民族的「傳統主義」在起制動作用，兩種評價因素依然具備，源頭各有不同。

韋伯沒有看到七、八〇年代新加坡，南韓、臺灣等東亞國家的資本主義起動，或九〇年代中國大陸的經濟起飛。但是根據他處理德國法國日本的原則，他哪怕活著，也不會給東亞現代化找儒教理由。這些國家的現代化速度，都後來居上，超過英國美國，但是它們都不需要清教的合一元語言。這也就是說：所有現代韋伯論者，做的是韋伯不做的事情。對斂財的讚美，與抑制斂財的「傳統主義」

---

[11] 同上，p 21。
[12] 同上。著重號是韋伯加的。

完全可以來時不同源頭，但是並存與一個解釋中，筆者把這種局面稱為「**動制分源**」。

即使在英美，在現代化起動之後，衛理公會的「動制合一」狀態也不復存在。這就是美國社會學家丹尼爾‧貝爾 1975 年的名作《資本主義文化矛盾》一書的主旨。貝爾強調他的方法與黑格爾，馬克思，帕森斯不同。他認為帕森斯（以及帕森斯背後的韋伯）「他們都有一個共同前提：即認為社會是統一結構，要瞭解任何社會行為，都必須將它同整體聯繫起來看」。[13]此觀念，類似本書第三章第二節批判的「有機系統論」。貝爾強調：「社會不是統一的，而是分裂的。它的不同領域各有不同模式，按照不同的節奏變化，並且由不同的，甚至相反方向的軸心原則加以調節」。[14]他引用文化史專家 V. W.布魯克斯的妙言：「清教徒的酒潑翻以後，酒香變成了超驗主義，酒汁變成了商業主義。」

貝爾把社會分成三個「特殊領域」：經濟－技術體系、政治、文化，他認為這三個部分起作用方式大相徑庭。經濟－技術領域「軸心原則是功能理性」，「其中含義是進步」。[15]而文化不同，貝爾同意卡西爾：文化是「符號領域」，本質上是反動的，文化「不斷回到人類生存痛苦的老問題上去。」[16]政治則調節二者之間的衝突。貝爾的結論是：經濟和文化「沒有相互鎖合的必要」。[17]他明確說，韋伯的「天職」觀念已經不再起作用：「破壞新教倫理的是資本主義自己……資本主義制度失去了它的超驗道德觀」[18]。

---

[13] 丹尼爾‧貝爾《資本主義文化矛盾》，北京：三聯書店，1989 年，第一章，注 10。

[14] 同上，56 頁。

[15] 同上，59 頁。

[16] 同上，41 頁。

[17] 同上，60 頁。

[18] 同上，67 頁。

如此討論之後，就可以處理本章的主旨：現代化在中國靠什麼價值發生？中國現代化需要動力，也需要制約，卻與其他國家一樣，並不需要清教式的整體元語言。一百多年來，一再出現全盤西化論，也一再出現儒學救國論，兩者勢不兩立，都是因為沒有明白：現代性的元語言，各組分可以是衝突的。對於這些國家的現代化，元語言衝突造成的評價漩渦，為歷史演進提供更有效的意義解釋。此中的符號學原理，本書第十章第七節作了詳細解釋。

3.「中體西學」沒有錯

十九世紀下半期的洋務運動，是中國人第一次現代化的努力。一直說洋務運動失敗在於官辦現代化。這的確是缺點，但不一定肯定導致失敗：企業的控制權從來就是在政府與個人之間擺動。本書想討論的是洋務運動的指導思想，張之洞的「中體西用」論。雖然是老題目，從符號學的元語言組成角度考量，此論並沒有錯。

張之洞認為：西學中學作用各異：一是工具，一是價值；西是「通」，中是「本」，「通」用來開風氣，「本」用來正人心。社會上「舊者不知通，新者不知本」，一旦無「本」，「猶不知其姓之人，無轡之騎，無柁之舟」。這個說法相當準確：無鞍轡，船舵，即失去制約力量。

日本明治維新的口號「和魂洋才」，與「中體西用」，意義上沒有根本性的不同。前者成功後者失敗，問題出在執行中：張之洞堅持選拔人才必須靠「中學」：「其西學愈深，其疾中國亦愈甚。雖有博物多能之士，國家安得而用之哉？」這叫人想起後世頂真堅持的「用人政治標準第一」。日本人兩邊都做的很認真，中國人則一個世紀激辯不休，為辯出中西兩者之高低先後，要砍多少頭顱。一直要到一個世紀後才明白過來，以「不爭論」結束。事事區分哪一種元

語言組分為先，是過於緊張的自衛姿態，只能使輸入動力舉步唯艱，傳統主義之牢固，魯迅在《吶喊・自序》中形容為「鐵屋子」。無怪乎到了五四前夕，中國知識份子開始不耐煩，迅速激進化。

李澤厚提出「西體中用」據說這個口號，來自馮友蘭送給他的一個條幅。李澤厚自己解釋說，「西體」就是現代化。看來當今學人依然在與張之洞的幽靈作戰。從符號學的元語言學說來看，動力元語言與制動元語言之間，就像維根斯坦論「鴨－兔」畫，本來就不必有先後之分。

張子洞的口號提出不久，就出現了一次重要的歐洲思想輸入，對中國現代歷史起了重大影響，那就是 1897 年嚴復「譯述」的赫胥黎《天演論》。[19]赫胥黎的原書，是三篇不長的演講稿，集中反駁斯賓塞社會達爾文主義。全書只用開頭一小節說明進化論的原理，從第二節起，一直討論進化論不適用於人工選擇的農牧業，更不適合用道德規範行為的人類社會。

對比閱讀一下赫胥黎原作及嚴復的譯文，馬上可以明白：嚴復的書根本不是一本翻譯，而是借翻譯赫胥黎「科學著作」的名義，用大量按語，漏譯選譯，有意錯譯，[20]甚至直接插入譯者評論，對原作的全面改寫。此書標題原為《赫胥黎治功天演論》，「治功」是嚴復對「倫理」的譯名。[21]全書卻只有三處提到「治功」。原文簡單

---

[19] 關於嚴復與張子洞的對立，現在已經有不少史料。嚴復 1985 年發表〈辟韓〉一文，反駁韓愈〈原道〉一文。張之洞指示部下屠仁守直接反駁，作「辨『辟韓』書」。嚴復當時就認定是張之洞自己寫的。（見王栻《嚴復傳》，上海人民出版社，1975 年，30 頁，注 1）

[20] 詳見俞政《嚴復著譯研究》蘇州大學出版社，2003 年。

[21] 「治功」二字全書只見到三處。卷下〈群治第十六〉：「理平之極，治功獨用，而天行無權」（嚴復譯《天演論》商務印書館，1981 年，北京，91 頁）查赫胥黎原文，應當是：「社會進步意味著抑制宇宙過程，用另一種過程代替之，可以稱為倫理過程（ethical process）」，Thomas Huxley, *EVolution and Ethics*, Amherst NY: Prometheus Books, 2004, p 81.

說明進化論的第一節，被擴充為三節。赫胥黎原書強烈反對斯賓塞代表的「我們時代狂熱的個人主義，想把類似於自然的法則應用於社會」。[22]赫胥黎反社會達爾文主義的小冊子，被嚴復「翻譯」成一本社會達爾文主義的宣傳。

因此，中國第一次引進歐洲思想，公然截取一半，只剩動力部分，刪去制約部分。《天演論》一書風行，嚴復從後門拉進中國的社會達爾文主義，成為現代中國人的共同元語言。一個多世紀在中國出現的民族主義、實用主義、自由主義，一直到今天的國內生產毛額（GDP）至上主義，無例外地從社會達爾文主義的「共識」上起步。[23]

嚴復的譯文充滿破綻，但是沒有人仔細讀出其中層出不窮的矛盾之處。從此書起，「物競天擇，適者生存」成了現代中國思想的主調，保守的胡適據此改名，激進的魯迅也只迷上開頭進化論部分。[24]從十九世紀後期起，中國面對西方思想，不是「制而無動」，就是「動而無制」：的確，單一的整合元語言，簡單易懂，向來容易說服大眾。

4.新儒家的整體元語言

今日的新儒家面對的局面，與張之洞當年已經很不相同：他們只是為已成事實的「東亞經濟起飛」尋找一個民族文化原因。所謂新儒家陣營，成員很複雜，但是大部分新儒家認為：要復興儒家，最好的方法就是證明儒家能促進現代化。

---

[22] Thomas Huxley, *EVolution and Ethics*, Amherst NY: Prometheus Books, 2004, p 82.

[23] 1971 年科學出版社出版的重譯赫胥黎《進化論與倫理學》，〈重版說明〉開門見山說：「書的前半部是唯物的，後半部是唯心的」。這是文革中的最嚴格「馬列主義」觀點：進化論是「革命的」，倫理學是「反動的」。

[24] 見魯迅《朝花夕拾》之八，「瑣記」。

　　此處不討論熊十力、牟宗三、唐君毅等「現代新儒家」，他們一心想解決的是所謂「內聖開出新外王」問題[25]，即是儒家傳統如何包容民主，科學等現代觀念。而「當代新儒家」的中心課題是仿韋伯論：「工業東亞的興起，使人們重新考慮儒學的問題」[26]。九〇年代後中國大陸的經濟起飛，更向儒學提出緊迫的解釋要求。對此，當代新儒家很明白很自覺：「作為民族精神的儒家思想究竟使如何指導和激發了經濟上的巨大創造力，是一個謎」。[27]

　　實際上，韋伯筆下清教完美結合的動力與制約，很接近儒家傳統術語「慾」與「心」，宋明理學明確宣告「人慾」不可能納入「心性」，兩者絕不相容。朱熹強調天理要有個「安頓處」，「安頓得不好，便有人慾出來。」[28]韋伯自己研究過中國儒家，他認為儒家倫理，對「此世」的秩序與習俗採取適應的態度。[29]純為克制人慾而設，是典型的「傳統主義」。

　　而新儒家認為，近年「儒家文化圈」資本主義繁榮，證明儒家在扮演「東亞清教」角色。為模擬清教，當代新儒家主流強調儒學的整體性：儒家倫理各部分合成一個不可分割的整體。[30]成中英對

---

[25] 牟宗三說：「內聖外王原是儒家的全體大用，全副規模，《大學》中的格致誠正修齊治平即同時包括了內聖外王」。見牟宗三〈從儒家的當前使命說中國文化的現代意義〉，收於封祖盛編《當代新儒家》，三聯書店，1989 年，160頁。也有人反對「內聖外王」的提法，例如傅偉勳就認為：「現代儒家必須放棄『內聖導致外王』的陳腔濫調」。（傅偉勳《從西方哲學到禪佛教》三聯書店，1989 年，466 頁）。

[26] 杜維明：「儒家傳統的現代轉化」，同上書，214 頁。

[27] 成中英：《合內外之道——儒家哲學論》，中國社會科學出版社，2001，156 頁。

[28] 《朱子語類》卷十三。

[29] Max Weber, *The Religion of China: Confucianism and Taoism*, New York: Free Press, 1968, p 233.

[30] 當代儒家主流，反對任何分解儒家體系的做法。分解論者如余英時，認為宋明理學因禪宗的挑戰而發展自己的「心性論」，發展了「天命之性」和「氣質之性」，綜合了孟子的性善和荀子的性惡。在修養論層次落到「敬」字上，

此說得很明白：儒家倫理要符合韋伯論，就必須符合「導致現代資本主義的各種原因的整體性與共生性」，這才能讓儒家」成為似乎永不乾枯的動力源，推動並且保持這資本主義經濟的持續發展」。他認為任何韋伯論必須注意這個「資本主義經濟上升發展的整體性與共生性原則」。[31]

新儒家的有機整體性，還表現在要求全社會整體接受：「高層決策者、中層管理者、工作－消費者」各社會層次上，滲透於整個社會。[32] 在這個意義上，新儒家實際上與貝爾之論相反，而是贊同帕森斯社會價值整體論。杜維明提出工業東亞社會「整體三原則」：

（1）「強勢的經濟一定要和權威的政府合作」。

（2）「民主制度，精英制度和道德教育需要互相配合」。

（3）「個人可以求突出表現，但是基本上，還是講究大的或小的團隊精神」。[33]

杜維明一再陳說這幾個原則，有時候說得過分具體，例如讚揚東亞工人很少罷工，東亞的家族產業效率更高等等。[34]

入世化為全神貫注的心理狀態，「敬業」精神由此而來，新儒家才有了一個「天職」倫理觀念。（余英時《中國近世的宗教倫理與商業精神》，安徽教育出版社，2001 年）。成中英反駁說，余英時這個看法「僅僅是對商人階層的一種沒有解釋的經驗研究，與現代中國的資本主義與現代化萌芽沒有任何關係」。（成中英《合外內之道——儒家哲學論》，中國社會科學出版社，2001年，163 頁）。另一個分解論者李澤厚，從宋明理學中找到從呂祖謙到顏元這條「經世之學」旁系，認為可以與清教相比。（李澤厚，〈說儒學四期〉《己卯五說》三聯書店 2003 年，45 頁）。

[31] 成中英：《合內外之道——儒家哲學論》，中國社會科學出版社，2001 年，154-155 頁。

[32] 同上，163-169 頁。

[33] "走出現代化的死胡同"，作於 1993 年，《杜維明學術文化隨筆》，中國青年出版社，1999 年，58 頁。

[34] 例如同上書，32 頁。

新儒家從來都要求一種全面的整體論，無論是「內聖外王」，無論是「仁者一天地萬物為一體」，無論是「義理事功同為心即理」，都不能拆分。整體論堅持動力與節制合一，是為了讓儒家能包容融和」現代精神」。這樣的理論當然是很美妙：不僅不再有中西體用之爭，而且與清教的「天職」觀一樣，是完美合一的元語言。

筆者認為，「儒家倫理整體論」，既沒有根據，也毫無好處。韋伯的「二合一」清教倫理價值，只是用來解釋資本主義始發的情況。此後，對任何國家，哪怕對依然是清教勢力的英美社會，動力與制約二者都早已分源分途。在其他受激發進入現代化的國家（日本，南歐），甚至二者完全不必互相應和，只需在一個社區內共同起作用：動力源自西歐，制約價值（天主教、神道教、儒教）來自本土。無數例子證明，元語言組分衝突，現代化依然可以成功。

貝爾說「我們正在摸索一種語言，它的關鍵字看來是『限制』」。[35]貝爾說這種「限制」是一種「語言」，倒是比較準確：我們在討論的，是意義的解釋方式。包括儒家在內的東亞本土精神資源，只要作為制約價值，非但不應該消亡，而且為現代化發展所必需。唐君毅認為個人主義與儒家倫理不可能相容，[36]但是儒家不需要改造為個人主義。

用分裂元語言觀來看傳統思想，許多複雜的討論，就迎刃而解了。杜維明曾問：「除了先進的國家，如歐美各國，作為參照對象之外，我們為什麼不把印度文化、馬來文化，甚至（臺灣）原住民文化，也作為我們的參照係數呢？」[37]當然可以，但是制動元語言不必外求：所有韋伯說的「傳統主義」，都有制動價值。所有民族，只

---

[35] 同上，40頁。
[36] 唐君毅《中國文化制精神價值》，臺北：學生書店，1972年，322頁。
[37] 杜維明：《東亞價值與多元現代性》，北京：中國社會科學出版社，2001年，105頁。

要能接受動力元語言，他們能夠，而且也必須，從自己民族的信仰中找到可用的制約元語言。

杜維明最近明白儒家的作用了，他說「我們現在絕對可以對現代性作出嚴厲批判……這一批判是調動儒家的精神資源」。[38]這話說得太對了，儒家對現代性的批判不是自今日始，從現代化進入中國時就開始了，只是中國學界一直沒有明白對現代性的批判，只要不讓制動壓滅動力，就可以幫助現代化。

而目前正在興起的「新國學」，也迫切需要朝這個方向定位。大量關於「儒家可以賺錢」的「儒商理論」，不僅把儒家庸俗化，而且弄錯了儒家思想在當代中國可以起的作用。本來，一套「整體性」的符碼，推不出無限衍義；一個排斥衝突性元語言的文化，是恐懼「評價漩渦」的文化；一個無需對立制衡的意義進程，必定引向災難。這一點，不是已經被中國現代歷史證明了許多次？

---

[38] 同上，87 頁。

■ ■ ■
符號學

附錄

（本書牽涉到相當數量的西語術語與人名，迄今中文譯法過於歧出，查索不易，令讀者困惑。為此筆者準備了這個「符號學術語、人名翻譯表」。因為各家用法不同，本表盡可能註明何人所創用。譯音盡可能靠攏原語言，[例如取「克里斯臺娃」而不用「克利斯蒂娃」，取「巴赫汀」而不用「巴赫丁」]其中一部分術語為本書所創用，西語對譯則是筆者的建議。歡迎學界同仁批評指正，以求逐漸取得一致。）

符號學術語、人名翻譯表

A

Abduction	試推法（Peirce）
Abductionist Self	試推自我
Abjection	賤棄（Kristeva）
Absent	缺場，不在場
Absolute icon	絕似符號
Acceptability	可接受性
Actant	行動素（Greimas）
Action	行動、情節
Addressee	接收者
Addresser	發送者

Adorno, Theodore	阿多爾諾
Advertisement industry	廣告產業
Aesthetic	美學的、藝術的、審美的
Affect	效果、影響
Affective Fallacy	感受謬見（Wimsatt）
Agency	行動主體性
Agent	行動者、行動主體
Alienated consumption	異化消費（Bell）
Alienated labour	異化勞動（Marx）
Alienated semiotic consumption	異化符號消費
Alienation effect	間離效果（德文 verfremdungseffekt）（Brecht）
Alienation	異化
Allegory	寓言（Benjamin）
Alter-ego	他我
Althusser, Louis	阿爾都塞
Ambiguity	含混（Empson）
Ambivalence	模糊價值、矛盾價值
Analog	同構體
Analogy	同構、類推
Analytical Psychology	分析心理學（Jung）
Androcentrism	男性中心主義
Androgyny	雌雄同體
Anima	阿尼瑪（Jung）
Animus	阿尼姆斯（Jung）
Antecedent	前項（Eco）
Anthropocentrism	人類中心論
Anti-essentialism	反本質主義
Antimetaphor	反喻
Antinomy	反論
Anti-Oedipus	反俄狄浦斯（Deleuze）
Antonym	反義詞

Anxiety	焦慮（Kierkegaard）
Aphasia	失語症（Jakobson）
Aposiopesis	「欲言還止」
Appellation	詢喚（Althusser）
Apperception	聯覺
Appraisive	評價的（Morris）
Arbitrariness	任意性，武斷性（Saussure）
Arcade	拱廊街（Benjamin）
Archeology	考古學（Foucault）
Archetype	原型（Jung）
Argument	議位（Peirce）
Articulation	分節
Artificial	人造的
Artworld	藝術世界（Danto）
Association	聯想
Attention Economy	注意力經濟
Audience	受眾
Auditory	聽覺的
Aura	靈韻（Benjamin）
Authenticity	本真性
Authoritarianism	權威主義
Authorization	授權（Bourdieu）
Auto-communication	自我傳播
Automatisation	自動化
Autonomy	自足論
Autopoiesis	自動創造
Avante-garde	先鋒
Axiological	價值論的
Axiom	自明之理、公理

B

C

Channel	渠道
Chatman, S eymour	恰特曼
Chomsky, Noame	喬姆斯基
Chora	子宮間（Kristeva）
Chronemics	時間符號學
Circulation	流通（Greenblatt）
Civil Society	市民社會
Civilization	文明
Class	類群
Classeme	類素
Classification	分類
Code	符碼
Codification	符碼化
Cognition	認知
Cognitive mapping	認知映照（Jameson）
Cohesion	整合性
Collective unconsciousness	集體無意識（Jung）
Commodification	商品化
Commodity	商品
Commodity Fetishism	商品拜物教
Communicology	傳達學
Communication studies	傳達研究
Communication	傳達，交往（Habermas）
Community	社群
Commutation	替換
Competence	能力（Chomsky）
Complete icon	全像似
Conative	意動（Jakboson）
Conceit	曲喻
Concrete universal	具體共相（Wimsatt）
Concretization	具體化（Ingarden）
Condensation	凝縮（Freud）

Configuration	圖形
Connotation	內涵
Connotative	內涵的
Consequent	後項（Eco）
Consistent	自洽的
Constellation	星座化（Benjamin）
Constructional iconicity	構造像似性
Consumativity	消費性（Baudrillard）
Contact	接觸（Jakobson）
Contemplation	觀照
Contemporaneity	當代性
Con-text	聯合文本（Greenblatt）
Context	語境
Contextualism	語境論（Richards）
Contingency	偶然性
Continguity	鄰接（Jakobson）
Contrapuntal reading	對位閱讀（Said）
Convention	規約
Coquet, Jean-Claude	高蓋
Correlative	對應物
Correspondences	應和（Baudelaire）
Co-text	伴隨文本
Critical theory	批判理論、批評理論
Critique	批判（Benjamin）
Culler, Jonathan	卡勒
Cult	膜拜
Cultural capital	文化資本（Bourdieu）
Cultural unit	文化單位（Eco）
Cyberspace	賽博空間
Cybernetics	控制論
Cybernetization	賽博化

D

Danto, Arthur	丹圖
Dasein	此在（Heidegger）
Decentring	去中心化
De-chronization	非時序化
Decoding	解碼
Deconstructionism	解構主義
Decorum	合式
Deduction	推理
Deep structure	深層結構
Defamiliarization	陌生化（Shklovsky）
Default	默認項
Della Vople, Galvano	沃爾佩
Demetaphorization	消比喻化
Demotivation	去理據化
Denotation	外延，直指
Denotative	外延的
Deontic	義務論的
Derrida, Jacques	德里達
Desemiotization	去符號化、物化
Designation	指示
Desiring-Machines	慾望機器（Deleuze）
De-tribalization	非部落化（McLuhan）
Diachronic	歷時性（Saussure）
Diacriticical	辯證批判（Kristeva）
Diagrammic	圖表的（Peirce）
Dialectic	辯證法
Dialogic	對話（Barkhtin）
Dicent	述位（Peirce）
Dichotomy	二分
Diegesis	敘述

Différance	延異（Derrida）
Difference	差異
Differentia of Literature	文學特異性
Differentiation	分化
Diffusion	擴散
Digression	枝蔓、閒筆
Dilthey, Welhelm	狄爾泰
Disambiguation	消含混
Discipline	規訓（Foucault）
Discourse	話語
Disembodiment	脫體
Disinterestedness	非功利
Displacement	置換（Freud）
Disposition	性情（Bourdieu）
Disruption	斷裂
Dissipative structure	耗散結構（Lotman）
Distinction	分別（Bourdieu）
Distributive	同層次的
Divine madness	迷狂
Dominant	主導
Double articulation	雙重分節（Martinet）
Double	重複
Dragging effect	滯後效應
Dramatism	戲劇化論（Burke）
Dufrenne, Mikel	杜夫海納
Duration	時長
Durée	綿延（Bergeson）
Dystopia	反烏托邦，惡托邦

E

Eagleton，Terry	伊格爾頓
Eco, Umberto	艾柯
Ego consumans	消費自我（Baudrillard）
Ego	自我（Freud）
Eidos	表相
Eikhenbaum，Boris	艾亨鮑姆
Elective affinities	親和力
Electra Complex	厄勒克特拉情結（Freud）
Eliot, T.S.	艾略特
Ellipsis	省略
Emic	符位的
Empathetical	移情式的（Fraser）
Empiricism	經驗主義
Empson，William	燕卜森
Encoding	編碼
Endophoric	內向的
Endosemiotic	內向符號（Tarasti）
Endosemiotic	（生理性）內符號（Sebeok）
Enlightenment	啓蒙
Entertainment industry	娛樂工業
Entropy	熵
Epic theatre	史詩劇（Brecht）
Episodic	片段式
Epistèmé	知識型（Foucault）
Epistemic	經驗論的
Epistemological Rupture	認知斷裂
Epistemology	認識論
Epoché	括弧懸置（Husserl）
Erasure	擦抹（Derrida）
Erotics	色情學（Barthes）

Essentialism	本質主義
Ethics	倫理學
Ethnic identity	族群身份
Ethnography	民族志
Etic	符形的
Etymology	詞源學
Euphemism	委婉語
Exchange value	交換價值（Baudrillard）
Exegesis	解經
Exhibition value	展示價值
Existentialism	存在主義、存在論
Exophoric	外向的
Exosemiotic	外符號（Tarasti）
Expression	表現
Extension	外包

F

Fake	造假
Fallibilism	證偽主義
Fallacy	謬見
Falsification	證偽
Family resemblance	家族相似（Wittgenstein）
Fashion	時尚
Femininity	女性氣質
Feminism	女性主義
Fenollosa，Ernest	費諾羅薩
Fictionality	虛構性
Field	場地（Bourdieu）
Figure	修辭格
Finance capital	金融資本
Firstness	第一性（Peirce）
Fish，Stanley	費什

Flashback	倒述
Flashforward	預述
Focalization	聚焦（Genette）
Focus group	焦點集團
Fore-conception	先概念（Kristeva）
Foregrounding	前推（Mukarovsky）
fore-having	先有（Kristeva）
Foreshadowing	伏筆
fore-sight	先見（Kristeva）
Forgery	贋品
Formalism	形式主義、形式論
Foucault，Michel	傅柯
Fracture	破綻
Freud，Sigmund.	佛洛伊德
Fry，Roger	弗萊
Frye, Northrop	弗賴
Function	功能
Fusion of horizons	視野融合（Gadamer）
Fuzzy sets	模糊集

G

Gadamer, Hans Georg	加達默爾
Gatekeeper	把關人
Gaze	凝視（Lacan）
Gender Performance	性別表演（Butler）
Genealogy	譜系學
Generic	門類的
Genetic	發生的
Genette，Gerard	熱奈特
Geno-text	生成文本（Kristeva）
Genre	體裁
Gestalt	格式塔

Gödel, Kurt	哥德爾
Gombrich，Ernst H.	貢布里希
Grammatology	書寫學（Derrida）
Gramsci，Antonio	葛蘭西
Grand Narrative	宏大敘述（Lyotard）
Grapheme	書素
Grapheme	圖素
Greimas, A. J.	格雷馬斯
Gustatory	味覺的
Gynocentric	女性中心
Gynocriticism	女性批評

H

Habitus	習性（Bourdieu）
Halliday, Michael	韓禮德
Hegemony	霸權
Heidegger, Martin	海德格
Heresy	誤說
Hermeneutics	解釋學
Heterogeneity	異質性
Heterogeneous	異質的
Heteroglossia	雜語（Bakhtin）
Hierarchical	層控的、層次的
Hirsch, Eric D.	赫許
Historicism	歷史主義
Historicity	歷史性
Historiography	歷史寫作
Hjelmslev，Louis	葉爾姆斯列夫
Homilogy	同形詞
Homogeneity	同質性
Homogeneous	同質的
Homology	同型

Homophony　　　　　　　　同音詞
Horizon　　　　　　　　　　視閾
Horizon of expectations　　期待視野（Gadamer）
Humanism　　　　　　　　　人文主義
Hume, David　　　　　　　　休謨
Husserl, Edmund　　　　　　胡塞爾
Hybridity　　　　　　　　　混雜
Hyperreal　　　　　　　　　超真實（Baudrillad）
Hyper-text　　　　　　　　　超文本
Hypoicon　　　　　　　　　亞相似符號（Peirce）
Hyposeme　　　　　　　　　亞素符（Peirce）
Hypo-text　　　　　　　　　承文本（Genette）

I

Icon　　　　　　　　　　　像似符（Peirce）
Iconicity　　　　　　　　　像似性（Peirce）
Iconography　　　　　　　　圖像學
Id　　　　　　　　　　　　本我（Freud）
Idea　　　　　　　　　　　理念
Idential sign　　　　　　　　同一符號
Identity　　　　　　　　　　身份，認同
Ideogrammic Methos　　　　表意文字法（Pound）
Ideograph　　　　　　　　　指事字
Ideology　　　　　　　　　意識形態
Image　　　　　　　　　　形象
Imaginal　　　　　　　　　形象的（Peirce）
Imaginary Community　　　想像共同體（Anderson）
Imaginary Order　　　　　　想像界（Lacan）
Imagination　　　　　　　　想像、形象思維
Imagism　　　　　　　　　意象派
Imitation　　　　　　　　　模仿
Immanence　　　　　　　　臨即性、內在性

Implicittext	隱文本
Implied author	隱含作者（Booth）
Implied metaphor	潛喻
Implied reader	隱含讀者（Booth）
Implosion	內爆（Baudrillard）
Impressionism	印象批評、印象主義
Imprint	印跡（Eco）
Incongruity	不相容（Richards）
Indeterminacy	不定點（Ingarden）
Index（複數 indices）	指示符（Peirce）
Indexicality	指示性
Individuality	個體性
Induction	歸納
Information	信息
Informativity	信息性
Ingarden, Roman	英伽登
Institution	制度，體制
Institutionization	制度化
Instrumental rationality	工具理性
Integral sign	整體符號
Intension	內包
Intention	意向（Husserl）
Intentional Fallacy	意圖謬見（Wimsatt）
Intentionality	意向性（Husserl）
Interface	介面
Internalize	內化
Interpellation	詢喚（Althusser）
Interpersonal identity	人際身份認同
Interpretability	可解釋性（Eco）
Interpretant	解釋項（Peirce）
Interpretation	解釋
Interpretive community	解釋社群

Intersemiosity	符號間性
Intersemiotic	符號體系間的、跨符號系統的
Inter-subjectivity	主體間性
Intertextuality	互文性、文本間性
Intrasystemic	系統內
Intrusion	干預
Intuition	直覺
Irony	反諷
Iser, Wolfgang	伊瑟爾
Isotope	同位體（Greimas）

J

Jakobson，Roman	雅克布森
Jameson，Fredric	詹姆遜
Jaspers, Karl	雅思貝爾
Jauss, Hans-Georg	姚斯
Jung, Carl	榮格
Justaposition	並置

K

Kiekegaard, Soren	克爾凱郭爾
Knowledge gap	知識溝
Kristeva，Julia	克里斯臺娃

L

Lacan, Jacques	拉岡
Langer, Susanne	朗格
Language game	語言遊戲（Wittgenstein）
Langue	語言、語言系統（Saussure）
Lebenswelt	生活世界
Lefebvre, Henry	列斐伏爾

Legisign	型符（Peirce）
Legitimacy	合法性
Legitimation	合法化
Lévi-Strauss，Claude	列維－斯特勞斯
Lexical	詞彙的
Lexicon	詞項
Libido	里比多（Freud）
Linearity	線性
Linguistics	語言學
Link-text	鏈文本
Literal	字面的
Literariness	文學性（Shklovsky）
Positivism	實證主義
Literary	文學的
Lotman, Yuri	洛特曼
Lukács, Georg	盧卡奇

M

Mandala	曼陀羅（Jung）
Manifestation	顯現
Manipulation	操縱
Mapping	映示
Marcuse, Herbert	馬爾庫塞
Markedness	標出性（Chomsky）
Marker	標記
Martinet，André	馬丁奈
Mass communication	大眾傳播
Mass media	大眾傳媒
Mechanical reproduction	機械複製（Benjamin）
Mechanism of Defence	防禦機制（Anna Freud）
Media	媒體
Mediation	仲介化

Medium	媒介
Melodrama	情節劇
Meme	文化基因
Mental icon	心像
Merleau-Ponty，Maurice	梅洛－龐蒂
Message	信息
Metacritique	元批判
Metafiction	元小說
Metahistory	元歷史
Metalanguage	元語言
Metanarrative	元敘述（Lyotard）
Metaphor	比喻，隱喻
Metaphysics	形而上學
Meta-sensibility	元意識
Meta-text	元文本（Genette）
Metonymy	轉喻
Metz，Christian	麥茨
Micro-text	微文本
Mimesis	模仿
Mimologic	模仿語（Genette）
Minimal narrative	最簡敘述
Miraculism	奇跡性
Mirror stage	鏡像階段（Lacan）
Misreading	誤讀
Misrecognition	誤認
Modality	模態（Greimas）
Modernity	現代性
Moment-Site	此刻場（Heidegger）
Monologue	獨白
Morpheme	詞素
Morphology	形態學，詞法
Morris，Charles	莫里斯

Motif	情節素
Motivatedness	理據化
Motivation	理據性（Saussure）
Mukarovsky, Jan	穆卡洛夫斯基
Multiculturalism	多元文化主義
Multimedia	多仲介，多媒體
Mysticism	神秘主義
Myth	神話
Mytheme	神話素
Mythic-archetypal	神話－原型（Frye）
Mythification	神話化

N

Narratee	受述者，敘述接收者
Narrative	敘述
Narrativity	敘述性
Narratology	敘述學
Narrator	敘述者
Nation	民族
Nation-State	民族國家
Naturalization	自然化
Necessity	必然性
Neo-Historicism	新歷史主義
Noema	所思（Husserl）
Noesis	能思（Husserl）
Noetic Field	能思域（Husserl）
Noise	噪音（Barthes，法文 bruit）
Nomad	遊牧（Deleuze & Guattari）
Nominalism	唯名論
Readerly text	可讀性文本（Barthes）
Normative	規範性的
Notation	記錄法

O

Object Form	物品形式（Baudrillard）
Object	對象（Peirce）物（Baudrillard）
Objective Correlative	客觀對應物（Eliot）
Objectivism	客體主義（Williams）
Oedipus Complex	俄狄浦斯情結（Freud）
Olfactory	嗅覺的
Onomatopoeia	擬聲詞
Ontology	本體論
Opoyaz	彼得堡語言研究會
Optical	光學的
Organism	有機論
Organon	研究法
Overcoding	過度編碼（Eco）
Overstatement	誇大陳述

P

Panopticism	全景監視（Foucault）
Pansemiotism	泛符號論
Paradigm shift	範式轉換
Paradigm	範式，聚合段
Paradigmatic	聚合的
Paradox	悖論
Paralanguage	類語言
Paraphrase	意釋
Parataxis	並置
Paratext	副文本（Genette）
Parody	戲仿
Parole	言語（Saussure）
Partialization	片面化

Patriarchy	父權
Peirce，Charles S	皮爾斯
Perception	感知
Performance	演示（Chomsk, Goffman）
Performative	述行（Austen）
Performativity	表演性（Butler）
Periodization	分期
Persona	面具
Personality	人格（Jung）
Personalization	人格化
Persuasive	勸服
Perturbation	干擾
Phallus	菲勒斯（Lacan）
Phaneron	現象（Peirce）
Phaneroscopy	現象學（Peirce）
Phantasm	幻象
Phatic	接觸性的，交際的（Jakobson）
Phenomenology	現象學
Pheno-text	現象文本（Kristeva）
Philology	語文學
Phoneme	音位
Phonology	音位學
Piaget，Jean	皮亞傑
Pictogram	圖畫文字
Plereme	實符（Hjelmslev）
Plurality	多元性
Poeticalness	詩性
Polymodality	多態性
Polyphony	複調（Bakhtin）
Polysemy	多義
Positioning	站位（Althusser）
Power-Knowledge	權力－知識

（Foucault）

Pragmatics	符用學，語用學
Pragmatism	實用主義
Praxis	實踐
Predicative	表語性
Presence	在場（Derrida）
Presentation	呈現
Pre-text	前文本
Pre-understanding	前理解（Heidegger）
Prieto, Louis J	普利托
Propp，Vladimir	普洛普
Prototype	基型
Proxemics	距離符號學
Pseudo-statement	擬陳述（Richards）
Pseudo-subject	擬主體
Psychoanalysis	精神分析
Psychologism	心理主義
Public sphere	公共領域（Habermas）
Publicity	公共性
Punctum	刺點（Barthes）

Q

Qualisign	質符（Peirce）
Queer	酷兒

R

Random	隨機
Ransom, J	蘭色姆
Ratio dificilis	難率（Eco）
Ratio facilis	易率（Eco）
Rationality	合理性，理性

Reader response theory	讀者反應理論
Real Order	現實界（Lacan）
Realism	實在論、現實主義
Recognition	認知
Redundancy	冗餘
Reference	指稱
Referent	指稱物
Reflection	反映
Reification	物化
Reliability	可靠性（Booth）
Remark	評注（Benjamin）
Remetaphorisation	再比喻化
Replaceable	可替代的
Replica	副本（Eco）
Representamen	再現體（Peirce）
Representation	再現
Reproduction	再生產
Re-tribalization	再部落化（McLuhan）
Retroactive Reading	追溯閱讀法（Riffaterre）
Reversed metaphor	倒喻
Rheme	呈位（Peirce）
Rhetoric	修辭
Rhizome	塊莖（Deleuze）
Richards, I. A.	瑞恰慈
Ricoeur, Paul	利科
Riffaterre, Michael	理法臺爾
Rimmon-Kenan, Slomith	里蒙－肯南
Ritual	儀式
Russell, Bertrant	羅素

S

Sameness	相同性
Sampling	抽樣
Sartre，Jean-Paul	薩特
Saussure, F	erdinand de 索緒爾
Scheme	圖示
Schizophrenia	精神分裂
Schuetz, Alfred	舒茨
Sebeok, Thmas A	西比奧克
Secondary	次生的
Secondness	第二性（Peirce）
Self-begetting	自我生成
Self-fashioning	自我塑造（Greenblatt）
Self-image	自我形象
Semanalyse	符號心理分析（Kristeva）
Semantics	符義學（Morris），語義學
Semantization	語義化
Semiocity	符號性
Semiosic	符號過程的
Semiosis	符號過程、符號活動（Peirce）
Semiosomatic	符號生理
Semiotization	符號化
Semisphere	符號域（Lotman）
Sender	發出者
Sense of self	自我意識
Sense	意思
Sensibility	感覺性
Set	集合
Shadow	陰影（Jung）
Shklovsky, Victor	什克洛夫斯基
Shleiermacher, Friedrich	施賴爾馬赫

Shock	震驚（Benjamin）
Sign vehicle	符號載體
Signal	信號
Significance	意味
Significant Form	有意味的形式（Bell）
Signification	表意
Signified	所指（Saussure，法文 signifié）
Signifier	能指（Saussure，法文 signifiant）
Similarity	像似
Simulacrum	擬像（Baudrillard）
Simulation	模擬（Baudrillard）
Sini, Carlo	西尼
Sinsign	單符（Peirce）
Situationality	情境性
Somatic	身體的
Sontag, S	桑塔格
Spatial form	空間形式（Frank）
Speech Act	言語行為（Austin）
Spiral of silence	沉默螺旋
Stadium	展面（Barthes）
Statement	陳述
Structuralism	結構主義
Structuration	構築
Structure	結構
Stylistics	風格學、文體學
Subaltern	屬下／屬下階層
Subclass	亞類群
Subindex	次指示符（Peirce）
Subject	主體
Subjectivity	主體性
Sublime	崇高（Freud）
Submerged metaphor	潛喻

Substance	實質
Substitution	代替（Freud）
Subtext	潛文本
Super-Ego	超我（Freud）
Superposition	意象疊加（Pound）
Supersign	超符號（Eco）
Supposition	設定
Surface structure	表層結構
Surrogate	替代
Suture	縫合
Syllogism	三段論
Symbol	規約符號（Peirce），象徵，符號
Symbolic action	符號行動（Burke）
Symbolic capital	符號資本（Bourdieu）
Symbolic Interactionism	符號互動論（Mead）
Symbolic order	象徵界（Lacan）
Sympathetical	交感式的（Fraser）
Symptomatic reading	症候閱讀（Althusser）Synaesthesia 通感
Synchronic	共時性（Saussure）
Synecdoche	提喻
Syntactics	符形學（Morris），句法學
Syntagmatics	組合關係（Saussure）
Syntagm	組合段
Systemacity	系統性

T

Taboo	禁忌
Tactile	觸覺的
Tate，Allen	退特
Telematics	資訊通訊
Telepathy	遙感
Tenor	喻本（Richards）

Tension	張力（Tate）
Terministic screen	終端螢幕（Burke）
Territorialization	轄域化（Deleuze）
Text	文本
Textuality	文本性
Texture	肌質（Ransom）
Thanatos	死亡本能（Freud）
Theorem	定律
Thirdness	第三性（Peirce）
Time lag	時滯
Todorov, Tzvetan	托多洛夫
Token	個別符
Topology	拓撲學（Kristeva）
Totality	整體性
Totem	圖騰
Trace	蹤跡（Eco）
Transformation	轉換（Chomsky）
Translatability	可譯性（Jakobson）
Transmutation	變換
Transparency	透明
Transsemiotic	超符號體系的
Travesty	滑稽
Triadic	三分的
Tribalization	部落化（McLuhan）
Trope	修辭格
Trubetskoi, Nikolai	特魯別茨柯伊
Truth-value	真值
Tynianov，Jurij	特尼亞諾夫
Type	類型符
Typicality	典型性
Typification	典型化
Typology	類型學

U

Ubiquity	普遍性
Undercoding	不足解碼（Eco）
Understantement	克制陳述
Ungrammaticality	不通（Riffaterre）
Unilateral semiosis	單向符號過程
Universal	共項
Universalism	普適主義
Use value	使用價值（Baudrillard）
Utilitarian	使用的
Utility	使用功能
Utterance	言說

V

Validity	有效性
Value-judgment	價值判斷
Variable	變數
Variant	變體
Vector	向量
Vehicle	喻旨（Richards）
Verbal Icon	語象（Wimsatt）
Verbal	語言的
Verification	證實
Verisimilitude	逼真性
Virtuality	虛擬性
Visual icon	視像
Visual	視覺的
Vocal	嗓音的、有聲的
Vorticism	漩渦派

W

Warhol, Andy	沃霍爾
Warren，Robert Penn	沃倫
Weber, Max	韋伯
Wellek，Rene	韋勒克
Whitehead, A.F.	懷海德
Wholeness	完整性
Will to power	權力意志（Nietzsche.）
Williams, Raymond	威廉斯
Wimsatt，William	維姆賽特
Wit	理趣
Wittegenstein，Ludwig	維根斯坦
Writerly text	可寫性文本（Barthes）

Z

Zero sign	空符號（Sebeok）
Zero-dimentionality	零維度
Zerologic subject	零邏輯主體（Kristeva）
Zizek，Slavoj	齊澤克
Zooming-In	瞄準

後記

　　從七〇年代末開始做形式論研究，三十多年轉眼過去，能夠拿出來請各位同行與青年學子批評的，就只有面前這本書：為思浮淺，為學疏懶，散漫無章法，萬分慚愧。不過天下多的是學問，要寫一本不浪費讀者時間的書，豈是容易？

　　此書的某些問題，三十年來一直在思索，寫這本書，花了整整四年功夫。日夜糾纏於一個接一個的難題，難免弄到神思恍惚。幸好每年四川大學符號學班的同學，聽我一次次自辯，與我一道思考；課件貼在網上，也引來不少外校學子的掬戰。《符號學論壇》上至今留有近千條各種問題的激烈辯論，某些問題來回駁難長達百餘帖。如果沒有青年人問出各種「刁鑽」問題，而且不給面子，窮追不捨，不許我停止修正自己，這本書就會平淡得多。

　　思辨快樂，無功利的思辨更快樂，與睿智深思的年輕人在網路上徹夜長辯，其樂何如！因此，這本書是四年中與許多青年學子共同思考的結果，本書在注釋中盡可能留下提出這些觀點的學生的名字。這些想法的原創權是他們的，我不能占為己有。

　　正因為有好學敏銳的年輕人參與、推動、挑戰，這本書不僅整理了符號學開拓者、發展者，當今國內外各位大師同行的觀念，也想提出一些新的想法。有些章節卑之無甚高論，只是梳理他人之說；大部分章節，均以一個可能成立的觀點為中心。為了能推論出這個觀念，盡可能詳細地引述文獻。

　　也許上述有一些觀點，本書自以為見解獨到，別的學者已經有所論述，只是本人讀書不夠。為不至於給讀者錯誤印象，以為我真的敢為天下先，或誤認為「創新突破填補空白」，立論已穩無須懷疑，有關地方，我一再注明「本書建議作如此如此理解」。

　　寫此書，有些人的幫助，非注解提及就能表達謝忱：四川大學「符號學－傳媒學」團隊的唐小林、張小元、傅其林、徐沛、張怡諸教授，於符號學夙有專攻，見解深廣，益我良多；以四川大學「符號學－傳媒學研究所」為集合點，西部各大學湧現了一批符號學家，有西南民大彭佳，成都體院魏偉，電子科大魏全風，重慶交大王立新，宜賓學院伏飛雄，西北師大張碧，蘭州大學祝東等西部院校教師，初步形成了一個「符號學中國西部學派」，這或許是歐美之外的第一個符號學派。

　　還有與我一道苦讀符號學的各位青年才俊，小叩大鳴，不應稱作我的學生，在此我無法一一列舉他們的名字，但不得不提主管《符號學論壇》網站的饒廣祥，編輯《符號學關鍵字》的胡易容，籌畫《符號與傳媒》刊物的董明來。他們不久後就會跨欄越過我，在符號學的漫漫長途上加入領跑集團。吾妻陸正蘭教授專治音樂符號學，讓我轉引了不少她的流行歌曲研究中的觀點，有調有譜，有琴有瑟。

　　本書四年前擊鍵開盤，兩年前成稿，此後重寫五通，改動十遍，送印之前，三讀校樣，過筋過脈之處依然要重重打磨。如今脫手，戰戰兢兢，汗不敢出，野人獻曝，禮輕意在，謝謝讀者你的耐心。為了（希望有的）下一本書有所改進，在此我再發邀請：我等待著你不留情面的挑戰，直到我認輸改正。那將是最美的音樂，迎來人生的大樂至境，無限衍義終於到達了符號本身。

趙毅衡

2012 年 1 月 31 日

成都錦江邊，冬日，網路暖流

新銳文叢12　PA0056

新 銳 文 創　符號學
INDEPENDENT & UNIQUE

作　　者	趙毅衡
策　　劃	韓　晗
主　　編	蔡登山
責任編輯	陳佳怡
圖文排版	楊尚蓁
封面設計	蔡瑋中

出版策劃	新銳文創
發 行 人	宋政坤
法律顧問	毛國樑　律師
製作發行	秀威資訊科技股份有限公司
	114 台北市內湖區瑞光路76巷65號1樓
	電話：+886-2-2796-3638　傳真：+886-2-2796-1377
	服務信箱：service@showwe.com.tw
	http://www.showwe.com.tw
郵政劃撥	19563868　戶名：秀威資訊科技股份有限公司
展售門市	國家書店【松江門市】
	104 台北市中山區松江路209號1樓
	電話：+886-2-2518-0207　傳真：+886-2-2518-0778
網路訂購	秀威網路書店：http://www.bodbooks.com.tw
	國家網路書店：http://www.govbooks.com.tw

出版日期	2012年7月　一版
定　　價	550元

國家圖書館出版品預行編目

符號學 / 趙毅衡著. -- 一版. -- 臺北市：新銳文創,
　2012.07
　　　面；　公分. --（新銳文叢；PA0056）
　　ISBN　978-986-6094-90-3（平裝）

　1.符號學

156　　　　　　　　　　　　　　　　　101009933

讀者回函卡

感謝您購買本書，為提升服務品質，請填妥以下資料，將讀者回函卡直接寄回或傳真本公司，收到您的寶貴意見後，我們會收藏記錄及檢討，謝謝！如您需要了解本公司最新出版書目、購書優惠或企劃活動，歡迎您上網查詢或下載相關資料：http:// www.showwe.com.tw

您購買的書名：＿＿＿＿＿＿＿＿＿＿＿＿＿＿＿＿＿＿＿＿＿＿＿＿

出生日期：＿＿＿＿＿年＿＿＿＿＿月＿＿＿＿＿日

學歷：□高中 (含) 以下　　□大專　　□研究所 (含) 以上

職業：□製造業　□金融業　□資訊業　□軍警　□傳播業　□自由業
　　　□服務業　□公務員　□教職　　□學生　□家管　　□其它＿＿＿＿

購書地點：□網路書店　□實體書店　□書展　□郵購　□贈閱　□其他

您從何得知本書的消息？

　□網路書店　□實體書店　□網路搜尋　□電子報　□書訊　□雜誌
　□傳播媒體　□親友推薦　□網站推薦　□部落格　□其他＿＿＿＿＿＿

您對本書的評價：(請填代號　1.非常滿意　2.滿意　3.尚可　4.再改進)

　封面設計＿＿＿　版面編排＿＿＿　內容＿＿＿　文／譯筆＿＿＿　價格＿＿＿

讀完書後您覺得：

　□很有收穫　□有收穫　□收穫不多　□沒收穫

對我們的建議：＿＿＿＿＿＿＿＿＿＿＿＿＿＿＿＿＿＿＿＿＿＿＿＿

＿＿＿＿＿＿＿＿＿＿＿＿＿＿＿＿＿＿＿＿＿＿＿＿＿＿＿＿＿＿＿＿＿

＿＿＿＿＿＿＿＿＿＿＿＿＿＿＿＿＿＿＿＿＿＿＿＿＿＿＿＿＿＿＿＿＿

＿＿＿＿＿＿＿＿＿＿＿＿＿＿＿＿＿＿＿＿＿＿＿＿＿＿＿＿＿＿＿＿＿

11466

台北市內湖區瑞光路 76 巷 65 號 1 樓

秀威資訊科技股份有限公司 收

BOD 數位出版事業部

....

（請沿線對折寄回，謝謝！）

姓　　名：＿＿＿＿＿＿＿＿　年齡：＿＿＿＿　性別：□女　□男

郵遞區號：□□□□□

地　　址：＿＿＿＿＿＿＿＿＿＿＿＿＿＿＿＿＿＿＿＿＿

聯絡電話：(日)＿＿＿＿＿＿＿＿＿＿(夜)＿＿＿＿＿＿＿＿＿＿

E-mail：＿＿＿＿＿＿＿＿＿＿＿＿＿＿＿＿＿＿＿＿＿